文化市场营销学

袁连升 王 晶 王 俊 主 编
张 丽 单双双 张晰朦 副主编

清华大学出版社
北 京

内 容 简 介

本书首先系统地阐述了文化市场营销的基本理论与方法，结合文化市场营销实践，引导学生用营销理论解释实际现象，用具体案例说明道理。然后分别就不同文化市场营销策略进行具体讲解。主要内容包括：文化市场营销概述、文化市场营销环境分析、文化市场消费者购买行为分析、文化市场营销调研、文化市场营销策略、文化产品国际营销、演艺业营销、图书市场营销、娱乐业营销、艺术品市场营销、电影市场营销、旅游市场营销和体育赛事营销。每章包含章前引例、本章小结、思考题和章末案例，各章节穿插相关知识链接和小案例，便于学生理解并掌握文化市场营销的相关知识。

本书可供文化产业管理专业及致力于培养文化市场营销专业技能的相关专业师生使用，也适合企业营销人员、管理人员以及对文化市场营销感兴趣的读者阅读。

本书封面贴有清华大学出版社防伪标签，无标签者不得销售。
版权所有，侵权必究。举报：010-62782989，beiqinquan@tup.tsinghua.edu.cn。

图书在版编目(CIP)数据

文化市场营销学 / 袁连升，王晶，王俊　主编. —北京：清华大学出版社，2016（2022.3重印）
ISBN 978-7-302-45046-7

Ⅰ. ①文… Ⅱ. ①袁… ②王… ③王… Ⅲ. ①文化市场—市场营销学 Ⅳ. ①G114

中国版本图书馆 CIP 数据核字(2016)第 218536 号

责任编辑：施　猛　马遥遥
封面设计：常雪影
版式设计：方加青
责任校对：曹　阳
责任印制：丛怀宇

出版发行：清华大学出版社
网　　址：http://www.tup.com.cn, http://www.wqbook.com
地　　址：北京清华大学学研大厦 A 座　　邮　编：100084
社 总 机：010-83470000　　邮　购：010-62786544
投稿与读者服务：010-62776969, c-service@tup.tsinghua.edu.cn
质 量 反 馈：010-62772015, zhiliang@tup.tsinghua.edu.cn
课 件 下 载：http://www.tupwk.com.cn, 010-62781730

印 装 者：北京富博印刷有限公司
经　　销：全国新华书店
开　　本：185mm×260mm　　印　张：23　　字　数：517 千字
版　　次：2016 年 10 月第 1 版　　印　次：2022 年 3 月第 5 次印刷
定　　价：59.80元

产品编号：067339-02

前　言

近年来，我国文化产业蓬勃发展，文化市场消费活跃，电影、娱乐、旅游、体育赛事等文化市场繁荣发展。随着文化消费需求总量的增加，人们对文化产品质量、形式及个性化都提出了更高的要求。因此，掌握文化市场营销的一般理论和方法，理解不同文化市场的营销规律，对于文化企业开展适合自身发展的营销策略，是非常必要的。

文化市场营销学是在现代营销理论框架下，研究文化产品生产者如何分配自身拥有的资源来满足竞争的需要，并分析营销环境对企业营销活动造成的影响，了解文化产品消费特性与行为动机，以有效组织和管理营销活动，满足市场需求，创造产品价值。学习文化市场营销学，对于正确理解文化市场、恰当地制定文化产品营销策略具有重要的价值。

本书基于大量的文化市场营销活动实践，深入浅出地阐述了文化市场营销的基本原理。增加具体案例在理论阐述中的比重，有助于读者加深对理论内容的理解，做到举一反三。在系统讲解了文化市场营销的基本理论后，本书又分别具体分析了不同文化市场的特点和相应的营销策略，有利于读者领会文化市场营销的方法和技巧。本书编写团队具有多年的文化产业管理和文化市场营销专业教学经历，同时也具有一定的行业营销管理经验，因此本书的内容编写是理论与实践的完美结合。

本书由袁连升、王晶、王俊担任主编，本书编写人员及具体分工为：王俊(第1章、第2章)、单双双(第3章、第10章)、张丽(第4章、第5章)、王晶(第6章、第7章的7.1)、袁连升(第7章的7.2、7.3、第9章、第13章)、李晓明(第8章)、张晰朦(第11章、第12章)，最后由袁连升对全书进行修改和统稿。

编者在编写本书过程中，参阅、引用了大量的文献著作和网络资源，在此特向所有作者表示衷心的感谢！由于时间仓促，书中难免存在疏漏和错误，敬请读者海涵，希望将意见反馈给我们，帮助我们不断改进。反馈邮箱：wkservice@vip.163.com。

编者

2016年5月

目 录

第1章 文化市场营销概述

1.1 文化市场的内涵 ... 3
1.2 文化市场营销 ... 5
1.3 文化市场营销核心概念 ... 5
    1.3.1 需要、欲望和需求 ... 6
    1.3.2 产品和服务 ... 6
    1.3.3 市场细分、目标市场和市场定位 ... 6
    1.3.4 效用和价值 ... 7
    1.3.5 交换和交易 ... 7
1.4 文化市场营销管理过程 ... 7
    1.4.1 分析文化市场机会 ... 8
    1.4.2 研究和选择目标市场 ... 8
    1.4.3 市场定位 ... 9
    1.4.4 设计市场营销组合 ... 11
    1.4.5 管理文化市场营销活动 ... 12

本章小结 ... 12
思考题 ... 13
章末案例 ... 13

第2章 文化市场营销环境分析

2.1 文化市场营销环境的含义及特点 ... 21
    2.1.1 文化市场营销环境的含义 ... 21
    2.1.2 文化市场营销环境的特点 ... 21
2.2 文化市场营销的宏观环境 ... 22
    2.2.1 人口环境对文化企业营销的影响 ... 23
    2.2.2 经济环境对文化企业营销的影响 ... 23
    2.2.3 科学技术环境对文化企业营销的影响 ... 24
    2.2.4 政治法律环境对文化企业营销的影响 ... 26
    2.2.5 社会文化环境对文化企业营销的影响 ... 28

2.3 文化市场营销的微观环境 ·· 30
   2.3.1 企业内部营销环境 ··· 30
   2.3.2 供应商对文化企业营销的影响 ································· 31
   2.3.3 营销中介对文化企业营销的影响 ······························· 31
   2.3.4 顾客对文化企业营销的影响 ··································· 32
   2.3.5 竞争者对文化企业营销的影响 ································· 32
   2.3.6 公众对文化企业营销的影响 ··································· 33
本章小结 ··· 33
思考题 ··· 34
章末案例 ··· 34

第3章 文化市场购买行为分析

3.1 文化市场的需求特征 ·· 41
   3.1.1 文化消费者的行为模式 ··· 41
   3.1.2 文化市场需求的规律 ··· 42
   3.1.3 文化市场需求的主要特征 ······································· 44
   3.1.4 文化市场需求的发展趋势 ······································· 45
3.2 文化市场需求的影响因素 ··· 47
   3.2.1 影响文化消费者行为的内在因素 ······························· 47
   3.2.2 影响文化消费者行为的外在因素 ······························· 54
   3.2.3 文化消费者群体的心理与行为 ································· 57
3.3 文化产品购买决策过程分析 ·· 60
   3.3.1 问题确认 ·· 61
   3.3.2 信息收集 ·· 62
   3.3.3 备选方案的选择评估 ··· 64
   3.3.4 购买决策 ·· 65
   3.3.5 购买后行为 ·· 65
本章小结 ··· 66
思考题 ··· 67
章末案例 ··· 67

第4章 文化市场营销调研

4.1 文化市场营销调研的主要内容 ·· 72
   4.1.1 文化市场营销调研的基本概念 ································· 73
   4.1.2 文化市场营销调研的基本内容 ································· 74
   4.1.3 文化市场营销调研的类型 ······································· 77
4.2 文化市场营销调研技术 ·· 79

4.2.1 文化市场营销调研的主要程序 79
4.2.2 确定调研对象的方法 82
4.2.3 文化市场营销调研方法 84
4.2.4 问卷设计方法 86
4.3 文化市场营销调研报告的撰写 90
4.3.1 文化市场营销调研报告的撰写要求 90
4.3.2 文化市场营销调研报告的基本结构 92
本章小结 94
思考题 95
章末案例 95

第5章 文化市场营销策略

5.1 目标市场选择 100
5.1.1 文化市场细分 100
5.1.2 确定目标市场 104
5.1.3 文化市场定位 106
5.2 文化产品的设计与开发 108
5.2.1 文化产品的概念 108
5.2.2 文化产品的生命周期 109
5.2.3 文化产品品牌 113
5.3 文化产品价格策略 116
5.3.1 产品价格的构成 116
5.3.2 影响文化产品价格的因素 117
5.3.3 文化产品的定价方法 120
5.4 文化产品分销策略 124
5.4.1 文化市场分销渠道 124
5.4.2 影响文化市场分销渠道设计的因素 126
5.4.3 文化企业分销渠道的选择策略 128
5.5 文化产品促销策略 129
5.5.1 促销的含义 129
5.5.2 促销组合及策略 130
5.5.3 促销方式 131
5.5.4 影响促销组合的因素 133
本章小结 134
思考题 135
章末案例 135

第6章 文化产品国际营销

- 6.1 文化产品国际市场营销概述 ·················· 139
  - 6.1.1 文化产品国际市场营销的定义 ·········· 139
  - 6.1.2 文化贸易的分类 ·········· 139
  - 6.1.3 文化产品国际贸易的成因分析 ·········· 141
  - 6.1.4 中国文化产品的国际市场分析 ·········· 142
- 6.2 文化产品国际市场发展现状 ·················· 143
- 6.3 文化产品的国际市场环境分析 ·················· 144
  - 6.3.1 经济环境 ·········· 146
  - 6.3.2 政治和法律环境 ·········· 146
  - 6.3.3 文化和社会环境 ·········· 148
- 6.4 文化产品的国际目标市场 ·················· 152
  - 6.4.1 北美市场——北美自由贸易区 ·········· 152
  - 6.4.2 欧洲市场 ·········· 153
  - 6.4.3 亚洲市场 ·········· 153
  - 6.4.4 其他市场 ·········· 154
- 6.5 文化企业国际化经营发展的进入路径选择 ·················· 154
  - 6.5.1 产品出口 ·········· 154
  - 6.5.2 签署许可协议 ·········· 155
  - 6.5.3 海外股权投资 ·········· 158
- 本章小结 ·················· 160
- 思考题 ·················· 160
- 章末案例 ·················· 160

第7章 演艺业营销

- 7.1 演艺业概述 ·················· 164
  - 7.1.1 演艺业的定义 ·········· 164
  - 7.1.2 演出的组成要素 ·········· 164
  - 7.1.3 演出类型 ·········· 165
  - 7.1.4 演艺业的特点 ·········· 166
  - 7.1.5 演艺市场分析 ·········· 167
- 7.2 演艺业的营销策略 ·················· 172
  - 7.2.1 演艺业的质量管理 ·········· 172
  - 7.2.2 演艺业的价格策略 ·········· 174
  - 7.2.3 演艺业促销 ·········· 176
- 7.3 演艺业营销创意与策划 ·················· 177
- 本章小结 ·················· 180
- 思考题 ·················· 180
- 章末案例 ·················· 181

第8章 图书市场营销

8.1 图书市场营销概述 ··· 186
    8.1.1 图书的概念 ··· 186
    8.1.2 图书的特点 ··· 187
    8.1.3 图书的构成要素 ······································· 188
    8.1.4 图书市场营销的含义 ································· 188
8.2 图书营销环境分析 ··· 190
    8.2.1 宏观环境 ··· 190
    8.2.2 微观环境 ··· 194
8.3 图书市场营销策略 ··· 195
    8.3.1 图书市场营销产品策略 ······························ 195
    8.3.2 图书市场营销价格策略 ······························ 199
    8.3.3 图书市场营销渠道策略 ······························ 200
    8.3.4 图书市场营销促销策略 ······························ 202
8.4 数字图书市场营销策略 ·· 205
    8.4.1 数字时代对图书市场的影响 ······················· 205
    8.4.2 数字时代图书市场营销策略内容 ················ 208
本章小结 ··· 215
思考题 ··· 216
章末案例 ··· 216

第9章 娱乐业营销

9.1 娱乐业概述 ··· 220
    9.1.1 娱乐业的内涵 ·· 220
    9.1.2 娱乐企业经营的类别 ································· 221
    9.1.3 中国娱乐业经营的问题 ······························ 224
9.2 娱乐业的特征 ·· 225
    9.2.1 娱乐市场的特征 ······································· 225
    9.2.2 娱乐消费的特点 ······································· 226
    9.2.3 娱乐业市场营销的特性 ······························ 227
    9.2.4 娱乐企业形象的重要性 ······························ 228
9.3 娱乐业市场营销策略 ··· 230
    9.3.1 娱乐业市场营销组合策略 ··························· 230
    9.3.2 娱乐业同质化营销 ···································· 233
    9.3.3 体验营销 ··· 234
    9.3.4 互联网娱乐业营销 ···································· 237
本章小结 ··· 239
思考题 ··· 240
章末案例 ··· 240

第10章 艺术品市场营销

- 10.1 艺术与艺术品的相关概念 ⋯⋯⋯⋯⋯⋯⋯⋯⋯⋯⋯⋯⋯⋯⋯ 244
  - 10.1.1 艺术的定义和分类 ⋯⋯⋯⋯⋯⋯⋯⋯⋯⋯⋯⋯⋯⋯ 244
  - 10.1.2 艺术品的含义和艺术品的价值 ⋯⋯⋯⋯⋯⋯⋯⋯ 245
  - 10.1.3 艺术家 ⋯⋯⋯⋯⋯⋯⋯⋯⋯⋯⋯⋯⋯⋯⋯⋯⋯⋯⋯ 247
- 10.2 艺术品市场概述 ⋯⋯⋯⋯⋯⋯⋯⋯⋯⋯⋯⋯⋯⋯⋯⋯⋯⋯ 249
  - 10.2.1 艺术品市场的定义和特点 ⋯⋯⋯⋯⋯⋯⋯⋯⋯⋯ 249
  - 10.2.2 艺术品市场的形成和发展 ⋯⋯⋯⋯⋯⋯⋯⋯⋯⋯ 250
  - 10.2.3 艺术品市场的交易 ⋯⋯⋯⋯⋯⋯⋯⋯⋯⋯⋯⋯⋯ 251
  - 10.2.4 艺术品市场的组成要素 ⋯⋯⋯⋯⋯⋯⋯⋯⋯⋯⋯ 253
  - 10.2.5 艺术品市场的产品 ⋯⋯⋯⋯⋯⋯⋯⋯⋯⋯⋯⋯⋯ 257
  - 10.2.6 艺术品市场的划分 ⋯⋯⋯⋯⋯⋯⋯⋯⋯⋯⋯⋯⋯ 259
  - 10.2.7 艺术品市场的运行机制 ⋯⋯⋯⋯⋯⋯⋯⋯⋯⋯⋯ 259
- 10.3 艺术品拍卖、艺术博览会与画廊 ⋯⋯⋯⋯⋯⋯⋯⋯⋯⋯ 260
  - 10.3.1 艺术品拍卖概述 ⋯⋯⋯⋯⋯⋯⋯⋯⋯⋯⋯⋯⋯⋯ 260
  - 10.3.2 拍卖行 ⋯⋯⋯⋯⋯⋯⋯⋯⋯⋯⋯⋯⋯⋯⋯⋯⋯⋯⋯ 260
  - 10.3.3 拍卖方式与程序 ⋯⋯⋯⋯⋯⋯⋯⋯⋯⋯⋯⋯⋯⋯ 262
  - 10.3.4 艺术品博览会 ⋯⋯⋯⋯⋯⋯⋯⋯⋯⋯⋯⋯⋯⋯⋯ 263
  - 10.3.5 画廊 ⋯⋯⋯⋯⋯⋯⋯⋯⋯⋯⋯⋯⋯⋯⋯⋯⋯⋯⋯⋯ 264
- 10.4 中国艺术品市场的发展 ⋯⋯⋯⋯⋯⋯⋯⋯⋯⋯⋯⋯⋯⋯ 265
  - 10.4.1 中国艺术品市场环境 ⋯⋯⋯⋯⋯⋯⋯⋯⋯⋯⋯⋯ 265
  - 10.4.2 中国艺术品市场呈现的特征 ⋯⋯⋯⋯⋯⋯⋯⋯ 266
  - 10.4.3 中国艺术品市场未来的发展趋势 ⋯⋯⋯⋯⋯⋯ 269
- 10.5 艺术品的流转和管理 ⋯⋯⋯⋯⋯⋯⋯⋯⋯⋯⋯⋯⋯⋯⋯ 271
  - 10.5.1 艺术品的无序流转 ⋯⋯⋯⋯⋯⋯⋯⋯⋯⋯⋯⋯⋯ 271
  - 10.5.2 艺术品的有序流转 ⋯⋯⋯⋯⋯⋯⋯⋯⋯⋯⋯⋯⋯ 273
- 本章小结 ⋯⋯⋯⋯⋯⋯⋯⋯⋯⋯⋯⋯⋯⋯⋯⋯⋯⋯⋯⋯⋯⋯⋯⋯ 275
- 思考题 ⋯⋯⋯⋯⋯⋯⋯⋯⋯⋯⋯⋯⋯⋯⋯⋯⋯⋯⋯⋯⋯⋯⋯⋯⋯ 276
- 章末案例 ⋯⋯⋯⋯⋯⋯⋯⋯⋯⋯⋯⋯⋯⋯⋯⋯⋯⋯⋯⋯⋯⋯⋯⋯ 276

第11章 电影市场营销

- 11.1 电影产品概述 ⋯⋯⋯⋯⋯⋯⋯⋯⋯⋯⋯⋯⋯⋯⋯⋯⋯⋯⋯ 280
  - 11.1.1 电影产品的定义 ⋯⋯⋯⋯⋯⋯⋯⋯⋯⋯⋯⋯⋯⋯ 280
  - 11.1.2 电影产品的分类 ⋯⋯⋯⋯⋯⋯⋯⋯⋯⋯⋯⋯⋯⋯ 280
- 11.2 电影市场营销环境分析 ⋯⋯⋯⋯⋯⋯⋯⋯⋯⋯⋯⋯⋯⋯ 281
  - 11.2.1 电影市场的宏观环境 ⋯⋯⋯⋯⋯⋯⋯⋯⋯⋯⋯⋯ 281
  - 11.2.2 电影市场的微观环境 ⋯⋯⋯⋯⋯⋯⋯⋯⋯⋯⋯⋯ 288
- 11.3 电影消费者消费心理分析 ⋯⋯⋯⋯⋯⋯⋯⋯⋯⋯⋯⋯⋯ 293

	11.3.1 电影消费者的需求分析·················294
	11.3.2 电影消费者的消费动机分析·················296
11.4	电影产品的营销宣传策略·················299
	11.4.1 事件营销策略·················299
	11.4.2 悬念营销策略·················300
	11.4.3 包装营销策略·················301
	11.4.4 卖点营销策略·················302
	11.4.5 口碑营销策略·················302
	11.4.6 借势营销策略·················303
	11.4.7 电影相关产品推广策略·················304

本章小结·················304
思考题·················304
章末案例·················305

第12章 旅游市场营销

12.1	旅游市场概述·················310
	12.1.1 旅游业的概念内涵·················310
	12.1.2 全球旅游市场形势·················311
	12.1.3 旅游方式·················313
12.2	旅游消费的影响因素·················315
12.3	旅游市场营销策略·················318
12.4	旅游业市场营销新思维·················321
	12.4.1 旅游目的地营销·················321
	12.4.2 旅游节庆营销·················326
	12.4.3 旅游网络营销·················328

本章小结·················333
思考题·················333
章末案例·················333

第13章 体育赛事营销

13.1	体育赛事营销概述·················336
	13.1.1 体育赛事营销的定义·················336
	13.1.2 体育赛事营销的特点·················337
	13.1.3 体育赛事营销的内容·················338
13.2	体育赛事营销策略·················340
	13.2.1 体育赛事营销的对象与需求·················340
	13.2.2 体育赛事的营销组合·················343

　　　　13.2.3　体育赛事活动的实施过程……………………………344
　13.3　体育赛事活动的赞助……………………………………………345
　　　　13.3.1　体育赛事赞助……………………………………………345
　　　　13.3.2　体育赛事赞助的实施……………………………………346
　　　　13.3.3　体育赛事赞助的注意事项………………………………347
　13.4　赛事无形资产经营管理与品牌营销……………………………348
　　　　13.4.1　体育赛事无形资产的经营管理…………………………349
　　　　13.4.2　体育赛事的品牌营销……………………………………350
　本章小结……………………………………………………………………352
　思考题………………………………………………………………………352
　章末案例……………………………………………………………………352

参考文献……………………………………………………………………355

第1章
文化市场营销概述

> 章前引例

迪士尼——将"快乐营销"进行到底

1923年,年轻的沃尔特·伊莱亚特·迪士尼向叔父借了500美元,成立了一个生产动画片的公司。当时几乎没有人想到,它竟然会成为一个遍及全球的娱乐业巨头。1928年,迪士尼创造了米老鼠形象,并使它首次出现在同声配乐的动画片中。米老鼠和该部电影使迪士尼获得了巨大成功。10年后,迪士尼成功地完成了从正片播映前的附加短片到正片的飞跃。通过《白雪公主和七个小矮人》一片,他将第一部大型动画片搬上了银幕。这部动画片的经典之作在当时获得的票房收入几乎是个天文数字:800万美元——这是在电影票只有几美分的情况下实现的。

20世纪70年代后期到20世纪80年代初期是迪士尼"失去的10年",公司徘徊在低增长甚至亏损的边缘,曾是好莱坞首屈一指的迪士尼公司变成了二等制片商。1984年,小罗伊重返迪士尼,公司内耗告一段落。随后董事会一致邀请犹太人迈克尔·艾斯纳和弗兰克·威尔斯入主迪士尼。艾斯纳杰出的管理才能加上威尔斯的人事天赋发挥了作用,迪士尼公司从此进入"艾斯纳—威尔斯"时代。艾斯纳和沃尔特一样深知动画是迪士尼的灵魂,他非常看重动画片制作,他对动画片的大手笔投入带来了丰厚回报。艾斯纳在动画领域的另一重要决策就是大胆运用新技术,在第一部故事片长度的计算机动画影片中使用大量的数字设计。艾斯纳还非常重视普通电影的制作,他把电影列为公司长期发展计划之一,首先通过小成本影片来启动迪士尼普通电影门类,实现自给自足的持续发展。在电影史上,再也找不到第二个人像迪士尼那样深刻地意识到电影的娱乐价值,又如此成功地把握住观众的娱乐心理。迪士尼首先想到儿童应该有自己的电影,他拍摄的动画片也被归类为儿童片,但是他显然不满足于只为儿童拍片,他的目光盯着从老到少的观众市场。事实上,迪士尼的动画片比迪士尼的故事片更不像儿童片,能被其中的讽刺与幽默逗乐的,往往是成人,而不是儿童。迪士尼最好的动画片,往往诉诸人类与生俱来的对孤独、隔绝、被抛弃的恐惧感,能被感动的也往往是成人。小象丹博被同类抛弃的悲哀、发现和实现自我的欢欣,小鹿斑比失去亲人、家园的苦痛,是儿童无法完全感受的。但是迪士尼影片主题的复杂性也就只到这种程度,小象丹博最后签百万美元的合同去了好莱坞,这就是迪士尼对成功、幸福的理解。

在20世纪五六十年代,迪士尼已完全变成生产、贩卖娱乐的企业家、商人,他对赚取电视播放的利润、对经营游乐场的兴趣超过了电影制作,这也为公司增加了一个又一个的财富源头。迪士尼倡导的快乐文化,得到世界上各个年龄层次、各个社会阶层人们的认可。可以说,快乐无国界。从迪士尼动画,到迪士尼乐园,再到迪士尼游戏,在迪士尼的所有产品中,无不散发着快乐的因子。

自从沃尔特·迪士尼在1923年创建了迪士尼动画公司以来,米老鼠、布鲁托、古菲、唐老鸭给全世界的孩子带来了快乐。到了1955年,迪士尼利用通过电视赚来的钱在加州的阿纳海姆建立了迪士尼乐园，把动画片的世界变成现实。这个游乐场在1955年开放后，很快就成为美国最受欢迎的一个旅游点。迪士尼的理念是将动画片中的魔幻和快乐场景"复制"展现在现实生活中。他对乐园的热情甚至超过了电影，他说："电影交出后就再也不能变动了，而乐园是可以永无止境地发展下去的；增建、改变，简直就是个活的事物，这一切太有意思了！"

迪士尼带给我们的全部是快乐的回忆，无论在什么时候，它都不会让游客失望，哪怕只有一次。如果游客感到欢乐，他们会再次光顾。吸引游客再次光顾，恰是迪士尼经营兴旺的奥秘所在。

资料来源：王新业. 媒体资源网. http://www.allchina.cn. 有删改.

1.1 文化市场的内涵

谈起文化市场，首先要了解什么是市场。关于对市场的理解，不同学科的观点是不一样的。从市场学的角度而言，市场是由具有一定购买能力、对某商品和服务具有特定需求和欲望，并愿意且能够通过交换来满足需求和欲望的所有现实和潜在消费者所组成的群体。一个完整的市场应该包含三个主要因素：一群特定的有某种需求和欲望的人、具有满足这种需求和欲望的购买能力以及购买欲望。首先，一个具有吸引力的市场应该具备足够多的人口。人口很少，不可能成为很大的市场；只有人口较多，才可能成为一个有潜力的大市场。其次，市场上的人应该是具备一定购买能力的人。如果一个国家或地区人口较多，但收入很低，购买力有限，则不能构成容量很大的市场。最后，一定规模的人口要有一定的购买欲望。如果没有购买欲望，就不会形成购买行为，也就不能形成市场。同时，如果产品不符合需求，不能引起人们的购买欲望，对销售者来说，市场仍然不能成为现实的市场。只有这三者结合起来才能构成现实的市场，才能决定市场的规模和容量，才会让为市场提供产品和服务的企业、经销商等产生兴趣，并为之服务。所以，市场是上述三个因素的统一，任何一个要素不存在或者不明显地存在，都无法形成现实的市场。

文化市场是整体市场的一部分，其主体同样包括文化产品的生产者、经营者、劳动者和消费者，这其中既包括组织也包括个人。文化市场上存在着各种以营利为目的，生产、经营和为文化产品提供服务的文化企业；同时，文化市场上还活跃着直接参与生产的文化劳动者以及追求精神消费、享受文化效用的文化消费者。与物质商品市场相比较，文化市场既具备一般市场的特点，又具备自身的特殊性，其特殊性主要表现在以下几个方面。

1. 文化市场是提供文化产品的交换场所

文化市场就是为文化产品的生产者、经营者和消费者提供交易的场所。文化市场的经营者向消费者提供符合消费者需求的文化产品，从而实现交换，获得利润；消费者根据经营者提供的产品，选择符合自己需求的文化产品，完成交换。但文化市场不同于一般商品市场，一般商品市场上大部分商品是一对一进行交换的，而文化市场上的产品可以一对多进行交换，即生产者可以把自己的产品同时卖给多个消费者，如一个书画展可以吸引无数观众前来观赏，从而通过满足观众的审美需求而获得利润。

2. 文化市场以提供精神产品为主

一般商品市场主要经营物质产品，用于满足人们日常生活的需要。而文化市场提供精神产品，比如新闻、出版、广播、电视、电影服务、网络、文化艺术等主要文化行业，大多以向市场提供精神产品为主。这些产品中的大多数也是以物质形式存在的，物质产品的主要功能也是精神产品的载体，是承载着精神内容的物质产品。失去了精神内容，物质产品也就没有交易价值。但这种价值不能像一般商品一样通过衡量其质量、用途等从而衡量其使用价值，因而其效用是不可评估的，而且是因人而异的，主要与人们的智力、成长环境、经历以及对文化的理解程度有关。所以，在文化市场上，很难衡量一个文化产品的价值，主要取决于消费者自身的感受。

3. 文化市场上交易有形产品和无形产品

文化商品市场不同于一般商品市场，其交换的产品包括有形产品和无形产品两个部分。其中，有形产品主要指图书、音像、出版和艺术品等实物型产品；无形产品主要指演出、博物馆、旅游、现场比赛等非实物型产品。通常，有形文化产品的消费者可以将购买的产品进行物质形态的保留，而无形文化产品则大部分转化为消费者的精神效用，提高消费者的综合素质，不能进行实物形态的保留，并且无形文化产品的附加值更高，而且可以重复消费。

4. 文化市场的文化交换为所有权与使用权分离

在一般商品市场中，当商品交换完成后，物品的产权就发生了变化：由生产者、经营者手中转到消费者手中，归购买者所有。与一般商品市场不同，文化市场上大部分产品的交易不是所有权与使用权统一的交易，而存在着所有权与使用权分离的状况。文化市场上的文化交换活动，通常不伴随产权交易，购买者无法获得自己所购买商品的产权，也无法将其进行转让。例如，演出公司举办演出的同时保留演出剧目的所有权，电视剧制作公司卖给电视台的电视剧也大多是播放权，而将所有权控制在自己手里。

5. 文化市场参与交易的主体多元化

与一般物质商品满足消费需求的特点不同，文化产品具有更复杂的功能和作用。因此，参与交易的主体购买文化产品的目的是多样化的。一般情况下，参与文化市场交易的主体既包括消费者个体，也包括消费群体，还包括政府相关部门、相关社会团体等。交易主体多元和复杂的原因主要由文化产品本身的复杂性所决定。因此，文化市场应是文化商品的交换过程中各种经济关系的总和，这不仅体现为文化商品的交换，同时涉及文化商品所有者与其他生产资料所有者之间的经济关系，以及为文化商品交换的完成提供服务的经济关系和服务。

1.2 文化市场营销

提及文化市场营销,先要了解市场营销的定义。从不同角度及发展的观点出发,人们对市场营销的认识是不一样的,对市场营销下的定义也多种多样。美国学者基恩·凯洛斯曾将各种市场营销定义分为三类:一是将市场营销看做一种为消费者服务的理论;二是强调市场营销是对社会现象的一种认识;三是认为市场营销是通过销售渠道把生产企业同市场联系起来的过程。有代表性的定义主要有以下几种:20世纪著名的营销学大师、4P理论的创始人杰罗姆·麦卡锡认为,市场营销是企业经营活动的职责,它将产品及劳务从生产者直接引向消费者或使用者,以便满足顾客需求及实现公司利润;同时也是一种社会经济活动过程,其目的在于满足社会或人类需要,实现社会目标。被誉为"现代营销学之父"的菲利普·科特勒认为,市场营销是个人和集体通过创造并同他人交换产品和价值以满足需求和欲望的一种社会和管理过程。1985年,美国市场营销协会(AMA)对市场营销做出明确的界定:市场营销是对思想、产品及劳务进行设计、定价、促销及分销的计划和实施的过程,从而产生满足个人和组织目标的交换。我国学者对市场营销的定义也有多种表述。中国人民大学郭国庆教授认为,市场营销既是一种组织职能,也是为了组织自身及利益相关者的利益而创造、传播、传递客户价值,管理客户关系的一系列过程。尽管人们对市场营销的认识不一,观点多种多样,但透过这些观点就会发现,市场营销更多地体现为一个活动过程。正确把握市场营销,必须对涉及这一过程的相关因素进行分析和研究。本书采用著名的营销学家菲利普·科特勒对市场营销所下的定义:市场营销就是个人和群体通过创造、提供、出售、同别人自由交换产品和服务的方式以获得自己所需产品或服务的社会过程。

文化市场作为一种经济形态,最终要依靠市场需求和自身的活力在市场经济中生存。文化企业要在市场经济中存在和发展,必须立足于文化市场,通过提供符合市场需求的产品和服务,在满足消费者需求的同时,实现自己的生产经营目标,并不断发展壮大。因此,市场营销就成为文化企业生存和发展的重要保证。文化市场营销是指文化企业站在卖方的立场上,根据营销环境的变化,通过变潜在交换为现实交换,为满足消费者的需要,从而实现企业任务与目标所进行的与市场有关的一系列管理活动与业务活动的过程。

1.3 文化市场营销核心概念

要了解文化市场营销职能,必须先掌握以下一些文化市场营销核心概念。

1.3.1 需要、欲望和需求

需要是市场营销中最基本的概念。需要是人的一种主观状态，是个体在生存过程中对既缺乏又渴望得到的事物的一种心理反应活动。为了生存和发展，人们需要空气、食物、水、衣服和住所，同样需要创新、接受教育和娱乐。这些需要存在于人类自身生理和社会之中，市场营销者可用不同方式去满足它，但不能凭空创造。当存在具体的商品来满足需要的时候，需要就转变成欲望了。

欲望是指满足具体的需要的愿望。人们欲获取某种能满足自己需要的商品和服务的愿望，更多地表现为一种心理活动过程，而不是一种行为过程。受个人条件、社会环境等因素的影响，欲望的表现形式是不一样的。当欲望较模糊、目标不明确时，欲望一般不会产生现实需求；只有当欲望较强烈，且目的明确时，欲望才能转化为现实需求。

需求是人们有能力购买并愿意购买某个具体产品的欲望。实际上，表现为消费者对某特定产品及服务的需求。人们对某些产品具有购买欲望但如果没有购买能力，这种购买欲望不可能转化为需求。因此，在研究某种产品的市场需求时，必须既要知道人们对其是否有购买欲望，又要了解人们是否有足够的支付能力。需求是市场营销中最重要的因素，是市场存在的前提，没有需求，就不会有市场。因此，企业必须高度重视对需求的研究，准确把握需求的类型、规模、水平和发展变化的方向和趋势。

1.3.2 产品和服务

产品和服务是企业根据市场需求生产和提供，以满足人们各种需求与欲望的各种形式的东西，包括实体产品、服务、场所、思想等。对于产品和服务来说，重要的并不是它们的形态、性能和对它们的占有，而是它们所能解决人们因需求与欲望而产生的问题的能力。

与物质产品的使用价值为满足人们衣食住行的需求不同，文化产品并没有固定而明确的物质使用价值，人们购买或使用文化产品并不是出于具体的使用目的，而常常是基于人的一种精神消费。换句话说，文化产品与文化服务是由营销者提供的以文化作为核心要素、满足消费者精神需求的可进行市场交换的产品与服务，主要满足消费者的精神需求。在文化产业领域，所生产的文化产品虽然是以特定的物质形式走向市场的，但它们有别于一般物质产品的地方在于其物质形态背后所蕴含的精神属性，消费者主要是消费文化产品的精神内涵和精神价值。文化产品所具有的精神性特征，使文化产品的生产者和服务者在注重文化生产经济效益的同时，更应注重其社会效益，注重精神文化产品的文化品位和思想内涵，为社会提供积极健康的文化产品和文化服务。

1.3.3 市场细分、目标市场和市场定位

企业通过某项产品服务来满足所有消费者的需要是不可能的。因此，营销的首要任务

是对市场进行细分。通过分析顾客的人口统计特征、心理特征信息和行为差异信息，可以界定出具有不同产品和服务需求的各类消费者群体。在进行市场细分之后，营销者还必须确定哪个细分市场存在最大的市场机会，从而选择自己的目标市场，进而针对选择的目标市场开发设计特定的产品，并使该细分市场认可企业能够为其带来相应的核心利益。

1.3.4　效用和价值

效用是指产品和服务满足人们欲望的能力。效用实际上是一个人的自我心理感受，是消费者对产品和服务的主观评价。产品和服务效用越大，表明这个产品和服务的价值越高，消费者越愿意去购买和消费。价值是一个很复杂的概念，按照马克思政治经济学的观点，价值就是凝结在商品中无差别的人类劳动，即产品价值。消费者根据不同产品和服务满足其需要的能力，来决定这些产品的价值，并据此选择购买效用最大的产品。在对能够满足某一特定需要的一组产品进行选择时，人们所依据的标准是各种产品的效用和价值。

文化产品是以文化为主要内容的产品，产品的价值来自其文化的意义。作为人类精神活动的体系和成果，文化的核心是人的一种价值观念，以及人在精神领域里的创造活动。不同的人群形成不同的价值理念，也由此形成了不同的文化追求。同一种文化产品，因消费者的眼光不同，对其价值的判断也就大相径庭，而文化产品价值的多义性也为文化产品的市场营销带来相当大的难度。

1.3.5　交换和交易

产品和服务的效用与价值表明了其适合消费者需求的主观属性，是企业根据自己的主观意愿生产和提供给消费者的。效用与价值较高的产品并不总是能够被消费者购买和消费，只有当人们决定通过交换来取得产品、满足自己的需要时，营销才会发生。所以，市场交换是保证产品从企业向消费者转移的基础，即市场营销的基础。交换是一种以某些东西从其他人手中换取所需要产品的完整行为。交换不仅仅是一种交易，而且是建立关系的过程。精明的市场推销人员总是试图与顾客、批发商、零售商以及供应商建立起长期互利互信的关系。

1.4　文化市场营销管理过程

市场营销管理就是企业为实现其任务和目标而发现、分析、选择和利用市场机会以实现企业的战略任务和目标的管理过程，亦即企业与它最佳的市场机会相适应的过程。更具体地说，市场营销管理过程包括如下步骤：分析市场机会，研究和选择目标市场，市场定位，设计营销组合和管理市场营销活动。作为一个完整的过程，文化企业市场营销活动的具体内容很多。根据生产经营的阶段性特征划分，文化市场营销过程包括三个相互联系的阶段，即文化企业在产品生产过程开始之前进行的产前活动、在流通领域内进行的活动以及在流通过程结束后进行的售后活动。其中，产前活动主要包括市场调查、市场分析、目标市场选择、市场定位等工作；产中活动主要包括产品研究、产品开发、产品生产、产品定价、销售渠道选择、产品储运、产品促销营销组合工作；售后活动主要包括售后服务、公关工作、信息收集和反馈等工作。文化市场营销管理过程如图1-1所示。

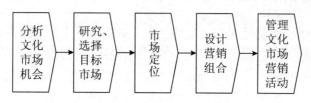

图1-1 文化市场营销管理过程

1.4.1 分析文化市场机会

市场营销学认为，寻找、分析和评价市场机会是市场营销管理人员的主要任务，也是营销管理过程的首要步骤，它要求企业必须从环境机会中找到企业机会。文化市场机会一般是指文化市场上普遍存在的、没有得到满足的需求。简单地说，文化市场机会就是文化市场上的顾客没有被满足的需求。根据机会实现的程度划分，市场机会可以分为现实需求和潜在需求两种。现实需求是文化消费者具有明显的消费欲望，并已经具备了消费条件的需求。这种需求可以转化为现实的购买力，对文化企业具有现实的吸引力。文化企业能够发现并抓住这个机会，就可以销售自己的产品和服务，实现营销目的。

潜在需求是指文化消费者具有一定的消费欲望，但某一个消费条件还不具备，因而无法形成现实的需求。这种需求因为某一消费条件如资金、技术、时间等条件还不完全具备，还不能转化为现实的购买力。从表面上看，这一需求对文化企业不具备现实的吸引力。但实际上，这是文化企业非常重要的一个潜在市场。文化企业如果能够在抓住现实市场机会的同时，动用一部分力量，从企业入手，转变生产经营理念，以潜在需求为目标，积极开发适合潜在需求特点的产品和服务，并积极开发这一市场，就可以比其他企业更早抓住这个机会，实现对这一市场的占领。

通过市场机会分析，文化企业可以确定对本企业最适当的"企业机会"，并结合自己的生产经营能力，确定企业的竞争战略，发挥优势因素，克服弱点因素，利用机会因素，化解威胁因素。同时，考虑过去，立足当前，着眼未来。运用系统分析的综合分析方法，将各种环境因素相互匹配加以组合，从而得出一系列适合于公司未来发展的对策。

1.4.2 研究和选择目标市场

市场营销管理人员发现和评价了有吸引力的市场机会之后，还要进行进一步的市场营销研究和信息收集工作，如市场测量和市场预测工作等，据以决定企业应当生产经营哪些新产品，以及企业应当以哪个或哪些市场为目标市场。目标市场是文化企业决定投其所好、为之服务，且其需求具有相似性的顾客群。目标市场是文化企业最主要的盈利点，也是文化企业能够生存和发展的前提条件。文化企业只有找准自己的目标市场，并为之提供符合其需要的产品和服务，才能完成营销任务，实现营销目标。研究和选择目标市场是对企业机会进行进一步的研究，以达到从中找到企业目标市场的目的。研究和选择目标市场包括市场预测、市场细分、目标市场选择。

(1)市场预测是对市场机会的定量化描述。通过市场预测，可以了解市场的需求规模及发展变化趋势，便于企业判断所选择的市场对企业吸引力的大小，以及企业进入该市场所需要投入资源的多少。

(2)市场细分是指将一个市场按照消费者需求的差异划分为一系列具有不同特征的细分市场的过程。针对不同的市场，可以使用不同的细分标准。对市场进行细分以后，需要企业从不同的细分市场中选择自己要进入的细分市场，这种细分市场是企业的目标市场。在选择目标市场时，需要对不同的细分市场进行评价，评价的内容主要包括细分市场的规模及潜力、细分市场的吸引力及企业的目标和资源。当这些方面都符合要求时，这样的细分市场就可以作为企业的目标市场。

(3)目标市场选择对文化产品和服务非常重要。比如，不同收入水平的群体对文化产品和服务的需求大为不同，同时主观差异性又决定了不同消费群体对文化产品和服务的需求特点各有不同，所以必须敏锐地找到合适的目标市场，进行合适的定位，才能生产出满足消费者需要的文化产品和服务。

1.4.3　市场定位

目标市场确定后，企业为了能与竞争对手相区别，开拓和占领目标市场，取得产品在目标市场上的竞争地位和优势，更好地为目标市场服务，还要在目标市场上针对本企业产品做出具体的市场定位决策，以使本企业的产品在消费者心目中占有一定的独特位置。在企业市场定位过程中，一方面要了解竞争者产品的市场地位，另一方面要研究目标顾客对该产品各种属性的重视程度，然后选定本企业产品的特色和独特形象，从而完成产品的市场定位。

案例
《喜羊羊与灰太狼》的市场定位

国产原创系列电视动画片《喜羊羊与灰太狼》由广东原创动力文化传播有限公司出品，自2005年6月推出后，陆续在全国近50家电视台热播，几年来长盛不衰。在北京、上海、杭州、南京、广州、福州等城市，《喜羊羊与灰太狼》最高收视率达17.3%，大大超过同时段播出的境外动画片，并获得"金鹰奖""金龙奖""白玉兰奖"等诸多奖项。此外，该片在我国香港和台湾地区以及东南亚等国家也风靡一时。2009年，二维动画电影版的《喜羊羊与灰太狼之牛气冲天》在全国上映，创造了约1亿元人民币的票房收入，超过美国超级电影大鳄《功夫熊猫》和《闪电狗》，缔造了国产动画电影的奇迹。《喜羊羊与灰太狼》以羊和狼两大族群间妙趣横生的争斗为主线，剧情轻松诙谐，情节爆笑，对白幽默，还巧妙地融入社会中的流行词语。这部超高人气的长篇动画以"童趣但不幼稚，启智却不教条"的鲜明特色赢得众多粉丝，在国内各项动画比赛中更是屡获殊荣。纵观这部国产动画片的整个营销过程，我们发现，明晰目标受众，进而确定产品内容是《喜羊羊与灰太狼》成功的关键。

首先，《喜羊羊与灰太狼》的目标受众是低龄儿童。于是在产品创作设计方面，首先摒弃了以往国产动画片"寓教于乐"的模式，确定了故事情节和人物逻辑关系简单，选择孩子们熟知的童话故事，内容单纯易懂。一说起中国的动漫，就会让人想起"低幼""简单""教化"这几个关键词。大多数人都认为动漫是给小孩子看的东西，一定要让孩子在看的时候得到教育，学到东西，所以目前很多国产动漫都还停留在这个阶段，以历史、典故、传说为主题，甚至以高、大、全的典型榜样人物为主题，以填鸭式的教学形式为内容，属于"照本宣科"地展示"优秀传统文化"。而《喜羊羊与灰太狼》恰好反其道行之，该片出品方广东原创动力文化传播有限公司总经理卢永强说："我们当初给喜羊羊定下的最核心原则是'要欢乐，不要说教'。"编剧黄健翔也认为，动画片就是要让观众在开心之余感受一些勇敢、机智、友爱的东西，看着舒服就足够了。

现在"喜羊羊"在内地的儿童认知度和影响力方面已经超过"米老鼠和唐老鸭"，在孩子们心目中，"喜羊羊"是首选的动漫形象。而电影版《喜羊羊与灰太狼》的诞生，无疑将儿童这群固定核心收视群体进行了一次有效的资源整合，更加发挥了儿童市场潜在的巨大能量。儿童看电影，买单的却是父母，由儿童的视觉消费直接链接出成年人的金钱消费，《喜羊羊与灰太狼》能创造出如此丰润的经济效益也在意料之中。

其次，产品要有效辐射年轻白领群体。《喜羊羊与灰太狼》的100多名动画师和十多名从事喜剧创作的编剧都是年轻人，平均年龄不超过25岁。他们经常围着一张大桌子闲聊，聊童年经历、朋友以及听来的各种趣事，并将其中很多素材真实、生动、巧妙、幽默地在动画片中表现出来。于是人们发现，很多1980年以后出生的年轻白领也很爱看这部动画片，因为他们觉得《喜羊羊与灰太狼》中的很多情节都能唤起自己的童年回忆。"80后"白领大多都是看着动画片长大的，内心都有一种动漫情结，似乎都不愿意自己长大变老。他们是中国改革开放以后新时代动画片的第一批消费者，而且他们认为看这样的片子很轻松，能排解压力。现在不仅文青扎堆的豆瓣网上成立了灰太狼小组，连天涯论坛上也盖起了讨论《喜羊羊与灰太狼》的高楼。国产儿童动画片能在成年人中产生这样的影响，恐怕还属首次。

最后，《喜羊羊与灰太狼》的市场传播非常到位。《喜羊羊与灰太狼》播出已突破500多集，是目前中国集数最长的动画片。迄今已推出玩偶、图书、舞台剧、手机游戏、书包、主题快餐等相关产品,其中"喜羊羊"系列图书销量过百万,在图书销售排行榜上长期位居前10名,是小学生最喜爱的口袋书之一。据估计,2009年其衍生产品价值达几亿元。

现代的年轻白领爱上网、爱娱乐。于是,广东原创动力文化传播有限公司为喜羊羊建立了官网,大量的图片介绍和壁纸、动画视频下载,成为白领们的新宠。电影中的台词,涵盖了当今社会最热门的话题,如"山寨""盗版""狼死不能复生""黑牛和白牛的奶都不能喝了,只有我们黄牛的奶最安全"等,白领们听后不禁诙谐一笑,成为茶余饭后的谈资。

资料来源:仇晓慧.喜羊羊之父卢永强:我就是灰太狼原型[N].东方早报,2009-07-20.

1.4.4 设计市场营销组合

市场营销组合是企业营销战略的一个重要组成部分。文化企业选定目标市场后,就要积极做好市场营销组合工作,尽快进入该市场,开展生产经营活动,实现经营目标。市场营销组合是指文化企业在选定的目标市场上,综合考虑环境、能力、竞争状况,对企业自身可以控制的因素加以最佳组合和运用,以达成企业目标、完成企业任务的一项综合性工作。

20世纪50年代初,根据需求中心论的营销观念,麦卡锡教授把企业开展营销活动的可控因素归纳为4类,即产品、价格、销售渠道和促销,并提出市场营销的4P组合理论。到了20世纪80年代,随着大市场营销观念的提出,人们又提出应把政治力量和公共关系也作为企业开展营销活动的可控因素加以运用,为企业创造良好的国际市场营销环境,因此,就形成了市场营销的6P组合理论。市场营销组合是企业市场营销战略的一个重要组成部分,是指将企业可控的基本营销措施组成一个整体性活动。市场营销的主要目的是满足消费者的需要,而消费者的需要很多,要满足消费者需要所应采取的措施也很多。因此,企业在开展市场营销活动时,就必须把握住那些基本性措施,合理组合,并充分发挥整体优势和效果。

文化企业要在目标市场上竞争取胜,不能只依靠某一生产经营因素,必须通过营销组合的方法,从多方面入手,形成综合性的营销战略,提高自己的综合竞争能力。文化企业依据自己的营销战略、企业营销环境、目标市场的特点和企业资源情况等因素,制定适合自己的营销组合战略。合适的市场营销组合可以在售前为消费者提供信息,帮助消费者判断文化产品和服务的质量。例如电影营销,营销者需要为消费者提供各种显示电影质量的信号,如明星阵容、制作成本、所获奖项、故事情节预览等;图书营销过程中要召开新书发布会、寻找推荐人、介绍作者的背景、请作者进行演讲等。这些活动实际是为消费者提供质量判断的信号。也可以针对消费者的内心情感诉求,例如许多文化产品和服务都是以名人和明星为基础的,很多消费者对这种明星类产品的消费感的介入程度极高,情感上的诉求使他们愿意支付较高的价格,从而降低消费者的付款门槛。

1.4.5　管理文化市场营销活动

企业市场营销管理过程的第4个主要步骤是管理营销活动，即市场营销计划、组织、执行和控制。这是整个市场营销管理过程中极其重要的步骤，因为企业没有周密的市场营销计划，市场营销工作就失去了方向和目标。制订市场营销计划后还要靠有效的组织系统去执行和实施，否则就是纸上谈兵。在制定科学的营销组合战略后，文化企业要做好营销规划及各项具体政策的执行和控制工作，保证营销战略的实施。具体表现为以下几方面。

(1) 执行市场营销计划。这是指文化企业将营销计划转变为具体营销行动的过程，即把企业的经济资源有效地投入到企业营销活动中，完成计划规定的任务、实现既定目标的过程。文化企业要有效地执行市场营销计划，必须建立专门的市场营销组织。同时，要合理安排营销力量，协调企业营销人员的工作，提高营销工作的有效性。执行营销计划，还需要积极与制造、财务、研究与开发、采购和人事等部门的管理人员配合，促使公司的全部职能部门和所有员工同心协力，千方百计地满足目标顾客的需要，保质保量地完成市场营销计划。要保证计划的正确执行，文化企业的营销部门还要做好营销人员的管理工作。只有制定了科学的营销人员管理政策，充分调动营销人员的工作积极性和创造性，培养其责任感和奉献精神，把计划任务落实到具体部门、具体人员，才能保证在规定的时间内完成计划任务。

(2) 控制营销活动。科学的营销计划是保证营销目标实现的前提。但要保证目标顺利实现，还需要在营销活动过程中做好控制工作，保证营销活动能够完全按照计划的要求展开。营销控制就是文化企业用于监督营销活动过程的每一个环节，确保营销活动能够按照计划目标运行的一套完整的工作程序。营销控制主要包括年度计划控制、盈利控制、效率控制和战略控制。

(3) 营销效益管理。营销效益一般指文化企业在营销活动中的投入与其产出的比较，是企业营销活动所追求的目标。根据营销效益目标的不同，营销效益可以分为经济效益、文化效益、社会效益等。营销效益管理是指文化企业营销管理者主要以价值形式对营销活动及环节进行的计划、控制与监督等工作的总称。它的主要内容是制定文化企业的营销效益计划体系，并将计划分解到相关的营销组织部门和个人。同时，制定相应的效益管理和督促政策，督促和推动营销组织和个人积极执行营销计划、实现营销目标。

本章小结

本章从市场学的角度导入，介绍了市场、文化市场的概念。同时与一般的市场对比，总结了文化市场的五大特征：提供文化产品的交换场所，以提供精神产品为主，交易有形产品和无形产品，交换所有权与使用权分离，参与交易的主体多元化等。结合市场营销的含义引申文化市场营销的含义，市场营销对于文化产品和服务而言有特别的重要意义。

营销者要掌握需求和欲望、产品和服务、市场细分、目标市场和市场定位、效用和价值、交换和交易等营销核心概念，以更好理解文化市场和开展营销活动。市场营销管理的实质是需求管理。市场营销是对思想、产品及劳务进行设计、定价、促销及分销的计划和实施的过程，从而产生满足个人和组织目标的交换。因此，文化市场营销管理过程包括分析市场机会、研究目标市场、准确进行市场定位、设计营销组合、制订市场营销计划、实施组织和控制等过程。

思考题

1. 文化市场与普通市场有什么不同？
2. 如何分辨需要、欲望和需求？
3. 如何开展文化市场营销活动？

章末案例

横店影视城的营销管理

横店影视城是位于浙江省东阳市横店镇的影视主题公园，中国四大影视基地之一，同时也是中国唯一的影视产业实验区，产权为浙江横店影视城有限公司所有。浙江横店影视城有限公司是横店集团成员企业，公司专业从事影视旅游经营，公司下属影视拍摄基地、旅游景区、饭店、旅游营销、制景装修等20家子公司，拥有影视旅游从业人员2000多人。横店影视城是国家AAAAA级旅游区、全球规模最大的影视拍摄基地、中国唯一的"国家级影视产业实验区"，被美国《好莱坞报道》杂志称为"中国好莱坞"。在这里诞生了《鸦片战争》《荆轲刺秦王》《英雄》《满城尽带黄金甲》《功夫之王》《木乃伊3》等700多部影视剧。横店影视城作为一处独具魅力的中国超大型影视旅游主题公园和中国乡村休闲之都，成功地实现了影视基地向影视旅游主题公园的转变，旅游产品由观光型向休闲体验型转变，游客可深度体验影视拍摄、享受度假休闲乐趣。在当今的中国，"江南第一镇"横店享有极高的声誉，在世界上也有越来越多的业内人士和游客开始关注它，然而30多年前，地处浙江省东阳市的横店却只是一个籍籍无名的贫穷山区小镇。小镇横店十年磨一剑，铸成今日之规模，与其在营销上有着独到之处有很大的关系。

一、创新营销战略

市场营销战略，即企业为适应环境和市场的变化，站在战略的高度，以长远的观点，从全局出发来研究市场营销问题，策划新的整体市场营销活动。

1. 市场营销观念

市场营销观念是指企业进行经营决策、组织管理市场营销活动的基本指导思想，也就是企业的经营哲学。横店影视城一直坚持"三赢理念",重视并兼顾代理商、公司及游客三者共赢的市场开发思路。为了保证代理商的利益,横店影视城根据代理商的盈利要求设计价格的毛利空间,举行返利大会及活动奖励,达成与代理商的稳定合作;为了保证游客的利益,横店影视城要求营业员根据消费者的潜在需求和愿望来设计线路、推出活动;另外,横店影视城还为不同的省市制定出不同的保护低价,确保各地影视旅游的价格统一性,使各合作旅行社有利润可赚,很好地控制了市场,避免旅行社之间的恶性竞争,从而很好地维护了公司、代理商及顾客的利益。

2. 目标市场战略

目标市场营销是现代战略营销的核心,包括市场细分、选择目标市场和市场定位三个环节。

(1) 市场细分。由于地区经济发展水平的差异,不同客源地的居民有着不尽相同的旅游意识、旅游习惯,不可能制定出一个放之四海而皆准的市场战略,为此横店影视城的经营者提出了"一城一策"的市场细分战略。所谓"一城一策",就是指根据不同客源地人们的经济水平、旅游意识、旅游习惯,提出不同的旅游概念,进行不同的旅游策划,组合不同的旅游线路,制定不同的旅游价格,提高市场对横店影视城的认知,吸引人们到横店去旅游。"一城一策"具有很高的市场灵活性和可操作性,有效地保证了市场的扩展。

(2) 选择目标市场。横店影视城深入挖掘省内客源,在继续加大对上海、杭州、江苏等战略市场的精细化营销的同时,整合设立省内以浙江、上海、江苏6小时交通圈为主的第一市场和福建、江西、安徽等国内外其他省市的第二市场。2010年上半年,横店影视城在巩固苏、浙、沪老客源市场的同时,在江西、福建、安徽、广东市场取得了不俗的业绩,并把市场触角延伸到湖北、重庆、山东等地。横店影视城将这些目标市场分为培育期市场、成长期市场、成熟型市场三类市场,并针对不同的市场实施不同的品牌传播策略和手段。

(3) 市场定位。横店影视城首先要明确的是,自己是做影视还是做旅游,只有处理好这两者的关系,横店才能在经营和发展的过程中准确地定位自身的服务和市场营销策略。横店在分析自身的优势、劣势和资源特色后,果断地提出对横店影响深远的经营理念,也就是"影视为表,旅游为里,文化为魂"。这个经营理念很好地定位了影视和旅游,并引入文化的概念,影视、旅游、文化三位一体,互相融合,解放了经营者的思想,为横店影视旅游的发展奠定了理论和实践基础。

二、创新营销策略

1. 产品策略

横店影视城自建立以来每个季度都会推出不同的产品,为不同的人群制定不同的线路与产品,因此横店影视城的形象在游客眼中永远都是新颖的,其宣传方式、游客参与度都很好。横店影视城还集合了餐饮、住宿等优质资源,提供优质的服务产品。

(1) 影视旅游文化产品。虽然是从影视基地起步,但今天的横店影视城最让游客青睐的却是横店影视城自主开发的一系列影视文化旅游产品,如《梦幻太极》《暴雨山洪》

《怒海争风》《梦回秦汉》等，目前累计推出的大大小小的节目达到数百个。

当前上百个旅游产品主要可以分为三大类：①影视片断的真人秀表演。该产品是根据在此拍摄的影视片经浓缩改编而成的演艺节目，代表产品有《英雄比剑》《无极》《满城尽带黄金甲》等。②模拟影视片断的体验性产品。该产品是利用影视手法模拟影视片断进行集中展示的体验性项目，代表产品有《暴雨山洪》《怒海争风》等。③传统真人秀与高科技相结合的产品。该产品能给人以梦幻般的体验，代表产品有《梦回秦汉》《汴梁一梦》《梦幻太极》等。

(2) 服务产品。横店影视城针对不同顾客的需求推出优质服务，增加了顾客满意度，主要服务产品包括：①网络订票。横店影视城成立了网络运营中心，加大了网络营销力度，游客可以方便、快捷地在网上订票。②游客接待中心。在广州街、香港街景区大门口设立了总面积达一万多平方米的主游客服务中心，在梦幻谷景区正门口设立了副游客服务中心，在明清宫苑、清明上河图、秦王宫三个景区的门口设立了小游客中心，之后，又在此基础上，在横店后岑山和里坞村新设立了两个游客接待点，加强了对游客的接待工作。③黄包车管理服务。横店黄包车管理办公室的成立改变了以往黄包车乱拉游客、乱加价的状况，为游客提供更为贴心的服务。④休闲娱乐服务。与上海优传媒在浙中唯一的夜游景区梦幻谷合作打造"国际星街"，于2010年3月1日推出。其中有全国首家"邓丽君音乐生活馆""台湾霹雳布袋戏"等数十家特色店加盟，有华谊兄弟唱片、香港艺能及上海上腾娱乐等群星汇聚，还有来自欧、美、日、韩及我国台湾等地的精品展售，给游客带来了新奇购物和别样娱乐等多种惊喜。⑤影视拍摄服务。横店影视城为世界各地的拍摄剧组提供了从拍摄、住宿到设备器材一条龙的服务，主要包括以下服务产品：各个历史时期的场景，各种档次的宾馆，数量庞大的群众演员和签约特约演员，经验丰富的专业人员，各种摄影器材、设施、材料，不同历史时期的陈设道具，大量经验丰富的技工和杂工，专业的马术特技队，各类车辆。

(3) 特色旅游产品。针对不同的客户群体，横店影视城陆续开发了多种特色旅游产品。例如，包装推出定时、定地的"明星见面会"，使各旅行社团队互动参与，创造游客与明星偶像面对面的机会，形成了目前国内唯我独有的具有影视人文特色的旅游产品；推出"拍一天戏，当一回演员""体验影视魅力，参与影视创作"的快乐影视DV游活动；面向党政机关、企事业团体等特殊群体，组合推出以瞻仰革命先烈、缅怀英雄业绩为主题内容的红色之旅；面向老年人，推出"健康老人横店免费体检游"活动。在产品开发与创新方面，横店影视城一直持续推进，不遗余力。横店影视城不断对各景区演艺节目进行升级改版，满足游客不断提高的文化欣赏需求。目前，新的旅游演艺产品的开发正在有条不紊地进行之中，各项服务产品也在不断升级，未来的横店影视城将向中外游客奉献出更高品质的产品和服务。

2. 价格策略

价格是消费者为获得产品而支付的现金数量。横店影视城以顾客需求为导向进行定价，定价合理，以实实在在的优惠吸引游客，具体如表1-1所示。

表1-1 横店影视城官方网站各类产品门市价及售价

产品名称	挂牌价/元	销售价/元	说明
秦王宫景区	80.00	70.00	
清明上河图景区	90.00	80.00	
广州街、香港街景区	90.00	80.00	
明清官苑景区	90.00	80.00	
大智禅寺景区	20.00	15.00	
屏岩洞府	70.00	60.00	含索道费
梦幻谷景区	70.00	60.00	
通票	360.00	320.00	含秦王宫、清明上河图、广州街、香港街、明清官苑、屏岩洞府、梦幻谷
散客联票	255.00	230.00	含秦王宫、清明上河图、广州街、香港街、明清官苑、大智禅寺
散客联票、梦幻谷	305.00	270.00	含秦王宫、清明上河图、广州街、香港街、明清官苑、大智禅寺、梦幻谷

表1-1反映了各景点的门市价和售价。其中，单个景点的价格在百元左右，通票(含7个景点)的销售价为320元，这对于大部分游客而言是比较容易接受的，2001—2009年，游客数量一直持续递增，这也反映出游客对价格的接受度很高。另外，横店影视城经常根据外界环境的变化调整价格并推出各种活动套餐提高游客人均消费比重。例如，2009年为应对金融危机的影响，横店影视城在6月1日到9月25日的"五彩缤纷水世界"期间，果断推出买联票送住宿、周六住宿价格下调和自驾车卡的举措。同时推出了一日游团队(周日至周五)、"体验游""亲子游""学生夏令营"等相关优惠游活动，价格上的优惠吸引了众多游客。横店影视城还在5月下旬至7月下旬在梦幻谷推出旅游消费券，在5月下旬至9月下旬推出金华、绍兴市民散客优惠游，质优价廉的旅游产品契合了游客的消费心理，极大地提高了游客数量。

3. 渠道策略

渠道包括公司为使目标顾客能接近和得到产品而进行的各种活动。2002年成立的横店影视城旅游营销有限公司现已在全国各地设立了42个市场部，全国各省市与横店影视城有良好合作关系的旅行社达到了3000余家。横店影视城精心编织并且用心维护的市场网络在横店近年来的发展中起到了关键作用。

营销公司在初成立的几年中，旅行社是主体销售渠道，横店影视城从2008年开始着手"渠道创新"，加大力度开掘商会、工会、汽车协会、会务公司、4S店及车友俱乐部等第二渠道，以此带动散客市场。另外，横店影视城通过电视购物平台，让横店产品直接面向散客终端，也取得了非常好的效果。为整合资源，拓宽横店影视旅游的销售渠道，横店影视城于2010年1月初成立了网络运营中心。据横店影视城官网新闻报道，截至2010年6月底，该中心已有17 663人通过网上订票，营收达到564.49万元。该中心自成立以来，以把横店影视城网站打造成操作方便、实用、信息量广的大型旅游门户网站为目标，除了负责公司的网站维护、网络宣传外，把工作侧重点放在散客营销上。散客营销工作从两方面着手：一是代理商的铺点工作。在以往与旅游互联、上海携程、艺龙等十多家网站代理商合作的基础上，增加专业旅游网站(芒果网、途牛网等)，让散客在任何一家知名的旅游网站上都可以看到横店影视城的产品；二是建立横店影视城自己的专业销售网站，畅通电子商务直销渠道。在目前中心人手有限的情况下，巧借外力，计划在淘宝网上开设横店影视城的官方店铺，拟以淘宝网做试点；对虚拟售票的流程进行一次试运行，降低横店影视城官网改造的风险。

4. 促销策略

促销包括公司传播其产品的优点以及为说服目标顾客购买而开展的各种活动。横店影视城一年到头活动不断，精彩纷呈，吸引了越来越多的游客来到横店影视城实现体验游、休闲游、购物游。横店影视城以节庆活动带动横店特色旅游，结合景区实际开展特色主题活动。例如，春节期间，举办"红红火火过大年"活动，元宵节举办灯会、闹元宵等活动，端午节在广州街、香港街景区举办"五彩缤纷水世界"活动启动仪式暨赛龙舟活动，推出"端午民俗游"的文化大餐；盛夏，在横店五大景区分别开展"冰镇啤酒节""冰爽西瓜节""泼水狂欢节""秦宫凉茶节"活动；秋季，利用中秋节举办中秋系列活动；冬季，在梦幻谷推出"圣诞嬉雪"活动；元旦前夕，在大智禅寺举办鸣钟祈福迎新年活动，等等。横店影视城还努力实现与上海世博会的无缝对接，吸引更多世博会游客来横店影视城旅游。

横店影视城网络运营中心将"红红火火过大年"等景区活动搬上官网，辅以优惠政策，实现了不俗的销售业绩。横店影视城网络运营中心还与学乐中国网合作开展"全国中小学生征文比赛"，利用其独特的网络资源推广横店影视城的亲子游政策，将亲子游政策以"电子优惠券的形式"有形呈现，以拉动自驾游群体，宣传效应十分明显。

横店集团把旅游和影视结合起来，积极创建富有民族特色的影视主题公园，借助著名影视作品在全国和全球的影响开发旅游主题，吸引国内外游客，带动旅游业的发展。横店集团充分使用市场营销策略开发和利用当地旅游资源，使人文景观与自然景观相互融合、完美结合，丰富了旅游文化的内涵，创出了横店的旅游品牌。

资料来源：曾毓琳. 横店传奇——横店影视城发展的探索[M]. 北京：北京大学出版社，2008.

问题：

结合文化市场营销的管理过程，谈谈横店影视城是如何开展市场定位并设计营销策略的。

第2章

文化市场营销环境分析

> **章前引例**

《爸爸去哪儿》为啥火？五大原因征服观众

2013年，在彻底吃腻了"好声音"的满汉全席之后，荧屏上亲子节目的星爸、萌娃如同精致的、酸酸甜甜的开胃小菜，挑起了观众的味蕾。其中，湖南卫视的《爸爸去哪儿》一播出就"爸气"外露，不但每集收视夺冠，连首期体验地——北京郊区秀才村都一夜之间成为旅行社争先热推的"景点"。该节目更带动了青海卫视《老爸老妈看我的》，以及浙江卫视《星星知我心》的收视率，也让诸多卫视蠢蠢欲动，纷纷在2014年推出一系列类似节目。

《爸爸去哪儿》为啥这么受观众欢迎？高收视到底有啥"秘籍"？一系列亲子节目引发收看热的背后折射出怎样的社会现象？

原因一：素材足，1000小时素材精剪成90分钟

作为第一档亲子节目，《爸爸去哪儿》邀请到了林志颖、郭涛、王岳伦、田亮、张亮5位明星，带着他们的萌宝贝Kimi、石头、王诗龄、Cindy和天天一起，前往陌生并偏远的农村进行隔离式的体验生活。在此过程中，不会带孩子的爸爸和不太听话的娃娃的一举一动，都牵动着荧屏外观众的心……

有人说，相比《中国最强音》《快乐男生》引发的争议，《爸爸去哪儿》是湖南卫视2013年继《我是歌手》之后唯一一档获得一边倒好评的节目。因为是实时录制，剧情不容重拍，所以摄制组多个机位拍摄，每期素材都超过1000小时，最终剪成了每集90分钟。

原因二：不狗血，大量"有料"素材被忍痛舍弃

1000小时的素材剪成90分钟，自然有不少"有料"的素材会被导演组忍痛割爱。在未被曝光的素材中，田亮找不到女儿发脾气、天天和石头打架、Cindy滑沙出意外疼到大哭、王岳伦被女儿"烦"到无语……经过"剪刀手"的操作，这些片段在电视播出版本上悉数不见了。为什么明明看点十足的部分被剪掉呢？这些"冲突"部分并不是明星要求删除的，而是节目组不愿过多渲染矛盾，更不想利用孩子的真情洒狗血。

原因三：定位准，萌、甜、憨、淘、酷，每个宝贝都有脚本

5个孩子的表现力和性格是节目受欢迎的重要原因。在筹备期，节目组列了一个十多人的邀请名单，但最终没能达成。很多演员根本不考虑让孩子出镜。节目播出后，Kimi的萌、石头的酷、王诗龄的憨、Cindy的甜、天天的淘，一下子吸引了无数粉丝，不少网友甚至开帖专门讨论哪个孩子更可爱。编剧组根据5个孩子的性格写了脚本，为求真实，情节都瞒着孩子和爸妈。

原因四：团队佳，默契磨合了近15年

一档好的栏目自然离不开优质的团队，《爸爸去哪儿》由湖南卫视《变形记》的谢涤葵团队打造，由《我是歌手》的制作人洪涛担任监制。整个团队从1999年湖南卫视《晚间新闻》开始磨合，至今已近15年。

原因五：接地气，明星也会焦头烂额

一档亲子节目引起全社会讨论，当然也折射了一部分社会现象。当明星在演戏、唱歌时，离老百姓的距离自然很远，而当大明星同样会被熊孩子气得束手无策、同样因为不会给孩子冲奶粉而焦头烂额时，他们在观众心里的形象才亲近、立体起来。与此同时，中国父亲与孩子的亲密程度从来都不如母亲，很多父亲根本没有独自与孩子相处的经验，这也是亲子节目可以引人思考的原因。

总体而言，谢涤葵表示，节目之所以火爆，是因为它对中国长期的"女主内、男主外"文化中存在"父亲角色失位"进行了重新审视，"这个节目反响这么大，正切中了现在的社会热点：很多人将过多的精力放在赚更多的钱，成就更大的事业上，过于重视给家庭带来物质保障而忽视了与家庭成员在精神层面的交往"。

资料来源：新华网。http://news.xinhuanet.com/gangao/2013-10/25/c_125598922.htm。有删改。

2.1 文化市场营销环境的含义及特点

2.1.1 文化市场营销环境的含义

市场营销环境是指影响和制约企业市场营销决策和实施的各种外部条件的总和，它对企业的营销活动产生影响，而企业对其又无法控制。因此，市场营销环境是企业营销过程中的不可控变量。

所谓文化市场营销环境是指一切存在于文化企业营销管理职能之外的，影响其具体营销活动和营销目标实现的各种外部因素和力量的总和。一般来说，文化市场营销环境主要包括两方面构成要素：一是宏观环境要素，即影响文化企业微观环境的巨大社会力量，包括人口、经济、科学技术、政治法律、社会文化等多方面的因素；二是微观环境要素，即与文化企业紧密相连，直接影响其营销能力的各种参与者，这些参与者包括企业的内部营销环境、供应商、营销中介、顾客、竞争者以及社会公众。宏观环境主要以微观环境为媒介间接影响和制约企业的市场营销活动，而微观环境直接影响和制约企业的市场营销活动。前者可称为间接营销环境，后者可称为直接营销环境，而直接营销环境直接受制于间接营销环境。

2.1.2 文化市场营销环境的特点

文化市场营销环境是一个多因素、多层次而且不断变化的综合体，其特点主要表现在以下几方面。

1. 客观性

文化企业是在特定的社会经济和其他外界环境条件下生存、发展的。不管人们承认与否，文化企业只要从事市场营销活动，就不可能不面对这样或那样的环境条件，也不可能不受到各种环境因素的影响和制约，包括微观层面和宏观层面。一般而言，营销环节无法摆脱营销环境，尤其是宏观环境。企业难以按自身的意愿随意改变，只能主动适应环境的变化和要求，并不断制定和调整市场营销策略。

2. 差异性

在全球范围内，宏观环境和微观环境都不尽相同，存在着广泛的差异性，这些差异性对企业的营销活动的影响显然是不同的，即使是同一种环境因素发生变化对不同企业的影响也不尽相同。正是因为营销环境存在差异，企业为适应不同的环境及其变化，必须采用有针对性的营销策略。

3. 关联性

市场营销环境是一个系统，在这个系统中，营销环境诸因素之间相互影响与制约，一旦某一因素发生变化会带动其他因素相互变化形成新的营销环境。这是由于社会经济现象的出现，往往不是由某个单一的因素所决定的，而是受到一系列相关因素影响的结果。

4. 动态性

市场营销环境是一个动态系统，构成营销环境的诸多因素都受众多因素的影响，每个环境因素都随着社会经济的发展而不断变化。营销环境的变化，既会给企业提供机会，也会给企业带来威胁，企业的营销活动必须适应环境的变化，并追踪不断变化的环境，及时调整企业的营销策略。

5. 不可控性

影响市场营销环境的因素是多方面的，也是复杂的，并表现出企业的不可控性。这种不可控性在不同的企业中表现不同：对于相同的因素，企业的可控程度不同；有些因素的可控性随时间的推移会发生变化。因此，作为文化企业的营销活动要适应市场营销环境，用不同的方式增强适应环境的能力，避免来自营销环境的威胁，使营销活动有效适应营销环境。

2.2 文化市场营销的宏观环境

文化市场的宏观环境是指给文化企业造成市场机会和环境威胁进而能够影响文化企业营销活动而文化企业自身不可控制的主要社会变量，主要包括人口环境、经济环境、科学技术环境、政治法律环境、社会文化环境以及自然环境等。宏观营销环境对组织的作用相对于微观营销环境而言其影响范围更加广泛。

2.2.1 人口环境对文化企业营销的影响

市场是由潜在消费者组成的，因此营销活动需要紧紧围绕构成消费者的人口这一要素展开，人口的多少直接决定了市场的潜在容量和市场规模；而人口的年龄结构、地理分布、婚姻状况、人口密度、人口流动性、文化教育程度等因素都会对文化市场的格局产生深刻影响。

1. 人口规模对文化市场营销的影响

2000年以来，我国人口自然增长率为0.76%，而2011年仅为0.48%。尽管如此，我国依然是世界第一人口大国，2012年全国总人口为13.54亿。庞大的人口数量意味着消费需求的与日俱增，带来了巨大的市场机会。但同时人口增长可能导致人均收入下降，人们对物质需求的消费比例会高于精神需求的消费比例，这样会在一定程度上影响文化产品的消费市场。

2. 人口结构对文化市场营销的影响

人口结构又称人口构成，是指将人口以不同的标准划分而得到的一种结果。它反映一定地区、一定时点人口总体内部各种不同质的规定性的数量比例关系，主要有性别结构和年龄结构。构成这些标准的因素主要包括年龄、性别、人种、民族、宗教、教育程度、职业、收入、家庭人数等。由于这些方面存在差异导致在文化产品和服务方面的需求程度和消费水平也存在着差异。例如，随着人口自然增长率的下降，人口老龄化速度远远高于西方国家，中国人口老龄化趋势已经显现，反映到文化市场上，老年人对于保健、戏剧、养生图书等文化产品的市场需求会有明显的上升。再如，近年来的非家庭住户(包括单身成年住户、两人同居者住户和集体合租住户)的出现，对于文化娱乐产品和服务的需求更加旺盛，营销者应当注意他们的特殊需求和购买习惯。

3. 人口的分布及流动对文化市场营销的影响

人口分布主要指人口在不同地区的密集程度，就我国人口分布而言主要集中在东南沿海一带，且城市人口密度大，农村人口相对分散，这使得城市人口成为文化产品市场的主要消费者。另外，随着我国城市化的逐步推进，农村人口向城镇流动，内地人口向沿海经济开放地区流动，这都会造成当地文化产品和服务的基本需求量、种类、结构的变化，从而为文化企业带来更多的市场机会。

2.2.2 经济环境对文化企业营销的影响

从市场营销的角度看，影响企业营销活动的直接经济要素是社会购买力。购买力水平是影响市场规模大小的决定因素。在进行经济环境分析时，要着重对购买力有影响的主要因素进行分析。

1. 消费者收入对文化企业营销的影响

消费者收入是指消费者个人通过各种来源所得到的货币收入，通常包括个人的工资、奖金、其他劳动收入、退休金、助学金、红利、馈赠、出租收入等。消费者收入主要形成消费资料购买力，这是社会购买力的重要组成部分。然而，消费者并不是把全部收入都用来购买商品或服务，因此在分析消费者收入时，要着重分析消费者的可支配收入，这部分收入是用于满足人们基本生活需要之外的开支，一般用于购买高档耐用消费品或用于文化娱乐消费等，因此它是影响消费者对文化产品和服务的购买力和支出的决定性因素。另外，在分析消费者收入时，还要区分货币收入和实际收入，实际收入是扣除物价变动因素后实际购买力的反映，由于通货膨胀、失业、税收等因素的影响，有时货币收入增加，而实际收入却可能下降，只有实际收入才直接影响实际购买力。

2. 消费者支出对文化企业营销的影响

受消费者收入的影响，消费者的支出模式会发生相应变化，西方一些经济学家用恩格尔系数表明此种变化。恩格尔系数是食品支出总额占个人消费支出总额的比重。19世纪，德国统计学家恩格尔根据统计资料，对消费结构的变化得出一个规律：一个家庭收入越少，家庭收入中(或总支出中)用来购买食物的支出所占的比例就越大，随着家庭收入的增加，家庭收入中(或总支出中)用来购买食物的支出比例则会下降。众所周知，食物是人类生存的第一需要，在收入水平较低时，其在消费支出中必然占有重要地位。随着收入的增加，在食物需求基本满足的情况下，消费的重心才会开始向穿、用、文化娱乐等其他方面转移。因此，随着家庭收入水平的提高，用于文化产品和服务的支出比重也会提高。此外，消费者支出模式还受家庭生命周期阶段的影响。有孩子的家庭与没有孩子的家庭的支出情况有所不同：没有孩子的家庭负担较轻，往往将更多收入用于购买耐用消费品；而有孩子的家庭收入预算会集中在娱乐、运动、教育等方面。等到孩子独立生活以后，父母有大量可支配收入，有可能把更多的收入用于医疗、保健、旅游、购置奢侈品或者储蓄。

3. 消费者储蓄和信贷对消费者的影响

消费者支出不仅受到消费者收入的影响，还受到消费者储蓄和信贷情况的影响。当收入一定时，储蓄越多，现实消费量越小，但潜在消费量越大；反之，储蓄越少，现实消费量越大，但潜在消费量越小。文化企业若能根据消费者的储蓄状况发掘消费者的潜在需求，便可开发新的目标市场。另外，消费信贷对购买力的影响也很大。消费者信贷包括短期赊销、分期付款和信用卡消费三种模式，借助发达的信用体系可以提升消费者的消费能力，从而扩大市场规模。

2.2.3 科学技术环境对文化企业营销的影响

科学技术的发展对于社会的进步、经济的增长和人类社会生活方式的变革都发挥了巨大的推动作用。第二次世界大战后，科学技术发展日新月异，尤其是进入20世纪90年代以来，新科技革命蓬勃兴起。科学技术作为营销环境的重要因素，直接影响文化产业的发展。例如，现代工业机械化技术为文化产品的工业化生产和传播提供了物质和技术基础；以电子技术为代表的现代科技以前所未有的速度和规模进入文化领域，催生出众多以工业生产方式制造和传播文化产品的行业，促进了文化工业向文化产业的转变和本质飞跃；以互联网为代表的数字技术和信息技术，不仅极大地拓展和丰富了文化产品的表现形式和生产方式，更使文化产业获得了前所未有的大规模复制和传播的能力。在文化产业发展的每一个阶段，科学技术都扮演了重要角色。

同时，现代科技帮助文化企业提升了产品的市场竞争力，在文化产品的生产管理、传播和销售等环节，由于现代科技特别是数字存储技术和网络技术的应用及创新，为文化产品提供了前所未有的大规模传播的能力，缩短了文化产品从创意到实现所需的时间，使生产管理、传播和销售变得更为迅捷简便，在极大地降低了这些环节的成本，充分发挥出文化产品资源的应有效益的同时，使得文化产品比以往更加具有时效性。在文化产品流通环节，特别是传播技术如印刷技术的进步，广播、电影、电视、电脑网络空间技术等的诞生，都对文化产品的流通起了革命性的作用，使之流通速度更快、周期更短，表现出流通空间立体化、时间快速化和手段现代化等特征。

再者，科学技术的快速发展可以有效地引导和开发出新的文化产品和消费需求，培育新的文化消费群体。科技与文化的交融日益深化，不仅使得传统文化产品的生产环节发生脱胎换骨的变化，焕发出新的生机和活力，拓展出新的文化品种，而且会对文化产品的接受和消费方式产生深刻影响，有效地引导和开发出新的文化消费需求，培育新的文化消费群体。例如，当人们正在思考未来文化产品与存储技术如何完美融合的时候，苹果公司推出的IPad产品抛给世人一个更深刻的命题——我们是否还需要纸质书刊？随着IPad产品的推广，越来越多的人开始冷落纸质书刊，一场阅读革命悄然兴起。人们正改变着阅读的习惯，文化产品也在顺应着人们的需求而改变。移动电子技术在文化产品终端上的应用已经成为发展的新亮点。

总之，随着科学技术的进步与发展，文化企业更需要不断关注并思考如何调整战略，以适应新环境的出现，从而使企业能够抓住机会，避免风险，求得生存和发展。

知识链接　科技进步促进了唱片业的发展

1. 圆盘唱片

1877年，爱迪生发明留声机。1887年，蜡筒留声机推上市场，由于机器笨重，使用不便，且不能复制，未能获得有价值的商业应用。1888年，德国人贝里纳改进了早期留声机，推出了圆盘唱片。圆盘唱片由于采用水平播放的方式，使针压保持稳定，提高了音质，而且它的生产工艺便于工业化大规模复制，使唱片走入人们的生活成为可能。因此，圆盘唱片的出现，宣告了唱片工业的诞生。

2. 音频盒式磁带

1963年，荷兰飞利浦公司生产音频盒式磁带。音带复制工艺简便，使用方便，可以放音、录音。1967年，应用杜比降噪技术后，音质有了很大提高。音带的产生不仅提供了一种新的载体，而且改变了人们欣赏音乐的方式。人们听音乐不再局限于客厅，在野外、在汽车里都可以听音乐。1979年，索尼公司推出"随身听"后，人们使用音带更为方便。因此，社会生活对唱片(磁带)的需求量大大增加，使得音乐更为普及，唱片公司得到了更大的发展机会。

3. 激光数码唱片

1980年，激光数码光盘存储技术问世。1982年，索尼公司和飞利浦公司在雅典消费性电子工业博览会上推出了激光数码唱片。激光唱片声音干净，音源可靠，选曲方便，可反复使用而无损耗。这些突出的优点，使激光唱片很快风靡世界，取代音带成为音乐的主要载体。

4. 网络时代

每一种新音乐载体的出现都会推动产业进步，无论是唱片还是播放机都呈现出巨大的发展空间和商业价值。网络信息传输技术的出现，对唱片业的影响更为深刻。它不仅提供了一种新的载体和传播方式，还将影响整个唱片业态，改变音乐制作、销售的运行模式，重新整合新的产业链。唱片工业促进了音乐的繁荣、传播、交流，形成了庞大的产业，创造了巨大的财富，而这些都与新技术的应用息息相关。

资料来源：孙亮. 文化艺术市场营销[M]. 北京：文化艺术出版社，2008.

2.2.4 政治法律环境对文化企业营销的影响

企业的市场营销活动总是要受到政治法律环境的影响，而文化企业的产品和服务可能涉及思想意识、品位修养和舆论导向，因而政治法律环境对市场营销活动的影响更大。

政府对于文化企业的体制要求、扶持优惠、规范行为等各方面都有相应的政策法规进行约束与规定。例如，我国于2009年明确提出国有演出院团体制改革的路线图、时间表和任务书，这一年全国文化系统国有文艺院团转企改制的有69家，超过过去6年的总和。再如，2009年我国通过的第一部文化产业专项规划——《文化产业振兴规划》，将文化产业提升为国家的战略性产业。2010年，中宣部、人民银行等九部委出台《关于金融支持文化产业振兴和发展繁荣的指导意见》后，各大金融机构均从加大信贷投放、鼓励金融创新、拓展融资渠道、深化多方合作等多个方面，全方位引导加强对影视业、新闻出版业、文化艺术服务业、旅游文化服务业、会展业、动漫业、艺术设计和艺术经营业、文体用品制造业等重点发展领域的金融支持力度。中共十七届六中全会审议通过《中共中央关于深化文化体制改革推动社会主义文化大发展大繁荣若干重大问题的决定》，推动文化产业成为国民经济支柱性产业，这对文化产业发展无疑具有里程碑性的意义。2012年2月15日，中共中央办公厅、国务院办公厅印发《国家"十二五"时期文化改革发展规划纲要》。2012年2月28日，文化部颁布《文化部"十二五"时期文化产业倍增计划》。随着扶持政策的细化落地，未来十年我国文化产业将迎来大发展的黄金十年。又如，文化产业的核心为创意，与文化产业创意相关的知识产权保护成为法律法规约束和保护的重点。2009年颁布的《文化产业振兴规划》短短5000多字，曾三次明确提到知识产权问题。可见文化企业的生存与发展和政治法律环境是息息相关的。

文化企业的政策分析主要从三个方面展开：首先是政策构成分析，即需要了解文化市场营销活动相关的政策，包括产业政策、宣传政策、财政政策、金融政策等；其次要对政策倾向性进行分析，了解政府对本产业在各个方面的鼓励、限制性条款，从而判定政府对于产业发展的倾向与态度；再次要对政策的持续性进行分析，判定政策的稳定性和政策变化趋势的一致性，从而充分利用有利政策开展文化企业的市场营销活动。

案例2.1
文化产业政策对日本文化信息产业的影响

日本政府认为：在推动文化信息产业化的过程中，政府代表了一股关键的力量。唯有完善的政策法令，才有民族产业成功的机会。为了成功实现文化产业信息化战略，日本政府提出了五大重点政策：建立全球最高水准的信息通信网络；改善信息教育，提升和培养人才；大力促进电子商务的发展；推动政府机关和公共服务的信息化；建立可靠与安全的信息通信网络，维护国家信息安全。此外，日本政府还提出了四项重大发展要求：推动研究发展；消除数字化的差距；解决就业问题；促进日本开展国际合作。而在2002年发表的《信息化日本重点战略2002年》中，则增列一项跨政策的议题，强化国民对发展信息化的认同，至此形成迈向信息化社会的推进力量。

在实际的策略方面，日本政府还加快了企业和社会享用信息化资源的研究和推广。如对于日本素有优势、利润丰厚的动漫产业，日本政府从信息化角度给予特别的重视和制定扶持政策；为了营造世界最先进的信息化网络环境，日本政府开始研究如何有效利用无限网络和频道重新分配的问题；检讨原来用于非管制的公共频道的使用效率，以提高效率；研究如何多重使用新的无限广电频道和通信网络；无限通信网络和广电频道必须因地制宜，统筹规划；政府必须建立无限通信网络和广电频道的公平使用方案，使公益事业和民间团体都能公平、有效地使用这些基础信息设施。

在产业政策强有力的引导下，日本许多企业开始大量投资娱乐、信息和通信相结合的新产品和新技术。富士产经通信集团所属富士电视的口号是"彻底数字化"；日立制作所和日本电器公司以供应精密零部件的方式同游戏机产业进行合作，在娱乐产业的投资中获得了可观的回报；为加强在世界市场上的竞争力，索尼公司同飞利浦公司和先锋公司结成数字视盘专利联盟，竭力抢占数字化视盘产业的上游技术，然后向从事数字视盘生产的其他公司获取专利费。1999年，日本与信息技术相关的投资在民间企业投资中所占的比例首次突破20%。

到2003年，日本与信息技术相关的投资总量是5年前的两倍，在民间企业投资中所占的比例持续上升。文化投资同IT投资的高度结合，产生了可观的利润。

目前，属于文化载体的日本数字产品在世界市场上很受欢迎，如高清晰度袖珍视盘，手掌大小的摄像机，兼有摄像、录音、照相、编辑、通信、上网和传输功能的新一代手机等。富士通公司为了增加数码相机所用的闪存的产量，投资1600亿日元，同比增加82%。

> 2003年，全球数码相机的销量第一次超过使用胶卷的相机，这是一个具有里程碑意义的事件，而日本正是全球数码相机的主要生产国。到2004年上半年，有一个惊人的变化开始出现，在主要发达国家的市场上，低档数码相机正逐渐淡出，兼有摄像、录音、照相、编辑、通信、播放动画、上网和传输功能的新一代手机开始热销，并逐步取代了低档数码相机的功能，而日本恰恰是新一代手机技术的始作俑者。信息技术的不断革新，使日本可以通过技术升级来争夺文化消费市场上一个又一个新的制高点。而在技术更新浪潮的背后，则是日本有效的产业促进政策改善了产业发展的环境及资源有限的态势。
>
> 资料来源：http://wenku.baidu.com/link?url，2015-5.

2.2.5 社会文化环境对文化企业营销的影响

社会文化环境是影响企业营销诸多变量中最复杂、最深刻、最重要的变量。社会文化是某一特定人类社会在其长期发展历史过程中形成的，它主要由特定的价值观念、行为方式、伦理道德规范、审美观念、宗教信仰及风俗习惯等内容构成，它影响和制约着人们的消费观念、需求欲望及特点、购买行为和生活方式，对企业营销行为产生直接影响。任何企业都处于一定的社会文化环境中，企业营销活动必然受到所在社会文化环境的影响和制约。为此，企业应了解和分析社会文化环境，针对不同的文化环境制定不同的营销策略，组织不同的营销活动。企业营销对社会文化环境的研究一般从以下几个方面入手。

1. 教育状况分析

受教育程度的高低，会影响消费者对商品功能、款式、包装和服务要求的差异性。通常文化教育水平高的国家或地区的消费者要求商品包装典雅华贵，对附加功能也有一定的要求。因此，企业营销开展的市场开发、产品定价和促销等活动都要考虑消费者所受教育程度的高低，采取不同的策略。一般而言，教育水平高的地区，消费者对精神生活的要求较高，尤其是高品位、高质量的文化产品和服务更容易被接受，对文化产品和服务的购买热情也高。因此，在设计产品和定制产品策略时，文化企业需考虑当地的教育水平，提供的文化产品要与之相适应。

2. 宗教信仰分析

宗教是构成社会文化的重要因素，宗教对人们的消费需求和购买行为的影响很大。不同的宗教有自己独特的对节日礼仪、商品使用的要求和禁忌，某些宗教组织甚至在教徒购买决策中有决定性的影响。为此，企业可以把影响大的宗教组织作为自己的重要公共关系对象，在营销活动中也要注意到不同的宗教信仰，以避免由于矛盾和冲突给企业营销活动带来的损失。

3. 价值观念分析

价值观念是指人们对社会生活中各种事物的态度和看法。在不同的文化背景下，人们的价值观念往往有着很大的差异，消费者对商品的色彩、标识、式样以及促销方式都有自己褒贬不同的意见和态度。企业营销必须根据消费者不同的价值观念设计产品，提供服务，文化产品与服务尤为如此，如同样是以"花木兰"为题材的文化产品，在中国因代父从军、体现孝道而被传为佳话；而在美国被拍成动画电影却重点突出为花木兰追求个人梦想、自我价值实现的过程。在不同的文化背景下，每个国家崇尚的价值观不同，文化产品及服务中渗透的价值观念的侧重点也有所不同。

案例2.2
《大长今》的跨文化营销传播策略

2005年9月1日，湖南卫视率先在国内独家播放《大长今》，此举一出，全国同时段的收视率便由湖南卫视抢去了风头。一时间，对《大长今》的议论便如雨后春笋般出现，来自普通公众的，来自影视圈人士的，来自文化传播研究专家的，褒贬不一。《大长今》中的家庭温情、爱情、友情等情感都追求至真至美，而对手之间的恨与之形成了鲜明对比；曲折的故事情节将各种情感通过演员精湛的演技表现出来，受众在欣赏的过程中获得了共鸣。在现实生活中，人们对文化产品的消费往往以主体和对象之间的情感共鸣为基点。人们通过对文化产品的消费，产生喜、怒、哀、乐和情感上的强烈震撼，同时又将这种思想情感投射到欣赏对象上，即根据自己的思想感情和生活经验来理解、欣赏和评判对象，从而达到主体与对象之间的思想感情的对流、升华。

《大长今》作为一种社会文化产品，向中国受众传递韩国社会的主流价值观，而这种价值观又与其历史文化有着千丝万缕的联系。纵观韩国发展史，其早期文化与中国古代历史渊源颇深。《大长今》中，韩国文化与中国历史文化的交流、人文思想与民族传统的融合，真实地再现了一个平凡女性在男尊女卑的社会背景下如何发展及取得成功。"韩剧正是利用和挖掘了这种文化上的同源性，把伦理文化和道德美感作为影视剧的文化灵魂，以人伦、爱情、友谊等作为故事结构主线，在平凡的生活故事中，渗透儒教中"孝悌仁爱""乐善好施""己所不欲，勿施于人""老吾老以及人之老，幼吾幼以及人之幼"这些具有普遍价值的伦理观。"这在儒家文化圈乃至佛教文化圈内具有更大的文化共鸣感。儒家文化圈包括亚洲的中国、日本、韩国、朝鲜及东盟十国。相近的文化渊源、地理空间和价值观念，使韩国文化与这些国家和地区的文化具备接近性的特点，存在着相互交流与沟通的基础。在大众传播特别是跨文化传播过程中，"要传而通，首先要传播双方对传播符号有共同的符号本，即有相同的编码和译码"。而在视听媒介中，接近性是观众收看(听众收听)节目的重要心理因素。因此，韩国带来的文化产品具备良好的亲和力。特别是韩剧中精心设计的故事情节、漂亮的男女主人公、时尚的人物装扮、清新素洁的场景、悠扬动人的音乐、委婉含蓄的情感表露，更兼以浪漫而富有节奏的叙述，为观众呈现出一个近乎纯美的世界，让人流连。

资料来源：吴垠. 从《大长今》看营销传播[J]. 首席市场官，2006年(5).

4. 风俗习惯分析

风俗习惯是人们根据自己的生活内容、生活方式和自然环境，在一定的社会物质生产条件下长期形成，由世代相袭的风尚和重复练习而巩固下来并变成需要的行为方式等的总称。它在饮食、居住、婚丧、信仰、节日、人际关系等方面都表现出独特的心理特征、伦理道德、行为方式和生活习惯。不同国家、不同民族都有不同的风俗习惯，它对于消费偏好、消费模式、消费行为都有重要影响，从而形成一个地区特有的消费习俗。消费习俗是指人们在长期经济与社会活动中所形成的一种消费方式与习惯。不同的消费习俗，具有不同的商品要求。研究消费习俗，不但有利于组织好消费用品的生产与销售，而且有利于正确、主动地引导健康的消费。了解目标市场消费者的禁忌、习惯、避讳等是企业进行市场营销的重要前提。

5. 语言文字分析

语言文字是人类交流的工具，也是文化的核心组成部分之一。不同的国家和民族往往都有自己独特的语言文字，即使是同一国家，也有可能有多种不同的语言文字，即使语言文字相同，表达的方式也可能有所不同。文化产品受语言文字的影响非常大，许多文化产品市场被习惯性地以语言作为划分的基本依据，文化企业也往往首先选择语言文字比较统一的地区进行营销。

除了人口、经济、政治法律、科学技术、社会文化等因素之外，自然地理环境等也会对文化企业的营销活动有所影响。例如，地形、地貌和气候的不同，将会对诸如会展、演艺等行业产生不同的影响。因此，文化企业也要分析和认识自然地理环境变化的趋势，避免由自然地理环境带来的威胁，最大限度地利用环境变化可能带来的市场机会来设计、生产并销售文化产品及服务。

2.3 文化市场营销的微观环境

文化企业的微观营销环境是指与文化企业的营销活动直接发生关系的力量和因素，它直接影响着文化企业为目标市场服务的能力及营销策略的组合。微观营销环境包括企业内部营销环境、供应商、营销中介、顾客、竞争者和公众等。

2.3.1 企业内部营销环境

良好的企业内部环境是企业营销工作得以顺利开展的重要条件。面对同样的外部环境，不同企业的营销活动所取得的效果往往不尽相同，这主要是因为他们面对着不同的内部环境要素。

企业内部环境是有利于保证企业正常运行并实现企业利润目标的内部条件与内部氛

围的总和,它由企业家精神、企业物质基础、企业组织结构、企业文化构成。四者相互联系、相互影响、相互作用,形成一个有机整体。其中,企业家精神是内部环境生发器,企业营销策略的制定者和执行者对企业营销活动的开展起到至关重要的作用;企业的物质基础包括资金状况、厂房设备等条件,直接决定了企业营销活动的规模;企业组织结构是企业各个部门之间在组织结构上的相互关系,它与企业的物质基础共同构成企业内部硬环境;企业文化是企业为解决生存和发展的问题而形成的,被组织成员认为有效而共享,并共同遵循的基本信念和认知,同时也是企业内部软环境。企业内部环境的形成是一个从低级到高级、从简单到复杂的演化过程。企业内部环境管理的目标就是为提高企业竞争力、实现企业利润目标营造一个有利的内部条件与内部氛围。

2.3.2 供应商对文化企业营销的影响

供应商主要是指那些向买方提供产品或服务并相应收取货币作为报酬的实体,是可以为企业生产提供原材料、设备、工具及其他资源的企业。在企业的微观环境中,它们同企业达成协作关系,其供货的及时性与稳定性、供货的价格变动、供货的质量水平及其售后服务水平等都会给文化企业的经营活动带来直接的影响和制约。因而,文化企业在选择供应商时必须充分考虑供应商的综合水平,并且与主要的供应商建立长期稳定的合作关系,从而保障文化企业的根本运转。

2.3.3 营销中介对文化企业营销的影响

营销中介是指协助企业促销、销售和配销其产品给最终购买者的企业或个人,包括中间商、实体分配机构、营销服务机构和财务中间机构。

营销中介是市场营销不可缺少的环节,大多数企业的营销活动,都必须通过它们的协助才能顺利进行。例如,生产集中与消费分散的矛盾,就必须通过中间商的分销来解决;资金周转不灵,则需求助于银行或信托机构等。正因为有了营销中介所提供的服务,才使得企业的产品能够顺利地到达目标顾客手中。随着市场经济的发展,社会分工越来越细,这些中介机构的影响和作用也会越来越大。因此,企业在市场营销过程中,必须重视中介组织对企业营销活动的影响,并要处理好与它们的合作关系。

案例2.3
小红帽——报纸发行天天行

小红帽发行股份有限公司的前身为北京小红帽发行服务有限责任公司,1996年7月正式成立,是北京市第一家由报社创办的自办发行企业。

2004年8月18日,小红帽发行股份有限公司成立,开始"产业化"运作与发展。同时，获得新闻出版署出版物全国总发行权和连锁经营权。小红帽发行股份有限公司是目前国内报刊发行界最具实力、最有影响力的企业之一。小红帽以"服务创造价值，传递从心开始"为宗旨，提供最快捷、最方便、最周到的服务，成为客户心中的金字招牌。

小红帽在北京地区拥有发行网点116多个，从业人员3000人，服务人口1300万，运输车辆百余辆，仓储面积13 000平方米，在京城形成了四通八达的发行和物流配送网络。拥有"出版物全国总发行权""连锁经营权"和"在上海、天津、重庆等12个城市设立分公司的权力"。依托37个城市报业自办发行网络，组成了"全国城市报业发行网络联盟"，构建起未来出版物全国发行的新体系。拥有百万读者的数据库，包括大量高学历、高收入、高消费的"黄金"客户数据库营销是小红帽的核心优势之一，多达38维的数据采集与分析为市场营销提供了多角度的信息资源，为满足客户需求提供多方位的支持。

代理发行《北京青年报》《法制晚报》《第一财经日报》《中国经营报》《南方日报》《读者》《瑞丽》等300多种报刊，利用发行网络和客户资源优势，成功开发了投递广告、牛奶、桶装水配送、票务销售、图书配送、快递以及回收旧报刊等多项业务。

资料来源：小红帽发行股份有限公司官网. http://china-dm.diytrade.com/.

2.3.4　顾客对文化企业营销的影响

顾客是文化企业服务的对象，是一切营销活动开展所围绕的中心，因而是企业最重要的环境因素。顾客市场可以分为：为满足个人或家庭需要而购买文化产品和服务的消费者市场；为赚取利润或达到其他目的而购买文化产品和服务以转售的中间商市场；为提供公共服务或将产品、服务转给需要的人而购买文化产品和服务的政府和非营利机构以及国外消费者、中间商和政府等。每种顾客形成不同需求，从而制约企业营销决策的制定。因此，文化企业要针对不同的顾客群体，结合其不同的类别、需求特点和购买动机，制定不同的营销策略，不断为顾客提供更多适合的产品和服务。

2.3.5　竞争者对文化企业营销的影响

竞争者是那些与本企业提供的产品或服务相类似并且所服务的目标顾客也相似的其他企业。企业参与市场竞争，不仅要了解谁是自己的顾客，而且要弄清谁是自己的竞争对手。从表面上看，识别竞争者是一项非常简单的工作，但是，由于需求的复杂性、层次性、易变性，技术的快速发展和演进、产业的发展使得市场竞争中的企业面临复杂的竞争形势，一个企业可能会被新出现的竞争对手打败，或者由于新技术的出现和需求的变化而被淘汰。企业必须密切关注竞争环境的变化，了解自己的竞争地位及彼此的优劣势，只有知己知彼，方能百战不殆。

2.3.6 公众对文化企业营销的影响

公众是指与公共关系主体——社会组织相互联系、相互作用，其成员面临共同问题、共同利益和共同要求的社会群体。而对于营销领域而言，公众是指对企业完成其营销目标的能力有着实际或潜在利益关系和影响力的群体或个人，主要包括7种公众：一是金融公众，即影响企业融资能力的金融机构，如银行、投资公司、证券经纪公司、保险公司等。二是媒介公众，包括报纸、杂志社、广播电台、电视台等大众传播媒介，它们对企业的形象及声誉的建立具有举足轻重的作用。三是政府公众，主要负责管理企业营销活动的有关政府机构。企业在制订营销计划时，应充分考虑政府的政策，研究政府颁布的有关法规和条例。四是社团公众，主要是指保护消费者权益的组织、环保组织及其他群众团体等。企业营销活动关系社会各方面的切身利益，必须密切注意并及时处理来自社团公众的批评和意见。五是社区公众，是指企业所在地附近的居民和社区组织。六是一般公众，是指上述各种公众之外的社会公众。一般公众虽然不会有组织地对企业采取行动，但企业形象会影响他们光顾。七是内部公众，是指企业内部的公众，包括董事会、经理、企业职工。处理好内部公众的关系是搞好外部公众关系的前提。现代企业是个开放的系统，上述7种公众对企业的态度会对企业的营销活动产生巨大的影响。因此，文化企业必须采取积极的措施，主动建立与公众之间的关系，进而保证市场营销活动的顺利进行。

本章小结

文化市场营销环境是指一切存在于文化企业营销管理职能之外的，影响其具体营销活动和营销目标实现的各种外部因素和力量的总和。它具有客观性、差异性、关联性、动态性及不可控性等特性。文化市场营销环境主要有宏观环境要素和微观环境要素两个层面。

宏观环境要素包括人口、经济、科学技术、政治法律、社会文化5个环境因素，其中人口环境包括人口规模、人口结构、人口的分布及流动等因素。经济环境包括消费者收入、消费者支出、消费者储蓄和信贷情况等。良好的科学技术环境能帮助文化企业提升产品的市场竞争力，同时能有效地引导和开发新的文化产品和消费需求，培育新的文化消费群体。政治法律环境下政府对于文化企业的体制要求、扶持优惠、规范行为等各方面都有相应的政策法规进行约束与规定，因此文化企业需要从政策构成、政策倾向性和持续性等方面进行深入分析。社会文化环境包括教育状况、宗教信仰、价值观念、风俗习惯、语言文字等几方面。

微观环境因素包括企业的内部营销环境、供应商、销售中介、顾客、竞争者以及社会公众。其中，内部营销环境由企业家精神、企业物质基础、企业组织结构、企业文化构成。供应商、销售中介、顾客、竞争者则是按照产业链的经营顺序逐步展开的。在企业的经营中，更不能忽视7种社会公众的影响。

思考题

1. 文化市场营销环境有哪些特点？
2. 文化市场的宏观环境包括哪些因素？
3. 文化市场的微观环境包括哪些因素？

章末案例

好环境铸就好声音

《中国好声音》自2012年7月13日在浙江卫视开播后，不足两个月就红遍全国，该档节目的收视率已经达到"秒杀"同行的地步——其前三期就分别取得了1.5%、2.77%、3.09%的收视率成绩，第四期以后收视率牢牢保持在3%以上。在2012年8月24日播出的第七期节目中，以刘欢考核学员的全新节目形式让收视再创新高：在全国42个城市的收视率高达4.103%，而同期江苏卫视的王牌冠军节目《非诚勿扰》七八月间的全国网收视率不过2.553%。自首播爆红以来，《中国好声音》一直话题不断，宛如上演了一部电视大片，在中国电视界掀起一场关于创新的自省和反思。从制播分离背景下的生产线构建，到媒介融合背景下的整合营销，再到文化振兴规划下的产业链打造和主流价值引领下的电视精品创作，某种意义上，《中国好声音》不仅仅是一档成功的音乐选秀节目，更是中国综艺节目发展史上的一个新坐标。

一、制播分离背景下的生产线构建

《中国好声音》由灿星传媒联合浙江卫视制作，在浙江卫视的平台上播出。该节目改变了以往制播分离节目的利润分配模式，变"电视台定利润"为"市场开发利润"。正是这一变化，促使节目生产线随之改变。

1. 成熟而规范的生产流水线

为保证《中国好声音》的质量，浙江卫视和灿星传媒全线介入生产，浙江卫视提供技术支持，灿星传媒负责节目制作，双方共同组成节目制作团队，负责节目的前期准备、内容安排、导师选择、学员挑选、舞美设计等。当然，节目在生产线上的成熟和规范也是"站在巨人肩上"的结果，版权方附赠的《制作宝典》细致到音响调试、灯光色彩、明暗调校、接线方法等都有一套严谨的制作流程，这无疑对节目生产起到了专业的指导作用。

2. 细致而严苛的制作标准

2012年暑期，多档音乐选秀节目混战省级卫视荧屏，《中国好声音》之所以能脱颖而出，在于其将"好声音"发挥到了极致，这种心无旁骛的执着来自制作方在节目标准制定上的细致和严苛。以学员选择为例，《中国好声音》完全没有海选环节，节目从筹备开始，导演组就分成网络组和线下组，赴各地进行"地毯式"搜索，而每一位学员的最终入

选，还需要经过总导演、副导演及音乐总监的把关和确认，审核遵循"5分制"，3分是演唱分，2分是故事分，两者相加达到4分，才能顺利入围。这样严苛的选拔标准，保证了每位学员都有相当不错的音乐唱功，无形中也提升了节目整体的音乐水平。不得不提的是，节目对细节的把控，比如，四位天价导师转椅从英国空运而来，巨型LED屏幕的运用，金牌音响总监金少刚及明星级伴奏乐队的加盟，这些都从点滴之处显现了节目对于品质的不懈追求。

二、媒介融合背景下的整合营销策略

伴随着电视娱乐功能和产业属性的突显，营销的重要性日益突出。从几年前《超级女声》的家喻户晓到近两年《中国达人秀》的大获成功，再到一夜爆红的《中国好声音》，各种营销方式和手段的运用，可谓让节目锦上添花，尤其是微博营销的广泛运用，推动中国电视告别传统单一的营销模式，进入借助多方资源、实现多方共赢的整合营销时代。

1. 微博营销注重粉丝效应

与之前选秀节目通过电话与短信投票来聚集人气不同的是，以《中国好声音》为代表的"新"选秀节目把微博作为提高观众影响力的主要渠道。节目尚未播出前，节目组就利用四位导师的号召力邀请一些明星朋友为节目捧场，姚晨、冯小刚、王菲、李玟等多位明星的观后反馈，更为节目收视的节节攀升起到了重要的推波助澜作用。除明星粉丝外，更多普通人在微博上对《中国好声音》的围观与热议，让节目在短时期内的人气指数直线上升，截止到8月31日，节目官方认证微博粉丝数量已经超过100万，官方微博量和微博热度都位居歌曲类选秀节目第一位。

2. 推介营销打好特色牌

与其他节目在开播前大力推介不同的是，《中国好声音》在开播的同时陆续在全国十多个城市展开不同形式的推介会，每次推介会还会邀请不同的明星参与助阵。比如北京推介会上导师庾澄庆亲自上阵，郑州推介会则由胡彦斌、黄雅莉两位新生代歌手助阵，天津推介会是胡彦斌联手吉杰亲临现场，与现场观众、歌迷切磋歌艺。除节目推介会外，浙江卫视还联手爱奇艺独家打造了《中国好声音学员推介会》，旨在更大范围地扩大节目的社会影响力，寻找更多、更优质的"中国好声音"。

3. 内容营销符合观众收视习惯

《中国好声音》充分考虑到中国观众喜欢听故事的收视习惯，在展现"好声音"的同时，更注重了对声音背后故事的挖掘。每期节目中，十组左右的学员在演唱后都会和导师互动，除去个人基本信息之外，就是讲故事的时间，在短时间内如何讲好故事，是节目在本土化研究最细的方面。正是通过这种故事营销，观众不仅记住了学员的好声音，更深深地记住了每个具体的人，人的形象和价值被放大。

4. 话题营销不断制造兴奋点

从2012年7月13日开播以来，《中国好声音》一直话题不断，从学员身份造假到导师天价片酬，再到上亿广告冠名费，以及"卖凉茶的华少"话题等，在不同时间不同阶段，节目组不断地制造具有营销价值的新闻和事件，以多种媒体渠道、海量式投递的推广方

式,让节目一直处于话题讨论的漩涡中心,以达到品牌影响力渗透和知名度扩展的营销目的。这种话题营销带来的效益多倍于传统的营销方式,对公众的意识和行为也起到了巨大的影响作用。

5. 广告营销挖掘节目潜在价值

从最初广发英雄帖,到后来广告商络绎不绝,制作方对《中国好声音》的广告价值有着充分的预期和研判。首先第一步,节目广告费从每15秒15万,飙升到每15秒36万,且已经占满90分钟节目时长中的22分钟广告时间。第二步,围绕《中国好声音》打造延伸节目带,比如推出《酷我真声音》《舞动好声音》等节目,弥补节目因时间有限而带来的广告损失,提升核心节目的边际价值。

三、主流价值引领下的电视精品创作

浙江卫视总监夏陈安形容《中国好声音》是"耳尖上的中国"。相较而言,《中国好声音》与《舌尖上中国》虽然节目类型不同,但两者在精神内涵和气质表达上都力求做到一点,让观众在享受视觉愉悦的同时,感受到精神上的愉悦,从内心深处感受到美好。这点正契合了当下社会主流价值观取向,满足了公众对于精神产品的审美需求,因而赢得了广泛的好评。

1. 尊重观众才能赢得观众

《中国好声音》高居榜首的收视率说明,观众已经被这个节目打动了。观众被选手们的好声音打动,被一首首动人的歌曲所打动,也被选手在追求梦想途中的坎坷跌宕所打动。同时,观众也被导师们的真情流露所打动,直言不讳地表达爱憎,高兴了就一起高歌,感动了就一起痛哭。相比以往的选秀节目,《中国好声音》最大的成功在于让观众记住了一个个有着欢笑和泪水的追梦人,这里没有高高在上的大牌评委,没有唯唯诺诺的普通百姓,只有一个个真实的人,这也让人们看到了电视人对节目品质的苛刻追求,不矫情、不造作,所以更令观众着迷。

2. 精品创作需要敬业精神

《中国好声音》的成功也得益于背后制作团队的专业和敬业。当下省级卫视创新已然成为常态,但口头创新易,节目创新难,同质化和低俗化仍不可避免,造成这一现象的主要原因在于节目制作团队在执行过程中偏离主旨或大打折扣。可以说,制作团队的思维模式、价值取向和执行能力直接决定节目的品质和发展走向。好的创意要想执行到位,首先需要团队成员具备相同的价值取向,其次需要成员在各自领域做到最好,最后也是最重要的就是团队之间要保持良好的协同关系,这样的节目创作才会形成统一风格,节目质量才能相对稳定。

3. 大片时代需要系统竞争

"中国电视综艺节目的竞争,已经到了大片竞争的时代。"浙江卫视总监夏陈安这样评价《中国好声音》,并"希望《中国好声音》不仅是一档综艺节目,更是励志大片"。大片时代不仅需要高投入,更需要系统化的高速运转。《中国好声音》有三百多个现场工作人员,加上音响、乐队将近500人,人数堪比一个电视台的节目中心。此外,《中国好声音》吸收整合了《The Voice》各国版本的长处，舞美设计综合了英、美两个版本的优点。从某种意义上说，《中国好声音》已经不是单一节目的创新，而是媒体内部的一次系统性创新。

《中国好声音》的成功能否复制，这一问题牵动着很多电视人的心。回顾近几年引发社会热捧的几档电视节目，从选秀节目《超级女声》，到相亲节目《非诚勿扰》，再到纪录片《舌尖上的中国》，和音乐评论节目《中国好声音》，它们都有一个共同点，即关注现实和注重品质。撇开外在的形式和包装，电视节目只有让观众心中产生共鸣，才能取得成功，从这一点来说，《中国好声音》具备了良好的示范性和导向性。

资料来源：王丹.《中国好声音》成功的样本价值[J]. 传媒，2012(11).

问题：

对比中国近几年出现的其他选秀类节目，试从宏观营销环境、微观营销环境的角度解释《中国好声音》营销产生巨大反响的原因。

第3章

文化市场购买行为分析

> 章前引例
安徽卫视的电视剧定位

2002年前后,安徽卫视七大剧场(男性剧场、青春剧场、女性剧场、卡通剧场、黄金剧场、海外剧场、周末大放送)已经成型,电视剧周播出量位居全国第一位。此时,它通过对自身资源和内外环境的总体把握,明确提出了"做中国最好的电视剧大卖场"的战略目标,把电视剧对于安徽卫视的建设性意义提升到了战略的层面。自此,安徽卫视严格按照战略目标的要求,在电视剧制作、编排、推广以及电视剧购买方面积极创新,营造出以电视剧战略立台的氛围,2006年投资2亿元人民币用于电视剧项目的建设,2007年增加到2.5亿元。由此看来,安徽卫视对于电视剧板块的重视程度不言而喻。

电视剧一直是目前乃至将来电视节目内容的重要组成部分,调查表明,电视剧被80%的中国观众列为经常收看的节目类型,平均每位观众每天收看电视剧的时间近1小时,约为收视时间的1/3,电视剧是很受观众喜爱的电视节目,有着最广泛的消费群体、最广泛的获利空间。从国外电视机构的实践经验来看,影视娱乐节目一直是国际大台的立台之本,虽然电视节目形态推陈出新、百花齐放,但潮起潮落之后,影视娱乐节目仍旧是主流。

在具体策略的执行上,安徽卫视以全天八大剧场为核心,打造一批著名的电视剧栏目和主持人,为整个频道营造出一种"剧行天下"的氛围。

1. 坚持不懈地打造对电视剧市场的控制力

安徽卫视意识到了掌控优质电视剧资源的重要性,对此采取了多种措施:2004年5月底,专门成立了电视剧制作公司,开始独立进行商业化的电视剧生产,自主拍摄题材优秀的电视剧;2005年,在北京投入1亿资金用于电视剧制作基地的建设,实现了从产业链的上游控制电视剧独家资源的目标;2007年元月,推出全国首家"独播剧场",抢占"首播剧""独播剧"的市场。今后,安徽卫视在掌控电视剧资源方面将乘胜追击,持续不断地加大控制力度,同时不断创新、积极探索新的电视剧资源的掌控手段。

2. 打造一批具有广泛影响力的自办电视剧栏目,培养更多的电视剧名主持

在举办电视剧综艺娱乐栏目方面,安徽卫视曾做出一些尝试,如"剧风行动",它的初衷就是做出一档围绕电视剧演员、电视剧拍摄、电视剧剧情的优秀综艺娱乐节目。它自2005年3月5日开播以来,一直到2007年3月,都以傲人的收视成绩迅速成长为全国知名的品牌综艺节目,雄踞全国同时段节目的前三名。

2004年开始,安徽卫视在全国市场收视份额一直保持在省级卫视的前三名,这一伟大战绩表明电视剧战略是20世纪末安徽卫视最英明的抉择,而专业化的电视剧频道的播出是安徽卫视电视剧战略转型的必然结果,安徽卫视应该围绕电视剧这一核心,发展相关栏目,坚持不懈地塑造电视剧频道的专业形象。

资料来源:http://wenku.baidu.com/link,2011-10. 有删改。

任何市场都是由具有一定购买能力和购买欲望的消费者组成的。文化企业要想在市场竞争中取胜，必须充分分析、研究和把握消费者的消费特点、规律等，才能采取积极的应对之策。因此，文化企业在开展市场营销活动之前，必须对消费者的各种消费行为进行分析。

3.1　文化市场的需求特征

从个体上看，任何文化消费者的消费行为都是不可知的。但从总体上看，文化企业通过科学的市场调研活动，可以较为准确地把握消费者的消费行为，也可以掌握影响消费者行为的各种因素。

文化消费者的行为是个人与环境交互作用的结果，其行为方式、指向及强度，主要受消费者个人内在因素与外部因素两方面的影响和制约。

一般可以将影响消费者行为的因素分为两大类，即个人内在因素和外部环境因素。其中，个人内在因素具体包括文化消费者的生理因素与心理因素，而外部环境因素又可以进一步细分为自然环境因素与社会环境因素。这两大类因素相互影响、相互促进，共同构成了影响文化消费者行为的两大因素体系。

3.1.1　文化消费者的行为模式

1. 消费者行为

要理解消费者行为，可以立足于不同的角度来审视。从决策过程的角度看，消费者行为是指消费者为获取、使用、处理消费物品所采用的各种行动，以及事先决定这些行动的决策过程。购买决策过程论认为，消费者行为是一种理性的行为，是成熟自我的合理延伸。从消费者体验的角度看，消费者行为是消费者的体验过程，往往是一种感性的行为——消费者是在体验中购买、在体验中消费、在体验中处置，侧重消费者的主观感受，影响消费者行为的因素是体验过程及其效果。从消费者和营销者之间的关系看，消费者行为是消费者与营销者之间的交换互动行为，是双方均衡的结果。从形成的机制看，消费者行为则是消费者对特定营销刺激的反应，基于消费者与刺激的关系去研究消费者行为。

我国对消费者行为的研究始于20世纪80年代中期，随着营销观念的进一步更新，企业逐渐重视微观层面的消费者心理与行为。近30年的实践证明，深入开展消费者行为的研究，不仅对于企业根据消费者需求的变化组织生产经营活动，提高市场营销活动效果，增强市场竞争力，尽快融入国际经济体系，不断开拓国际市场具有极其重要的现实意义，而且有助于消费者提高自身素质，科学地进行个人消费决策，改善消费行为，实现文明消费。从大处着眼，此举更有助于加强并提高宏观经济决策水平，改善宏观调控效果，促进国民经济协调发展。

2. 文化消费与文化消费者

1) 文化消费

文化消费是指人们为了获得知识、艺术熏陶、满足精神生活的需要，在教育学习、享受艺术、休闲娱乐等活动中对精神文化类产品及精神文化性劳务的占有、欣赏、享受和使用，以满足人们精神需求的一种消费。文化消费与其他消费一样，是社会文化生产过程的一个重要环节。它的基本特征体现在两个方面：一方面，它所满足的是消费主体的精神需要，使主体感到愉悦、满足；另一方面，满足主体需要的对象主要是精神文化产品或精神文化活动，如美丽的风景和感人的艺术品。

文化消费的内容十分广泛，不仅包括专门的精神、理论和其他文化产品的消费，还包括文化工具和手段的消费；既包括对文化产品的直接消费，如电影电视节目、电子游戏软件、书籍、杂志的消费，也包括为了消费文化产品而消费的各种物质消费品，如电视机、照相机、影碟机、计算机等。此外，还需要各种各样的文化设施，如图书馆、展览馆、影剧院等。

在知识经济条件下，文化消费被赋予新的内涵。文化消费呈现出主流化、高科技化、大众化、全球化的特征。当前的文化消费是一种社会行为，永远都受社会脉络与社会关系的影响，并在消费实践中不断创造文化。文化消费并非文化创造的终结，而仅仅是文化创造的萌芽。

2) 文化消费者

文化消费者是与文化产品制造者、销售者相区别的人，是指购买、获得、使用、保存和处分各种文化产品和服务的个人。

文化消费者与一般消费者存在一定的差异。文化产品与一般商品不一样，文化产品的存在形式有两种：一种是有形的、实在的、物质的，另一种是无形的、观念的、精神的。文化产品的价值是多要素的统一，是主观与客观的统一，是意识与存在的统一，是抽象与具体的统一，是社会价值和经济价值的统一，因而也是精神价值与物质价值的统一。作为客体的文化产品与作为主体的人——文化消费者相互作用，客体对主体产生一定的作用和影响，对主体产生一定的效应，使客体为主体服务，同时客体也实现了自己的价值。文化产品由于能够满足主体不断增长的多样化的精神和物质需求而具有价值。一般的消费品受益者仅仅在于消费者本人，而文化消费却不仅仅是个人获得知识和精神满足的手段，它更具有极为显著的外部正效应，是培育健全人格、提升国民素质的根本因素。每个人的文化消费支出的增加、个人文化修养和素质的提高，都有利于打造良好的社会环境，会使社会中的每个人都受益。

3.1.2 文化市场需求的规律

文化市场需求就是文化消费者的需求，行为相同的规律，即文化需求的基本规律；行为的特殊规律，即文化需求的特殊规律。

1. 文化市场需求的基本规律

赵玉忠指出，文化市场一方面体现出与普通消费不同的特殊性，另一方面也体现出文化消费需求的基本规律，包括层次性、发展性、多样性、伸缩性、可诱导性5种。

(1) 层次性的规律。人类社会所有的消费需求都呈现出由低级到高级的层次性发展的基本趋势。恩格斯曾在为马克思的《雇佣劳动与资本》1891年单行本所写的《导言》中指出："在人人都必须劳动的条件下，生活资料、享受资料、发展和表现一切体力和智力所需的资料，都将同等地、愈益充分地交还社会全体成员支配。"与"生活资料、享受资料、发展和表现一切体力和智力所需的资料"相对应的就是消费需求，即生存需求、享受需求、发展需求。可以说，是恩格斯最早发现并揭示了消费需求具有层次性的规律。

20世纪50年代，美国心理学家马斯洛在《动机与个性》中提出了著名的"需求层次论"，依照需求的强度，他将人类需求分为5个层次：生理需求、安全需求、社会需求、尊重需求、自我实现的需求。生理需求是人类为维持生存所产生的最基本的需求，如对吃、穿、用、住等方面的需求；安全需求是人们为保障人身安全和身心健康所产生的需求，如对医疗、保健、保险、养老等方面的需求；社会需求是人们在社会认同与社会交往方面产生的需求，如归属、荣誉、真情、友谊等；尊重需求是人们为得到社会尊重与好评产生的需求，如求新、求奇、求豪华、求排场等；自我实现的需求是人们为发挥个人才能，成就事业，追求个人理想，实现自我价值产生的需求。与文化需求关系密切的是社会需求、尊重需求与自我实现的需求，因为满足这些高级需求的产品往往能够产生高附加值，而对这些高级需求的研究则有助于充分发掘文化消费者的潜在需求。

(2) 发展性的规律。随着社会经济的可持续发展和人们生活水平的不断提高，人们对文化商品和文化服务的需求，无论是在数量、质量还是在品种上都在不断地发展变化。文化需求总是体现为由简单到复杂、由追求数量满足到追求质量充实的发展过程。文化产业经营者通过市场调研来预测文化需求的未来变化，并采取措施去适应文化需求的发展趋势。

(3) 多样性的规律。人们因收入水平、文化程度、职业、年龄、性别、民族、信仰和生活习惯的不同而形成各种各样的爱好、兴趣和文化需求。任何一家文化企业都不可能做到满足文化消费市场上所有多样化的需求。文化产业经营者可以根据自身的条件和经营优势，选择最佳的文化目标市场。

(4) 伸缩性的规律。人们的文化需求受内因和外因的影响，会有一定程度的伸缩性。文化消费者本身需求欲望的特性、程度和支付能力等是影响需求的内因；文化商品或文化服务的供给情况、价格水平、广告宣传和售后服务等则是影响需求的外因。内因和外因都可能对文化消费需求产生促进或抑制作用。一般来说，基本的文化消费需求弹性较小，比如对基础教育产品的需求；而享受和发展的需求弹性较大，伸缩性也较大，比如对娱乐、审美、科研产品的需求。文化产业经营者可以通过价格策略及各种促销手段，激发、扩展人们的文化需求。

(5) 可诱导性规律。文化需求在一定条件下是可以引导和调节的：新的文化产品会使潜在的文化需求转化为现实需求；良好的售后服务会使无需求转化为有需求；看客受到文化产品特色、广告宣传、营销方式、现场氛围等因素的刺激,有时就会成为买主,比如对于某些新兴的娱乐产品或健身产品,经营者完全可以通过配备示范或陪练型服务人员来引发受众的兴趣,刺激受众的消费需求。

2. 文化市场需求的特殊规律

同其他普通消费需求相比,文化需求的特殊规律体现为持久性、广泛性和差异性。

(1) 持久性规律。一般的消费需求得到满足后,消费过程的终止就意味着对消费者作用效果的终止;文化需求得到满足后,消费过程虽然终止,但它对消费者的作用效果会持续相当长的时间,甚至会对消费者的一生产生持续性的影响。

(2) 广泛性规律。一般消费需求的满足通常体现为,一种物质产品在同一时间、同一地点只满足一个人的需要;而文化需求的满足则体现为,通过大众传播媒体如卫星、电视台、网络等的传导,或是大规模的印刷媒体如书籍、报纸、杂志等的传播,同时满足千百万人的需要。

(3) 差异性规律。不同的人用同一种物质产品满足消费需求,其作用效果是相同的,比如食物可以充饥、衣服可以御寒,因为物质产品的属性决定了最终消费效果的相同性。对于文化产品来说,不同的人消费同一种文化产品,其感受效果也会发生差异,所谓"一千个读者眼中有一千个哈姆雷特"就是如此。产生这些差异的原因主要在于消费者的社会阅历、文化水平、社会地位、心境、爱好和兴趣等的不同。

3.1.3 文化市场需求的主要特征

当代文化产业在严格意义上诞生于20世纪90年代中后期,主要是一种当代社会生活的管理和组织方式,因此当代文化需求自然会体现出与当代快节奏、追求休闲放松的社会生活相一致的特点。参照王育济、张友臣的观点,当代文化需求的特征主要体现在以下4个方面。

1. 追求便利性

进入21世纪后,人们的生活节奏骤然加快,压力陡然变大,这在文化消费方面突出表现为快餐文化的兴盛发达,最典型的例子就是当代的美国好莱坞大片。好莱坞现在拍摄的每一部大片都以场面宏大、动作精彩、高科技等元素迅速赢得观众的喜爱,制作模式经常是"紧张情节+大导演+大明星+大场面+大投入",其中的紧张情节也经常模式化地体现为"英雄+美女+爱情+探险",使观众在感官与感觉上获得充分的刺激与享受,同时就像吃麦当劳一样迅速地消费文化。

2. 追求娱乐性

娱乐现在已成为现代人在繁忙工作之余首选的休闲放松方式,因为工作上的压力、生活中的种种负面情绪都会通过娱乐得到快速发泄和缓解。其中,利用数字产品和互联网络来放松,在虚拟世界中进行消遣的娱乐形式是当代文化消费的主要选择。

3. 追求个性化

目前，越来越多的消费者在追求个性化的文化产品和服务，他们总是希望能够在文化消费过程中体现出自己的与众不同。最典型的例子就是博客、微博、聊天室甚至QQ群中的签名，每位参与其中的消费者都会竭尽所能地在博客、微博的命名、聊天室与QQ群的自我昵称与头像选择上体现出自己的特色和与众不同。

4. 突出参与性

互联网为文化消费者提供了一个广阔的虚拟空间，文化消费者可以在其中参与文化产品的生产与创造；与文化产品的生产经营者进行直接交流；彼此之间也可以进行互动。除网络、数字产业之外，电视产业中体现的公众参与性也很强，比如在电视采访、各种类型的电视比赛、知识竞答、各种类型的电视综艺节目中都能看到公众参与演出的身影。公众积极参与生产，这构成了当代文化产业的突出特征，也充分体现出年轻一代追求新潮、突出个性、渴望展示的消费心理。

3.1.4 文化市场需求的发展趋势

文化产业作为21世纪经济文化的新增长点，必将逐渐成为世界各国国民经济的支柱性产业。文化需求的发展趋势体现为文化消费在居民消费生活中将占据越来越重要的地位、教育消费将受到重视、娱乐将成为时尚、互联网与数字消费表现突出。

1. 文化消费在居民消费生活中将占据越来越重要的地位

当一个国家的人均GDP达到1 000～3 000美元的时候，这个国家就开始向消费型、享乐型社会转型。据国家统计局统计，2003年我国人均GDP达到1 000美元，精神文化消费在我国居民的日常生活消费中将占据越来越重要的地位。2004年，在我国城镇居民消费支出中，教育文化娱乐服务类支出增长了10.5%，占人均消费支出总额的14.38%，达到1 032.77元；在农村居民消费支出中，这类支出增长了5%，占人均消费支出总额的11.3%，达到247.63元。城乡居民教育文化娱乐服务消费支出总量为7 481亿元。2007年，我国城乡文化消费总量稳定在6 283亿元，人均文化消费达到476.73元。2011年，这个数字达到10 126亿元，人均文化消费值为753.36元。文化消费在居民消费生活中所占的比重目前还在大幅度递增。

2. 教育消费将受到重视

在民众今后的日常生活消费中，教育消费将占据更大的比例。根据国家信息中心的相关研究，现阶段，在我国城镇和农村居民家庭人均文化教育娱乐服务消费中，教育支出均占到50%，其中最主要的是子女的教育费用。根据上海城调队的抽样调查，有57.7%的家庭认为，未来几年内，家庭的主要支出之一是教育消费，"以子女教育为储蓄主要目的的家庭所占比重为53.8%"，"为子女教育存款是沪上家庭最主要的储蓄目的之一，仅次于养老和预防重大疾病，位列第三"。在有各学龄阶段子女的居民家庭中，有高中生的家庭为子女教育储蓄所占的比重最高,达到98%。

3. 娱乐将成为时尚

人类社会现代性的标准是社会个体既会工作,也会生活。在娱乐已经成为现代生活方式的今天,与娱乐相关的旅游业、文娱业、商业、服务业将必然产生不可阻挡的吸引力,而娱乐支出在文化消费中所占的比例也必将随着消费者生活水平的提高而逐年增加。一个显著的例子就是,近年来各个年龄段的消费者热衷参与各种方式的旅游。现在,无论是工作人员、学生还是离退休人员,都加入到旅游者的行列。逛公园、参观博览会、周末旅游等成为人们节假日重要的休闲方式。国家统计局山西调查总队曾对山西省农村住户外出旅游的状况进行了连续5年的抽样调查,结果显示在过去的5年时间里,山西省农村居民的旅游支出持续增长,在被调查的农户中,2005年的出游率达38.33%,比2001年提高20.7个百分点,人均出游花费1 260.71元,比2001年增长1.8倍,年均递增29%。

4. 互联网与数字消费表现突出

自1995年美国总统克林顿提出"信息高速公路"计划后,互联网以迅猛的速度在20年左右的时间里几乎覆盖了全球每个角落。互联网的诞生是20世纪人类社会最伟大的发明,它不仅改变了文化生产与传播的方式,而且在某种程度上实现了大众参与文化生活创造的梦想。在人们的参与下,互联网正日益成为新的生活方式和文化形态。互联网在社会生活中的兴起催生了各种各样数字产品的问世,如数码相机、数字电视机、数码摄像机、MP3播放器、DVD、VCD、IPAD、智能手机等。它们一经出现就迅速获得了广大受众的青睐。

目前,21世纪的文化正在逐渐依托于互联网与数字的物质载体,如电子邮件、网络购物、网络电视、网络新闻、网络小说、网络书店、网络杂志、网络音乐、博客、播客、手机报、手机短信、数码照片等进行传播,并构成了社会公众当下最热门的文化消费形式。据中文互联网数据研究资讯中心的数据显示,到2015年,中国的网民人数将由目前的4.2亿增至7.5亿;利用移动终端上网的人数已达到3.33亿;2/3以上的数字达人和移动行家平均不到12个月就会换手机;数字达人一周上网时数为34.1小时;游戏玩家一周花8小时以上的时间玩在线游戏;中国消费者一周在VoIP上的通话、通信时间平均为27小时;中国消费者一周平均会花20分钟处理电子邮件。

知识链接 兰州大学生对娱乐节目的态度

大学生对国内娱乐节目持中立态度,据调查,7.6%的大学生认为很好看,23.8%的同学认为比较好看,认为非常不好看的比例比较低,只有4.2%。与国内的娱乐节目相比,有34.1%的学生觉得韩国娱乐节目更好看,而觉得国内的节目更好看的只占4.9%,39%的学生觉得两国的节目并无太大区别。所以从整体上来看,在接触过中、韩两国娱乐节目的大学生中,韩国娱乐节目更受大学生们的青睐。

明星参与、节目创意新颖、节目氛围幽默是韩国娱乐节目受大学生欢迎的主要原因,分别占88.8%、66.6%和51.52%。大学生仍然把明星参与放在收看原因的首位,说明明星效应对于大学生依然有效。在针对不喜欢收看韩国娱乐节目原因的调查中，由于不懂韩语而不喜欢收看的人占到41.7%，说明语言因素仍然是接触外来节目和外来文化的重要障碍。另外，低俗化也是他们不喜欢收看的重要原因，占到41.7%；文化差异和对韩国印象不佳也是另一重要原因，占30.8%，说明不同文化之间在喜好和认知方面确实存在差异。在对电视娱乐节目商业化的认知分析方面，有68.5%的大学生认为娱乐节目的运作存在过于商业化的现象，31.5%的学生认为不存在这种问题，可见娱乐节目商业化气息过重已经引起观众的关注，甚至引起一定的反感。而对于现在越来越多的节目设置高额奖品的现象，43.5%的大学生持中立态度，表示自己不会参与，33.7%的大学生认可这种方法，认为确实能够提高节目的收视率，但也有22.8%的同学认为这种张扬暴富的方法对社会有害，容易增强社会的浮躁心理，使人们对于意外之财心存过高期待，从而放弃踏实工作，不利于社会的稳定。

资料来源：罗立彬.文化市场营销学[M].北京：高等教育出版社，2013：101.

3.2 文化市场需求的影响因素

3.2.1 影响文化消费者行为的内在因素

由于文化消费者个人的消费欲望、条件等都不一致，文化企业在开展具体的营销活动时，需要依据个人内在因素的不同，针对不同的消费群体，做出不同的营销对策。个人内在因素主要包括生理因素、经济因素和心理因素。

1. 生理因素

生理因素是影响消费者消费的最重要因素，文化企业必须对其构成要素和影响力进行详细的分析，以确定其对文化产品消费的影响。

1）性别

一般来说，消费者的性别差异往往会给消费需求带来差异，还会导致购买习惯与购买行为的差别。一般说来，在一个国家或地区，男女人口总数相差并不大。但在一个较小的地区，则可能因为某种因素的影响，出现某一性别的人口占较大比重的情况，从而影响文化产品的消费。

从文化消费的状况看，女性和男性在文化消费方面表现出较为明显的差异性特征。女性文化消费具有明显的社会性别文化特征。一般而言，女性比男性更常从事文化消费活动，并且随着女性自主行动力的提升，性别的差异也从私下欣赏扩大到公开参与。她们喜欢看小说、欣赏戏剧，同时热衷参加艺术展览，呈现出一种文化活动女性化的趋势。

男性和女性在心理上有着天生的差异，这决定了不同性别的消费者会选择不同种类的文化产品。一般来说，女性消费者更偏好情感性较强、文雅而不激烈的文化产品和服务，如情感性、文艺性较强的杂志、电视剧、电影以及小型健身活动等；男性消费者则倾向于对抗性娱乐和冒险性的文化产品服务，如各种激烈对抗的球类活动、与探险有关的电影、电视剧、旅游活动等。

如今，女性已成为文化消费的主流群体。2008年，法国政府公布了两项报告，其中一项名为"文化活动女性化"的报告将1973—2003年的民间测验进行了对比，结果显示，自20世纪60年代以来，文化消费者的情况就开始发生巨大变化，男女之间的文化差异也在逐步增加，女性是文化消费的主要群体。以读书为例，在法国进行的以5 600名15岁以上的人为对象的抽样调查中发现，在过去的一年里，读过一本书的男性由1973年的72%降至63%，而女性则由68%上升至74%。在法国，6~14岁的女孩比同龄男孩读的书多，并且对芭蕾舞感兴趣。她们经常参观博物馆和展览会，看戏剧和马戏表演。在这项对3 000个家庭的抽样调查中发现，参加舞蹈、戏剧和绘画等业余活动的女孩的百分比为38%，男孩为20%。

2) 年龄

不同年龄阶段的人在性格、知识、认知、思维等方面都不一样，因而对文化产品的认识和需要也不一样。例如，儿童文化消费表现出稳定性差的特点，他们倾向于直观表象的形式，缺乏逻辑思维，属于典型的感性消费。他们的需求标准往往是成人所难以理解的。儿童的消费纯属情感型的，对一种事物产生兴趣快、失去兴趣也快，凡是让他们感到好奇有趣的东西都能对他们产生强烈的诱惑力。众多的儿童文化消费产品丰富着他们的生活，图书、电视、电影、儿童剧、电脑等种类五花八门，内容更是层出不穷。少年儿童对图像的敏感程度要优于文字，对直观表象的接受能力优于逻辑思维。例如在影视剧方面，儿童更喜欢看情节简单、脉络清晰、旋律明朗、想象力丰富的电影或电视剧作品，而对那些悬疑推理类、恐怖惊悚类等情节复杂、对逻辑思维能力要求较高的影视剧作品相对不容易接受。

不同年龄阶段的人具有不同的生命特征、心理特征，因而会产生对文化产品不同的需求。例如，年轻人充满活力，热爱社交，更偏好电影、酒吧、电子游戏、网络聊天、旅游等社交性较强的娱乐产品和服务；中年人事业有成，收入稳定，因此更倾向于文物收藏、音乐会、舞台剧、高尔夫球等高品质的娱乐项目；老年人在家中的时间较长、行动迟缓又注重养生保健，因此偏爱花卉宠物、电视节目、传统戏曲演出和健身活动。

3) 职业

不同职业的文化消费者的知识水平、工作条件、生活方式等各方面都不相同，因此，他们对文化商品和服务的需求、爱好也会存在较大的差异。例如，工人、农民、手工业者等体力劳动者进行文化消费的目的就是恢复体力和进行精神享受，所以他们的需求偏重于娱乐性的报刊、电视节目、网络游戏、娱乐场所等；而知识分子、公务员、企业白领虽然也进行一定程度的娱乐性消费，但学术书籍、软件制品、技术培训、网络信息咨询等知识性较强的产品与服务却是其文化消费的主流。

4) 受教育程度

消费者的受教育程度直接与消费者的文化素养、文化眼光、心理欲求、知识欲求相关。所受教育程度不同，对文化产品和服务的选择自然有所不同。一般来说，受教育程度低的人，更偏好感官性、感觉性强的文化产品和服务，比如视觉和心理冲击力较强的影院大片、通俗小说以及耗费体力较多的娱乐活动等；受教育程度高的人相对来说更喜欢选择精神品位高、思想性强的文化产品和服务，如学术类图书、艺术品收藏、文艺剧种的表演等。

2. 经济因素

经济因素对消费者的消费行为具有决定性影响。消费者的收入有差异，又是不断变化的，必然会影响消费者的消费数量、质量、结构及方式。经济因素对消费者消费行为的影响主要表现在以下几个方面。

1) 消费者绝对收入的变化影响消费行为

一般来说，引起消费者绝对收入变化的主要因素是消费者的工资收入变化引起绝对收入的增加或减少；消费者财产价值的意外变化，如突然得到他人赠送，接受遗产，彩票中奖，意外蒙受灾害、被盗窃等带来消费者绝对收入的增减；政府税收政策变化，企业经营状况好坏等造成个人收入的变化，也会导致消费者绝对收入的变化，从而影响消费者的消费品种、数量、结构及方式。

2) 消费者相对收入的变化影响消费行为

有时消费者的绝对收入没有发生任何变化，但由于他人的收入发生了变化，这种相对收入的变化必然会影响消费者的消费行为。例如不可避免地要比别人减少消费或改变消费结构，也可能模仿收入相对提高的他人而提高自己的消费档次，以致出现相对的超前消费。

3) 消费者实际收入的变化影响消费行为

如因物价上涨、商品价格提高，使消费者的实际收入发生变化，使其实际购买的商品数量、品种、结构、方式发生相应的变化。

4) 消费者预期收入的变化对消费行为的影响

消费者总要对未来的收入情况做出一定的预期估计，如果消费者预期收入将比现期收入高，那么他就可能增加现期的消费支出，甚至敢于借债消费；如果预期收入会降低，那么消费者就可能减少现期消费而增加储蓄。

个人收入和经济状况形成了消费者基本的购买力，个人收入水平的高低、稳定与否以及入账时间、存储数目会直接影响文化消费者的购买决策，进而影响对文化产品的需求。在个人收入水平低时，收入的大部分只能用来解决温饱，不可能有富余的财力购买文化产品和发展资料，个人收入水平高才有可能将部分可支配收入用来满足各种各样的文化消费需求。

3. 心理因素

心理因素一般是指消费者在购买和消费文化产品时的心理活动过程。这个过程虽然表面上看不出来，但其构成要素有很多，并对文化消费的影响非常大，文化企业需要认真研究和把握。

1) 认知

认知是指人认识外界事物的过程，即对作用于人的感觉器官的外界事物进行信息加工的过程，是人最基本的心理过程。认知是个人选择、组织和解释外来信息构成自我内心世界景象的过程。认知过程一般分为感觉、知觉、学习、记忆、想象、思维、注意7个阶段。

感觉，是指人们通过感觉器官对商品个别属性的认知，是我们的感受器官——眼、耳、口、鼻等对光线、色彩、声音、气味等基本刺激的直接反应。

知觉是对这些感觉进行选择、组织和解释的过程。知觉是感觉的延伸，它受各种主客观因素的影响。其中，消费者自身的兴趣爱好、个性、对品牌的偏爱以及自我形象是认知的先决条件；文化产品形象、文化企业形象及其吸引力是认知的基本条件；广告宣传、营销人员的行为，则是促成消费者对商品认知的关键因素。

学习是在感觉和知觉的基础上对外物内涵的深入探索。

记忆是感觉、知觉、学习在大脑皮层上留下的兴奋过程的痕迹。

在记忆的基础上，人们会重新组合过去的经验中已经形成的联系，从而创造出没有直接感知过的新形象，即想象。

想象与思维有时会同时发生。思维比想象要理性，思维能力强的消费者往往不易接受来自别人的提示或广告宣传的诱导，而喜欢自己独立作决定。

在感觉、知觉、学习、记忆、想象、思维之后就到了注意阶段。注意是大脑的信息加工行为对特定刺激的投入程度。与文化营销有直接关系的是想象阶段、思维阶段与注意阶段：文化营销有时会刺激消费者对电影电视的剧情、游戏的冒险、书刊的内容的想象，从而产生冲动性购买；消费者的思维是否理性有时会影响文化营销的最终效果；而消费者的注意力则决定了他是否会选择购买文化产品，这也是文化经济有时会被称为"注意力经济"的原因。

各种宣传媒体是人们获得信息、丰富认知的途径，主流媒体应该作为文化消费的倡导者、文化消费品的广告者、先进思想的传播者，调动人们自觉满足精神享受的欲望，并为人们享受先进、丰富、科学、健康的文化提供必要的途径、产品、方式、领域等信息。

2) 兴趣与爱好

个体的兴趣与爱好会影响文化消费的形式与内容。喜欢漫画的，买漫画书；喜欢动画的，买动画光盘；喜欢音乐的，买音乐CD；喜欢电影的，进影院看电影或买电影DVD。除了文化消费的内容，个体的兴趣还表现在形式上，只要个体想要提升自己精神领域的兴趣或爱好，为某次文化消费所付出的努力就是值得的，并且是快乐的。传统的精英文化，如纯文学或高雅艺术，现在都被大众文化挤压到边缘地位了。对于大众文化来说，任何为大众所关注的话题，无论是政治方面，还是经济、社会文化方面，都可以被它拿来作为自己的"卖点"，所以它有能力与各种事物形成"合作"关系。例如，"恐怖主义"令人闻之色变，而美国商人也可以借用萨达姆和本·拉登等人的形象大发横财；"反腐败"是严肃的政治问题，大众文化的制作者们也可以此作为提高收视率的有效手段。文化消费的形式和内容总是要符合或迎合消费者的兴趣、爱好。

3) 消费者需要

消费者需要是指消费者生理和心理上的匮乏状态，即感到缺少些什么，从而想获得它们的状态。人们购买产品、接受服务，都是为了满足一定的需要。一种需要被满足后，又会产生新的需要。

当消费者的匮乏感达到某种迫切程度,需要才会被激发。在需要和行为之间存在着动机、驱动力、诱因等中间变量。需求是一个心理学的概念,但更广泛运用于市场营销领域。需求是在一定的时期、一定的价格水平下,消费者愿意并且能够购买的商品数量。在这一价格水平下,消费者愿意购买的某商品的总数量称为需求量。在不同的价格水平下,需求量会有所不同。马斯洛在需要层次理论中把人的需要分为5个层次:生理需要、安全需要、爱和归属的需要、自尊的需要和自我实现的需要。

4) 动机

动机也是一个心理概念,是一个建立在需求基础之上,激励和维持人的行动,并使行动导向某一目标,以满足个体某种需要的内部驱动力。一般来说,引起动机的内在条件往往是需要,引起动机的外在条件则主要是各种诱因。动机的产生既是需求的直接影响,又是后续行为的直接原因。只有有了动机,才可能产生行为。文化消费者的动机有以下5种,并具有相应的特点。

(1) 求实动机。求实动机的核心是"实惠""实用"。在这种动机驱使下,消费者选购文化产品或服务特别注重实际价值、质量和实际效用,不过分强调产品或服务的外观、款式等形式,几乎不考虑品牌、包装及装潢等非实用价值的因素。一般而言,收入不高的消费者具有这种动机,他们是中低档文化产品和服务的主要购买者,对高档文化产品的购买持慎重态度。例如,在校大学生在购买学术性图书时,一般持该种动机,较注重图书的学术价值,而对图书的装帧相对比较忽视。

(2) 求美动机。求美动机以追求文化产品或服务的艺术价值或欣赏价值为主要特征。这类消费者在购买文化产品时最关注的是其审美价值和装饰效果,注重文化产品的造型、色彩、图案等,其实际使用价值是次要的。具有这种购买动机的人多为中青年女顾客以及文艺界人士,主要表现在艺术品的购买或艺术服务的享受过程中。例如,书画收藏家可以不惜重金甚至倾其所有买下一幅齐白石的《虾》,不为名、不为利,只为能时刻欣赏和膜拜大师的真迹,陶醉在美的享受中。

(3) 求新动机。求新动机以追求文化产品的新潮入时为主要特征。这种动机的核心是"时髦"和"奇特"。这类消费者在选购文化产品时,特别注重文化产品的造型是否新颖和流行,而对其质量、实用性和价格并不十分在意。具有这种购买动机的人多为对时尚反应敏感、经济条件比较好的青年消费者。此种动机在文化产品或服务的消费过程中表现得尤为突出。一部电影刚刚上映,有些人往往会深夜排队买票去看首映;一首新歌刚流行,总有一些人首先熟悉其旋律,进而在群体中传唱起来;一本新书刚刚问世,持此种动机的人也会成为新书的最新读者。总之,他们在人群中总是扮演着最先接触、尝试、消费、享受文化产品或服务的角色。

(4) 求名动机。求名购买动机以追求名牌为主要特征。在这种动机驱使下,消费者几乎不考虑文化产品的价格和实际使用价值,只是通过购买、使用名牌来显示自己的身份和地位,从中得到一种心理上的满足。名作家、名画家、名导演、名演员的作品,总是能更多地吸引消费者,甚至高价消费也在所不惜。名人创造的文化产品、名人参与的文化服务，也就是某种意义上的名牌。而某些一贯提供优质文化产品或文化服务的文化企业也具有名牌效应，如某电影厂生产的影片、某出版社出版的图书，消费者根据长期的经验对其具有信任感，从而放心消费。持这种购买动机的顾客一般都具有相当的经济实力和一定的社会地位。此外，表现欲和炫耀心理比较强的人，即使经济条件一般，也可能具有此种购买动机，他们是高档、名牌文化产品或服务的主要消费群体。

(5) 求廉动机。求廉动机以追求文化产品的价格低廉为主要特征。这类顾客在选购文化产品时最注重的是价格，对其花色、式样及质量等不太计较，喜欢购买降价处理品、优惠价商品。具有这种购买动机的人多为经济收入较低的顾客，也有部分经济收入较高但节俭的顾客，他们构成了特价书、盗版碟片的主要消费群。

5) 能力

从心理学角度看，能力是指顺利完成某一活动所必需的主观条件，是直接影响活动效率并使活动顺利完成的个性心理特征。能力总是和人完成一定的活动联系在一起。离开了具体活动，既不能表现人的能力，也不能发展人的能力。

文化消费水平和能力是影响一个国家和地区文化产业和文化市场发育的成熟度的重要因素。人们对文化的自然消费力是由其文化修养、知识水平决定的。例如，文化水平很低的人，读不懂文学作品，自然在这方面的消费能力低。还有些文化产品，购买者必须具备专门的知识才有消费能力，欣赏音乐和艺术作品就是这样，如果没有一定的能力，即使欣赏了也没有什么效果。在现代社会，文化消费手段的改进也要求消费者具有一定的能力。电子计算机及其软件的发展与应用，早已扩大到消费领域。即使是一个文化水平和知识水平都很高的专家，如果不学习使用电脑，就还是没有这方面的消费能力。此外，对物质产品的审美观也是消费力的一种表现，一个消费者具有较多的消费美学的知识，对于产品的消费能力就要强一些。

6) 信念

信念是指个人对事物所持的认识。这种认识建立在认知和见解的基础上，有的是基于实践产生的信任，而有的则可能是基于偏见或讹传，例如，电影分类中的"禁片"很容易被某些消费者曲解为色情影片。文化营销的执行者应该注意采取对策及时纠正消费者的误解。

7) 态度

态度是指个人对某些事物或观念所持有的评价、情感和行为倾向。任何人对任何事物都会有自己的态度。对于琳琅满目的文化产品和服务，每个人基于自己的态度都会有自己的选择，对于喜欢的项目会积极追求，对于不喜欢的项目则会避而远之。消费者的态度主要通过消费者接触产品及其相关介质的瞬间形成的印象判断而产生。

8) 生活方式

生活方式是指人们对如何分配生活时间、如何分配可支配收入的态度。不同的生活方式会对消费者的文化需求产生至关重要的影响。例如，过分重视工作事业，在日常生活上分配时间、精力和金钱都较少的消费者，更倾向于消费快餐式的文化产品和服务；在工作与生活上平均分配时间、精力和金钱的消费者，会按照自己的实际情况，有时选择快餐式的文化消费，有时选择阅读书籍、外出旅游、文物收藏、享受音乐会和歌舞剧等耗时、耗财、耗力较多的文化消费；而在日常生活上分配时间、精力、金钱都较多的消费者，则主要会选择耗时、耗财、耗力都较多的文化消费。

案例
《盗梦空间》：梦境中体现的需求层次

《盗梦空间》中的第二次植梦始于飞机的头等舱内。现实中的准备阶段影射了雇主齐藤多层次的需求，包括生理需求和安全需要，如他的人身安全、健康保障、资源所有性、财产所有性、道德保障、工作职位等，包括他对尊重的需要：自我尊重、信心、成就、对他人尊重、被他人尊重及实现个人理想、抱负，发挥个人的能力到最大限度。他的需要贯穿整个植梦过程，且运用精神激励模式引导科布团体为其服务。科布植梦最大的激励因素是自身情感的需要——为了合法地回家见他的两个孩子。同时，其他成员出于不同的需要：阿丽雅德妮出于自我实现的需要，其他成员表现为最直接的对情感或金钱的需要。

现实中的这些需要为植梦做好了准备。梦本身分为5个层次，每个参与者的需要，包括"观光者"齐藤和被植梦者费舍尔的需要，都随着梦的发展而不断变化和深化。

第一层，雨中的城市。植入这层梦境的目的是伪装者从费舍尔口中套出有用信息，比如，父子关系，让他说出6位数字，作为之后几层梦境的线索(房间号，女郎留下的电话号码，保险箱的密码)。费舍尔是主体，这些过程体现出他对安全的需要，体现其潜意识要求保障自身安全，摆脱失业和丧失财产的威胁。

第二层，酒店中。科布伪装成费舍尔潜意识中的防御者，离间费舍尔和勃朗宁的关系，劝说费舍尔进入自己的潜意识中，为下一层植入目标做铺垫。费舍尔依然是主体，他的潜意识体现出他对安全的需要和情感的需要。

第三层，大雪中的安全屋。这层梦境是参与者多层级需要的集中体现。这一层是费舍尔的潜意识防御，集中体现出他自身情感的需要：希望被爱。现实中父亲对他很冷漠，而植梦者营造的梦境满足了费舍尔对爱的渴望，使他丧失了抵御，从而接受被植入的想法，植梦最终得以成功。对于齐藤，在生命的最后一刻依然为梦想而奋斗同样体现出他对自我实现的需要，这是最高层次的需要。为了实现他自身的理想、抱负，发挥他的能力到最大限度，他甚至愿意抛弃自己的生命。可见，高层次的需要比低层次的需要具有更大的价值。热情是由高层次的需要激发的。人的最高需要，即自我实现的需要就是以最有效和最完整的方式表现他自己的潜力。之后导演和编剧大打温情牌，重笔描述科布及其妻子间的感情纠葛，突出影片的主线——情感。什么时候是开始？什么时候是结束？死亡是彻底的终结吗？那么为什么梅尔跳了楼，她还是不停地出现？

第四层，科布的潜意识层。此梦境中的梅尔来自科布的潜意识。科布对于安全、感情、尊重和自我实现的需要体现在这一层梦境中，尤其是情感需要。为了满足这个需要，他答应留在梦境中，而当遇到更高的自我实现的需要时，科布毅然选择进入潜意识边缘，找到齐藤，实现他对植梦、成功的追求和对他人的承诺。人的最高需要即自我实现的需要就是以最有效和最完整的方式来表现自身的潜力的。

第五层，潜意识边缘。植梦结束回归到发起者，这最深层次的梦里只剩齐藤和科布。再高层次的追求也是以较低层级需要的满足为基础的。影片从一开始就强调科布最迫切的情感需要——回家见孩子们，这个需要对他最具激励性。如果不能满足该需要，再重要的多层次需要的满足也会成为无根之木、无源之水，没有落脚点。这个需要贯穿整个植梦过程，在不同阶段激励着科布，并最终引导他带领齐藤走出潜意识边缘。

资料来源：常漪. 奠基——梦境中体现的需求层次理论[J]. 电影文学，2011(2).

3.2.2 影响文化消费者行为的外在因素

文化消费者的消费行为总是在一个特定的宏观环境下展开，不可避免地受到各种外在环境因素的影响和制约。掌握这些外在环境因素的构成，及其对文化消费者的影响力，就可以有针对性地开展各种市场营销活动，以更好地实现营销目标。影响文化消费者消费行为的外在因素较多，主要包括两个方面。

1. 社会因素

消费者在特定的社会中工作和生活，其购买行为也会受相关群体、家庭、社会角色与地位等一系列社会因素的影响。

1) 参照群体

参照群体是指对人的态度、偏好和行为有直接或间接影响的群体。人们在生活中随时受到各种相关群体的影响，但是，由于关系不同，受到影响的程度也有差别。关系比较密切的相关群体有家庭、亲戚、朋友、邻居和同事等；关系比较一般的群体有各种社会团体、协会、学会、商会和宗教组织等。此外，人们也会受到崇拜性群体的影响，如影视明星、体育明星、社会名流等。相关群体影响消费者购买行为的表现，包括为消费者提供一定的消费行为模式和生活模式；使消费者改变原来的购买方式或产生新的购买行为；影响人们对某种事物或商品的态度，导致消费者价值观和审美观的变化；通过潜移默化，影响消费者对文化产品品种、商标牌号和使用方式的选择，引起人们的仿效和购买行为的一致化；等等。

2) 家庭

家庭是由彼此有血缘、婚姻或抚养关系的人群组成的，对文化消费者的购买行为影响最大。一个人一生中一般会经历两种家庭：一是父母的家庭，也就是与生俱来的家庭。每个人的价值观、审美观、爱好和习惯大多是在父母的影响下形成的，这一家庭中，成员会对消费者产生种种倾向性的影响，这种影响力可能伴其终生。二是自己的家庭，也就是个人的衍生家庭。一般来说，由夫妻及其子女组成的家庭是社会上最重要的"消费单位"，在这一家庭中，成员间的影响是最直接的，而且影响力也是最大的。

此外，家庭的生命周期也会影响文化需求：单身阶段的消费者闲暇时间充裕，社交活动丰富，通常倾向于素质培养、各种专业培训、观赏演出、看电影、上网聊天、参与健身、外出旅游等互动性质较强的消费产品或服务。二人世界阶段的消费者一方面注重家庭文化氛围的建设，如购买书籍、音像制品、工艺制品、室内陈设等；另一方面则依然对看演出、看电影、参与健身和旅游等社交类的文化产品和服务感兴趣。家庭有子女阶段的消费者，其消费核心就变成了对子女的教育和培养，比如购买智力玩具，购买教育类的图书、报刊、音像制品，实行教育培训，携带子女参观游览等。子女离开家庭阶段的消费者虽然又回归到二人世界，但因年龄增大，文化消费的兴趣逐渐转为文物收藏、养花种草、适当参与娱乐等方面。

3) 社会角色和社会地位

一个人一生中会加入许多团体，如家庭、单位、协会及各类俱乐部等。每个人在团体中的位置可用角色和地位来确定。每一个角色都跟随着一种相应的地位，它反映社会对一个人的尊敬程度。一个人所充当的每个角色都要顾及周围人的看法和在各种场合中所期望的表现。因此，人们在购买文化产品时，常常会考虑到自己在社会中的角色和地位。扮演不同角色和处于不同地位的人，会有不同的需求和购买行为。

农村中的文化消费方式多表现为亲属之间、熟人之间组织的文化消费。在一项调查中，74%的农村居民选择闲暇时间与自己的亲属、朋友等进行娱乐互动，消费方式比较简单，如邻里之间打麻将，群众自发组织的娱乐活动等。参与者大都彼此熟悉，多属于传统范围内的娱乐活动。

城市则处于各种思想、文明的交汇点，城市经济的发达使文化消费者的自我意识更强。如观看各种体育比赛、观看音乐会、在电影院看电影等，参与者彼此之间更多地表现为与陌生人一起进行文化消费。而且，在城市中，45%的人选择与同事一起进行文化消费。

2. 文化因素

总体来说，广义的文化是指人类创造的一切物质财富和精神财富的总和；狭义的文化是指人类活动所创造的成果，如哲学、宗教、科学、艺术、道德等。本书所理解的文化，是在人类社会实践中逐渐形成的，它包括人们的价值观念、伦理道德、风俗习惯、宗教信仰、语言文字等。每个人都生活在一定的文化氛围中，并深受这一文化所含价值观念、行为准则和风俗习惯的影响，这一影响也延伸到了他们的购买行为方面。例如，在中国的传统文化里，老年人受到尊重，逢年过节大量适合老年人用的保健品被年轻人买去赠送长辈，而如果仅考察老年人的收入水平，这些保健品的市场恐怕不会有这么大。

文化的心理特性决定了文化消费活动是一个心理运动的过程。文化消费作为一种文化体验、情感享受和对自身发展、社会关系、地位的追求，受文化观念、消费观念、价值取向支配，文化认同将激起消费，文化偏爱将执着并扩大对其消费，文化抵抗将拒绝对其消费并增加文化偏爱的消费。消费者特征因素中的文化因素对消费者行为的影响是潜移默化且根深蒂固的。正因为如此，文化环境对消费者的影响作用越来越受到重视。大量实例表明，不同国家、地区、民族的消费者，由于文化背景、宗教信仰、道德观念、风俗习惯以及社会价值标准不同，在消费观念及消费行为上会表现出明显的差异。

1) 中国传统文化的特点

中国人历来视勤俭持家、精打细算、未雨绸缪、量入为出为美德,而将超过自身支付能力的消费视为奢侈浪费,借债消费更是为人所不齿的行为。体现在消费观念上则是,人们普遍崇尚"勤俭节约、量入为出",认为"无债一身轻",欠债是不光彩和无能的表现,忌讳"寅吃卯粮、举债度日",因此,即期收入成为当前消费的最大极限。人们宁愿省吃俭用,也不愿意"负债消费"或者"超前消费"。由此可见,受中国传统文化的影响,我国大多数人对"花明天的钱圆今天的梦"的信贷消费方式还是难以全面接受的,要改变千百年来形成的传统消费观念并非易事。

2) 亚文化

每一种文化内部又包含若干亚文化群。所谓亚文化,是指存在于一个较大的社会群体中的一些较小的社会群体所具有的特色文化,这种特色表现为语言、信念、价值观、风俗习惯的不同。例如,由于地理位置、气候、经济发展水平、风俗习惯的差异,我国可明显地分出南方、北方,或东部沿海、中部、西部内陆区等亚文化群。在不同地区,人们的生活习惯有差异,消费自然有别。例如,对于中国传统中最隆重的节日——春节,北方人习惯吃饺子,南方人却习惯吃元宵和糯米年糕。年轻人也形成了他们独特的亚文化群,追求不同于年长者的音乐、服饰、书籍和娱乐方式。

3) 社会阶层

社会阶层是指在一个社会中具有相对同质性和持久性的群体,可依据职业、收入、受教育程度、社会地位以及居住区域等因素综合划分。同一阶层的成员具有相似的价值观、兴趣爱好和行为方式。因此,他们的消费行为也大致相似。例如,在服装、娱乐活动和高档商品的消费中,同一社会阶层往往会显示相似的产品偏好和品牌偏好,其中,每个阶层成员的价值观、兴趣与行为都具有某种程度的类似性;而不同层级的人在服饰、家庭布置与用品、休闲活动及家电等外显性较高的"产品"上,常表现出不同的偏好与品位。

知识链接 原产国效应

有研究表明,消费者在不同文化环境下,对原产国的认识不尽相同。

第一项研究表明不同国家对原产国的认知有所不同,而这种差别来自文化因素。被研究者有来自个人主义文化背景下的消费者,如美国人;有来自集体主义文化背景下的消费者,如日本人。研究者向他们描述了日本产或美国产的山地自行车的性能信息,这种山地自行车或者被描述为次于竞争品牌,或者被描述为优于竞争品牌。研究者发现,美国消费者只有在本国产品优于竞争品牌的时候,才会对其给予较好的评价;相反,日本消费者总是对本国生产的产品给予较高的评价,无论它是次于还是优于竞争品牌。因此,个人主义/集体主义是解释美国和日本对原产国认知差异的一个重要因素。营销者必须明白,在集体主义文化背景下,以原产国为基础的广告战略可能对其本国产品有益;而在个人主义文化背景下,以原产国为基础的广告战略只有在本国产品优于竞争产品时才有效。美国消费者倾向于根据产品的认知质量差异来决定是否偏爱本国产品,单纯呼吁他们"买美国货"可能不那么有效。

第二项研究指出，影响消费者原产国认知的诸因素，包括动机、处理目标和信息类型。研究表明，消费者只有在动机较弱或处理目标仅是单纯评价原产地时才会利用原产国做出判断。在这种条件下，当信息只是有关一国生产的几种产品时，消费者会将注意力集中在原产国上。如果一国只对几种产品有不好的原产国信息，消费者就会认为这几种产品只是例外，而不会用这种信息对一国生产的产品做总体判断；相反，如果一国生产的所有产品都带有不好的原产国信息，它就会被用来做总体判断。因此，信息类型也会影响原产国信息被使用的方式。

在动机较强时，或者当消费者的注意力不在原产国信息上面的时候，消费者就不会利用原产国信息做出判断。这项研究还为营销者介绍了在什么条件下应该努力将消费者的注意力集中在原产国信息上。如果营销者希望消费者运用原产国信息做判断，他们就需要在做广告时将消费者的注意力吸引到原产国信息上来。

资料来源：杰格迪什·N.谢斯，等.消费者行为学：管理视角[M].罗立彬，译.北京：机械工业出版社，2004.

3.2.3 文化消费者群体的心理与行为

文化消费者的很多行为受到群体及其行为的影响。群体是指通过一定的社会关系结合起来进行共同活动而产生相互作用的集体。群体规模可以比较大，如几十人组成的班集体；也可以比较小，如经常一起上街购物的两位邻居。群体人员之间一般有较经常的接触和互动，从而能够相互影响。

社会成员构成一个群体，应具备以下基本特征：①群体成员需要以一定的纽带联系起来。例如，以血缘为纽带组成了氏族和家庭，以地缘为纽带组成了邻里群体，以业缘为纽带组成了职业群体。②成员之间有共同目标和持续的相互交往。公共汽车里的乘客、电影院里的观众不能称为群体，因为他们是偶然和临时性地聚集在一起，缺乏持续的相互交往。③群体成员有共同的群体意识和规范。

1. 文化消费者群体规范

所谓群体规范，是指一个群体内的人们共同遵守的行为方式的总和。广义的群体规范包括社会制度、法律、纪律、道德、风俗和信仰等，是一个社会中多数成员共有的行为模式，不遵循规范就要受到谴责或惩罚。依据群体内成员之间的组织化、正规化程度来划分，群体可以分为正式群体和非正式群体。正式群体一般是指有明确的组织目标、正式的组织结构，成员有着具体的角色规定的群体。一个电视台的栏目组、报社里的编辑部等都属于正式群体。在正式组织里，成员的地位、角色和规范，以及权利、责任和义务都有明确的规定。正式群体的组织化、正规化程度高，成员间的互动采取制度化、规范化的方式。

非正式群体是指社会组织内部的成员在日常互动中自发形成的人际关系体系，是一个人们在活动中自发形成的，未经任何权力机构承认或批准而形成的群体。非正式群体的存在是基于人们社会交往的需要。在正式群体中，由于人们社会交往的特殊需要，依照好恶感、心理相容与不相容等情感性关系，就会出现非正式群体。这种群体没有定员编制，没有固定的条文规范，因而往往不具有固定的形式。由共同利益偶然结合在一起的人们、同院的伙伴、工厂或学校中存在的一些"小集团""小圈子"都属于非正式群体。

研究群体影响对分析文化消费者的行为至关重要，具体表现在三个方面。

(1) 群体成员在接触和互动过程中，通过心理和行为的相互影响与学习，会产生一些共同的信念、态度和规范，它们对消费者的行为将产生潜移默化的影响。

(2) 群体规范和压力会促使消费者自觉或不自觉地与群体的期待保持一致。即使是那些个人主义色彩很重、独立性很强的人，也无法摆脱群体的影响。

(3) 很多文化产品的购买和消费是与群体的存在和发展密不可分的。例如，加入某一球迷俱乐部，不仅要参加该俱乐部的活动，而且要购买与该俱乐部的形象相一致的产品，如印有某种标志或某个球星图像的球衣、球帽、旗帜等。

2. 文化消费习俗

消费习俗是指消费者受共同的审美心理支配，一个地区或一个民族的消费者共同参加的人类群体消费行为。它是人们在长期的消费活动中逐步积累而形成的一种消费风俗习惯。在习俗消费活动中，人们具有特殊的消费模式，主要包括饮食、婚丧、节日、服饰、娱乐消遣等物质与精神产品的消费。

1) 民族文化消费习俗

在一种社会文化中，不同民族可分为若干个文化群。例如，中国有汉族、回族、藏族、蒙古族等亚文化群；美国有爱尔兰人、波多黎各人、波兰人、华人等亚文化群。民族亚文化可以影响消费者的消费行为，如东西方民族的生活习惯、价值观念等就大相径庭。美国人的价值观是个人中心论，强调个人的价值、个人的需要、个人的权力，他们努力改变客体以满足主体的需要。因此，在消费行为上喜欢标新立异，不考虑别人的评价。中国人不习惯于成为社会中独特的一员，而习惯于调节自身以适应社会，在消费时常常考虑社会习惯标准以及别人怎么看待自己、评价自己。我国拥有56个民族，各个民族都有自己的社会和经济发展历史，有自己的民俗民风或语言文字等，由此形成了各民族独具特色的消费行为。例如，维吾尔族的四楞小花帽、藏族的哈达、蒙古族的长袍，无一不表现出独特的习俗。

2) 节日文化消费习俗

不同民族有自己不同的传统节日，节日能给人们营造强烈的社会心理气氛，使人们产生欢乐感，从而吸引人们购买节日用品，以此来满足物质需要与精神需要。节日期间，人们的消费欲望强烈，本来平时不想买的商品也买了。节日激发人们的交往活动，为了表达友谊、心意，人们在走亲访友时往往互赠礼物，互祝喜庆。儿童在节日里是最欢快的、最幸福的，父母与亲朋好友为了使孩子高高兴兴地过节，就要买些孩子爱吃的食物、爱穿的衣物和喜爱的玩具。欧美的节日多，最大的还是圣诞节。虽然法定在12月25日、26日放假，实际上则是从12月中旬延续到次年1月中旬。节日里，除购买食品以外，人们还要购买大量生活用品，这个时期是销售旺季。专为圣诞节供应的特殊消费食品有核桃、花生仁、各种干果、甜食、圣诞老人形糖果等，装饰品有彩蛋、木蛋、草制品，各种人物、花、鸟、兽等小工艺品和彩灯、圣诞蜡烛等。用于欢庆节日的各种商品必须赶在节前运到，一旦过了节，错过了销售时令，再好的东西也卖不出去了。

3) 宗教文化消费习俗

宗教是支配人们日常生活的外在力量在人们头脑中的幻想和反映。随着人类历史的发展，宗教在不同民族中又经历了极为不同和复杂的人格化，它是一种有始有终的社会历史现象。有着不同的宗教信仰(佛教、天主教、伊斯兰教等)和宗教感情的人，就有不同的文化倾向和戒律，存在着不同的信仰性消费习俗和禁忌性消费习俗。印度教把牛看成"圣牛"，只能老死不能宰杀；信仰伊斯兰教的国家禁酒，忌食猪肉，不用猪制品；佛教教义中严禁宰杀生灵，主张吃素，佛教徒用鲜花、香烛供奉菩萨；部分国家有避讳"13""14"的禁数习俗，以及禁色、禁花的习俗。凡此种种，都与宗教的信仰和教规有关，进而对不同宗教信仰的人们的消费行为产生了绝对的影响。

4) 地理文化消费习俗

自然环境是人们物质文化生活的必要条件之一。地处山区与平原、沿海与内地、热带与寒带的民族在生活方式上存在的差异是显而易见的。例如，有的地区的消费者以大米为主食，有的地区则以面粉为主食；有的地区爱吃辣，有的地区爱吃甜；有的地区爱吃羊肉抓饭，有的地区爱喝酥油奶茶。埃及东部撒哈拉地区的人洗澡不用水而用细沙，甚至牲畜的内脏也只用沙擦洗一下就食用，严重缺水的自然环境造成了他们以沙代水的生活习俗。地理亚文化对人们的衣、食、住、行方面的习俗影响明显，对生活在不同地理环境中的人的消费习俗具有约束和决定作用。

3. 文化消费流行

消费流行是指消费者在追求时兴事物的消费风潮中所形成的从众化需求。消费流行往往是新的常规性消费行为形成的前驱，具有4个特征。

(1) 骤发性。消费者往往对某种商品或服务的需求急剧膨胀，迅速增长，会在较短的时间内形成一定的购买力，并迅速产生大量的购买行为。这种购买行为很多时候并不是消费者的理性行为，而是一种从众化的购买行为。

(2) 短暂性。消费流行具有来势猛、消失快的规律，故而常常表现为"昙花一现"，流行期或者三五个月，或者一两个月。同时，对流行产品的重复购买率低，多属于一次性购买，因而也缩短了流行时间。

(3) 地域性。这是由消费流行受地理位置和社会文化等因素的影响造成的。在一定的地域内，人们形成了区别于其他地域的某种共同的信仰、消费习惯和行为规范。

(4) 梯度性。这是由消费流行受地理位置、交通条件、文化层次、收入水平等多种因素的影响决定的。消费流行总是从一地兴起，然后向周围扩散、渗透，于是在地区间、时间上形成流行梯度。这种梯度差会使得流行产品或服务在不同的时空范围内处于流行周期的不同阶段。

文化产品相对于其他产品而言，更偏重精神层面，人们对文化产品的评判与选择更多是主观上的，并没有客观科学的评价标准，更容易受到消费流行的引导与影响。因此，人们更易在传媒强大的轰炸包围中将精力、时间和金钱集中在传媒大肆宣传的对象上。好莱坞电影卷走全球电影市场70%以上的票房份额，迪士尼主题公园挤垮了大多数竞争对手，日本、韩国的动漫及电子游戏横扫全球等现象就说明了消费流行在文化产业领域的作用。

对于消费流行，文化企业需持辩证观看待。诚然，对于营销人员而言，消费流行创造了巨大的市场，带来了大量的需求——虽然这种需求极有可能只是暂时性、区域性的，但消费流行的负面效应同样存在。马尔库塞认为，大多流行的需要，如按照广告宣传去休息、娱乐、处世和消费，爱他人所爱，憎他人所憎，就属于虚假需要。这种虚假需要除了达到普遍利益与特殊利益的虚假统一的政治目的之外，不能给个体带来真正的满足。从这个角度来说，营销人员所做的努力就不能从真正意义上满足消费者的需求。

3.3 文化产品购买决策过程分析

尽管消费者个人的消费心理活动过程隐藏在内心深处，文化企业无法准确把握。但要想提升消费者的满意度，必须对消费者的消费心理和行为进行分析，以便有针对性地开展文化产品市场营销活动。

美国消费心理与行为学家D.I.霍金斯的消费者决策过程模型是关于消费者心理和行为的模型，被称为整合心理学与营销策略的最佳典范，它为描述消费者特点提供了一个基本结构与过程或概念性模型，也反映了今天人们对消费者心理与行为性质的理解和认识。霍金斯的消费者决策过程模型如图3-1所示。

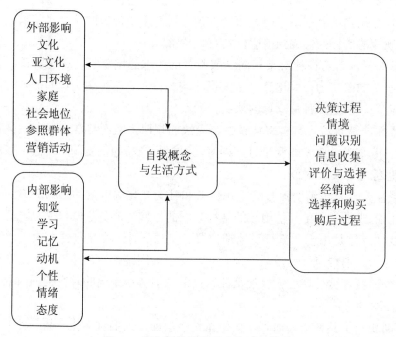

图3-1 霍金斯的消费者决策过程模型

霍金斯的消费者决策过程模型对于分析文化消费者的消费行为同样适用。内外部因素会影响文化消费者的消费行为，落实到购买或消费决策过程，此模型同样为文化企业提供了一个良好的分析路径。在复杂的购买行为中，消费者购买决策过程由问题确认、信息收集、备选方案的选择评估、购买决策、购买后行为5个阶段构成。

3.3.1 问题确认

消费者的决策过程开始于确认一个需要解决的问题或有待满足的需要。问题的出现是因为消费者的现实状况与理想状况之间存在差距，当这一差距被消费者认知到，并使他在生理或心理上产生被剥夺感、不适感或渴望感，需要购买某种产品或服务以恢复生理或心理上的正常感或舒适感时，问题确认就发生了。比如，当消费者连续工作了较长时间后，可能产生的身心疲惫感就是一个问题，此时，消费者可能就觉得自己需要进行一些休闲娱乐活动来缓解压力，这就是问题确认的过程，如图3-2所示。

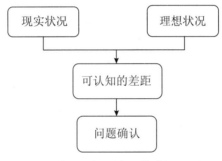

图3-2　问题确认的过程

问题确认需要某种刺激，作用在于让消费者认识到现实状况与理想状况之间存在不平衡。这种刺激可能来自消费者自身内部，即内部刺激；也可能来自消费者的外部，即外部刺激。内部刺激是指消费者自发产生并可被认知到的生理或心理的不舒适状态，如饥饿、心烦意乱。外部刺激是指可以使消费者意识到问题存在的外部信息，它包括社会刺激和商业刺激，前者是指消费者的同辈群体或其他有显著影响作用的个人给予消费者的影响；后者是指营销者的营销信息，如电影的预告片、体育比赛的广告、演出门票的促销活动等。

从另一个角度看，刺激物还可以分为两类，即问题刺激物和解决方案刺激物。问题刺激物是指促使人们购买的刺激物是问题本身，它可能源自消费者内部，如饥饿；也可能源自外部，如电视广告。解决方案刺激物是指促使人们意识到问题存在的是潜在的问题解决方案。也就是说，与潜在解决方案相接触会使消费者确认一种需要或问题。比如，当消费者看到某部电影的预告片时，可能发觉这部电影非常新颖，正是消费者想要观看的。当潜在解决方案没有被提出之前，很多消费者自己也不知道有问题存在，比如在电子邮件和传真出现之前，人与人之间传递信息要花费很大的成本和精力，但这在当时并不认为是问题。只有在电子邮件和传真出现之后，降低成本和提高速度才被认为是迫切需要解决的问题。

对问题刺激物和解决方案刺激物加以区分，强调了教育性营销或开拓性营销的重要性。开拓性营销是指为某种新产品或服务类别创造需求的营销活动。比如,针对3D电影的营销活动,开拓了一种新的电影产品,也促使人们意识到传统的2D电影并没有完全满足人们的观影需要。

3.3.2 信息收集

消费者需要的信息包括:解决某问题的合适评价标准、各种备选方案或办法、每一个备选方案在各评价标准上的表现或特征。在所有的备选方案中,可以被消费者回忆起来的品牌集合,被称为意识域,而意识域又由三个次级域组成:激活域,是消费者为了解决某一特定问题将要进行评价的品牌;排除域,是指消费者不喜欢和不予考虑的品牌。惰性域,是指消费者既无好感也无偏见的品牌集,消费者通常会接受关于这些品牌的正面信息,但不会主动收集这些信息。当偏爱的品牌无法获得,惰性域中的品牌通常可以接受。

消费者获得信息的来源主要有5种:过去积累、个人经验及低介入度学习所形成的记忆;个人来源,如朋友、家庭成员和其他人;独立来源,如杂志、消费者组织、政府机构等;营销来源,如销售人员、广告;经验来源,如试用产品。其中,营销来源仅仅是5种信息来源的一种,而且其在消费者决策中的直接价值有时十分有限,但是它影响着所有信息来源,往往构成了其他信息来源的基础。

有时,在没有完全确认问题之前,消费者也会进行有意识的外部信息搜索,这被称为信息的即时搜索,原因是外部信息搜索的过程充满乐趣。比如,喜欢看电影的消费者总喜欢花点时间关注各种与电影相关的信息,即使他们没有立刻看电影的需要。他们可能翻看电影杂志、上网浏览与电影相关的网页或与其他电影爱好者交谈。这些活动对消费者来说乐趣无穷,同时也会积累很多信息。

外部信息搜索量取决于信息搜索的收益和成本,有研究表明,4种因素对外部信息搜索量有所影响,即市场特征、产品特征、消费者特征和情境特征。表3-1列举了这些因素及其对外部信息搜索量的影响。

表3-1 影响购买前外部信息搜索量的因素

影响因素	该因素增加时引起的搜索活动的变化
Ⅰ.市场特征	
A.备选方案的数目	增加
B.价格幅度	增加
C.商店集中程度	增加
D.信息可获程度	增加
Ⅱ.产品特征	
A.价格	增加
B.差异程度	增加
C.积极性产品	增加
Ⅲ.消费者特征	
A.学习和经验	下降

(续表)

影响因素	该因素增加时引起的搜索活动的变化
B. 购买导向	兼有
C. 社会地位	增加
D. 年龄和家庭生命周期	兼有
E. 产品介入程度	兼有
F. 感知风险	增加
Ⅳ. 情境特征	
A. 时间可获性	增加
B. 为自用而购买	下降
C. 令人愉悦的环境	增加
D. 社会环境	兼有
E. 体能与智力	增加

资料来源：德尔·I. 霍金斯，等. 消费者行为者[M]. 符国群，等，译. 8版. 北京：机械工业出版社，2013.

消费者的需求被唤起以后，这种尚未满足的需求会造成一种心理的紧张感，促使消费者乐于接受相关产品的信息，甚至会主动地收集相关产品的信息。在这一阶段，消费者会通过多种渠道收集自己所需要的信息。一般来说，消费者的信息来源主要有4种。

(1) 经验来源，一般是指消费者通过自己购买、使用、维护文化产品和服务的经验获得对产品的认识、感受等信息。

(2) 个人来源，是指消费者通过自己的家庭成员、朋友、邻居、同事等得到相关的信息。这是消费者接触机会最多、最容易获得的信息，同时，对消费者的消费观念和行为的影响也最大。

(3) 商业来源，是指消费者通过文化企业的商业广告、推销员、经销商、商品包装、展销会等获得相关产品和服务的信息。由于市场竞争越来越激烈，文化企业会不断加大各种产品和服务营销的力度，特别是会通过各种促销手段来向社会公众传递信息。因此，文化消费者会经常主动、被动地接受各种商品和服务的信息。

(4) 公共来源，是指消费者通过大众传播媒介、消费者团体组织等获得所需要的信息。由于文化消费者的文化消费行为与大众传播媒介之间的联系较紧密，因此，会通过大众传播媒介获得相关文化产品和服务的信息。如消费者通过订阅报纸而从报纸上获得相关文化产品和服务的信息。

信息搜索包括内部信息搜索和外部信息搜索。一旦发现了问题，消费者就会利用长期记忆中的相关信息确定有无现存的令人满意的解决办法、各种潜在解决方案有什么特点、如何对各种解决方案进行比较等，这种行为称为内部信息搜索。如果通过内部信息搜索未能找到合适的解决办法，那么搜索过程将集中于与问题解决有关的外部信息，这被称为外部信息搜索。

很多问题通过消费者过去储存在头脑中的信息就能解决。如果消费者能够回忆起唯一且令人满意的解决方案，进一步的信息搜索或评价就不会发生。比如，消费者以前读过某一个作家的作品，认为该作品的风格恰巧可以满足消费者当时的阅读需要，就直接到书店购买了这一作家的作品。在一些较复杂的购买决策当中，外部信息搜索更加重要。

3.3.3　备选方案的选择评估

消费者对备选产品或服务的评价和选择有三种类型：基于属性的选择、基于态度的选择、基于情感的选择。基于属性的选择要求消费者在选择时具备有关产品特定属性的知识，并且在不同品牌间根据属性进行比较；基于态度的选择是指运用一般态度、总体印象等进行选择，而不用根据属性对不同品牌进行比较；基于情感的选择是指根据消费者想象中的感觉来进行选择，采用的是"我感觉它怎么样"的决策标准。

动机、信息的可获得性、个人与情境因素的相互作用等因素都会影响人们采用哪种决策过程。比如，人们越是希望做出最优的选择，就越可能基于产品属性进行选择；消费者记忆中关于产品的特定属性信息越多，获得完全的品牌属性信息越容易，就越可能基于产品属性进行选择。而一些情境因素，如消费者面临的时间压力也会影响消费者的选择模式。在时间压力很大的情况下，消费者更倾向于基于态度和情感来进行决策。

在基于属性决策的模式中，消费者可能对备选产品或服务进行非系统性评价，即按照随机模式或本能感觉在可选方案中进行选择；或进行系统性评价，利用一系列格式化的步骤在可选择方案中进行选择并做出决策。

多属性模型作为消费者评估过程的模拟模型常常被营销者所使用。在运用这一模型时，消费者使用多种属性或标准来作为基本的参考因素。比如，消费者会根据难易程度、内容、作者、出版社、推荐者等几个方面对不同的教材进行对比选择，并计算各种教材在各个属性方面的得分来确定偏好。

消费者会运用多属性选择矩阵来对备选方案进行比较。在比较时，消费者可能采用不同的方法。例如，线性补偿法是指消费者用各品牌在各属性上的得分乘以该属性的权重得出综合分数，并选择得分最高的一个。在表3-2中，A品牌的综合得分是10×10+10×9+10×8+8×7+10×6，它在各品牌中的得分是最高的，于是被消费者选中。另外一种方法称为词典编撰法，这是一种比较容易操作的方法。消费者从最重要的属性开始，检查各属性，排除不合格的项目，最终做出决策。在表3-2中，各个属性的重要性权重体现了消费者的偏好。这位消费者最重视的是作者，所以他首先衡量作者，并将得分最低的D品牌剔除。然后衡量出版社，并将C品牌剔除。此时，备选方案中只剩下A品牌和B品牌，消费者用价格和声誉来评估这两个品牌，剔除在这方面较差的A品牌，最终选择B品牌。

表3-2　多属性选择矩阵

属性	品牌诱发集				重要性权重
	A	B	C	D	
作者	10	10	10	9.9	10
出版社	10	10	9	9	9
价格	10	10	10	10	8
声誉	8	9	9	9	7
内容	10	8	8	10	6

多属性模型为营销经理提供了很好的分析工具，从中可以了解以下几方面内容。

(1) 诱发集中的品牌清单。

(2) 消费者做出购买决策时考虑的标准清单。

(3) 各标准的权重。

(4) 各品牌在消费者心目中的印象。

(5) 竞争者在消费者心目中的印象。

营销者可以根据从多属性模型中获得的信息来进行调整。例如，其所经营品牌的某一属性在消费者心目中表现不太好，就可以用广告来强调这一属性。又如，某一教材的声誉平平，就可以寻找更多的推荐意见来改变消费者的感知。

3.3.4 购买决策

消费者通过对商品反复的比较评价后，已形成指向某品牌的购买意向，但从购买意向到购买决策之间，还会受到两个因素的影响。

(1) 其他人的态度，即消费者周围的人对消费者偏好的品牌所持的意见和看法。其他人的态度会影响消费者的购买决策，影响的程度取决于所持态度的强度及与消费者之间关系的密切程度。一般说来，反对的态度越强烈，或与消费者的关系越密切，其影响力就越大，消费者改变购买意向的可能性也越大。

(2) 意外出现的情况。文化消费者的购买意向是在预期的家庭收入、预期的商品价格和预期的购买满足感等基础上形成的，如果出现了失业、涨价及听到该产品令人失望的信息等意外情况，消费者很可能会改变购买行为。

消费者的购买意向是否能转化为购买决策，还受所购商品价格的高低、购买风险的大小和消费者自信心的强弱等因素的影响。营销人员要向消费者提供详尽的有关商品的信息，以消除消费者的顾虑，促使消费者坚定地实施购买行为。

3.3.5 购买后行为

1. 购后评价

一旦做出决策，伴随着产品的消费，购后评价阶段随之开始。在此阶段，消费者判断所做决策是否正确，并且可能经历不同水平的认知差距(Knowledge Gap)：怀疑自己是否做出了明智的购买决策。消费者认知差距的大小往往取决于如下因素。

(1) 决策可以改变的程度。决策越容易改变，越不容易产生认知差距。

(2) 决策对消费者的重要程度。决策越重要，越有可能产生认知差距。

(3) 在备选品中做选择的难度。越难以做出选择，越有可能产生认知差距。

(4) 个人焦虑的倾向。越易于焦虑的人，越可能产生认知差距。

营销者一般会帮助消费者减少认知差距，使消费者相信他们的决策是明智的。减少认知差距的战略包括售后与消费者的接触、在产品包装上提供确认信、提供授权书和担保书,以及通过企业广告来强化消费者的决策。比如,消费者在杂志上看到了关于其刚刚购买的教材的书评,并给予认可,这会强化消费者购买此教材的决策。

消费者通过各种信息来源获取资料后,会将其进行整理、分析,对各种可能选择的商品和品牌进行比较、评价,从而确定自己所偏好的品牌。消费者进行比较评价一般分为以下三个步骤。

(1) 分析商品的性能和特点,特别是与其消费需要密切相关的各种属性。

(2) 根据自己的需求,分析各种属性的重要性,排定考虑顺序。

(3) 根据自己的偏好提出品牌选择方案。

营销人员应了解消费者对资料的处理过程和评价标准,以便掌握消费者的购买意向。同时,营销人员可帮助消费者比较评价各品牌之间的差异,发挥必要的参谋作用。

2. 购后感受

消费者购买商品以后,会根据实际使用情况和他人的评判来考虑自己的购买行为是否明智、商品的效用是否理想,从而形成购后感受。消费者的购后感受一般有三种。

(1) 满意的感受。消费者对所购商品感到满意。这种感受会强化消费者对所购品牌的信念,增加其重复购买的可能性,还会促使其向他人进行宣传。

(2) 不满意的感受。消费者在使用所购商品的过程中感到失望。这种感受可能导致消费者要求退货,以后不再购买这一品牌的商品。

(3) 不安的感受。这种感受介于满意与不满意之间,往往是消费者在使用过程中遇到一些问题时,会怀疑自己的选择是否明智,如果改买其他品牌的商品会不会使自己更满意,于是产生一种不安的感受。这种不安的感受,可能会引起消费者对该品牌做反宣传。这种反宣传对其他消费者的影响相当大。

营销人员要充分重视消费者的购后感受,因为它不仅会影响消费者重复购买,还会影响其他消费者购买。对企业来说,要加强售后服务工作,建立售后回访制度,及时了解消费者的购后感受,改进企业的营销活动,提高消费者的购买满意度。

本章小结

文化消费者的行为是个人与环境交互作用的结果,其行为方式、指向及强度主要受消费者个人内在因素与外部因素的影响和制约。文化消费者是与文化产品制造者、销售者相区别的人,是指购买、获得、使用、保存和处分各种文化产品和服务的个人。

文化市场需求就是文化消费者的需求,行为相同的规律,即文化需求的基本规律;行为的特殊规律,即文化需求的特殊规律。一方面体现出文化消费需求的基本规律,包括层次性、发展性、多样性、伸缩性、可诱导性5种;另一方面同其他普通消费需求相比,文化需求的特殊规律体现为持久性、广泛性和差异性。文化需求的主要特征表现在追求便利性、追求娱乐性、追求个性化、突出参与性。文化市场需求的发展趋势:文化消费在居民消费生活中将占据越来越重要的地位，教育消费将受到重视，娱乐将成为时尚，互联网与数字消费表现突出。

文化市场需求的影响因素包括：内在因素，主要包括人口统计因素、经济因素、心理因素；外在因素，包括社会因素、文化因素、文化消费流行。在复杂的购买行为中，消费者购买决策过程由问题确认、信息搜集、备选方案的选择评估、购买决策、购买后行为5个阶段构成。

思考题

1. 解释下列概念：文化消费；文化消费者；文化市场需求。
2. 文化市场需求的基本规律和特殊规律分别包括哪些内容？
3. 文化市场需求的主要特征有哪些？
4. 文化市场需求呈现什么样的趋势？
5. 影响文化市场需求的因素有哪些？
6. 文化产品购买决策过程包括哪几个步骤？

章末案例

湖南卫视——"快乐中国"的品牌定位

媒介活动的设计应与广告主充分酝酿，力求节目的特色与广告主的品牌利益完美结合。广告主应擅长在媒介资源中发现"金矿"，合理优化双方资源，达到传播效益的最大化。解决关键矛盾：电视节目的同质化和低质量与电视观众的多元化和高品位需求的不相适应是中国电视一切问题的根本所在。湖南卫视就抓住了这个关键问题，不断的节目创新成为湖南卫视2005永恒的主题。高潮不断，环环相连，前后呼应。这不仅表现在创新的VI系统、互动的节目形式、充分的节目预告，更重要的是表现在颇费苦心的内容设计。湖南卫视的2005始终围绕"超级女声"这一市场推广主线，结合买断的热播剧"大长今""闪亮新主播"，在节目内容里见缝插针、巧妙结合、前后互动，合力打造"快乐中国，湖南卫视"这一娱乐品牌。特别是激情小年夜"金六福春节联欢晚会"围绕"回家""快乐"大做文章，"超级女声"的激情表演、新主播的闪亮登场，就连小品的内容都与超女等赛事有关，更有酒泉航天城参与的主题高度。从营销的角度来看，为湖南卫视2005的市场推广划上了一个圆满的句号。更要注意的是，湖南卫视又推出一个打造影视明星的新栏目——"快乐730爱情魔方"，激发了众多追求明星梦的少男少女们前所未有的参与热情，创新仍在继续。

湖南卫视作为栏目竞争力最强、品牌栏目最多、主持人影响力最大的省级卫星频道，收视率连续几年居中国地方卫视第一并取得全国总收视第四的成绩(前三名均为央视),在中国各卫视中的影响力与知名度非常广泛。取得这些成绩的关键在于它拥有一个精准独特的品牌定位战略。

一、定位

2002年,湖南卫视确定频道定位为"以娱乐、资讯为主的综合频道"。2003年初,湖南卫视又提出了"锁定娱乐,兼顾资讯;锁定年轻,兼顾其他;锁定全国,兼顾湖南"的品牌定位策略。2004年6月,湖南卫视正式提出"打造中国最具活力的电视娱乐品牌",秉持"快乐中国"的核心理念,作为自己的全新定位,最终形成了湖南卫视的整体频道品牌——最具活力的中国电视娱乐频道。"快乐中国"是湖南卫视的品牌核心理念,有了这个内核,湖南卫视的品牌运营和扩张就有了坚实的、统一的基础。从娱乐功能来说,湖南卫视主要为全国观众提供快乐、愉悦的体验,这和《快乐大本营》的口号"快乐大本营,天天好心情"一脉相承。在这一品牌内核的统帅下,湖南卫视近两年陆续推出了《谁是英雄》这样的民间竞技娱乐节目,推出了《国球大典》这样的创新体育娱乐节目,推出了《超级女声》这样的大众娱乐节目和音乐娱乐节目《音乐不断歌友会》,从不同内容、不同层面深入诠释"快乐中国"这一频道理念,而11月30日,作为中国第一档聚焦青少年成长的情感故事节目《8090》在湖南卫视开播后,不仅让湖南卫视的"年轻"定位更专业、更原创,同时也使湖南卫视的品牌形象更清晰丰富、更深入人心、更充满张力。

二、受众的目标和需求

由于频道和节目的多元化导致电视观众的分流,大众传播向分众传播转化的趋势已经不可避免。品牌定位必须设定一个特定的传播对象,而这些特定对象可能只是该品牌所有目标对象中的一部分。湖南卫视作为一家靠娱乐吃饭,统治了少男少女们的娱乐世界的媒体,抓住了目标受众的心理和需要。

1. 立足"草根",拉近观众

最典型的例子就是湖南卫视的《超级女声》和《快乐男声》,作为一档平民选秀节目,它带领中国的娱乐节目走向草根,具有很浓厚的草根色彩。《超级女声》的播出帮所有的参赛获胜者成就了明星梦,铺设了从"丑小鸭变成白天鹅"的有效捷径,为心怀梦想的年轻人找到了出路。湖南卫视正是抓住了观众的这一强烈的需求,极大地满足了草根心理,同时也进一步诠释了"快乐中国,湖南卫视"青春、靓丽、时尚的品牌内涵。如此一来,很好地拉近了与观众的距离,让观众感觉到湖南卫视是服务于大众、服务于平民的节目。

2. 编排"错位",吸引观众

当各家省级卫视在晚间黄金档进行电视剧恶战的时候,湖南卫视已经从这片"红海"中挣脱出来,纵身跃入了战略蓝海。从2006年初开始,湖南卫视对其晚间节目编排做出重大调整,电视剧正式退出晚间黄金时段,安排至22:00以后的时段播出。原来的黄金时段则被用来播放自办栏目,这个新调的电视剧放时段已被打造成为具有鲜明特色和黄金品质的"后"黄金时段。通过收视调查分析,22点以后的受众群年龄在25~45岁之间,并且尤其以30岁左右的白领女性居多。因此，根据她们的审美要求，确定了"健康向上、细腻、以情动人、故事好看"的选片风格，以一些精品引进剧和经典老片作为该时段电视剧的主打类型。

湖南卫视的这种编排策略把选择权交还给观众，并向观众展开了一幅全新的画卷，颠覆了人们的收视习惯。以自办栏目填充传统黄金时段，让不爱看电视剧的观众有了新的选择；以独播剧打造后黄金收视段，以其独特性吸引观众。错位式编排，使得湖南卫视更为引人注目。

三、竞争中的利益支撑点

竞争对手是影响企业品牌定位的重要因素，可以说，如果没有竞争的存在，品牌定位就失去了价值。品牌定位本质上要求必须展现其相对竞争者的优势。具体而言，就是通过向消费者传达差异化信息而使该品牌引起消费者的注意和认同，进而在消费者心智上占据与众不同的有价值的位置。在多种复杂的电视竞争框架下，湖南卫视拥有了自己的利益支撑点。

(1) 湖南卫视确定自己的战略定位是"娱乐电视"，其中最为关键的、最具灵魂性的，就是湖南卫视的价值创新战略，通过创新提升附加值。

(2) 利用自身媒体平台的整合营销，不断推出新节目、新产品。例如，在推广"快女"的同时，《快乐大本营》《天天向上》等娱乐节目也会时不时地播报一下最新进程或幕后故事，通过这些措施，湖南卫视实现了资源最大限度的利用和开发。

(3) 广设交流平台，实现媒体与受众交流的互动营销。在湖南卫视的互动营销中，短信投票是最先被启用并迅速获得多方面收益的方式之一，它将媒体和受众紧密地结合在一起，实现双方之间的良性互动。

(4) 主持人明星化。对湖南卫视的快乐品牌而言，乐观、热情、富有创造力的主持人是频道的最佳选择。如何炅、汪涵、杨乐乐等明星主持人，他们带来的"明星效应"也成为湖南卫视经营中的一大亮点，这也是湖南卫视打造品牌的重要因素之一。

(5) 不断创新。从《快乐大本营》《玫瑰之约》到《真情》等有影响力的节目中可以看到，湖南卫视自上星后，孜孜不倦地追求创新突破，对栏目、内容、表现形式、主持人等方面的创新表现出一种近乎痴迷的态度。

从以上几个方面可以看出，湖南卫视已经成为一个娱乐业的航母，它所展现出来的承载能力不但拉动了湖南省的发展，也给整个中部地区乃至全国娱乐业的发展注入了活力。近几年来湖南卫视始终在不断发展自己的优势栏目，不仅增加自己栏目的文化底蕴，使之更有艺术性，而且也真正实现了湖南卫视"全国收视，全国覆盖，全国品牌，全国影响"的目标。

资料来源：申思丛. 浅析湖南卫视的品牌定位——用全民娱乐的口号打响中国，打响世界. 百度文库. http://wk.baidu.com/，2011，有删改.

问题：

湖南卫视的定位策略体现了哪些文化市场需求规律？

第4章

文化市场营销调研

> **章前引例**
> ### 中国电视收视率调查准则

电视收视率，是指在某个时段收看某个电视节目的目标观众人数占总目标人群的比重，以百分比表示。现在一般由第三方数据调研公司通过电话、问卷调查、机顶盒或其他方式抽样调查来得到收视率。央视-索福瑞媒介研究公司和AC尼尔森公司是中国目前最主要的两家收视率调查公司。

《中国电视收视率调查准则》(以下简称《准则》)由中国广播电视协会电视受众研究委员会组织业内专业人员、电视收视数据用户、中国传媒大学专家等参加的"中国电视收视率调查准则及实施"课题组研究制定。在制定《准则》过程中，课题组曾面向全国31家电视媒体、150多家企业和部分广告公司等用户进行了问卷调查及深度访谈。中国广播电视协会曾召开座谈会征求领导部门和相关领域专家学者的意见。

《准则》明确提出，中国电视收视率调查与国际通行准则须保持一致，调查方法和技术与国际上保持同步，同时又要符合国内电视收视市场的具体情况，保证电视收视率调查的顺利施行。此外，还明确了收视率调查所应遵循的基本范围及执行标准，为收视率调查机构提供了明确可行的操作规则。

数据提供方必须对样本户资料严格保密，严防样本户受到第三方的影响。数据使用方也应遵守职业道德，不得采用不正当手段与同行业竞争，不得以任何方式获取样本户资料和干预样本户收视行为，以确保数据的客观公正性。在建立质量管理体系方面，收视率调查机构须遵照监管机构和ISO国际质量标准的各项规范要求，并接受独立的第三方审核，以确保调查执行的科学、规范、客观和公正。同时建立举报制度，由中国广播电视协会接受举报并履行核查义务。

同时《准则》还明确提出，收视数据不是评价节目的唯一指标，不能揭示节目的思想性、艺术性，应避免收视数据在市场分析和节目评价中的滥用；数据使用方应尊重数据的客观性、完整性，避免对收视数据的误用和滥用；不得使用没有明确限定范围的语句或以偏概全、误导市场或公众或有意散布没有数据支持的有关收视率的结论。

资料来源：国家新闻出版广电总局官方网站. http://www.sarft.gov.cn/.

4.1 文化市场营销调研的主要内容

文化企业开展市场营销活动，首先需要对文化市场有科学、全面的了解和把握。与其他产品一样，文化产品的商业价值必须通过市场交换才能实现。文化市场的状况，诸如容量大小、运行机制、价格变化、品位导向等，对于文化产品的营销，具有决定性的意义。

准确把握这些状况的主要办法就是开展市场调研活动。文化企业通过调研活动，可以获得市场营销决策所需要的各种信息，为准确做出决策提供基本的前提和保证。

4.1.1 文化市场营销调研的基本概念

1. 市场营销调研

给出市场营销调研的完整定义是非常困难的，因为无论是学术界还是企业界都无法对此达成一致意见。著名的国际商会——欧洲民意和市场研究协会在关于市场和社会研究的国际准则中给出如下定义：市场营销调研是市场信息领域中的一个关键元素，它把消费者、顾客、公众与商家通过信息的形式联系在一起。这些信息用于判断市场营销中的机会和问题；制定、改进和评估营销活动；加深对营销过程的理解，以及对达成更有效的营销活动的途径的理解。市场营销调研包括将相应的问题所需要的信息具体化；设计信息收集的方法，管理并实施数据收集过程；分析研究结果；得出结论并确定其含义。

美国市场营销协会针对市场营销调研给出了一个类似的定义：市场营销调研是一种通过信息将消费者、顾客和公众与营销者连接起来的职能。这些信息用于识别、确定营销机会和问题，产生、改进和评估营销活动，监督营销绩效，改进人们对营销过程的理解。市场营销调研规定了解决这些问题所需的信息，设计收集信息的方法，管理并实施信息收集过程，分析结果，最后要沟通所得的信息并理解其意义。

综合来看，我们认为：市场营销调研是针对企业特定的营销问题，采用科学的研究方法，系统客观地收集、整理、分析、解释和沟通有关市场营销各方面的信息，为营销管理者制定、评估和改进营销决策提供依据。

为了更好地理解上述定义，我们应当把握以下几个要点：第一，市场营销调研的科学性。科学的研究方法是通过观察、实验等获取资料，并通过比较分析、逻辑推断等获得新的知识的一类方法。所以，定义的科学性规定了市场营销调研的基本框架。第二，市场营销调研的系统性。它是指对研究程序有周密细致的规划和安排，研究人员一般要遵循既定的研究程序和日程安排去进行。第三，就是市场营销研究的客观性。它要求研究人员在研究工作中不应受个人或其他权威人士的价值取向及信仰的影响，保持"中立"的态度。客观性是科学研究的精髓，市场营销调研就是科学方法在市场营销中的应用。第四，市场营销调研的针对性。它是指市场营销调研不同于企业营销信息系统中的情报系统等其他获取信息的功能。其他系统一般执行常规的、连续的信息收集和管理，而市场营销调研则针对企业特定的营销问题，如某产品销售量大幅度下降、新产品上市的定价问题和促销问题等。第五，要强调的是市场营销调研的辅助性和局限性。它只是信息管理的工具和手段，能够提供营销决策所需要的、必要的信息，减少信息的不确定性，降低营销决策的失误率，但是它不能保证决策的完全无误。

2. 文化市场营销调研

文化市场营销调研是指以文化市场的需求状况为特定对象，以文化产品的扩大营销为特定目的的调查研究活动。文化市场营销调研依据现代社会市场经济学的一般原理，运用现代科学方法和现代信息技术，全面且周密地收集有关文化市场需求状况的详尽资料，掌握影响文化市场的各种相关因素，并对之进行定量、定性分析，预测文化市场短期或长期的发展趋势，为文化企业制定正确的市场营销战略提供可靠的依据。

文化市场作为市场的一种，当然具有一般市场的固有特性，诸如自发性、竞争性、活跃性、易变性等。然而，文化市场作为一种特殊的市场，还有其自身的某些特点。由于文化产品是一种物化的意识形态，所以在制约文化市场需求的诸多因素中，不仅有一般的市场经济规律原因，而且有思想文化方面的非经济原因。因此，文化市场的整个运行机制往往比一般市场更为复杂。

文化市场营销调研是了解文化产品的供求是否平衡的有效手段。文化产品的供求平衡与失衡，是文化市场中的一对基本矛盾，它在很大程度上决定了文化市场发展的趋势和走向。而文化产品供求的平衡与失衡，其表象与实质在某些时候并不一致。只有通过深入细致的文化市场营销调研，才能真正把握市场供求关系的实际情况。

文化市场的营销调研也是文化企业促进文化产品销售的必要条件。只有在文化市场调查和文化市场预测的基础上，文化企业才能制定正确的文化产品营销策略。在市场经济的条件下，不了解市场状况的营销，只能是一种盲目的经济行为，极有可能导致整个营销战略的失败，甚至危及文化企业本身的生存。只有认真做好文化市场的营销调研，才能促进文化产品的销售，迅速有效地抢占文化市场，为文化企业赢得生存和发展的机会。

文化市场的营销调研又是文化企业内部加强生产经营管理、调整文化产品结构的可靠依据。市场经济条件下的生产是以市场为导向的生产，没有市场的生产是毫无意义的生产，没有市场的产品是没有前途的产品。文化企业应该不断根据市场调查所获得的各种信息，及时调整文化产品结构，为社会提供更多的受市场欢迎的产品，同时也能提高文化企业的社会效益和经济效益。

4.1.2　文化市场营销调研的基本内容

文化市场是一个错综复杂、活跃多变的动态网络结构，诸多因素决定了这一动态网络结构的运转，其中既有经济规律的制约，又有社会环境的影响。前者是直接的、内部的因素，后者是间接的、外部的因素。对于文化市场内部和外部因素的考察、了解、研究及把握，是文化市场营销调研的基本内容。

1. 文化市场内部因素调研

文化市场内部因素分为两个方面：一是市场需求情况，即买方市场；二是产品供应情况，即卖方市场。

(1) 文化市场需求情况。文化市场需求情况是文化市场营销调研的主要内容。满足人们对于文化精神产品的需求，是文化企业生产的唯一目的。随着经济的发展、社会的进步、物质生活的不断提高以及工作时间的减少和闲暇时间的增多，人们对于精神文化产品的需求将会越来越大。

首先，了解现有文化市场对于产品的需求，是文化市场营销调研的主要目的。这就需要通过调查掌握大量的信息，并根据这些信息做出市场需求方面的定性、定量分析。在这里，所谓定性分析，主要是指文化产品的门类、品种、形式或娱乐方法。文化消费者对不同门类的文化产品，其消费需求是不可能完全相同的。在文化市场营销调研中，应该对这些不同的文化产品的消费需求，进行分门别类的分析和研究。所谓定量分析，主要是指文化消费者对于某一文化产品的消费数量的估算和确定。文化企业在进行市场营销调查后，应该对各种文化产品的消费数量有一个基本的了解。例如，在同一地区、同一时间内，人们对于不同的电视台的影视节目，其需求量相等的可能性不大。市场需求究竟如何，应该根据实际情况做出量的分析。

其次，预测潜在的文化市场对于文化产品的需要是文化市场营销调研的另一目的。没有市场预测就没有企业生产的主动权。文化产品和其他任何产品一样，也需要一定的生产周期。例如，一部长篇小说的出版，从写作、编辑到发行问世，需要若干年时间；一部电影，从编剧创作到摄制完成，也需要若干年的时间；即使是排练一出戏剧，也需要一定的时间才行。因此，预测潜在的文化市场，对于文化企业来说，至关重要。但是潜在的文化市场需求，有些无法预料，例如世界上某些突发事件造成文化市场对某一类文化产品需求的剧增或剧减；有些则可以事先预料，例如根据美国、韩国等国家的电视剧播放模式的发展历程，可以推测出再过若干年后周播剧的形式将会在我国大量出现。

最后，在对现有文化市场和潜在文化市场的一般需求情况进行调研后，必须对制造和形成这种需求情况的文化产品的消费者进行调研。因为文化消费者决定了文化市场的需求，他们是文化市场的真正主宰者。对于消费者的调查，实际上就是对文化市场的调查，而且是一种更为深入的文化市场调研。如果把某一地区消费者的数量、年龄结构、文化层次、经济收入及其消费动机、影响因素等问题调查清楚了，那么文化市场的需求也就基本上可以调查清楚了。

(2) 文化产品供应情况。文化产品的供应情况可以分成两个方面，一是本企业的文化产品在文化市场上的供应情况，二是非本企业即竞争对手的文化产品在文化市场上的供应情况。调查清楚本企业的产品在文化市场上的供应情况是文化市场营销调查的首要任务。本企业的产品在文化市场上的供应情况，直接关系文化企业的社会效益和经济效益，因而显得十分重要。

首先，应该从本企业文化产品的品种、质量、数量诸方面进行考察，即从产品的质和量两个方面去检验本企业的文化产品是否适应文化市场的需要。若以一个演出团体为例，那么应该首先了解本团体演出的形式是否合乎当地观众的欣赏口味，了解本团体演出的质量如何，了解本团体演出的场次是否能满足观众的需要。

其次，应该对本企业文化产品的价格定位进行审视。和其他任何商品一样，文化商品也有一个价格定位问题。价格是任何商品在其市场竞争中的最大因素，千万不可忽略。文化企业应该根据产品的经济成本、税收、企业开支以及市场需求等各方面的情况，进行准确的产品价格定位。而文化产品的价格适当与否，主要的检验标准便是这一产品在市场上的竞争力。

再次,应该对本企业的市场促销手段进行检测。促销手段是扩大市场占有率的有效途径,促销手段不当,同样会导致整个营销的失败。促销手段包括广告宣传、公共关系、扩展渠道等方法。这些方法是否有效,应通过市场进行检测,并及时地进行调整,以提高本企业产品的知名度,扩大本企业产品的市场占有率。

商场如同战场,对于竞争对手的了解,是争取商战胜利的必要条件。对于竞争对手产品的质和量、价格定位和促销手段等,应该在不违反有关法令和商业道德的基础上,在公正、公平、公开的原则下,进行深入细致的调查研究,并把所获取的信息和本企业的情况进行对比分析,使本企业能够找出营销差距,提高营销水平。

2. 文化市场外部因素调研

文化市场外部因素是指影响市场的非直接因素。虽然外部因素间接作用于文化市场,但其影响仍是十分重要的,不可忽视。文化市场的外部因素,大致可以分为自然环境、文化传统、政治状况、经济水平、人口因素等几个方面。

(1) 自然环境。自然环境主要是指文化市场所处的位置、地形地貌、季节气候等自然条件。自然环境对于文化市场的影响,在一定条件下可以成为相当重要的因素。自然环境的差异,可以造成文化市场需求的质和量的差异。例如,新疆吐鲁番的葡萄品尝文化节、内蒙古草原上的那达慕大会、广东珠江三角洲的划龙舟比赛、黑龙江省哈尔滨的冰雕展览等,无一不和当地的自然环境有关。自然环境是一种独特的、不可多得的文化产品资源。了解这种资源,开发这种资源,研究这种资源和市场需求之间的关系,正是文化项目策划和文化产品制造的前提和基础。对于旅游文化来说,自然环境资源尤为重要。

(2) 文化传统。文化传统主要是指文化市场所属的人类社会文化类型。就整个世界范围来说,人类文化可以分为农耕文化、游牧文化、商业文化等类型。在东方农耕文化中,又可分为中国文化、印度文化等。中国文化又可分为若干亚文化。文化传统的差异,可以造成文化市场需求的差异。作为文化市场的消费者,不同肤色、不同种族、不同居住环境的人的文化需求是不一样的。例如,东方人和西方人在欣赏艺术作品时所持的评价标准是不同的,东方人比较注重艺术作品的情节性、形象性,而西方人比较注重思辨性、哲理性。在我国境内,一般来说汉族人民比较喜欢含蓄、深沉的情感表达手法,而某些少数民族比较喜欢直率、袒露的情感表达手法。即使在我国同一汉族居住的地区,北方和南方的风俗民情也迥然相异,艺术欣赏口味也不尽一致。只有生产具有鲜明的民族特点和浓厚的地方色彩的文化产品,才会受到当地人民的欢迎。文物古玩的鉴赏,博物馆、艺术馆的展示和开放,更是和一个国家、一个民族的文化传统息息相关,密不可分。

(3) 政治状况。政治状况主要是指文化市场所在的地区政局是否开明而稳定,社会是否繁荣而有序。国家的政治状况、社会的治理水平是影响文化市场的重要因素,也是文化市场营销调查的重要课题。只有在一个清正廉明、健康活跃的政治环境中,文化市场才有可能迅速发展。一般来说,有什么样的政治体制和政治思潮,就有什么样的文化艺术。不过,文化艺术对于政治体制和政治思潮来说,也有其相对的独立性,而且对政治也有重要的影响。历史已经证明凡是人类历史上的社会政治大变革,往往都是以文艺变革作为先导的。因此，在对文化市场所处的政治环境进行调查时，应该谨慎地、认真地、准确地处理政治与文化之间的关系问题，不可低估政治状况对文化市场的制约作用，也不应夸大政治状况对文化市场的制约作用。

(4) 经济水平。经济水平主要是指文化市场所在地区的科学技术、工农业生产、第三产业等国民经济发展所达到的水平。一般来说，国民经济发展水平较高的地区，人民的物质生活水平相应较高；人民物质生活水平相应较高，则精神文化消费水平也相应较高。这三者的发展成正比例关系，经济发展水平是物质生活和文化消费的基础。因为精神文化消费和其他消费一样，究其本质同样是一种经济行为，同样也取决于消费者个人的经济实力。如果一个人处在衣不蔽体、食不果腹的境地，很难想象他能有什么雅兴吟诗作画、抚琴箫。人们只有首先满足了衣食住行的基本生活需要，才会有精神文化方面的娱乐需求。文化市场营销调查应该密切注意经济发展状况，把握经济发展规律，认识经济发展前景，分析经济发展给文化市场带来的各种影响，以便不失时机地调整文化产品的结构和营销策略，使自己在文化市场的竞争中永远立于不败之地。

(5) 人口因素。人口因素主要是指文化市场所在地区的人口密度、民族分布、年龄构成、文化层次等的人口条件。人口是文化市场的直接消费者，对文化市场的需求有着最密切的联系。因此，通过文化市场营销调查搞清一个地区的人口因素，是了解文化市场的最基本条件。人口密度及其变化情况是文化市场营销调查中应该首先注意的问题。撇开经济状况等因素不谈，一个地区人口密度的大小，决定了这一地区文化市场的基本容量。而人口因素中民族的分布、年龄的构成和文化层次，则大致决定了当地人口对于不同文化产品的欣赏和接受程度。例如，一般说来，年轻人比较喜欢前卫一点的东西，如摇滚、时尚杂志等，年长者则更倾向于选择较传统的戏剧、诗词等；文化层次较低的人比较喜欢通俗易懂的流行读物和民间艺术，文化层次较高的人则能够欣赏西方文学、芭蕾舞、交响乐。当然，在对文化市场中的人口因素进行调查时，应该和上述几个因素诸如自然环境、文化传统、政治状况、经济水平等联系起来考虑。因为，上述因素对文化市场的影响，最终还是体现在文化市场的主体，即文化市场的消费者，也就是人的身上。

4.1.3 文化市场营销调研的类型

对文化市场调研分类的方法有很多种，本节主要介绍两种分类方法：一种是按照调研方法将它分为定性调研和定量调研；另一种是按照营销调研本身的性质来进行分类，即将它分为探测性调研、描述性调研、因果性调研和预测性调研4种类型。

1. 按调研方法分类

按调研方法分类，文化市场营销调研可以分为定性调研和定量调研。定性调研所获得的结果是对被调查事物的性质的描述，它获取资料的途径都是以行为科学为基础的，在调查动机、态度、信仰、倾向等方面特别有用。定量调研则基于数量分析，它通过获取样本的定量资料得出样本的某些数字特征，并根据它推断出总体的数字特征。定性调研一般使用较小的样本组，常用的方法有焦点小组访谈法、深度访谈法、观察法、投射法等。定量调研往往进行的是大规模的调研活动，以建立一个在统计学方面能进行严格分析的大数据库，它所使用的方法包括各种访问方法、观察法和实验法等。

(1) 与定量调研相比，定性调研具有以下几个优点。

① 定性调研通常比定量调研成本低。

② 除了定性调研以外，没有更好的方法能了解消费者内心深处的动机和感觉等这些复杂的、无法量化的因素。

③ 定性调研可以为定量调研指明调研的方向，提高后者的效率。企业往往在进行大型的定量调研之前，通过定性研究来确定定量调研的范围以降低调研成本。

(2) 定性调研的局限性主要表现在以下两方面。

① 由于它所调研的样本容量较小，所以调研结果的准确性值得怀疑。

② 由于定性调研并没有使用严谨的数理统计方法，调研结果的主观性、随意性大。不同的调研者使用同样的调研程序对同一目标进行调研，所得到的结果可能会有较大的差异，很难形成一个衡量调研结果质量的统一标准。

正是因为定性调研和定量调研都有各自的优缺点，所以在实际的营销调研中，普遍认为将两者相结合才可以达到更好的效果。

2. 按调研性质分类

(1) 探测性调研。探测性调研用于帮助澄清或辨明一个问题，而不是寻求问题的解决办法。它往往是在大规模的正式调研之前开展的小规模定性研究，其研究目的只是对营销问题的本质作一个初步评估，以便为进一步的研究确定范围和方向。

(2) 描述性调研。描述性调研是指通过详细的调查和分析，对文化市场营销活动的某个特定方面进行客观的描述，以说明它的性质与特征。描述性调研是文化市场调研中使用最多的一种类型，与探测性调研相比它研究的问题更加具体，数据收集的具体目标也已经明确，而且通常事先往往已形成具体的研究假设。例如，在产品消费者的年龄构成、地域分布和收入状况的调研活动中，研究者可以做出"购买这类产品的主要是年轻人""购买者主要是城市居民"以及"消费者属于高收入阶层"等研究假设。然后通过描述性调研去验证这些假设，以对研究的问题给出明确的答复。前文所提到的探测性调研的研究方法比较灵活，事先不需要进行周密的策划，在研究过程中可根据情况随时调整。描述性调研则会事先拟定周密的调研方案，包括准备收集的资料、收集资料的方法和步骤以及调研活动的程序、路线和进度安排。

(3) 因果性调研。因果性调研的目的是证明一种变量的变化能够引起另一种变量发生变化，这种调研方法是以实验为基础的调研，因此又被称为实验调研。以实验为基础的调研与以询问或观察为基础的调研相比有着根本的区别。在询问或观察的情况下，调研人员是一个被动的数据收集者，他们只是询问人们一些问题或是观察他们在干什么。在实验调研中，研究人员成为研究过程中的积极参与者，他们会改变一些被称为自变量的因素，并观察这些因素的变化对其他因素(被称为因变量)有什么影响。在营销实验中，因变量经常是衡量销售的一些指标，如总销售额、市场份额等；而自变量则常是营销组合中的一些因素，如价格、广告支出、产品质量等。

(4) 预测性调研。预测性调研是为了预测所需要的有关未来的信息而进行的调研活动。它可能是为了预测文化市场的潜在需求及其变化以帮助文化组织做出相应的营销决策，也可能是预测特定营销活动的结果以使该文化营销活动的计划更加完善。

4.2 文化市场营销调研技术

4.2.1 文化市场营销调研的主要程序

文化市场营销调研是应用科学方法，系统地、客观地收集、处理、分析和解释有关市场信息的过程。文化市场营销调研属于社会科学研究范畴，当然也必须依据科学研究的程序。对于文化营销调研应当划分哪些步骤，研究人员没有完全一致的意见。一般而言，文化营销调研的程序大体包括以下几个步骤。

1. 确定研究必要性

文化市场调研的每一个步骤都相当重要，但最重要的就是先确定研究问题的必要性。我们知道，文化市场调研的目的是帮助企业制定营销决策，但并不是在做每一项营销决策之前都要开展调研活动。在下文中列举的几种情况下，进行文化营销调研也许是不必要的。

(1) 可用信息已经存在。如果决策者或管理部门已经非常了解文化市场、竞争者以及产品和服务，也就是说他们已经掌握了大量的有关信息，依据这些信息，管理部门或人员已经可以做出有效的决策。

(2) 没有足够的时间。企业的调研活动都是针对企业出现的特定问题而展开的，目的是帮助企业制定正确的决策。在很多情况下，一旦发现问题，要求管理部门迅速做出反应。但遗憾的是，有些调研内容很难在短时间内完成。在这种情况下，企业只好依据现有的信息以及决策者的判断等做出选择。

(3) 没有足够的资源。市场调研是有成本的，包括人力资源、资金和其他硬件设备。从目前的情况来看，能独立完成营销调研的企业并不多，主要的问题是缺乏人力资源。如果企业委托其他专业公司执行调研，企业就要耗费一笔数目不小的资金，很多企业无力承担或不愿意承担。

(4) 成本高于信息的价值。文化市场调研是有成本的，通常还比较高。如果花费巨额成本，得到的信息价值却非常有限，那就不必做文化市场调研了。

2. 界定研究问题

界定研究问题是文化市场调研过程中极为重要的步骤。如果对研究问题的说明含混不清，或者对所要研究的问题做了错误的界定，则要么研究无法进行，要么研究结果无法帮助文化企业决策者制定正确的决策。问题的界定不是研究人员自己独立就能完成的。它通常需要企业有关人员的共同参与，包括与企业决策者讨论、向有关专家进行咨询、组织焦点小组座谈以及对二手资料进行分析等。

文化市场调研的目标是提供准确有用的决策信息，通常是让受访者回答与调研有关的问题而获得这些信息。所以，文化市场调研问题是信息导向的，它是要确定需要什么样的信息以及如何有效和高效地获得这些信息。从形式上讲，研究问题的界定包括准确地确定研究目的和研究目标，通常研究目标又表述成若干具体目标。文化市场调研问题一定要具体明确，范围不能太宽也不宜太窄。相对而言，管理决策问题是行动导向的，一般来讲问题范围比较宽，更具有普遍性。区分文化市场调研问题和管理决策问题是很有必要的。

3. 建立研究假设

界定文化市场营销问题的结果，将使研究的目的更加具体明确，通常把研究目的分解为一些具体目标，然后根据这些具体目标形成研究假设。所谓的研究假设，是对研究问题提出的一个可能的暂时性答案。提出研究假设的作用是使研究目标更加明确，用它指导研究人员去收集必要的信息，以检验研究假设。研究假设的形成有多种可能的来源，其一是根据现有的理论得出，其二则来自个人和前人的经验，在理论和经验都无法做出推测时，研究人员就要通过探测性研究来获得答案。

4. 发展研究设计

研究设计是资料收集、样本选择、资料分析、研究预算及时间进度安排等方面的计划方案，是研究过程中非常重要的指导性文件，通常表现为正式的市场营销调研计划书或合同书。

(1) 确定收集资料的种类和来源。研究设计的第一步就是根据研究目的、研究目标和研究假设，将需要的资料列出清单，以确定需要的资料的种类和来源。资料通常分为原始资料和二手资料两类，前者为根据研究目的而直接收集的资料，后者为现存的企业内部和外部的资料。二手资料有节约成本和时间的优点，一般都尽可能首先加以利用，但是二手资料也存在相关性和时效性差等缺点，在大多数情形下二手资料无法完全满足研究的需要，这时候研究人员就要决定原始资料的收集方法。

(2) 决定资料收集的方法。原始资料的收集方法有多种，主要有访问法、观察法、实验法和定性研究方法。访问法分为人员访问、电话访问、邮寄访问和网上访问等，它是研究人员通过询问受访者特定问题，从受访者的回答中获取信息的一类常用方法。观察法则是通过观察特定的活动来获取信息的一类方法，它分为人员观察和机器观察等，在市场营销调研中经常与访问法结合使用。实验法是在控制某种行为或环境因素的情况下，考察某些市场变量的变化，以确定有关变量间的因果关系。定性研究方法是获取顾客或有关人员的态度、感觉和动机等资料的一类方法，常用的方法有焦点小组访谈、个人深度访谈和投影技术等。

(3) 准备资料收集的工具。确定了资料收集类型和方法后，就要着手准备资料收集的各种工具。在采用访问法收集资料时，问卷的设计是一项非常重要的工作。在使用其他方法时，也要准备相应的工具。

(4) 确定抽样方案。在一般情况下，市场营销调研都不可能对研究总体进行全面调查，因此，无论采用何种资料收集方法，都要根据研究目的首先确定研究总体，然后决定样本的性质、容量及抽样方法。如采用访问法，研究人员应决定要访问哪些人、访问多少人以及如何分配；如采用观察法，也要决定观察的对象、次数及地点等。一般而言，样本越大，研究结果的可靠性越高；样本过小，将影响结果的可靠程度，但样本过大也会造成很大的浪费，而且在有些情况下并不能降低资料的误差程度，所以样本的大小应以适中为宜。

(5) 时间与研究经费。在研究设计阶段，研究人员应对进行研究所需的时间及费用加以估计。时间是指完成整个研究计划所需的时间，研究经费则包括研究人员的薪金、差旅费、顾问咨询费、访问费、计算机上网费和材料费等各种费用。

5. 收集资料和现场调查

资料收集工作是由公司调研部门或外部营销调研公司完成的。一项典型的文化市场调研项目往往需要在几个城市中收集资料，有时甚至需要到国外收集资料，需要同多家调研公司同时开展现场调查工作。为保证所有的现场调查人员按照统一的方式工作，需要就每一项工作设定详细的说明。现场调查是不容易控制和易产生误差的环节，因此对现场调查中的每一个细节都应该进行严格的控制，研究人员必须严格执行规定的程序。

执行现场调查的人员主要有访问员、督导员和调查部门的主管，在实施现场调查前，上述人员都要接受不同层面的培训，特别是对访问员和督导员的培训。培训分一般技能、技巧的培训和项目培训。为了控制误差和防止访问员作弊，通常在人员访问完成后，督导人员会根据计划对受访者按一定比例进行回访，以便确认是否真正进行了调查以及调查是否按规定的程序进行。

6. 分析资料并解释结果

数据收集完成后，下一步就是进行数据分析和解释。资料分析工作包括资料的编辑、编码、横列表分析和其他统计分析等，分析的目的就是解释所搜集的大量数据并提出结论和建议。

7. 提交研究报告

数据分析和解释工作完成之后，研究人员还必须准备研究报告，并向管理层沟通结论和建议。研究报告是整个过程中的关键环节，一方面在报告中可以看到研究结论和营销建议，另一方面研究人员也必须使管理层或研究报告的使用者相信，依据科学方法所收集的数据、得出的结论是客观的、可信的。

一般来讲，研究报告从形式上分为书面报告和口头报告，书面报告又可分为一般报告和技术报告。在准备和提交报告时，认真考虑报告对象的性质是非常必要的。对于报告的格式，没有统一的要求，但是通常也有一个基本的结构。首先，在报告的开始，应有对研究问题和研究背景的概述，并对研究目标做清楚和简略的说明，然后对采用的研究设计或方法进行全面而简洁的表述；然后，应概括性地介绍研究的主要发现以及对结果的合理解释；在报告的最后，应提出结论和对管理者的建议。

8. 跟踪研究

文化市场调研以应用为导向，在花费了大量的人力和物力开展文化市场调研并获得结论和建议后，一个重要的步骤就是付诸实施。管理者应该决定是否采纳研究报告所提出的建议，研究人员应当设法了解管理层是否采纳研究建议的原因，以及在管理层采纳研究建议的情况下决策的有效性如何。

4.2.2 确定调研对象的方法

在开展调研活动时，可以对调研对象进行普查，也可以采用抽样调查的方法。

1. 普查法

所谓普查法是指去调查调研对象总体中每一个个体的信息。文化市场调研中并不经常用到普查法，因为调研对象可能包括成千上万的个体，大规模地进行普查在成本和时间上的耗费都是巨大的。

2. 抽样调查

抽样调查常被用于确定调研对象。事实证明，一个相对较小但精心选择的样本能准确地反映总体特征，而且在调研成本上也是可接受的。进行抽样调查涉及对抽样方法的选择，下面将详细介绍几种不同的抽样方法。

1) 概率抽样法

在概率抽样中，总体的每一个单位都有一个已知的、非零的机会被选入样本中，每一个单位被选中的机会可能并不相等，但是被选中的概率却是已知的，而这个概率由选择样本元素的具体程序来决定。概率抽样的最大优点是可以估算出抽样误差，即可以知道推断出的总体特征与实际特征之间的误差，但概率抽样法比非概率抽样法要花费更多的成本和时间。常见的概率抽样法有以下几种。

(1) 简单随机抽样。简单随机抽样是一种众所周知并广为使用的概率抽样方法，调研人员随机地从总体中抽取预定数量的样本，总体中的每一个单位被选中的概率都是均等的，这个概率等于样本容量与总体容量之商。例如，在一个容量为100的总体中选取一个容量为10的样本，则总体中的每一个个体被选中的概率是10/100=0.1。简单随机抽样满足了概率抽样的一切必要要求，能够得到具有有效代表性的样本，但是它必须以一个完整的总体元素列表为依据，这在实际调研活动中并不容易做到。例如，调研人员所确定的总体是居住在一个城市中的所有的吸烟者，要得到全部元素的列表是非常困难的。

(2) 等距抽样。等距抽样是指在总体列表中，先随意选择一个起点，然后按照一个固定的间隔逐一选择起点之后的元素，直到达到预定的样本容量，其中样本间的间隔等于总体容量与样本容量之商。例如，在一个容量为40的总体中选取一个容量为5的样本，则样本距离为8，我们可以首先随意确定一个起点，比如从第10个元素开始，则被选入样本中的元素应该是：第10个、第18个、第26个、第34个和第2个。等距抽样比简单随机抽样所花费的时间和费用都更少，而且也可以抽取具有较大代表性的样本，所以比简单随机抽样更为流行。但是，它和简单随机抽样一样，需要一个完整的总体元素列表。此外，如果在元素列表中存在自然的周期性，等距抽样可能会产生严重误差。

(3) 分层抽样。概率抽样中的另一种方式是分层抽样。它首先将总体分成相互独立的完全的子集，然后按照独立的随机抽样方法在各个子集中抽取一定数量的元素构成所需的样本。所谓的独立的完全的子集是指总体中的每一个元素都要被分配到其中的一个子集中去，而且还能重复分配。分层抽样要花费更多的成本，但是这一缺陷可以通过较高的误差率来加以弥补。下面，我们通过一个例子来说明分层抽样可以减少抽样误差。

一个儿童图书的销售商希望对某地区顾客的购买行为进行抽样调查，一般而言，在顾客中有75%是为子女购买图书的成年购买者，而只有25%是为自己购买图书的未成年人。如果采用简单随机抽样的方法，则可能在样本中被抽取的成年顾客只占样本总数的55%，这显然不是一个能够很好反映总体特征的样本，必然会使最终调查结果产生较大误差；但是如果使用分层抽样的方法，首先将总体分成成年人和未成年人两个子集，在成年人中选取75%的样本容量的顾客，而在未成年人中只选取25%的样本容量的顾客，这样选出的样本在基本特征上便与总体保持了一致。

(4) 整群抽样。上文谈到的各种抽样方法都是按照一定的方法，一个一个地从总体的元素中抽取样本。整群抽样中的样本则是一组一组地从总体中被抽取出来的，因此整群抽样也需经过两个步骤：首先将总体分成相互独立的完全的子集，然后按照随机抽样的方法抽选子集来构成样本。子集被称为群，在有些时候，调研者对抽取出来的群中的全部元素都要进行观察，而有的时候还要从被选中的群中再次随机抽出部分元素来对它们进行观察，具体使用哪种方法受研究经费、抽样可接受误差等因素的影响。

整群抽样与分层抽样都是要将总体分成相互独立的完全的子集，但后者要从每个子集中抽取一定的样本，而前者则只抽取部分子集，对子集中的全部元素或部分元素进行观察。整群抽样的成本比其他概率抽样方法要低一些，但由于所划分的子集中的各个元素的同质性要比总体中各元素的同质性更强，很难保证每个群能够很好地代表总体的特征，所以整群抽样可能产生更大的抽样误差。

2) 非概率抽样法

任何不满足概率抽样要求的抽样都被归为非概率抽样，由于无法了解总体中的元素被抽入样本中的概率，所以评估非概率抽样的总体质量有很大的困难。但是，由于非概率抽样所花费的时间和费用都相对较低，而且合理运用非概率抽样方法也可能产生极具代表性的样本，所以这一方法仍然在实际中得到广泛运用。常用的非概率抽样方法主要有便利抽样、判断抽样、参考抽样(滚雪球法)和配额抽样。

(1) 便利抽样。便利抽样是指运用最方便的方式来取得样本。例如，直接选用自己公司的雇员来进行新产品的使用测试。显然这种抽样方法很难保证调研结果的准确性，但调研人员有时出于成本原因仍然会使用这种方法。一般来说，这种方法只适合于对调研精度要求不高的探测性调研。

(2) 判断抽样。判断抽样中的调研人员依靠自己的主观判断来选择样本，而这些主观判断往往建立在历史数据或个人经验的基础之上。所以使用这种抽样方法时，调研结果的质量会受到调研人员素质的影响，同时环境的变化也可能使历史数据没有太大的参考价值。

(3) 参考抽样。参考抽样中，研究人员会要求初始被调查者推荐其他样本人群并加以选择，这样样本容量会随着调查的进行而逐步增加，因此这种方法又被称为"滚雪球法"。当研究人员所要调查的总体人群很难寻找时，往往会选用参考抽样的方法，这样可以节约不少调查费用，但同时由于样本可能会具有较高的同质性而使得调研质量受到影响。

(4) 配额抽样。配额抽样有些类似于概率抽样中的分层抽样。这种方法首先对总体进行分类，并根据主观标准在每一个小类中按一定的比例选取元素构成样本。这种方法可以在一定程度上改善调研质量，但由于对样本的选择仍然依赖于个人的主观判断，所以样本的代表性仍值得怀疑。

4.2.3 文化市场营销调研方法

1. 访问法

访问法是指调研人员通过各种方式促使被访者回答他们所提出的问题，并据此收集所需信息的一种方法。采用访问法进行调研时，调研人员往往事先设计好调研问卷，然后可以通过直接对话、电话访问、邮寄问卷或网上访问等方式要求被调查者完成问卷上的问题。不同的接触方式有各自的优劣势，具体如下所述。

(1) 人员访问。调研人员通过上门拜访或街头拦截等方式直接与被访者对话，从他们对所提问题的答案中获得信息。这种接触方式有多种好处：第一，具有较高的灵活性。调研人员可以针对不同的被访者使用不同的提问技巧，交谈的主题可以更加广泛，在面对面的交流中还有可能获得不曾预料到的信息。第二，调研结果的质量较高。调研人员可以通过各种方式详细解释需要提出的问题，大大降低了被访者对问题产生误解的可能性。同时调研人员还可以观察受访者回答问题时的行为，这有助于了解受访者的真实想法。第三，拒答率低。与其他接触方式相比，面对面的交流能有效防止受访者拒绝回答问题的情况发生，从而获得更高的回答率。

但与此同时，人员访问也存在一些缺点，主要表现在调查费用较高，对调查员的提问技巧的要求也较高。此外，受访者也可能会受到调研人员主观态度的影响而没有能够真正表达自己的真实想法，特别是对于一些敏感性问题的回答。

(2) 电话访问。通过电话与受访者交流以获取所需信息可以在一定程度上降低调研的成本，能在较短时间内在较大的范围内收集到信息。但是，电话访问的拒答率一般较高，而且受到访问时间的限制较难获得详细的信息。此外，国家及地区的电话普及程度也会制约这种方法的使用。

(3) 邮寄访问。在进行邮寄访问时，调研人员将事先设计好的问卷寄给受访者，请他们按照要求填写后再寄回给调研人员。这类方法的优点是成本低，调研范围广泛，受访者也有充分的时间来考虑如何回答问题。此外,由于不必面对调查员,受访者更可能提供自己的真实想法,特别是对一些敏感性或隐私问题的回答。但是,邮寄访问的问卷回收率一般较低,而且回收时间较长使得一些信息缺乏时效性。

(4) 网上访问。随着互联网技术的发展,网上访问得到了越来越多的运用。这种访问方式不仅具备了电话及邮寄访问的所有优点,而且通过提供独特的音响视觉效果,可使受访者对回答问题产生更大的兴趣。但是,网上访问具有绝对的匿名性,使得信息的真实性受到很大的影响。

2. 观察法

调研人员直接或利用设备去观察人、物体或事件的行为过程,并系统地加以记录的调研方法被称为观察法。它是现代文化市场调研中一种基本的调查方法,与其他方法相比,它最突出的优点是可以获得更加客观的信息。因为在使用观察法的调研活动中,调研人员一般并不直接介入被观察者的行为,因此也就不会使被调查者在提供信息时受到干扰。随着科技的发展,调研人员在使用观察法时,越来越多地借助于先进的仪器设备,如数码相机、电子扫描仪等,这就使得利用观察法可以更迅速地收集到更多的信息。

观察法的主要缺陷是只能观察到表面的行为特征,而无法获得导致行为的内在原因的相关信息。例如,消费者的购买动机、消费者对某种商品的看法等信息都无法通过观察来获得。另外,观察法也只能观察到公开的行为,一些私下的行为,如上班前的打扮过程、家庭中的购买决策过程都超出了调研者的观察范围。最后,要观察一些不经常发生的行为可能会让调研人员等待很久,从而花费较高的调研费用。

3. 实验法

实验法是指在一定的控制条件下对所研究的客体的一个或多个因素进行操纵,以测定这些因素之间的因果关系的一种调研方法。实验法来自自然科学的实验求证,现已广泛地运用于文化市场调研领域,是市场营销学走向科学化的一个标志。实验法与访问法、观察法不同的是:在运用实验法时,也需要对被调查的客体进行询问以及观察,但是实验者会主动控制实验环境;而在运用访问法与观察法时,调查者仅仅是收集资料而不会去改变环境。

实验法可分为实验室实验和现场实验两种,前者的优点是可以很好地控制实验条件,以观察到因变量受自变量的真实影响,但是这种在实验环境中被测量到的因果关系在真实环境中可能缺乏有效性,即缺乏所谓的外在有效性。现场实验结果一般有较好的外在有效性,但它的问题是调查者不能控制可能影响变量的所有因素,从而较难获得各因素之间真实的因果联系。实验法调研往往需要较高的费用,但由于调研结果的质量也较高,所以这类方法得到了越来越多的运用。

4. 定性调研的常用方法

在定性调研中,有三种具体的调研方法得到了广泛运用,它们是焦点小组访谈法、深度访谈法和投射法。

(1) 焦点小组访谈法。焦点小组一般由8~12人组成，在一名主持人的引导下对某一主题或观点进行深入讨论，通过观察参与者对主题的充分和详尽的讨论，调研人员可以了解他们内心的想法及产生这种想法的原因。焦点小组访谈与一问一答式的面谈的关键区别是它能够通过小组中成员的相互作用产生"群体动力"，从而获得更多的、更客观的信息。所谓"群体动力"是指小组中某个成员的反应会成为对其他人的刺激，这种相互刺激能够引起受访者更大的兴趣。在焦点小组访谈中，提问方式是间接的，而不是直截了当地提出问题要求回答。因为社会心理学的研究表明，当鼓励人们主动地表现自己而不是被动地回答问题时，他们对某一主题会表达出更全面、更深入的看法。

(2) 深度访谈法。它是一对一问答式的访谈，但是它与普通的问卷调查有一定的区别。后者只是要求受访者回答一些事先设计好的问题，而深度访谈中的问题并不一定是事先设计好的，它们可能会随着会谈的深入而逐步展开，由受访者的回答引出很多新的问题。深度访谈法的调研成本较高，对调研者素质的要求也很高，有时甚至要聘请心理学专家来担任。但是，相对于焦点小组访谈法而言，深度访谈法也有它的一些优点。例如，一对一的交流可能使受访者觉得自己更受重视，从而更愿意表达自己的真实想法；一对一的近距离接触使调查人员对非语言信息的反馈也可能更加敏感。

(3) 投射法。在一些情况下，受访者可能受心理防御机制的影响，并不能够用语言表达出内心的真实情感和态度，这时就可以使用来自临床心理学的一种方法——投射法。这种方法通过观察受访者对一些刺激的表面反应，来探究隐藏在表面反应下的真实心理，以获知真实的情感、意图和动机。文化市场调研中常用的投射测试有词语联想法、句子和故事完形法、漫画测试法等。词语联想测试是由调研者快速说出一串词组，让受访者在听到每个词后迅速说出脑海中的第一反应；句子和故事完形法则是由测试者说出一个句子或是一个故事的开头，由受访者去完成它；漫画测试是由一系列的漫画图像构成一个高度的投射机制，典型的漫画测试包含两个正在对话的人物，其中一个人的对话框中写有对话，而另一个人的对话框中则是空白的，由受访者来完成。

4.2.4 问卷设计方法

问卷设计是问卷调查的关键，问卷设计得好坏将直接决定着能否获得准确可靠的市场信息。如果问卷设计不好，那么精心制订的抽样计划、训练有素的访问人员、合理的数据分析技术和良好的编辑、编码都将变得毫无意义。不恰当的问卷设计将导致不完全的信息、不准确的数据和必然的高成本，所以设计一份好的问卷对文化市场调研的成功至关重要。

1. 问卷的基本要求

1) 问卷的形式要求

对于问卷的形式，要求版面整齐、美观，便于阅读和作答。同时问卷的长度也值得注意，不同的访问方式对问卷的长度要求不一样。比如，电话访问的长度一般设计为20分钟左右,不宜太长;人员访问式问卷相对可长一些,但一般也在40分钟左右。当然这些并不是绝对的,近期一项研究发现,当被调查者对调查项目不感兴趣或不重视时,问卷长度相对来说就不重要了。换句话说,无论问卷是长是短,人们都不会参与调研。同时,研究也发现,当被调查者对调查题目感兴趣或当他们感到回答问题不太困难时,他们会回答一些较长的问卷。

2) 问卷的内容要求

(1) 问题具体、表述清楚、重点突出、整体结构好。问题具体,就是要言之有物,确保每一个问题都能反映事实;表述清楚,没有模糊信息、诱导信息,收集的信息尽可能客观准确;主干题与细节题有机搭配,重点突出,整体结构好。

(2) 确保问卷能完成调查任务与目的。任何问卷都是为完成一定的调查任务与目的而制作的,如果问卷不能达到这一目标,也就意味着问卷设计不成功,应该返回去重新设计。

(3) 调查问卷应该明确正确的政治方向,把握正确的舆论导向,注意对群众可能造成的影响。再好的问卷,如果偏离了这一导向,也就意味着失败或者不完善。

(4) 便于编码和统计整理。我们进行问卷调查就是为了依据调查获取的信息得出统计结论,因此,是否便于编码和统计整理,对于一些大型的文化市场调查项目而言,也就构成了一个不可回避的问题,并成为问卷设计的基本要求。

2. 问卷的基本结构

问卷的基本结构一般包括三个部分,即说明信、调查内容和结束语。其中,调查内容是问卷的核心部分,是每一份问卷都必不可少的内容,而其他部分则可根据设计者需要酌情取舍。

1) 说明信

说明信是调查者向被调查者写的一封信,主要用于介绍调查的目的、意义、选择方法以及填答说明等,一般放在问卷的开头;有些问卷的说明信还交代交表地点及其他事项等;有些则加上一些宣传内容,这样可使说明信更具说服力。

2) 调查内容

调查内容是调查问卷中最主要的部分,也是正文部分,主要包括指导语、各类问题及其回答方式、问题的编码等。该部分是问卷的主体部分,也是问卷设计的关键部分。

(1) 指导语。指导语也就是填答说明,是用来指导被调查者填答问题的各种解释和说明。不同的调查问卷,对指导语的要求不一样,指导语所采取的形式也多种多样。有些问卷中,指导语很少,只在说明信末附上一两句,没有专业的"填表说明";有的问卷则有专业的指导语,集中在说明信之后,并有专业的"填表说明"标题;还有一些问卷,其指导语分散在某些较复杂的问题前或问题后,用括号括起来,对这一类问题做专业的指导说明(例如,本题可选三项答案,并按重要程度排列顺序)。

下面,我们来看一份专业的"填表说明"。

填表说明:

① 请在每一个所给的备选答案中选择符合您的情况或您同意的答案,并在所选取的

答案前的括号内打"√",或在问题的空格处填写适当的内容。

② 若无特殊说明,每一个问题只能选择一个答案;若要求选择多项答案,题目后面都有注明;若还要求对所选多项答案排序,则请按题后说明填写。

③ 问卷内容较多,涉及面广,请在填答前认真阅读一遍,然后按要求仔细填写。

(2) 问题及其回答方式。问题及其回答方式是调查内容的主要组成部分,包括调查者所要了解的问题及其答案,这是问卷设计的主要内容。可以说,问题及其回答方式的设计质量直接关系整个调查问卷的质量。

(3) 编码。编码一般应用于大规模的问卷调查中。在大规模的问卷调查中,调查资料的统计汇总工作十分繁重,借助于编码技术和计算机,可大大简化这一工作。

编码是将调查问卷中的调查项目以及备选答案给予统一设计的代码。编码工作可以在问卷设计的同时进行,也可以等调查工作完成以后再进行。前者称为预编码,后者称为后编码。在实际调查中,常采用预编码的形式。编码一般放在问卷的最右侧,有时还可以用一条竖线将它与问题及答案部分分开。

3) 结束语

结束语一般放在问卷的最后面,用来简短地向被调查者表示感谢,也可征询一下被调查者对问卷设计和问卷调查本身的看法和感受。

3. 问卷设计的过程

问卷设计的过程一般包括10个步骤:确定所需信息、确定问卷的类型、确定问题的内容、确定问题的类型、确定问题的措辞、确定问题的顺序、问卷的排版和布局、问卷的预试、问卷的定稿和问卷的评价。

(1) 确定所需信息。这是问卷设计的前提工作,调查者必须在问卷设计之前掌握所有达到研究目的和验证研究假设所需要的信息,并确定分析使用这些信息的方法,比如频率分布、统计检验等,并按这些分析方法所要求的形式来收集资料、掌握信息。

(2) 确定问卷的类型。可供选择的问卷类型很多,诸如送发式问卷、邮寄式问卷、报刊式问卷、人员访问式问卷、电话访问式问卷、网上访问式问卷等,最终选择何种问卷类型,必须视具体情况具体分析。一般来说,要确定问卷的类型,必须先综合考虑制约问卷类型选择的因素。制约问卷类型选择的因素很多,包括调研费用、时效性要求、被调查对象、调查内容等。在具体确定问卷类型时,往往必须综合考虑各项制约因素,反复权衡,因为现实中的决策是一项系统工程。

(3) 确定问题的内容。确定问题的内容似乎是一个比较简单的问题。比如,这个问题是一般性问题还是特殊性问题?是比较熟悉的问题还是比较生疏的问题?是有趣的问题还是枯燥的问题?是容易回答的问题还是难以回答的问题?是常识性问题还是专业性问题?……解决类似的问题似乎并不是一件难事,不需要任何专业知识,一看就能把握,但事实上并非如此,这其中还涉及一个个体的差异性问题:也许你认为容易的问题在他人眼里很难回答,你认为熟悉的问题在他人看来较为生疏,你感兴趣的问题对他人来说可能枯燥无味。因此,确定问题的内容,最好与被调查对象联系起来。分析被调查者群体,有时比盲目分析问题的内容效果要好。确定问题的内容是问卷设计的要求,它对于确定问题的顺序有很大的影响。

（4）确定问题的类型。问题的类型归结起来可以分为三类：开放式问题、封闭式问题、混合型问题。进行问卷设计时需要决定使用何种类型的问题，我们确定问题类型的出发点主要是基于研究要求，同时尽量使设计的每一个问题都能传达更多的有用信息。不过也有例外，有时问卷中出现的个别问题与市场研究看起来毫无关系，它的存在只是引起被调查者的兴趣，促使其继续往下答。但不管属于哪一类问题，都有其存在的理由，关键是看这种"存在"在一定程度上是否不可替代。从某种意义上来说，这种"不可替代性"越强，则意味着问卷设计水平更高。

另一个方面，问题的难易程度也是一个值得考虑的因素。首先调查者必须分析他将要面对的被调查者群体的层次水平，太难或太无聊的问题往往令人兴趣索然。比如，类似"您觉得电影产业今后几年的发展方向是什么"的问题，对于普通消费者而言，如果设计成开放式问题，则能得到满意答案的概率很小，而得到空白答复的可能性相当大。但如果设计成多项选择题，再加上一个"不知道"的选项，效果就不一样了。也许在调查者看来，空白和"不知道"代表一个结果，但实际上并不是这样。"不知道"向调查者传达了一个信息，既是合作的信息，也是一个企业内部信息；空白则有可能是"不知道"，也有可能是因厌烦问题而避开问题以至拒答问卷。反过来，如果调查者正在进行一项深度访谈，而且面对的是经理层，那么调查者设计的问题最好是开放式问题，这对于他进行探索性研究，获得一些深层次的市场信息也有帮助。

（5）确定问题的措辞。很多人可能不太重视问题的措辞，而把主要精力集中在问卷设计的其他方面，这样做的结果有可能降低问卷的整体质量。

其实，措辞在问卷设计中相当重要，有时由于提问的措辞不同，会对被调查者产生不同的影响。在问卷设计的措辞方面，应该注意问题的陈述应尽量简洁、清楚，避免模糊信息；避免提带有双重或多重含义的问题；最好不用反义疑问句，避免使用否定句；注意避免问题的从众效应和权威效应；避免使用引导性、断定性语句；避免使用假设性问题等。

（6）确定问题的顺序。问卷中问题的排列，也就是问题相互之间的排列组合和排列顺序，是问卷设计中的另一个相当重要的问题。良好的排列组合方式和排列次序会激发被调查者的兴趣、情绪，进而提高其合作积极性；而杂乱无章的排列，则会影响被调查者的顺利作答和资料的准确性，甚至会影响问卷的回收率。一般说来，问题的排列顺序必须按以下两条基本要求加以确定：便于被调查者顺利作答；便于资料的整理和分析。具体来说，可以从以下几个方面入手：按问题的难易程度排列次序，按问题的时间先后顺序排列次序，相同性质或同类问题尽量集中排列。

（7）问卷的排版和布局。问卷的设计工作基本完成之后，便要着手进行问卷的排版和布局。问卷的排版和布局的总体要求是整齐、美观，便于阅读、作答和统计。卷面排版不能过紧、过密，字间距、行间距要适当；字体和字号要有机组合，可适当通过变换字体和字号来美化版面。对于开放式问答题，一定要留足空格以供被调查者填写，不要期望被调查者自备纸加页。对于封闭式问答题，在给出的每一个答案前都应有明显的标记，答案和答案之间要有足够的空格。

此外，还应注意一些细节性问题。比如，在可能的情况下，一个题目最好不要编排成两页；核对一定要仔细，不要出现漏字、错字现象。好的版面就像好的外表，是给人留下良好第一印象的关键因素，不可掉以轻心。

(8) 问卷的预试。问卷的初稿设计工作完毕并获得管理层的最终认可之后，不要急于投入使用，特别是对于一些大规模的问卷调查，一定要先组织问卷的预先测试工作。预先测试通常选择20~100人，在预先测试工作完成之后，任何需要改动的地方应切实修改。如果第一次测试后有很大的改动，可以考虑组织第二次预试。

(9) 问卷的定稿。当问卷的预试工作完成、确定没有必要再进一步修改后，可以考虑定稿。问卷定稿后就可以交付打印，正式投入使用。

(10) 问卷的评价。问卷的评价实际上是对问卷的设计质量所做的一次总体性评估。这是一个看似多余、实则必不可少的步骤。对问卷进行评价的方法很多，归纳起来，主要有4种：专家评价、上级评价、被调查者评价和自我评价。

4.3 文化市场营销调研报告的撰写

在文化市场调研项目基本完成以后，研究人员应当考虑撰写文化市场调研报告。提供一份完善的文化市场调研报告既是一个文化市场调研项目的顶点，也是文化市场调研的终点。调研报告是整个文化市场调研过程的最重要的部分，因为调研报告通常是评价整个研究过程工作好坏的唯一标准。不管研究过程的其他各步骤的工作如何成功，如果调研报告失败，就意味着整个研究失败，因为决策者或调研委托者只对反映研究结果的调研报告感兴趣，他们往往通过调研报告来判断整个文化市场调研工作的优劣。因此，研究人员在完成前面的文化市场调研工作以后，必须写出准确无误的、优质的调研报告。

4.3.1 文化市场营销调研报告的撰写要求

一份优质的文化市场调研报告能对整个营销研究起到画龙点睛的作用。要写出优质的文化市场调研报告，必须依赖于一定的写作标准，从而增加与读者沟通的可能性。调研报告必须完整、准确、明确和简洁，这些标准是紧密联系的。

1. 完整性

一份完整的报告应能为读者提供他们想要知道的所有信息。这意味着报告作者必须不断地询问自己是否每一个问题都能得到正确的解释。一份不完整的报告意味着有可能阻挠和推迟营销决策行动，可能需要再作一个补充报告。

一方面，报告可能由于过简或过繁而不完整，可能忽略了必要的定义和简短的解释；另一方面，可能由于报告只有长度没有深度而使人难以接受。调研报告的作者往往不愿舍去任何收集到的资料，悉数陈列所有信息，导致读者不能获得主要的内容。如果一份报告长得可怕，可能会挫伤读者的兴趣，难以理解内容及报告目的。因此，读者是决定完整性的关键，他们的兴趣和能力决定了需要增加哪些解释、需要省略哪些判断。一般说来，细节的数量应与使用者的数量相适应。

2. 准确性

起草调研报告之前的所有调研步骤都要确保调研所得信息的可信性和有效性。但是，为了能准确地向委托者提供调研成果，报告起草者要精心准备，对数据的粗心大意、不合逻辑的推理、不合语法和习惯的表述，都会降低报告的准确性。因为经理们通常只是快速浏览一下报告，然后就根据报告的组织方式是否合理、书写是否规范对其准确性做出判断，而不会去仔细推敲方法设计是否得当。

为了提升报告的准确性，首先要注意用词准确，每个概念都有特定的内涵和外延。在选用词语时，要准确把握概念，做到词义相符。

市场调研报告和科研论文一样，讲求资料的准确性和逻辑的正确性，不要像文学作品那样使用夸张、拟人、借代、比喻等修辞手法，避免使用带有感情色彩的语言。

市场调研报告在时间用语上要注意使用绝对表示法，尽量避免相对表示法。例如，在2015年撰写报告时，提到当年发生的事，不要写"今年"，而要写成"2015年"。尤其是在引用二手资料时，更不能错误地使用那些资料中的相对时间，如"最近""三年以前"等。

3. 明确性

在市场调研报告的写作中，明确性比其他任何写作原则更容易遭到破坏。明确性依赖于清楚、有逻辑的思考和准确的表达。当基本逻辑混乱、表达不准确时，会增加读者的理解难度，他们可能被迫去猜测，以致发生误解。

报告必须清楚，这说起来十分容易，但做起来十分困难。报告中的每个字、句、段都必须认真考虑。用字必须清楚而不能模糊，讲求普通而不生僻；句子应精炼而不繁杂，要正确地组织句子，考虑其语态、修饰等；段落必须长度适当，层次清楚，还要有良好的连贯性。

4. 简洁性

报告必须完整、简明。这意味着作者在保证报告完整的前提下必须有选择地采用信息。一方面，研究人员必须避免让读者面对所有的信息资料。如果有些材料对主题无直接关系，就可省略。作者还应避免对人们已熟知的方法大加讨论，即使材料是合适的，也应该舍去。否则，很可能因写作风格破坏报告的简洁性。因此，作者应经常为表达一个想法而反复更换词句，用不同的方式阐述想法，以弥补最初表达方式的不足。另一方面，简明性有利于提高报告的写作效率，因为它使每一个字都发挥了最大效用。在一个简明的结论中，任何一个词的省略都将破坏整个文章的功能。简洁就是用最少的字表述最完整、最清楚的信息。

4.3.2 文化市场营销调研报告的基本结构

尽管每一篇调研报告会因项目和读者的不同而有不同的写法，但调研报告的格式有一般的规定。这些常规是在长期商务实践中逐渐形成的，它们就一篇文化市场调研报告应该包含哪些内容、按什么顺序安排等方面提出了指导性意见。

一份完整的调研报告可分为三大部分：前文、正文和结尾、附录它们又各自包含一些内容，下面我们对其做展开介绍。

1. 前文

(1) 标题页和标题扉页。标题页包括的内容有报告的题目、报告的提供对象、报告的撰写者和发布(提供)的日期。对于企业内部调研，报告的提供对象是企业某高层负责人或董事会，报告撰写者是内设调研机构。对于社会调研服务，报告的提供对象是调研项目的委托方，报告的撰写者是提供调研服务的调研咨询公司。在后一种情况下，有时还需要写明双方的地址和人员职务。属于保密性质的报告，要分别列明报告提供对象的名字。特别正规的调研报告，在标题页前还要安排标题扉页，此页只写调研报告标题。

(2) 授权信。授权信是由授权信息是由调研项目执行部门的上级给该执行部门的信，表示批准这一项目，授权给某人对项目负责，并指明可用于项目开展的资源情况。在许多情况下，汇报信会提及授权问题，这样也可以不将授权信包括在调研报告中。但是，当调研报告的提供对象对授权情况不了解或者他需要了解有关授权的详情时，由授权信提供这方面的信息则是必要的。

(3) 提交信。以调研报告撰写者的个人名义向报告提供对象个人写的一封信，表示前者将报告提交给后者的意思。在此信中，撰写者向报告提供对象汇报调研的情况和一般的成果，其所用口气是个人对个人，因而可以不受机构对机构的形式拘束，便于沟通双方的思想。在较为正规的调研报告乃至比其更正规的调研报告中，都应该安排提交信。当调研报告的正规性要求较低时，提交信可以从略。

(4) 目录。除了只有几页纸的调研报告之外，一般的调研报告都应该编写目录，以便读者查阅特定内容。目录包含报告所分章节及其相应的起始页码。通常只编写两个层次的目录，较短的报告也可以只编写一个层次的目录。需要注意的是，报告中的表格和统计图都要在目录中列明。

(5) 图表目录。如果报告含有图和(或)表，那么目录中需包含一个图表目录，目的是帮助读者很快找到对一些信息的形象解释。因为图和表是独立的数字编号，因此，在图表目录中，也许既有图1又有表1。列出每一个图表的名称，并按其在报告中出现的次序排列。

(6) 摘要。摘要须写明为何要开展此项调研，主要应考虑到该问题的哪些方面，有何结果，建议要怎么做。摘要是调研报告的重要部分，必须写好。许多高层管理人士通常只阅读报告的摘要，可见摘要很可能是调研者影响决策者的唯一机会。

摘要的撰写应该是在报告正文完成之后。摘要应摘取报告的核心，它的长度以不超过2页为好，因此作者要仔细斟酌哪些东西是重要的，需要在摘要中写明。摘要不是报告正文各章节的等比例浓缩，它要自成一篇短文，既要概括调研成果的主要内容，也要做到简明、重点突出。

摘要通常包含4方面内容。首先，要申明报告的目的，包括重要的背景情况和项目的具体目的。其次，要给出最主要的结果，有关每项具体目的的关键结果都需写明。再次，结论，这指的是建立在发现结果的基础上的观点和对于结果含义的解释。最后，建议或者提议采取的行动。这是以结论为基础而提出的，在许多情况下，管理人士不希望在报告中提出建议。因此，是否在提要中包括建议需要根据报告的特定情况而定。

2. 正文和结尾

1) 引言

引言对为何开展此项调研和它旨在发现什么做出解释。引言中包括基本的授权内容和相关的背景材料。这些内容和材料应该足够可以讲清楚为什么要做这个项目。当然，不重要的历史情况应予略去。究竟写到什么程度需考虑报告提交对象的需要。在介绍本项目旨在发现什么问题时，对于问题的表述可以采用在调研建议书中的提法。对于这里提到的每个问题，在以后正文的某一部分应该提供相应的结果。

2) 调研方法

如何阐明所用的调研方法不是一件轻松事，因为对技术问题的解释必须能为读者所理解。在这里对所使用的一些材料不必详列，可将其放到附录中。

在调研方法部分，要阐明以下5个方面。

(1) 调研设计。说明所开展的项目是属于探索性调研还是因果性调研，以及适用于这一特定类型调研的原因。

(2) 资料采集方法。说明所采集的是一手资料还是二手资料，取得结果的方法是调查、观察还是实验。所用的调查问卷或观察记录表应编入附录。

(3) 抽样方法。应说明目标总体是什么，抽样框如何确定，是什么样的样本单位以及它们如何被选取出来。对以上问题的回答及相应的运算需在附录中列明。

(4) 实地工作。应说明启用了多少名及什么样的实地工作人员，对他们如何培养、如何监督管理，对实地工作如何检查。这一部分对于最终结果的准确程度十分重要。

(5) 分析。说明所使用的定量分析方法和理论分析方法，但注意不要与后面的结果内容重复。

3) 结果和局限性

结果在正文中占较大篇幅，应按某种逻辑顺序提出紧扣调研目的的一系列项目发现，报告脉络主要是针对这一部分而言的。发现结果可以叙述的形式表述，以增加项目可信度，但不可过分夸大。在讨论中可以配合一些总括性的表格和图像，这样可以避免枯燥无味的、不易建立起总括印象的大块文字叙述，而详细和深入分析的图表宜放到附录中。

完美无缺的调研是难以做到的。所以，必须指出调研报告的局限性，诸如作业过程中的无回答误差和抽样程序存在的问题等。讨论调研报告的局限性可为正确地评价调研成果提供现实基础。在报告中，将成果加以绝对化，不承认它的局限性和应用前提，不是科学的态度。当然，也没有必要过分强调它的局限性。

4) 结论和建议

调研报告正文的最后一部分是有关结论和建议。正如我们在前文中已经提及的，结论是基于调研结果的意见，而建议是提议应采取的行动。正文中对结论和建议的阐述应该比提要更为详细，而且要辅以必要的论证。

3. 附录

任何一份具有较强技术性或太详细的材料都不应出现在正文部分，而应编入附录。这些材料可能只有某些读者感兴趣，或者它们与调研没有直接关系，而只有间接关系。

附录通常包括的内容有：调查提纲、调查问卷和观察记录表，被访问人(机构单位)名单，较为复杂的抽样调查技术的说明，一些次关键数据的计算(最关键数据的计算，如果所占篇幅不大，应该编入正文)，较为复杂的统计表和参考文献等。

4. 表格和图像的格式要求

在调研报告正文中使用统计表和统计图可以对讨论的数据进行高度简明的概括和形象的描述，以展示变量所具有的规模、速度、趋势，变量的分布态势、变量间的对比关系和共变关系。恰当地运用统计图、表，与文字相配合，就能最大限度地发挥调查所得资料的论据和论证作用。附录中所编写的统计表中的内容，是对正文所列举的数据、所做的推理和论证的有力补充。在撰写调研报告时，必须按规定的格式要求处理好统计表、图的绘制和编排。统计表必须具备表号、表头、横标目、纵标目、指标数值、注释、资料来源等。表号的作用是方便在文中提及和读者查阅。一份篇幅较短的调研报告，所有的统计表可以按单一顺序一排到底；倘若篇幅较长，表号则分章排序。

总标题要写得醒目，扼要提出本表要提供的信息内容。横、纵标目要简明，尽可能使用正规的指标名称、分组标志和时间分量。如果横、纵标目中使用了与国家统计标准指标同名称而不同含义的指标名称、分类标准，或者使用了尚未被本行业多数同仁所接受的名词，则应在注释部分注明。凡表中所用数据来自本项目调查、观察或实验所获资料之外的二手资料，均应在资料来源处注明其来源。

以上内容为一份正规的调研报告所应包含的所有组成部分。这种极为正规的格式可用于企业内部大型调研项目或调研公司向客户提供的服务项目。对于那些不是很正规的报告，某些组成部分可以略去不写。也可视项目的重要程度和委托方的实际需要，选择一种适当的设计。

本章小结

文化企业通过调研活动，可以获得市场营销决策所需要的各种信息，为准确决策提供基本的前提和保证。文化市场营销调研是指以文化市场的需求状况为特定对象、以文化产品的扩大营销为特定目的的调查研究活动。文化市场营销调研依据现代社会市场经济学的一般原理，运用现代科学方法和现代信息技术，全面且周密地收集有关文化市场需求状况的详尽资料，掌握影响文化市场的各种相关因素，并对之进行定量定性分析，预测文化市场短期或长期的发展趋势，为文化企业制定正确的市场营销战略提供可靠的依据。

文化企业市场调研方法主要可分为普查法、抽样调查法两大类，具体的方法有访问法、观察法和实验法。问卷设计是问卷调查的关键，问卷设计的好坏将直接决定着能否获得准确可靠的市场信息。在文化市场调研项目基本完成以后，研究人员应当考虑撰写文化市场调研报告。调研报告是整个文化市场调研过程的最重要部分，因为调研报告通常是评价整个研究过程工作好坏的唯一标准。文化市场调研报告的结构包括前文、正文和结尾、附录。

思考题

1. 解释下列名词：文化市场调研、探索性调研、描述性调研、因果性调研、普查法、访问法、观察法。
2. 简述文化市场内部因素和外部因素调查的主要内容。
3. 按调研性质可以将文化市场调研分为哪些类型？
4. 论述文化市场调研的主要程序。
5. 简述概率抽样的方法。
6. 介绍文化市场调研中的访问法的具体操作方法。
7. 详述焦点小组讨论法的组织过程。
8. 问卷设计有哪些基本要求？
9. 文化市场调研报告的基本撰写要求是什么？

章末案例

AC尼尔森在中国如何做市场调查

一、AC尼尔森简介

1923年，阿瑟·C.尼尔森在美国创建了AC尼尔森(AC Nielsen)市场调查公司。多年后的今天，AC尼尔森已发展成为全球领先的提供市场研究、资讯和分析服务的专业公司。在全球，AC尼尔森现拥有雇员约21 000名，年财政收入达16亿美元，服务对象包括消费品行业、服务行业、政府和社会机构。在全球100多个国家，有近9 000家客户依靠AC尼尔森的专业人士来监控市场动态、了解消费者的态度和行为以及形成能促进销售和增加利润的战略性分析与洞察。2001年2月16日，AC尼尔森和VNU公司完成了一项作价23亿美元的并购计划，产生了一个新的领导全球的市场与媒介资讯公司。这项合并大大加强了AC尼尔森在提供市场资讯和媒介资讯方面的实力。

AC尼尔森是最早进入中国市场的世界著名市场调查公司。自1984年开始，AC尼尔森就对中国消费者和发展迅速的中国市场进行了深入的研究。据业内人士介绍，AC尼尔森之所以较早进入中国市场，主要是源于客户的需要，因为许多早期进入中国的跨国公司都是AC尼尔森的老客户，进入中国时他们仍然需要AC尼尔森提供高质量的市场研究服务来帮助他们了解中国市场。所以在中国，它的服务对象几乎是清一色的全球著名跨国公司。

如今，AC尼尔森已成为中国最具规模的市场研究公司，在北京、上海、广州及成都均设有办事处，拥有员工超过600名。AC尼尔森的专业人士经验丰富，具有深厚的市场研究、销售和零售业背景。他们熟知每一个市场研究环节，从统计和信息处理、先进软件的开发到发展客户业务。他们的宗旨是提供市场洞察，帮助客户制定以事实为依据的市场策略。通过使用开放的系统、一致的研究方法和最高的质量标准以及"坦诚、正直"的核心价值观，AC尼尔森优质的服务水平逐渐成为市场研究行业的标准。

二、在中国的服务项目

AC尼尔森的信息服务策略性地将从概念到最终消费的各个环节紧密联系起来，使客户更好地理解每个有利于业务成功的关键问题，包括"谁""什么""多少""何时""何地"等。先进的分析能力更能深入解答"为什么"的问题，并能预测商业决策的改变可能对市场产生的影响。凭借在中国17年的调研经验，AC尼尔森积累了关于中国消费者的态度和动机、消费习惯、品牌偏好、媒介消费模式等方面的研究优势，并在零售、专项、媒介监测三个核心领域为客户提供全面的、颇具战略价值的信息和洞察。这三个领域已成为AC尼尔森在中国的主要服务项目。

(1) 零售研究服务。过去的70多年里，AC尼尔森一直是非耐用消费品制造商和零售商在资讯和分析方面的首要供应商。秉承这个传统，从1992年开始，AC尼尔森在中国提供针对消费品销售的连续性追踪研究，迄今，在中国的零售研究业务已增长了10倍。目前，AC尼尔森零售研究覆盖了全国主要城市和城镇的50多类非耐用消费品，涵盖食品、家庭用品、健康及美容品、耐用品、糖果及饮料等产业，并汇集成完整的行业资料库。尤其在食品及药品行业，AC尼尔森的食品及药物指数成为行内量度及了解产品销售行情的标准指标。

AC尼尔森的零售研究服务注重观察整理影响销路的各项因素，包括市场结构、产品分销、存货量、缺货、定价策略、品牌及推销方式。基于事实，AC尼尔森提供切实可行的建议，让管理人员有效实行类别管理。这种世界级的顾客服务宗旨和高素质的服务水准为客户带来了强大的资讯优势，使他们能够针对迅速变化的消费品市场做出商业投资和战略决策。

(2) 专项研究服务。AC尼尔森曾在中国100多个城市进行专项研究，内容包括产品、价格、消费者、行业、渠道、广告、品牌等众多营销领域。AC尼尔森的专项研究服务，运用单项和连续的定性、定量分析，针对国内地域文化的不同描述形形色色的消费者态度及行为模式，并提出切实可行的战略、策略建议，涉及定价策略、消费者类型、品牌定位、新产品概念、产品线等方面。

(3) 媒介监测研究服务。AC尼尔森是全国和全亚太地区媒介研究的先驱。早在1996年，AC尼尔森就在中国采用先进的电子个人收视记录仪来获取电视收视率数据，其调查结果已经成为媒体和广告行业的通用指标。此外，AC尼尔森还进行长期的报纸杂志读者调查、广播电台听众调查、互联网受众研究和广告费用监测，其媒体研究结果已积累成素材丰富的广告媒体库，可随时为各类产品提供广告媒体组合策划。目前，AC尼尔森的广告媒体监测服务覆盖全国300多个城市的1 000个电视频道和300多份报纸杂志，覆盖了超过全国60%的广告市场。

三、研究方法及流程

AC尼尔森研究方法科学全面，包括单项和连续的定性、定量分析。作为亚太区内最大的定性研究机构，AC尼尔森通过深入面谈和小组讨论，让客户清楚掌握顾客的真正需要。同样，AC尼尔森的定量研究服务也以设计严谨、准确度高，享誉中国及整个亚太区。

针对不同的客户需求，AC尼尔森量身定做不同的研究方案。针对普通的研究需求，AC尼尔森也有一套国际认可的独创研究工具和方法论，用来提供广泛的标准化数据；如果研究要求比较特殊，就有必要针对特定市场专门设计研究方案。通常情况下的研究是结合两者来开展。

为使研究更具成效，AC尼尔森率先使用或开发了很多独创的研究工具。例如，"品牌追踪服务"让客户清楚如何发展和建立自己的品牌，懂得因地制宜，这是一项应中国市场情况而特别设计的服务；又如，有一套称为"顾客满意度研究"的管理系统，用于量度中国消费者的满意及忠诚程度，以协助质量管理。此外，还有预测新产品销售的BASES、测量品牌资产的优胜品牌、记录消费者收视行为的个人收视记录仪、帮助媒介决策的媒介测量分析软件以及广告监测技术。

四、若干特色研究简介

1. 广告研究服务

AC尼尔森的广告研究服务面向广告主、广告代理商和媒介主提供有关电视和平面广告花费模式的最新资料，使他们能够准确了解自己产品的广告活动和广告花费模式；研究竞争对手的广告活动和广告花费模式；协助媒介主评估对手的成绩和识别潜在的客户。

广告研究服务监播所有在电视及报纸杂志投放广告的商品，在AC尼尔森的监播范围内，平均每月播出的广告量达150万条，最终提供9种类型的报告。

(1) 详尽的广告消费报告。提供详细的广告播出情况，可以每日提供数据。

(2) 总结广告花费报告。提供品牌于每月、每季度、每年在每个频道或报刊的广告投放量、费用及次数等数据资料，同时也供应广告消费年度报告。

(3) 分析软件(Ad Quest)除了以上各种报告形式外，所有广告投放数据都可在视窗环境下，以Ad Quest分析软件运行使用。Ad Quest可根据客户要求只针对某些品牌或电视频道做出各种不同种类的报告格式，详尽报告及汇总报告均可。

(4) 特快监播报告。特快监播报告能于客户的广告播出后48个小时内提供，以便帮助客户在最短的时间内得知所计划的广告有没有按时播出。

(5) 广告库。这个独一无二的广告库为用户提供电视和平面广告资料。对于评估充满竞争的广告极富宣传价值，同时也是了解市场风格的一个参考。

(6) 户外广告报告。覆盖全部常规城市，报告内容包含广告板创意、载体、位置、尺寸、方向和估计广告费用。

(7) 多媒体广告研究系统(Multi-Media Ad Ex)。以先进的广告研究系统提供广告花费、广告项目与策略的精确评估，同时结合广告片创意，帮助客户达到广告目的，提高广告效率，树立品牌形象。

(8) 网上报告传递。利用先进的科技设备提供既快捷又富弹性的报告传递方法，并按客户需要特别设计不同的报告格式。

(9) 创意研究。能将电视广告主题翻译成文字，为客户提供报告分析用途。

2. AC尼尔森电视收视率调查

AC尼尔森电视收视率调查可以协助广告商和广告代理商具体分析、评估各种媒体企划方式与媒体选择所形成的广告效果；电视单位则可根据节目与时段表现，决定广告价目、调整节目制播策略。AC尼尔森就中国观众的收视习惯提供24小时、全年无休的调查。

(1) 个人收视记录仪技术。AC尼尔森通过先进的个人收视记录仪收集收视数据。将个人收视记录仪安装在具有总体代表性的样本户家中，24小时自动记录观众观赏电视、录像以及所有转台行为。收视调查能如实反映样本户家中每一台电视机的使用情况，同时覆盖所有无线台、有线电视、卫星电视的收视、使用状况。个人收视记录仪在中国内地覆盖了上海、广州、北京、成都、武汉、沈阳、南京、杭州、福州、天津等城市。

(2) 数据范围。提供所有本地电视台的收视数据，并不断增加可提供有线及卫星电视数据的市场。数据可以报告或电脑软件的形式呈交给客户，后者可让客户直接进行各种分析，如特定时段、每半小时或每分钟按广告时间、节目单元或节目种类进行分析。

AC尼尔森还可以从人口结构的角度表现各目标群体的收视习惯，涉及年龄、性别、收入、教育程度、职业、工作状况、家庭结构和社会经济地位等方面，可对有关节目、广告触达率和收视时间多寡等进行多项分析。

资料来源：卢泰宏.销售与市场——跨国公司行销中国[M].贵阳：贵州人民出版社，2002.有改动.

问题：

1. AC尼尔森在进入中国市场的过程中是如何结合中国市场需求提供有针对性的服务的？
2. AC尼尔森是如何利用其特色服务来开发中国市场的？

第5章

文化市场营销策略

> **章前引例**
> ## "边看边买":观剧新风尚
>
> 2015年1月,在东方卫视开年大戏《何以笙箫默》中,电视机旁的观众不仅能看到明星的精彩演出,还可以掏出手机,在天猫上买到明星身上的华丽服饰,实现"边看边买"。而优酷也宣布和阿里巴巴合作推出一个产品叫"边看边买",在视频内容中直观地呈现购物通道,用户可以在观看视频时把出现的商品放到购物车里,等到看完整个视频内容后,网站会提醒已将某件商品放入购物车。优酷总裁魏明表示,全网ID(用户数据)的融合将带动视频电商的新模式,他认为,如果一个平台上既有影像视频观众的数据,又有消费行为和消费数据,整合这两类数据的价值将是难以估量的。
>
> 边看边买的模式也被业内人士称为F2O,即Focus to Online,依托时下剧集热点,借助视频的影响力,电商迅速推出剧中同款,能够有效地满足剧集大热带来的瞬间激增消费需求,在短时间内制造话题,成功打造爆款。以优酷土豆为例,优酷土豆每个月覆盖了5亿用户,在这5亿用户当中每一天所有用户观看视频的时间加起来超过一万年,如果能够把商品信息很好地结合在视频内容中,能产生巨大的收入和购买流量,从而形成崭新的商业模式。
>
> 资料来源:予嘉. 东方卫视《何以笙箫默》尝试"边看边买"[N]. 中国新闻出版报,2015-01-23.

5.1 目标市场选择

文化市场是文化企业的服务对象,也是企业实现其经营目标的基础。但由于文化市场的规模庞大、体系复杂,作为个体的文化企业总是无法全面把握市场的购买规律和发展变化趋势。因此,文化企业必须对文化市场做细致的调研,在此基础上对市场进一步分解,并依据自己的优势,找准自己的服务对象,才能有针对性地开展市场营销工作,更好地实现经营目标。

5.1.1 文化市场细分

市场细分是企业以消费需求的某些特征或变量为依据,区分具有不同需求的顾客群体的一项工作。细分的结果是使同类产品市场上,同一细分市场的顾客需求具有更多的共同性,不同细分市场之间的需求具有更多的差异性,以使企业明确有多少数目的细分市场及各细分市场需求的主要特征。各个细分市场之间的需求差别比较明显,但同一市场的顾客群体可能会表现出相似的购买行为。因此,完全可以说市场细分不是为了分解,而是为了聚合，即在需求不同的市场中把需求相同的消费者聚合到一起。

近几年，我国文化产业发展迅速，出现了很多新兴的文化娱乐行业新门类。然而，就一些刚刚起步或处于迅速成长中的地区文化产业而言，区域文化产品的同质化程度比较严重，文化产品缺乏创新，市场交融度较高，在整体竞争态势中文化市场份额竞争、价格竞争、品牌竞争和促销竞争尚未形成良性、有序的竞争。全国各种文化公司很多，但经营的产品或者服务却呈现出高度的同质化特征。这种同质化的经营状况不仅对文化企业的发展不利，也妨碍了本应百花齐放的文化市场的繁荣发展。

1. 文化市场细分的标准

做好市场细分的关键是要把握市场细分的依据，即根据什么将大市场划分为各子市场。在文化消费品市场中，由于受性别、年龄、收入、地区等因素的影响，不同消费者通常有不同的欲望和需要。文化企业要按照这些因素把整个大市场细分为若干不同的市场部分，这些因素称为细分变数或细分变量。由这些因素所决定的消费者需求的差异，则是细分文化市场的依据。

(1) 地理因素。即消费者所处的地理位置和自然环境等因素。生活在同一地区的消费者在文化消费方面有很多相同的特点，而不同地区的消费者又存在着很多明显差异，地区范围大小也会对人们的文化消费活动构成一定的限制。例如，我国南方人与北方人有很多不同的音乐欣赏偏好，南方人偏好柔和圆润的曲调，而北方人则相对更喜欢粗犷豪放的曲风。

根据地理因素细分市场，有利于文化企业开拓区域市场。大企业可以把大市场分成几个较大的市场(如长江以南和以北两个地区市场)，中小企业可以将市场分成许多小市场(如城市的一个区，农村的几个乡，甚至几条街)。但文化企业依据地理因素对市场进行细分时，需要在此基础上做进一步的分析，特别是要考虑其他相关因素。因为地理因素是一个静态因素，处于同一地理位置的消费者在文化消费方面仍然会存在很大的需求差异。

(2) 人口因素。按人口因素来进行市场细分具有与按地理因素来进行市场细分相同的特点，即简便易行。人口统计细分是将市场以人口统计变量，如年龄、性别、家庭人数、家庭生命周期、收入、职业、教育、宗教、种族、国籍为基础划分成不同的群体。在操作上，人口统计指标的含义都有明确的规定，资料比较容易获得。

在人口因素中，家庭生命周期处于不同阶段，对文化消费品的需求也不一样，因而对文化产品市场的影响较大。

(3) 需求偏好。它是指消费者对产品的需求倾向或希望，这与消费者的心理特征密切相关。在一般消费品市场与文化消费品市场中，需求偏好因素都是直接影响消费者购买的一个重要因素。由于需求偏好是顾客的内在倾向，比人口依据更加具体地表现了消费者对产品的需求，所以需求偏好可以帮助企业更好地了解消费者，了解他们购买产品的原因。

(4) 行为要素。它是指文化企业根据消费者购买或使用产品的时机，消费者所追求的利益，使用者的情况，使用者对某种产品的使用率，消费者对品牌的忠诚度、待购阶段和消费者对产品的态度等行为要素来细分消费者市场。

按消费数量来细分市场称为数量细分，许多产品的购买者可以进一步细分为大量用户、中量用户、少量用户这样几个消费群，文化企业应该对他们的不同特点和购买行为有透彻的了解，同时，不仅要推出适宜的变异产品，还要在价格、包装、销售渠道、销售形式、广告宣传等方面加以区别对待、精心安排，这可以帮助企业根据用量的大小来确定自己的目标市场。

在进行市场细分时，除参照上述标准外，还应树立动态观念。因为消费者的年龄、收入、家庭规模等会随着时间的推移而不断变化，生活方式、习惯、偏好也会随着年龄的增长和收入的变化有所变更，城市大小、人口密度等也会随着社会经济的发展而有所增减。

2. 文化市场细分的原则

文化企业可根据单一因素，亦可根据多个因素对市场进行细分。选用的细分标准越多，相应的子市场也就越多，每一个子市场的容量相应就越小；相反，选用的细分标准越少，子市场就越少，每一个子市场的容量则相对较大。如何寻找合适的细分标准对市场进行有效细分，在营销实践中并非易事。一般而言，成功、有效的市场细分应遵循4点基本原则。

(1) 可衡量性。它是指细分后的市场是可以识别和衡量的，即细分出来的市场不仅范围明确，而且对其容量大小也能大致做出判断。有些细分变量，如具有依赖心理的青年人，在实际中是很难测量的，以此为依据细分市场就不一定有意义。

(2) 可进入性。它是指细分出来的市场应是文化企业营销活动能够抵达的，即文化企业通过努力能够使产品进入并对顾客施加影响的市场。一方面，有关产品的信息能够通过一定的媒体顺利传递给该市场的大多数消费者；另一方面，文化企业在一定时期内有可能将产品通过一定的分销渠道运送到该市场。否则，该细分市场的价值就不大。如作为一种新型产业，我国的会展业发展前景十分广阔，投资收益潜力大。但由于会展业是高度专业化和与资本化相结合的行业，对于资金规模小又缺少专业人才的企业来说，进入的可能性很小。因此，对于中小文化企业来说，细分会展业市场的实际意义不大。

(3) 有效性。它是指细分出来的市场，其容量或规模要大到足以使文化企业获利。在进行市场细分时，文化企业必须考虑细分市场上顾客的数量，以及它们的购买能力和购买频率。如果细分市场的规模过小，市场容量太小，细分工作繁琐，成本耗费大，获利小，就不值得去细分。比如，我国都市报业市场的核心应该是城市居民，尽管农村居民也可能订阅都市报，但较小的订阅量不会带来明显的效益。所以，如果依据地理因素，把都市报的市场细分为城市市场和农村市场，并把农村作为一个细分市场，恐怕在一个较长时期内都难以真正地进入。

(4) 差异性。它是指各细分市场的消费者对同一市场营销组合方案会有差异性反应，或者说对营销组合方案的变动，不同细分市场会有不同的反应。如果不同细分市场的顾客对产品需求差异不大，行为上的同质性远大于其异质性，此时，文化企业就不必费力对市场进行细分。另外，对于细分出来的市场，文化企业应当分别制定独立的营销方案。如果无法制定出这样的方案，或其中某几个细分市场对是否采用不同的营销方案不会有大的差异性反应，便不必进行市场细分。

3. 文化市场细分的程序

美国市场学家麦卡锡提出细分市场的一整套程序，这一程序包括7个步骤。

(1) 选择应研究的文化产品市场范围。文化企业在确定经营目的之后，就必须确定市场经营范围，这是市场细分的基础。为此，文化企业必须开展深入细致的调查研究，分析市场消费需求的动向，做出相应决策。文化企业在选择市场范围时，应注意这一范围不宜过大，也不应过于狭窄，企业应结合考虑自己所具有的资源和能力。

选定文化产品市场范围，即确定进入什么行业、生产什么产品。文化产品市场范围应以顾客需求而不是以产品本身特性来确定。

(2) 确定细分市场的依据。根据文化市场细分的标准和方法，列出所选择的市场范围内的所有潜在消费者的全部需求，这是确定市场细分的依据。因此，文化企业应对市场上刚开始出现或将要出现的消费需求，尽可能全面而详细地罗列归类，以便针对消费需求的差异性，决定实行何种细分市场的变数组合，为市场细分提供可靠的依据。

(3) 分析可能存在的细分市场并进行初步细分。文化企业通过分析不同消费者的需求，找出各类消费者的典型及其需求的具体内容，并找出消费者需求类型的地区分布、人口特征、购买行为等方面的情况，加上营销决策者的营销经验，做出估计和判断，进行初步的市场细分。

(4) 筛选细分市场。确定在细分文化市场时所应考虑的因素，并对初步细分的市场加以筛选。文化企业首先应分析哪些需求因素是重要的，并将其与企业的实际条件进行比较。然后，删除那些对各个细分市场无关紧要的因素，以及企业无条件开拓的市场。例如，价廉物美可能对所有消费者都很重要，但这类共同的因素对文化企业细分市场并不重要；而对畅销紧俏产品，文化企业又不可能及时投产，所以也不足取。最后，筛选出最能发挥企业优势的细分市场。

(5) 为细分市场定名。文化企业应根据各个细分市场消费者的主要特征，用形象化的方法，为各个可能存在的细分市场确定名称。根据潜在顾客在基本需求上的差异性，将其划分为不同的群体或子市场，并赋予每一个子市场一定的名称。例如，西方房地产公司常把购房的顾客分为好动者、老成者、新婚者、度假者等多子市场，并据此采用不同的营销策略。

(6) 分析市场营销机会。在文化市场细分过程中，分析市场营销机会，主要是分析总体市场和每个子市场的竞争情况，以及确定对总体市场或每一个子市场的营销组合方案，并根据市场研究和需求潜力的估计，确定总体或每一个子市场的营销收入和费用情况，以此来估计潜在利润量，作为最后选定目标市场和制定营销策略的依据。进一步分析每一个细分市场的消费者需求与购买行为特点，并分析其原因，以便在此基础上决定是否可以对这些细分出来的市场进行合并，或作进一步细分。

(7) 提出市场营销策略。一个文化企业要根据市场细分结果来决定市场营销策略。这里要区分两种情况：如果分析细分市场后，发现市场情况不理想，企业可能放弃这一市场；如果市场营销机会多，需求和潜在利润量令人满意，企业可依据细分结果提出不同的目标市场营销战略。估计每一个细分市场的规模，即在调查的基础上估计每一个细分市场的顾客数量、购买频率、平均每次的购买数量等,并对细分市场上的产品竞争状况及发展趋势做出分析。

5.1.2 确定目标市场

文化企业市场战略的全部内容就在于根据明确的目标市场来开展企业的生产经营活动。那么,什么是目标市场呢?所谓目标市场,就是文化企业在市场细分的基础上,结合考虑各细分市场上顾客的需求和企业自身的经营条件,而选出的一个或若干个企业能很好地为之提供产品或服务的分市场。简言之,目标市场就是文化企业产品或服务的主要需求者或顾客。

选择目标市场,就是根据文化企业本身和外界因素,选择与自己企业生产特点相适应的服务对象,作为从事生产经营活动的主要市场。文化企业选定了自己的目标市场,就可以针对这些顾客的特点和要求来设计、生产产品,开展广告和推销活动。绝大多数企业确定目标市场是通过对市场的细分来实现的,也有极少数企业不通过市场细分,而将整个市场作为自己的目标市场。

1. 确定目标市场的步骤

(1) 评价细分市场。企业要有效地选择目标市场,就应对不同的细分市场进行评价;评价时应考虑的主要因素有两点。

首先是细分市场的规模和发展前景。细分市场是否具备适度的规模是文化企业要考虑的首要问题。因为文化企业开发一个新市场,要付出较高的广告、宣传等费用,如果市场规模过小,企业进入后得不偿失、无利可图,这样的市场就没有开发价值。大公司一般重视销售量大的细分市场,小公司则应避免进入规模较大的细分市场。市场的规模应从动态的角度来看待,细分市场的发展前景同样要关注。

其次是细分市场结构的吸引力。迈克尔·波特的竞争优势理论指出,决定企业能否在某一市场长期盈利的因素有5个方面,即5种竞争力量,包括细分市场内现有竞争对手的威胁、加入者的威胁、替代产品的威胁、购买者议价能力提高形成的威胁、供应商议价能力提高形成的威胁。

(2) 评价自身资源。如果细分后的市场与企业的长期目标不一致,或企业不具备在该细分市场中获胜的资源条件,文化企业则应放弃该细分市场。如果企业明知自己没有足够的资源和经营能力,却一意孤行硬要去占领这一细分市场,其结果必然是不仅达不到目的,还要浪费大量的资源。

例如,某出版商原来打算发行精装图书,后来发现平装图书市场供不应求。这时,出版商是否要进入这一市场必须谨慎考虑。因为如果出版商的定位是精装高质图书,生产中档产品就会在消费者心目中降低原来产品的档次,与发展目标冲突;而如果发展高档产品,则需要考虑技术含量、人力、物力、财力等综合因素。

(3) 选定目标市场。文化企业在综合考虑细分市场的特点和自身资源后,结合自身的长期发展战略,选定某一或某几个市场作为文化企业的目标市场。例如,出版商在综合考虑自身的经营实力和范围后,确定自己的目标市场仍然是精装图书市场。

(4) 评估目标市场。目标市场选定后,文化企业应评估不同目标市场的价值,将需求数量化,以便根据每一个目标市场的价值有效地分配营销力量,争取用最低的成本获得最高的效益。文化企业对目标市场进行评估时,要充分估计目标市场需求与市场潜力。市场需求是变化的,有效的市场营销可以使市场需求增加,反之,则会导致市场需求减少。文化企业要对市场需求的整体状况及其发展变化趋势做出较科学的判断,并依据市场需求的整体状况及发展变化趋势做出相应的营销对策。同时,要评估本企业需求与营销的潜力。企业需求是指在整个市场需求中属于企业的那一部分。文化企业需求受企业营销努力的影响,企业营销有方,所得到的份额就大,如整个市场为某一企业所独占,则企业需求相当于市场需求。评价企业的需求与潜力,要更多地立足于文化企业的自身生产经营条件和资源优势,结合市场整体需求和潜力,做出科学的测评。

2. 目标市场策略

文化企业通过市场细分后,初步确定了自己的目标市场,明确了经营对象,但还需要根据自己的经营条件和目标,确定目标市场的营销和竞争策略。所谓目标市场策略,就是文化企业经过市场调研和市场细分后,在确定的目标市场上设立的市场对策,是文化企业开展市场营销活动的重要指导思想。目前,可供文化企业选择的目标市场策略有三种。

(1) 无差异市场营销策略。假如文化企业面对的市场是同质市场,或者文化企业判断即使消费者是有差别的,但他们也有足够的相似之处可以作为一个同质的目标市场加以对待,在这两种情况下,文化企业就可以采用无差异市场营销策略。这种策略是企业把一种产品的整体市场看作一个大的目标市场,营销活动只考虑消费者或用户在需求方面的共同点,而不管他们之间是否存在差异。因而企业只推出单一的标准化产品,设计一种市场营销组合,通过无差异的大力推销,吸引尽可能多的购买者。一般说来,这种目标市场营销策略除适用于市场中的同质产品外,主要适用于广泛需求的,能够大量生产、大量销售的产品。采用这种策略的企业一般具有大规模的、单一的生产线,拥有广泛或大众化的销售渠道,并能开展强有力的促销活动。

(2) 差异性市场营销策略。差异性市场营销策略是指以市场细分为基础,把产品的整体市场划分为若干细分市场,从中选择两个以上乃至全部细分市场作为自己的目标市场,并为每个选定的细分市场制定不同的市场营销组合方案,同时多方位或全方位地分别开展有针对性的营销活动的目标市场营销策略。这种策略的基本原理就是把整体市场划分为若干需求与愿望大致相同的细分市场,然后根据企业的资源及营销实力选择部分细分市场作为目标市场,并为各目标市场制定不同的市场营销组合策略。例如,由于中国会展业的市场规模非常大,每个细分市场都有巨大的发展潜力,因此,会展业企业需要根据企业自身发展要求和资源情况选择合理的市场定位和发展目标。

但是,这一策略并非适用于任何企业、任何时间,这一策略的运用只能限制在销售额扩大所带来的利润超过营销总成本费用增加时,并且只适用于大中型企业,实力不足的小企业不宜采用。

由此看出，企业建立在优势资源上的差异化，可以从其以往业务中汲取更大的能量，保持差异化的循序渐进及可持续进行。可见，虽然模仿在互联网应用中普遍存在，但只要能够实施差异化，致力于不断细分客户需求，并针对优势资源展开差异化营销，就可以摆脱对手的模仿，长久保持差异化优势。

(3) 集中性市场营销策略。它是指文化企业集中全部力量于一个或极少数几个对企业最有利的细分子市场，提供满足这些子市场需求的产品，以期在竞争中获取优势的目标市场营销策略。它的核心是在较少的市场或子市场上占有较大的市场份额，以替代在较大的市场上只占有较小的市场份额。运用这一策略时，企业不应面向整体市场，也不应把力量分散使用于若干个细分市场，而是集中力量进入一个细分市场，为该市场开发一种理想的产品，实行高度专业化的生产和销售。

文化企业究竟应当采用哪种目标市场营销策略，取决于企业资源状况、产品性质、产品生命周期、市场竞争态势、市场供求关系的变动等多种因素。对于文化企业来说，目标市场营销策略的确定应该做到既相对稳定，又能根据各种因素的变动而适当调整。只有这样，才能赢得市场营销的主动权，取得市场营销的成功。

5.1.3 文化市场定位

"定位"一词源于1972年两位广告经理艾尔·里斯和杰克·特劳塔在《广告时代》中发表的系列论文。他们认为，市场上的产品一般都会在顾客心目中占据一定的位置。定位始于产品，而后延伸到一系列的商品、服务、公司、机构甚至个人。菲利普·科特勒将"定位"解释为：对公司的产品进行设计，从而使其能在目标顾客心目中占有一个独特的、有价值的位置的行动。

1. 文化市场定位方式

文化市场定位是文化企业对目标消费者或者目标消费市场的一种理性选择，同时也是一个复杂的工作过程。文化企业要根据自己的生产经营优势和经营目标，结合竞争对手的市场战略和竞争手段等，确定自己在目标市场上的准确地位。

文化企业要想在市场竞争中取胜，获得长期稳定的发展，就必须做好产品和服务的目标市场定位工作。但文化企业又不同于一般的物质性生产企业，在加工对象、经营目标和价值追求等方面，都与物质性生产企业有着本质的区别，这就要求文化企业必须顾及文化产品的特点和消费者对文化产品的需求等方面，在产品和服务目标市场定位中，鲜明而突出地传达正确的产品价值导向和精神追求。具体来说，文化企业的目标市场定位方式主要有三种。

(1) 根据文化产品使用者定位。根据文化市场消费者的个性、偏好及消费类型在消费者心中树立产品或企业的形象和地位。与一般物质产品的使用状况不同，文化产品的使用者在使用文化产品时，对产品的偏好、产品属性的要求等都会呈现出自己的特点。而且，文化产品使用者本身的特点也较多样化，对文化产品的消费也具有多样化的特征。因此，文化企业可以根据文化产品使用者的情况，对产品目标市场做出准确的市场定位。

(2) 根据文化产品的属性进行定位。文化企业可以依据所生产产品的档次、类型、价位、质量和利益等，确定其在目标市场上的定位。每个文化企业的产品都可以通过策划、设计和生产，实现与竞争对手的差异化，因而也就为目标市场定位提供了前提和基础。

在中国电影市场上，电影既有打造中国影像奇观的大片，也有专门面向国内市场，为迎合一定档期出现的贺岁片、暑期片、爱情片等。前者可以成龙、李连杰、徐克等人的武侠片为例，以张艺谋、陈凯歌的作品为典型代表。虽说《英雄》《无极》都存在着形式大于内容的毛病，成了一场视听盛宴，但在体现东方特色、注重视听效果、讲究场面的华丽与宏伟方面毕竟功不可没，让世界见识了一个传奇的中国武侠世界。虽然国内批评之声不绝于耳，但明确的市场定位和高超的营销策略使得它们仍然占据票房前位，获得了极大的商业成功。除此之外，冯小刚的贺岁片已成为黄金招牌，而每年的情人节档期更有专门的爱情片上演，也都取得了较好的成绩。不少国产电影都有意识地针对电影消费的主体——城市青年消费者们，特别加强了都市爱情题材创作，力求与时尚文化同步，有目的地赢得更多观众。

(3) 根据竞争者定位。文化企业在开展目标市场定位时，要充分考虑竞争对手的影响力，识别自己的竞争优势，寻找与竞争者相错位的利益点，作为企业目标市场的定位。采用错位竞争，可有效避开竞争对手的影响。

文化企业的目标市场定位工作要围绕企业的长期发展战略而开展，要随着文化企业长期发展战略的调整而适时调整。同时，目标市场定位要在保持稳定性的基础上，做到与市场经营环境的发展变化相一致，表现出适应市场的灵活性。

2. 文化市场定位策略

文化企业可以根据自己的长期发展战略、经营目标和生产经营条件，在充分考虑市场经营环境和竞争的基础上，采用科学的方法，确定自己的目标市场定位。常用的定位策略主要有三种。

1) 填补市场空位

这种策略就是将自己产品的位置确定在目前目标市场的空白地带。填补市场空位策略的明显优势是文化企业可以避开激烈竞争的压力，而且可以比较潇洒地同竞争者在目标市场上形成鼎立之势。在决定采用填补市场空位策略之前，必须弄清以下三个问题。

(1) 这一目标市场空白区位是否有相应数量的潜在顾客。很可能有这样的情况，目前这一市场区位仍然是空白的，但其空白的原因并不是因为竞争对手熟视无睹或无暇顾及，而是这里根本没有潜在消费需求。如果事实真是如此，文化企业将产品置于这一区域，将必败无疑。

(2) 文化企业是否有足够的技术力量去开发占领目标市场空白区域的产品。常有这样的情况，文化消费者对某一种产品存在需求，但由于技术水平的限制，目前现有的竞争厂商还无力生产这种产品。这时，如果一个文化企业能够开发这种产品，那将独领风骚，既能获得十分可观的经济效益，又能产生很好的社会效益。

(3) 文化企业开发新产品以填补市场空位在经济上是否划算。从文化企业发展的总体特征上看，文化企业主要是营利组织。因此，即使某一市场有空位，也存在潜在的顾客，而且文化企业也有能力去满足这一部分需要，但如果这样做，文化企业仅能获得微利甚至要亏损，那任何企业都不会做出这样不明智的选择。

2) 与现有竞争者并存

所谓与现有竞争者并存的市场定位策略，就是将自己产品的位置确定在现有竞争对手产品的旁边。在市场营销中，文化企业，尤其是一些实力不太雄厚的中小型文化企业在产品定位时大多采用这一策略。文化企业实行与竞争者并存的策略需要具备两个前提条件。

(1) 文化企业产品欲进入的目标市场区域还有未得到满足的需求，这些需求足以吸引新进入的产品。

(2) 由于文化消费者对现有产品已比较了解，因而文化企业推出的产品必须在各方面能与竞争对手的产品相媲美，否则文化消费者是不会接受的。

3) 取代现有竞争者

取代现有竞争者的市场定位策略，是指文化企业将现有竞争者赶出原有的位置，并取而代之，占有它们的市场份额。采用这种策略一般有两种原因。

(1) 文化企业选定的目标市场区位已被竞争者占领，而且其中已没有进一步发掘的潜在需求。

(2) 一些实力雄厚的大文化企业自信有足够的力量打败竞争者，扩大自己的市场范围。

取代现有竞争者的定位策略是富有挑战性的。采用这种策略的文化企业要有充分的思想准备。首先，新投入的文化产品必须明显优于现有产品；其次，文化企业必须做大量的宣传推销工作，大造舆论，以冲淡文化消费者对原有产品的印象和好感。在宣传推销时，文化企业应充分利用自己已有的卓著声誉。

5.2 文化产品的设计与开发

企业的生产与社会的需要达到统一，必须通过产品才能实现，企业与市场要靠产品作为媒介物来联结。一个文化企业如果不能生产出满足文化消费者的精神、心理需要的文化产品，就必然会在激烈的市场竞争中遭受失败。因此，研究制定文化产品策略，是文化企业实施营销组合的最基本要求，是开展文化市场营销的基础。

5.2.1 文化产品的概念

文化产品的概念严格说来分狭义和广义两种。狭义的文化产品是指文化艺术工作者通过有目的的艺术劳动创造出来的产品，能够满足人们精神和心理的需要。但是仅仅用能否满足文化消费者某种需求的特性作为区分文化产品的唯一标准是过于狭窄的。事实上，商品经济条件下的文化产品的概念应该比这宽泛得多，还存在着广义的文化产品概念。

广义的文化产品不仅仅是指文化产品实体本身，它还指通过市场交换能够满足消费者某种精神需求和利益需求的有形物体与非物质性的无形服务的总和。

我们所述及的"产品"以及"文化产品"的概念一般都是宏观意义上的概念。文化产品，不仅包括各种有形的东西，还包括文化娱乐、文化服务等抽象的内容。

文化产品的价值与一般产品价值不同，主要原因在于其价值体现方式的不同。文化产品的价值主要由以下三项构成。

1. 文化价值是文化产品的核心价值

文化产品作为精神产品，其决定性价值必然取决于文化产品中的文化含量和文化意义。一部《红楼梦》，金砖不换，关键在于它的文化含量和文化意义，即它的文化价值。

文化价值具有社会性和时代性。社会和时代属性是文化产品价值的本质属性之一。民间有句话："战乱黄金盛世收藏"，其实也蕴涵着这个道理。齐白石的作品，在"文革"期间分文不值；"文革"结束不久，一张三尺的画，也就卖几元几十元，可现在拥有一张真迹，那保准就是百万甚至千万富翁。齐白石作品的文化价值是永存的，但作为文化产品的白石老人的画，必须在社会发展到了享受精神生活的层次和高度，具有时代需求的时候，方得以实现其文化产品价值。

2. 承载价值是文化产品的形式价值

文化产品的承载价值，表现为文化产品外在体现价值，或是品类价值。文化产品的承载，可以是实物载体，如一尊盆景的花木、深圳华侨城"世界之窗"里面的微缩景观等；也可能没有实物载体，如一首民谣或者一个传说。文化产品的承载价值的外在意义，表现出很强的商品性特征。这是文化产品具有上层建筑意义，同时又具有经济基础意义的结合点，也是商品价值和文化产品价值相联系的传输带。

3. 附加价值是文化产品的突出价值

文化产品的附加价值是由文化产品的直接引导、促动所产生和带来的额外价值。也许任何产品都有一定的附加值，但文化产品的附加值注定成为其价值组合不可分割的部分，并且得到广泛认同。文化产品的附加值是显而易见的，如拍摄电视剧《三国演义》的影视城，随后就成为著名的三国城旅游景区。这个景区及其带来的旅游收益、品牌价值、就业价值等，都是电视剧《三国演义》的附加价值。

■ 5.2.2 文化产品的生命周期

1. 文化产品生命周期的划分

文化产品的生命周期是指文化产品的市场生命，而不是使用寿命。大多数的文化产品都可以根据其利润和使用率的变化分为4个阶段，即导入期、成长期、成熟期和衰退期。一般采用利润额变化和时间变化的比率来测定文化产品所处的阶段，当比率大于10%时，被认为居于成长期；当比率为0.1%～10%，居于成熟期；而当比率小于或等于0时，则表明文化产品开始转向衰退期。文化产品生命周期曲线见图5-1。

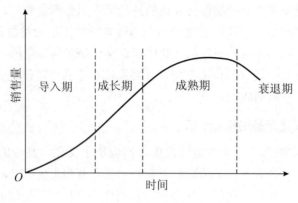

图5-1 生命周期曲线

(1) 文化产品导入期。由于产品刚刚引入市场，还不为消费者所知。在这一阶段，使用率缓慢上升，但因为文化产品入市需支付巨额费用，该产品几乎不能为文化企业带来利润。文化产品导入期越短，文化企业从中受益越早。一般而言，人们较容易接受的文化产品，其导入期往往较短。

(2) 文化产品成长期。消费者对文化产品已经认识并接受，消费者数量迅速增长，目标市场占有率逐步提高，制作成本相对降低，利润快速增长。

(3) 文化产品成熟期。因为文化产品已经被大多数的潜在消费者所接受，市场占有率趋于稳定，从而造成消费者数量的增长速度趋于平缓。文化企业为对抗竞争，维持产品市场地位，营销费用日益增加，因此产品利润率呈现稳定或者下降趋势。但相对于产品生命周期的其他阶段而言，成熟期的文化产品的使用率和利润都处于较高水平。成熟期维持的时间越长，文化企业获取的利润也就越多。一般在文化产品的需求较稳定或文化企业在市场上处于领先者地位时，成熟期能够持续一个较长的时期。

(4) 文化产品衰退期。产品市场需求下降的趋势增强，利润随消费者的流失不断下降。同时，市场上的替代品增加，文化产品面对激烈的市场竞争。衰退期的长短与文化产品的忠诚消费者的数量以及退出障碍密切相关。忠诚度越高、忠诚消费者越多、退出障碍越高，文化产品的衰退期越长。

文化产品生命周期各个阶段的划分是相对的，一般来说，各阶段的分界点是文化产品使用增长率和利润率的明显拐点处。上述4个阶段被称为传统型周期，阶段划分较为明显。但是，在现实的文化市场上，并非所有的文化产品都遵循这一阶段划分规律，而是呈现出多种态势，甚至跨越某些阶段。例如，有些文化产品表现为"增长—衰退—成熟"型，而另外一些文化产品的生命周期直接表现为"成长—成熟—衰退"型，跨越了导入期。

从文化产品的规划角度来看，分析生命周期的意义在于可以帮助文化企业预见消费者偏好、竞争、广告商以及经销商支持等方面的变化，从而相应地调整其市场营销规划。例如，针对新产品和目标消费者之间信息不对称的情况，文化企业在新产品入市的过程中要大张旗鼓地进行市场营销活动，尽快把新产品信息传递到目标市场上去。此外，它还有助于文化企业优化文化产品结构。很多文化企业寻求在生命周期层面保持文化产品结构的平衡，即综合保持新产品、成长中的文化产品和成熟的文化产品。

2. 影响文化产品生命周期的因素

(1) 消费者的文化素质。消费者的文化素质的高低是影响文化产品生命周期的重要因素。文化消费者如果没有一定的文化修养，对文化产品"看不懂""听不明""欣赏不了"，即使产品进入市场也不能被文化消费者接受，它的生命周期就会很短。而某些文学名著的长期畅销、经久不衰则表明它们在具有相当高的文化素质的消费者中，生命周期是很长的，有的甚至可以经历几百年的时间，人们也不会对它们厌倦，相反更能品出浓厚的韵味。而低级、乏味、庸俗的书籍在这个消费市场上的生命周期却会很短，虽然它们也有可能在一定时间内、在某种程度上引起人们的注意，但终究是不会被人们长久欢迎的。文化素质较差、理解能力和欣赏能力较弱的文化消费者，对艺术书籍、古典音乐等较难理解和欣赏的文化产品，也可能会暂时激起好奇心理，但限于理解和欣赏的水平，这类文化产品的生命周期对此类消费者而言，是很短的。这类消费者会转向那些较易理解和欣赏的文化产品。

(2) 消费水平。人们的文化消费要以物质消费为基础。物质消费是第一消费，文化消费是第二消费。消费水平的高低也是影响文化产品生命周期的因素。人们的消费水平较高，对文化消费的要求高，需求变化快，需要以不同的、最新的文化产品来满足自己的精神文化需要，这就会刺激文化产品的更新换代，使文化产品的生命周期缩短。如果社会消费水平偏低，对于文化消费的要求也低，这时产品的需求变化较缓慢，文化产品的升级换代缺少强大的需求市场的刺激，就很难出现新产品层出不穷的形势，文化产品的生命周期也就相应延长。

(3) 技术进步的速度。这也是一个重要因素，技术进步快，制造文化产品的技术越来越先进，质量也越来越精良，文化产品的更新换代就快，其生命周期相对就短了。例如，从老式唱机发展到砖头式放音机、双卡收录机，再到激光唱机，再到Hi-Fi音响，制作音响的技术进步很快，许多生产厂家纷纷采用最先进、最精良的技术制造新产品，不断推出更新式、更精良、更能满足人们听觉享受需求的新产品进入市场，从而使文化产品的生命周期变短了。反之，如果制作文化产品的技术进步较慢，文化产品的升级换代就会变慢，其生命周期就相应延长。

(4) 市场竞争。市场竞争的情况也能影响文化产品生命周期的长短。如果文化市场竞争激烈，各个企业为了求得生存，不得不频频推出文化新产品，以求获得竞争中的主动权，这将使产品的更新换代加快，从而缩短了文化产品的生命周期。例如，在竞争激烈的音像市场中，各个唱片公司都有产品会很快过时、无人问津的危机感，迫使他们不停地推出新的音像制品，以求在市场中获得主动权，这样他们的每一种音像制品都被缩短了生命周期。如果某一文化企业完全占领了文化市场，独家销售，消费者无从选择，只能选购该公司的产品，则该企业无须频频推出新产品，产品的更新换代速度减慢，其生命周期就延长了。例如，在"文化大革命"时期，当时全中国文艺舞台上只有八部样板戏推出，市场上根本没有其他风格的文艺产品，人民群众无其他戏剧可供选择，只能观看这八部戏，因此它们的生命周期就特别长。

3. 文化产品不同生命周期的营销策略

分析了解文化产品生命周期和生命周期各阶段的特征，是为了判断文化产品销售的发展趋势，以便做出正确的营销决策。

1) 导入期的市场策略

在此阶段，文化产品还不被消费者认识，它的质量、性能和用途还远未被消费者普遍接受和认同，同时分销渠道还不是很流畅，产品的供应量和销售量都增长缓慢。一般这时的产品利润是不高的，甚至可能暂时亏损，但此时文化市场的竞争对手也较少。

文化产品导入期的营销策略主要包括完善产品、扩大知名度、降低成本等方面，以尽可能压缩导入期、尽快进入成长期为目标。若仅考虑价格和促销两方面的因素，企业的营销策略包括以下4种。

(1) 高定价快速推销策略。这种营销战略的运用范围应有所控制：产品应是消费者根本不了解的，而且是优质的、别具特色的产品，一旦消费者了解了这种产品的性能和优点，就愿意出高价购买。否则，消费者就会拒绝这种促销。企业推出新产品的文化市场必须是有潜力、有利可图的，以免文化企业投入的大量促销费用难以收回，遭受惨败。

(2) 高定价低推销费用策略。这一营销策略的适应范围更小，它必须具备这样的条件：大部分消费者对这种产品的性能、用途等有所了解，对拥有这类文化产品有很高的热情和渴望，愿意出高价购买这种文化产品。这样才能使给文化产品定高价的营销策略成为可能。另外，降低广告和促销费用的举措也应有这样的前提：这种文化产品的市场规模小，竞争者也很少。但这种策略的实行必须是谨慎的，否则更易遭受失败。

(3) 低定价快速推销策略。采取这种营销策略的前提条件是，文化产品的目标市场虽然规模很大，但是有很多企业参与这一激烈的市场竞争，消费者变得对价格敏感而挑剔，他们更愿购买价格较低的产品。

(4) 低定价低速推销策略。一般在以下两种情况下采取这种营销策略：一是文化产品已有适当的知名度，消费者对企业推出的产品已有一些了解，文化企业可以适度降低促销费用。二是文化市场中的竞争对手较多，而消费者对价格比较敏感，这时候采取低价低速推销策略还是有效的。

2) 成长期的市场策略

当文化产品处于成长期时，消费者对文化产品已相当熟悉，文化产品使用率急剧上升，利润也随之较快增长。但同时有更多的竞争者会进入其中，竞争日益激烈。在这一阶段，可适用如下几种文化市场营销策略。

(1) 改进产品。文化企业开始在改进文化产品方面下功夫，对文化产品质量、性能、式样、包装等方面进行改进，以更好地适应消费者需求，增强市场竞争力。

(2) 改变广告宣传策略。广告宣传的重心从介绍文化产品转变为宣传产品特色，树立品牌形象，争取创立名牌，提高品牌知名度，使消费者产生偏爱。

(3) 寻找新市场。寻找新的目标市场，选择有利的销售渠道，有效地控制目标市场。

(4) 降低文化产品价格。处于成长期的文化产品销量上升，促销和广告费用降低，文化企业可通过削价策略，把握产品价格的主动权，通过价格上吸引消费者。

3) 成熟期的市场策略

成熟阶段是文化产品的黄金阶段，企业应采取积极的营销策略设法延长这个阶段的时间。主要适用以下几种策略。

(1) 文化产品革新策略。对原有的文化产品进行创新，改进性能，提高质量，改进外观和款式。

(2) 市场开发策略。文化产品进入成熟阶段后，群雄鼎立的市场格局已经形成。对于文化企业来说，争夺竞争者已经控制的市场变得相当困难。此时，开拓新市场主要是对文化企业现有市场进行深度开发。此外，还可重新细分市场，发现新的需求和新的目标市场，运用产品差异化策略来扩大市场销售量。

(3) 改革营销组合策略。包括改进产品的包装、调整产品的价格、优化销售渠道等，文化企业要更多地宣传企业的理念、社会目标，努力提升企业的形象和声誉。

4) 衰退期的市场策略

这个阶段的策略原则是撤退。文化企业要进行谨慎的分析研究，不可草率决策。可供选择的策略有以下几种。

(1) 持续策略。由于众多的竞争者退出市场，暂不退出市场的文化企业的市场空间有所增加，在一定时期内维持营销甚至缩减推销人员、减少促销费用等尚可获得一定的利润。

(2) 维持策略。由于市场容量衰退，一些目标市场的营销效率下降。应放弃低效率的目标市场，在一定时期内集中力量经营少数效率较好的目标市场。

(3) 放弃策略。对衰退较快的文化产品，当文化企业没有可能通过维持来获得收益，或需要抽出资金发展其他产品时，应当立即放弃这个衰退的文化产品。

5.2.3 文化产品品牌

1. 品牌

如今，越来越多的企业意识到品牌的重要性，品牌意识已深入人心，那么究竟什么是品牌呢？

品牌是用以识别某个销售者或某群销售者的产品或服务，并使之与竞争对手的产品或服务区别开来的商业名称及其标志，通常由文字、标记、符号、图案和颜色等要素或这些要素的组合构成。就其实质来讲，它代表着销售者对交付给买者的产品特征、利益和服务的一贯性的承诺。

(1) 品牌名称。品牌名称是品牌中可以用语言称谓表达的部分。例如，自2004年以来，世界品牌实验室从财务、消费者行为和品牌强度几方面，运用"经济用途法"对我国的市场品牌进行分析，连续推出"中国500最具价值品牌"。其中，自2004年以来始终位居传媒品牌第二位的品牌是凤凰卫视。"凤凰卫视"就是一个品牌名称。

(2) 品牌标志。品牌标志是品牌中可被认出、易于记忆但不能用言语称呼的部分。这一部分更多地用标记、符号、图案和颜色等来表现。例如,凤凰卫视中文台的台标借用了传统的龙凤图形,并使用了中国特有的"喜相逢"的结构形式,反映出一种厚实的文化底蕴。同时,两只凤凰两两相对旋转的翅膀极富动感,体现了现代传媒的特色。

2. 文化品牌

文化品牌对外是引发消费者产生共鸣和推动文化企业价值取向的催化剂,对内则是文化企业与员工进行沟通和激励的磨合剂。它的精髓是以理性的诉求强调功能性利益,以刺激与品牌内容相联系的情感认同达到树立文化品牌形象的目的。对文化品牌的理解应从下面两点入手。

(1) 文化品牌是一种能让消费者对文化产品或服务持续产生购买或使用倾向的内在气质。就以在媒介产业领域占据"第一把交椅"的中央电视台来说,观众很容易从它身上联想到很多东西。从节目的角度来说,很容易想到"新闻联播""焦点访谈""天气预报""艺术人生""赢在中国"等;从主持人的角度来说,很容易想到李瑞英、朱军、王利芬等知名主持人;从电视媒体的特性来说,很容易想起"可信""专业""真实"等。当观众从现实生活的角度产生某些与电视媒体有关的需要时,也很容易想起中央电视台;想要判断某个新闻事件的真实性时,也会想起中央电视台。这就是品牌的力量。

(2)品牌主导下的文化产业在很大程度上是一种"注意力"经济。一个成功的文化品牌可以使购买者或使用者持续、集中地获得相关信息,并且具有满足消费者需要的使用价值和附加价值。例如,当前传媒产业中全方位的竞争已经成为现实,报刊、广播、电视、互联网、手机等都在为争夺有限的受众注意力资源而展开各种各样的竞争,品牌注意力的多少意味着发行量、收视率、点击率的高低,这将直接影响广告等收入来源,关系传媒企业的生存。这种表面上的传媒受众和市场的竞争,本质上体现的是传媒品牌的竞争,表现为受众对传媒的偏好和忠诚度,并且这种品牌的竞争已经渗透到传媒运作的方方面面。例如,新闻质量的竞争,面对重大新闻事件时,谁的报道及时、准确、详尽、有特点,谁就可能首先赢得受众。

3. 文化品牌策划的途径

随着现代管理理论的不断发展与深化,文化企业塑造品牌的方法与途径也越来越多样化。文化品牌的塑造过程,实际上是塑造文化企业形象和传播企业形象的过程,也是文化企业创造的满足消费者心理和精神需求的一种特殊的文化过程,同时还是给文化企业的产品增加附加值,增加科技含量、文化含量、情感含量的过程。它的基点是"一切以满足消费者的需求为中心"。

品牌策划是塑造品牌最重要也是最核心的工作。它是文化企业为实现特定的市场目标,经过细致的调查分析、创意谋划,制定在未来市场经营过程中的最佳战略和行动方案的过程。因此,品牌策划要体现文化企业的经营理念、确定运作方案、提出具体谋略。文化品牌的策划思路,就是在明确品牌定位的基础上,建立CIS(企业识别系统),塑造文化企业或文化产品的整体形象。

(1) 文化品牌定位是指文化企业在细分市场上，明确产品所应服务的特定目标受众群，寻求在市场和消费者心目中的最佳位置，确立品牌并牢牢占领市场的过程。随着人们精神需求的多元化和个性化，文化产品市场已经由原来的"大众"市场变为"小众"市场，受众的构成已不再是一个利益基本一致的大群体，而是利益多样化的小群体，并呈现出立体性、复合性和交叉性。因此，文化企业必须对不同的消费者进行市场细分，针对消费者的兴趣与需求确定产品或服务的个性特色，并通过品牌形象传播强化这个特色，使它与消费者的购买动机相一致，达到消费者满意享用的效果。品牌定位准确与否，决定了文化企业产品或服务的市场份额的大小。

因此，根据细分市场中消费者的不同动机，要采取不同的品牌定位模式，即认定对目标消费群起主导作用的心理动机，才可能操纵消费者认知、情感和心理的杠杆来影响他们的行为。

(2) 建立CIS识别系统。CIS识别系统即企业识别系统，自20世纪50年代中期，美国IBM公司采用这一差异化战略取胜市场开始，半个多世纪以来，CIS风靡世界，被欧美、日、韩等国的国际企业普遍采用，成为创立国际名牌的现代经营策略。

文化企业CIS设计的起点是将构成品牌形象的要素转化为统一的识别系统，然后借助于信息传达将其准确、清晰地展示在公众面前，在企业与公众的相互作用过程中形成符合CIS设计的传媒组织形象。它本质上是一种以塑造文化企业形象为目标的组织传播行为。

CIS由三个要素构成，包括MI(理念识别)、BI(行为识别)、VI(形象视觉识别)，这三个要素既独立发挥作用，又相辅相成，最终融合为一个有机的整体。

(3) 不断进行品牌创新和维护。所谓品牌创新，是指文化企业针对市场变化，创造新的品牌、创造品牌新的应用、引进和转让品牌资产来实现品牌的管理活动。品牌创新也是指文化企业要通过创造出竞争对手所不具备的先进技术和手段，提供比竞争对手更加完善、全面的服务，满足顾客更新、更高的需求，来保持和发展品牌的一种全新的经济活动。随着文化产业市场竞争的日益加剧，品牌的平均生命周期也随之不断缩短，品牌创新能力成为文化企业生存的关键因素。品牌一旦进入成熟期，文化企业应不断地对其进行创新，以延续品牌的价值。为此，文化企业应当建立完善的市场调查机制，对文化市场的受众需求、文化品牌的效果等进行量化的跟踪调查，及时发现受众市场的变化，从而对文化CIS系统进行及时调整；通过再调整，加强与受众的互动，实现自我超越。

所谓品牌维护，是指文化企业通过规范的企业制度、利用各种法律法规来保护企业品牌利益的活动。首先，文化产业是知识密集型产业，对其进行品牌维护的首要任务是建立品牌保护制度，通过现代企业机制约束企业行为，确保品牌的品质永远处在优秀状态。其次，要不断提升品牌形象，使品牌的品质持久恒定，并且在不断创新的过程中动态满足消费者的个性需求，真正做到常变常新。最后，要熟悉各种品牌管理的法律法规，对于那些抢注、盗用或仿冒品牌名称等严重损害企业品牌形象的行为，要通过法律途径进行解决；对于企业偶然出现的恶性事件，要使用危机公关手段在法律的基础上妥善处理其对品牌的影响。

5.3 文化产品价格策略

5.3.1 产品价格的构成

在营销组合中,价格是唯一能产生收入的要素,也是影响消费者需求的重要因素。价格策略直接决定着企业的销售数量和销售收入以及市场份额和盈利率。价格也是营销经理所能控制的最敏感的一个变量,相对于产品和渠道等其他营销要素而言,它往往变化非常迅速,并且它的变化将直接影响生产者、经销商、消费者等多方面的利益。因此,价格策略是企业市场营销组合中一个非常重要的部分。

1. 经济学价格

从经济学的角度看,产品的价格是产品价值的货币表现形式,受供求关系的影响呈现周期性波动。这个概念从三个方面对产品价格进行了分析。

(1) 商品价格的高低是由价值量大小决定的。价值是价格的基础,价格是价值的货币表现形式。价格以价值为中心上下波动,不仅不是对价值规律的否定,而且正是价值规律存在和发挥作用的表现形式。

(2) 产品价格受供求关系的影响。尽管产品价格是由产品价值量决定的,但在一定时期内,市场上的商品供求状况对价格也起到了影响作用。当市场上的商品供大于求时,商品的价格就会低于价值;反之,当市场上的商品供小于求时,商品的价格就会高于价值。因此,从长远来看,商品价格始终围绕价值上下波动,形成一条曲线。

(3) 产品价格受纸币发行量及货币币值的影响。纸币的发行量是由流通中所需要的货币量决定的。当纸币的发行量超过流通中所需的货币量时,就会引发通货膨胀、纸币贬值,进而导致商品价格上涨;反之,又会引起通货紧缩、纸币升值,进而导致商品的价格下降。

货币本身也是商品,其价值也会随社会劳动生产率的变化而变化,进而引起其他商品价格的变化。当货币币值增加,其他商品的价格就会下降;反之,其他商品的价格就会上涨。因此,商品的价格与货币币值成反比。

2. 营销学价格

从市场营销学的角度看,产品价格是文化企业根据文化市场上影响产品和劳务价格的构成要素和产品自身特点、竞争目标和策略确定的,文化企业与客户都能接受的价格水平,是在市场营销条件下产生的一种充分反映文化产品市场供求状况的价格。

与经济学领域的价格不同的是,营销学领域的价格更看重价格的实际意义。从理论上说,产品价格应该以产品的价值为核心,突出产品的价值。但从营销学的角度看,产品的价格更应该以产品的市场营销活动及营销目标的实现为核心。当产品价格对促进产品销售、实现企业经营目标起作用时,这个价格就是一个合理的、科学的价格;相反,如果文化企业所制定的价格限制或者制约了产品的销售和经营目标的实现,那么这个价格就是不合理的价格。

5.3.2 影响文化产品价格的因素

文化产品的定价与其他一般产品有共同之处，价格会受到市场供求关系和市场竞争的影响。同时，文化产品本身也有其特殊性，如文化产品的受众市场比较固定，文化产品的销售方式、流通渠道与一般产品有较大差异等。这就决定了文化产品的定价既要考虑市场因素，也要综合文化产品自身特征进行全面分析。

一般来说，影响文化产品价格的因素主要有成本因素、国家法律政策因素、市场因素和产品因素等。文化企业在制定价格策略时，应通盘考虑这些因素的影响。

1. 成本因素

成本是产品价格构成中最基本、最重要的因素，也是产品价格的最低经济界限。在一般情况下，产品的成本高，其价格也高，反之亦然。产品的成本构成总体上包括生产成本、销售成本、储运成本、机会成本和智力成本。

(1) 生产成本。生产成本是文化企业在生产过程中所支出的全部生产费用，是从已经消耗的生产资料的价值和生产者所耗费的劳动的价值转化而来的。当文化企业具有适当的规模时，文化产品因为能够获得规模效益，其单位平均成本最低。但不同的文化产品的生产经营规模不一样。同时，在不同的条件下，文化企业的生产经营规模也不一样，文化企业必须发挥自己的资源条件，保持适度的生产规模，以降低单位产品的生产成本，尽可能获得规模效益。

(2) 销售成本。销售成本是文化产品流通领域中的人员工资、各种促销费用等。在计划经济体制下，销售成本在产品成本中所占的比重很小，因而对产品价格的影响也微乎其微，但在市场经济体制下，广告、推销等促销手段是文化产品实现其价值的重要手段，用于广告、推销等促销手段上的费用在产品成本中所占的比重也日益增加。因此，在确定产量的营销价格时必须考虑销售成本这一因素。

(3) 储运成本。储运成本一般可以分成储存成本和运输成本两大部分。储存成本是文化产品在生产者完成生产加工后没有销售并交付给顾客前储存时所支付的各种费用。运输成本是指文化产品从文化企业向顾客转移过程中所支付的各项费用。文化产品畅销时，储存成本减少，运输成本高；文化产品滞销时，储存成本增加，而运输成本低。对于一些销售范围广、销售路程远的文化产品，运输成本较高。当文化产品在国际市场上销售时，其储存和运输成本将比国内成本高出许多。一些贵重的文化产品，如油画和文物等，其保护的代价更为昂贵。近些年来，一些欧洲艺术大师如梵高和毕加索的名画在拍卖之前，其储运成本都高得惊人。

(4) 机会成本。机会成本是指文化企业从事某一项经营活动而放弃另一项经营活动的机会时，另一项经营活动所应取得的收益。文化产品的成本不是个别企业的产品成本，而是所有生产同一产品的生产部门的平均生产成本。在通常情况下，机会成本对个别企业的产品成本影响比较大，对平均生产成本的影响比较小，因而对产品价格的影响也很小。

(5) 智力成本。智力成本是文化产品的一个特殊方面。艺术品或文学作品往往是智力投资的结果，灵感和经验的积累是优秀产品形成的关键，这类优等的文艺产品有时被视为无价之宝。但无价之宝既然是宝，一旦它走进市场，"无价"是假，高价是真。这种情况下，智力，确切地说，灵感因素将成为文化产品定价的一个决定性因素。

2. 国家法律政策影响

在当代市场经济条件下，大多数国家尤其是西方发达国家对文化企业定价都有不同程度的约束。我国市场经济的发展时间和经验都比不上西方国家，文化市场的宏观管理相对落后，文化市场的自发性约束较少。因此，国家采取一些宏观政策对文化企业的生产经营行为进行管理是必要的，一些重要的文化产品受到这些政策的约束也是必然的。在文化市场环境下，文化产品的定价所受到的约束可以归结为两类：第一类是对我国文化市场的荣衰起关键作用的重要文艺作品，国家对这方面的产品要加以控制和调节；第二类是普通的文化产品，例如一般性艺术欣赏品、纪念品以及各种小的文化产品，对于这类产品，国家不一定制定严格的政策规章去限制，但也会在生产和营销方面做出宏观的管理约束。伴随着我国市场经济政策自由度的不断提高，文化企业定价的自主性也会越来越强。但某些文化企业可能对一些产品随意定价，从而导致有损消费者利益，有损国家利益，在这种情况下，国家与当地文化管理部门更加应该及时制定限制性措施，使文化市场经济得以健康发展。

3. 市场因素

文化产品价格除了成本和价值因素外，在很大程度上，还受市场供求状况、市场竞争状况以及其他因素的影响。

(1) 文化产品市场供求状况。与其他产品一样，文化产品的价格也是由市场供求关系决定的。当文化产品的供给等于文化产品需求时，文化产品的价格就会保持稳定。否则，供过于求，价格就有下降的压力；供不应求，价格就有上升的压力。

广告价格受市场供求的影响非常明显。中央电视台广告黄金时段的招标定价就充分体现了市场供求对价格的影响。1995年，孔府宴酒夺得标王，标的额为3 079万元；1997年，秦池酒夺得标王，标的额达6 000多万元，价格涨了3倍；1998年，秦池酒为了保住标王，花了3.2亿的天价，价格比上一年涨了5倍。2010年，黄金资源广告招标总额为109.66亿元，与2008年的92.56亿元相比，增加了17.1亿元，增长幅度高达18.47%，创下16年来的新高。

(2) 文化产品市场竞争状况。一般说来，市场竞争越激烈，文化产品价格受到的影响也越大。按照竞争的程度，文化市场竞争可以分为完全竞争、完全垄断和不完全竞争三种状况。

在完全竞争状态下，文化企业几乎没有定价的主动权。各个卖主都是价格的接受者而不是决定者。在实际生活中，完全竞争在多数情况下只是一种理论现象，因为任何一种产品都存在一定的差异，加之国家政策的干预以及文化企业的不同营销措施，完全竞争的现象几乎不可能出现。但是，如果出现了完全竞争，文化企业可以采取随行就市的营销价格策略。

完全垄断是指一种产品完全由一家或几家企业所控制的市场状态。在完全垄断状态下，文化企业没有竞争对手，可以独家或几家协商制定并控制市场价格。在现实生活中，完全垄断只有在特定的条件下才能形成。然而，由于政府的干预(如许多国家的反垄断立法)、消费者的抵制以及文化产品间的替代关系，一个或几个文化企业完全垄断价格的局面一般不易出现。但是，如果出现了完全垄断，非垄断企业在制定营销价格时一定要十分谨慎，以防垄断者的价格报复。

不完全竞争是在市场经济体制下普遍存在的典型竞争状态。在这种状态下，大多数文化企业都能够积极主动地影响市场价格，而不是完全被动地适应市场价格。同时，文化企业在制定营销价格时，也会认真分析竞争者的有关情况，并把竞争者的价格策略及变化作为自己制定价格的重要依据。

(3) 文化产品市场定位。文化产品的价格与其市场定位也是相互关联的。不同性质、市场、种类的文化产品，其价格策略也不同。例如，大众化、市场化运作的都市报、晚报类报纸，价格一般比较低，报社往往通过低价位来增大发行量，并通过大量刊登广告来盈利。而由于受众覆盖面小，专业化杂志的发行则相对集中，不容易扩大受众范围，一般定价比较高。例如，定位于高级白领的时尚类杂志《瑞丽》，20元一本的价格虽然比较高，但它充分考虑了其目标受众的支付能力，仍旧获得了不错的市场占有率。有时，即使是同一种文化产品，由于市场定位不同，也会呈现不同的价格差异。例如，精装书籍和平装书籍，虽然传播的内容一样，但定位不同，价格也不同；再如，同一场电影的票价也会因为所在城市的不同而有所差别，大中城市观众的支付能力比较强，因此大中城市的票价就会比小城市的票价高。

(4) 文化产品盈利模式。文化产品的定价策略还与文化企业预先制定的盈利模式紧密相关。以报纸为例，其盈利模式体现的是报纸的发行和广告收入的比例，即报纸是以广告收入为主还是以发行收入为主。当以发行量的迅速提升为目标时，报纸价格就要适当下调；当以发行收入的提升为目标时，报纸的价格可以适当提升，而提升的限度以对预期的收入结构不会产生过度影响为底线。

近年来流行起来的网络游戏产业，开创了互联网时代的新型盈利模式。以《征途》游戏为例，为了吸引更多的用户参与，采取了免费推广的模式，用户只需免费下载、安装一个游戏客户端，就可以在任何一台联网的电脑上体验虚拟世界的乐趣。但是，如果用户想要在虚拟世界中获得更大的满足，如获得各类武器、谋得更高的虚拟身份，就必须花费现实的货币去购买游戏点卡。由此可以看出，该类游戏正是通过免费体验模式，在短时期内实现了用户规模的迅速膨胀，又通过游戏情节的设置，诱导消费者进行消费，从而产生巨额收益。

4. 文化产品因素

文化产品体现了文化企业生产经营活动的全过程和全部特征，因而对产品价格的影响也是直接的。文化企业生产的产品不同，其价格表现也不一样。具体来说，文化产品对价格的影响主要表现在以下几个方面。

(1) 文化产品的异质性。在一个逐渐崇尚个性需求和多元化消费的时代，只有具有异质性的文化产品或文化服务才是最具竞争优势的。如果一个文化产品具有一定的差异性，使该产品能明显区别于其他同类竞争对手，那么其定价就可能达到一个较高的水平。因为一旦文化产品属性独特，就很容易在受众中建立品牌。品牌的确立又会使文化产品目标受众群的需求缺乏价格弹性，即价格的变动不会影响受众需求量的变化。这样，文化企业就能以高于同类产品的价格，获取更多的销售收入。而如果文化产品的替代品比较多，即在一个同质化竞争的产品市场上，由于受众的需求价格弹性比较大，对价格敏感度高，文化产品就只能采取低价竞争策略。

(2) 文化产品的品牌与知名度。文化产品制造商、创作者的声誉与名气有时会成为影响价格策略的决定性因素。诺贝尔文学奖获得者的一篇平庸作品可以卖到每千字上万元，而一位普通作者的一篇极有价值的作品每千字也许仅值十几元钱。

(3) 文化产品的生命周期。文化产品和其他产品一样，也会经历导入期、成长期、成熟期和衰退期。在不同的产品生命周期阶段，文化产品适应市场需求的特征不同，所以价格也是不同的。处于导入期时，文化产品往往是企业新开发的产品，如DVD、书籍。在这一阶段，由于市场上同类产品极少，没有竞争或者竞争较少，文化企业就可以制定一个比较高的价格，以尽快收回产品的投资。在获取一定收益后，随着市场上同类产品的出现，市场供求矛盾趋于缓和，产品的竞争开始加剧，文化企业就会采取打折等手段逐渐降低价格。报刊等文化产品一般都会以比较低的价格或是免费推广的手段来吸引受众的注意力。在产品成熟期，由于各种产品的市场较稳定，竞争最为激烈，文化企业会制定更加灵活和更具竞争力的价格。这时的产品价格变动往往比前两个阶段都要快。当文化产品处于衰退期时，产品的市场变得越来越小，文化企业面临着越来越大的营销压力，同时，文化消费者也对产品失去了兴趣。这时，除了及时退出该市场，文化企业还需要尽可能地把产品的剩余生产能力发挥出来，同时对产品实行低价政策，尽快把产品卖出，以收回投资。

5.3.3 文化产品的定价方法

文化产品价格的高低主要由产品成本、市场需求和市场竞争状况等因素决定，文化企业在制定产品价格时，主要以这三个因素为依据。因此，文化企业制定产品价格的方法主要有以产品成本、市场需求和市场竞争为导向的三大类基本定价方法。

1. 成本导向定价法

成本导向定价法也叫成本加成定价法，是指文化企业以现有产品的成本为基础，再加上一定的利润和税金而形成价格的一种定价方法。成本导向定价法简便易行，是我国现阶段文化企业最基本、最普遍的定价方法。在实际工作中，作为定价基础的成本种类繁多。因此，以成本为基础的定价方法也多种多样，主要包括以下三种。

(1) 完全成本导向定价法。完全成本导向定价法是文化企业以全部成本作为定价基础的定价方法。文化企业采用这种方法，首先要计算单位产品的变动成本，再计算固定费用，并按照预期产量把固定费用分摊到单位产品上去，加上单位变动成本，求出全部成本，最后在全部成本上加上按目标利润率计算的利润额，即得出价格，计算公式为

$$P=c(1+r)$$

其中，P——产品的单价；

c——产品的单位总成本；

r——产品的加成率。

完全成本导向定价法计算简单，可以预先了解利润的数量，有利于核算、补偿劳动消耗，在正常情况下，能够获得预期收益。但这种定价方法以文化企业的个别产品成本为基础，忽视了文化产品市场供求状况，缺乏灵活性，通常不太适应复杂多变的市场供求。当利润不变时，如果文化企业的个别成本高于社会平均成本，产品价格就会高于市场平均价格，势必影响销售；如果文化企业的个别成本低于社会平均成本，则产品价格低于市场平均价格，又在无形中抛弃了部分可以实现的利润。

(2) 边际成本导向定价法。边际成本导向定价法，又叫边际贡献导向定价法，是抛开固定成本，仅计算变动成本，并以预期的边际贡献补偿固定成本以获得收益的定价方式。边际贡献是指文化企业增加一种产品的销售，所获得的收入减去边际成本后的数值。如果边际贡献不足以补偿固定成本，则文化企业会出现亏损，基本公式为

$$价格=变动成本+边际贡献$$
$$边际贡献=价格-变动成本$$
$$利润=边际贡献-固定成本$$

边际成本导向定价法适用于竞争十分激烈、市场形势严重恶化等情况，运用这种方法的目的是减少文化企业的损失。在市场产品供过于求时，文化企业若坚持以完全成本价格出售产品，其产品就难以为消费者所接受，会出现滞销、积压，甚至导致停产、减产。这样，不仅无法补偿固定成本，就连变动成本也难以收回。若舍去固定成本，尽力维持生产，以高于变动成本的价格出售产品，则可用边际贡献来补偿固定成本。

(3) 目标成本导向定价法。目标成本是指文化企业依据自身条件，在考察市场营销环境、分析并测算有关因素对成本影响程度的基础上，为实现目标利润而规划的未来某一时间的成本。目标成本加上目标利润和税金，然后除以产品产量便是产品单价，计算公式为

$$单位产品价格=(目标成本+目标利润+税金)/预计销量$$

目标成本是企业在一定时期内需经过努力才能实现的成本。因此，以此为导向的定价方法有助于文化企业以积极的综合措施控制并降低成本，比较符合文化企业的长远利益。但目标成本是预测的，在具体实施过程中，若对影响成本的目标因素预测不准，极易导致定价工作失败。

2. 需求导向定价法

需求导向定价法又称顾客导向定价法，是指文化企业根据市场需求状况和消费者的不同反应，分别确定产品价格的一种定价方式。它的特点是，平均成本相同的同一产品价格随需求变化而变化。

需求导向定价法一般以该产品的历史价格为基础，根据市场需求变化情况，在一定的幅度内变动价格，以至同一产品可以按两种或两种以上的价格销售。这种差价可以因顾客的购买能力、对产品的需求情况、产品的型号和式样以及时间、地点等因素的不同而采用不同的形式。例如，以产品式样为基础的差别定价，同一产品因花色款式不同而售价不同，但与改变式样所花费的成本并不成比例；以场所为基础的差别定价，虽然成本相同，但具体地点不同，价格也有差别。

需求导向定价法具体可分为观念价值定价法、差别定价法和习惯定价法。

(1) 观念价值定价法。这种方法主要是从文化产品消费者的角度去考虑的，也称为理解价值定价。它是根据顾客对产品价值的理解，即产品在顾客心目中的价值观念决定价格的定价法。价格计算公式为

$$文化产品出厂价格 = 市场零售价格 \times (1-批零差率) \times (1-进销差率)$$

这种定价方法不以文化企业的产品成本为基础，而以文化消费者对产品的需求和价值的认识为出发点。文化企业运用销售推广策略，特别是用其中的非价格因素影响顾客，使顾客在头脑里形成一种价值观念，然后，根据这种价值观念制定价格。一个文化企业准备在某个目标市场上推广一种新产品，一般要在质量、服务、价格以及广告宣传等方面，事先为产品在市场上树立形象；然后去估计以这个价格出售时的市场销售量，并据此估算生产量、投资额和单位成本；最后根据这些数据核算能否获利，决定是否从事营销。理解价值定价法的关键之一，是要求文化企业对顾客理解的相对价值有正确的估计和决断。如果企业对顾客理解的价值估计过高，定价必然过高，影响销售量；反之，定价太低，则不能实现营销目的。

(2) 差别定价法。这种方法是文化企业因消费者购买能力以及对产品需求状况的不同而制定价格的方法。具体来说，文化企业可以根据不同的消费者、不同的时间和场所，实行差别定价。这种差别并不反映文化产品成本的变化。主要方法有消费者细分定价、产品形式定价、产品形象定价、地点定价。

因此，差别定价法又被称为价格歧视。价格歧视是一种重要的垄断定价行为，是垄断企业通过差别价格来获取超额利润的一种定价方法。如要实行价格歧视，一般要具备三个条件：第一，市场存在不完善性。当市场不存在竞争，信息不畅通时，文化企业就可以实现价格垄断。第二，各个市场对同种产品的需求弹性不同。这时垄断者可以对需求弹性小的市场实行高价格，以获得垄断利润。第三，能够有效地把不同市场之间或市场的各部分之间分开。地区封锁和限制贸易自由的各种障碍往往有利于垄断者实行价格歧视，因此，如要反垄断限制价格歧视，就应该尽力消除其实现的环境条件。

(3) 习惯定价法。在市场经济中，某些产品的价格可能早已为消费者所接受和认同，并且已经形成根深蒂固的习惯。文化企业对这类产品定价时，必须参照这种习惯价，否则会引起消费者的不满甚至恐慌，同时也会令同行不满，招致围攻。这种依据消费者习惯来定价的方法被称为习惯定价法。实行习惯定价法也应依据市场的供应情况，这些产品采用这种定价标准，一是因为消费者早已习惯了此类产品的属性及价格水平，二是因为质量好、价格低的新产品还没有开发出来。所以，生产这类产品的企业一般应遵循这一定价

原则。

就文化产品而言，某些一般性的文化产品也常常采用这种定价手段。例如，一些学生文化用品、常用的普通文化用品等，都可以采用此类定价方式；而一些特殊的、大型的文化产品则不太适用于这种定价法。

3. 竞争导向定价法

竞争导向定价法是文化企业根据市场竞争状况确定文化产品价格的一种定价方式。它的特点是价格与成本和需求不发生直接关系。

竞争导向定价法的具体做法是：文化企业在制定价格时，主要以竞争对手的价格为基础，与竞争品价格保持一定的比例。即竞争品价格未变，即使本企业的产品成本或市场需求变动了，也应维持原价；竞争品价格变动，即使本企业产品成本和市场需求未变，也要相应调整价格。

运用竞争导向定价法定价，实质上是主要依据竞争者的价格来定价。文化企业在研究竞争对手的情况后，确定或与竞争者价格相同，或高于或低于竞争者的价格，这主要视产品和需求情况而定。

这种定价方法主要有以下几种方式。

(1) 随行就市定价法。所谓随行就市定价法，是指文化企业按照行业的现行价格水平来定价的方法。在以下情况下，文化企业往往采取这种定价方法：难以估算成本，企业打算与同行和平共处，如果另行定价，很难了解购买者和竞争者对本企业产品价格的反应。不论市场结构是完全竞争的市场，还是寡头竞争的市场，随行就市定价都是同质产品的惯用定价方法。例如，不同出版社出版的《红楼梦》，一般就采用这种定价方法。

(2) 主动竞争定价法。与随行就市定价法相反，主动竞争定价法不追随竞争者的价格，而是以市场为主体、以竞争对手为参照物的一种常用的营销绩效定价方法。文化企业采用这种方法定价时，首先，将市场上的竞争产品的价格与本企业产品的估算价格进行比较，分为高、一致、低三个价格层次。其次，将本企业产品的性能、质量、成本、式样、产量等与竞争企业进行比较，分析造成价格差异的原因。再次，根据以上综合指标确定本企业产品的特色、优势及市场定位。在此基础上，按定价所要达到的目标，确定本企业产品的价格。最后，跟踪竞争产品的价格变化，及时分析原因，相应调整本企业产品的价格。

(3) 竞争模仿定价法。这也是一般文化企业所采取的一种稳妥的定价方法。这种定价方法的实行条件是文化企业生产或经营的同类文化产品，不管成本和市场状况如何变化，其产品价格始终与竞争对手的价格保持同一水平。尤其是在文化企业在竞争中处于势均力敌的情况时更应如此。只有随着竞争者同类产品价格的变动而做出同样的变动，才不至于使竞争过于激烈，造成两败俱伤。中小型文化企业更应考虑使用这种定价方法。

(4) 拍卖定价法。拍卖定价法是指卖方预先展示所要出售的商品，在一定的时间和地点，按照一定的规则，由买方公开叫价竞购的定价方法。一般卖方规定一个较低的起价，买方不断抬高价格，一直到没有人再竞争的最后一个价格，即最高价格时，卖方把现货出售给出价最高的买主。在美术作品、古董等文化商品的交易中，卖方常采用此定价方法。

5.4 文化产品分销策略

随着社会分工的日益精细,专业化生产水平越来越高,文化市场的规模也随之扩大,大部分文化产品已经不可能实现从生产者到消费者的直接交易,而是必须依靠一定的销售路线,经过流通领域才最终将产品转移到消费者手中。因此,建立完善、便捷的文化产品分销渠道,尽快把产品送到消费者手中,已经成为文化企业的重要任务。

5.4.1 文化市场分销渠道

1. 文化市场分销渠道

所谓文化市场分销渠道是指文化产品从生产者向消费者转移过程中所经过的通道,以及在这个过程中所需的市场营销机构等。正确理解这一定义应注意以下几点。

(1) 分销渠道主要由参与商品流通过程的各类机构或人员(如生产者、代理商、批发商、零售商及消费者)组成,他们构成渠道的成员。

(2) 分销渠道的起点是生产者,终点是消费者,一条完整的分销渠道必须包括这两者。

(3) 在分销渠道中,生产者向消费者转移产品,是以商品所有权的转移为前提的。产品从生产领域向消费领域转移时,至少要转移所有权一次。各种代理商虽然不直接购买所有权,但他们间接起到了转移所有权的作用。

(4) 在分销渠道中,除了商品所有权转移形式的"价值流"外,还有伴随着价值流发生的商品实体转移,即"物流"。价值流和物流相辅相成,但在时间和空间上并不完全一致。

在复杂的商品交换活动中,成本和盈利都会受到某种特定分销渠道的影响。如果由文化企业独自承担市场推广职能,虽然能获得全部利润,但也必须为此付出代价。对于一些力求流通范围更广的文化产品和服务,其市场推广会受到一定的局限。如果能够对分销渠道和环节进行周密的调查和策划,邀请有经验的中间商介入,不仅可以减少产品的周转时间和运输费用,在增加企业利润的同时,还能为消费者带来购买上的方便和经济上的实惠。以图书市场为例,图书中间商包括总发行商、二级批发商、三级批发商和零售商。各级中间商的存在不仅降低了图书销售费用,而且使销售触角下伸至边远地区,可最大限度地满足各类读者多样化的文化消费需求。在市场经济条件下,多数文化企业通过与稳定的批发商、零售商建立长期连续的合作伙伴关系,策划出合理的文化产品和服务的分销渠道,建构和谐融洽的分销网络,制定与中间商双赢的市场策略,从而保证文化产业的良性运作。

2. 文化产品流通与文化服务流通

根据文化产品的种类,文化企业可以把文化市场流通渠道划分为文化产品流通渠道与文化服务流通渠道。两者的共性在于都会借助于一定的流通渠道完成市场推进。

(1) 文化产品流通渠道。文化产品生产企业除少数采用零售渠道以外，大多雇佣多层批发商，包括折扣店、百货商店以及专卖店来进行销售。

一层渠道，即只包含一层销售中间机构，如零售商。该流通中介机构如果通过买卖方式取得文化产品的所有权，那么它属于零售商；如果采取寄售、代销或委托拍卖方式而负有文化产品的推销责任，那么它就属于代理商。随着艺术品市场的发展，寄售、代销、拍卖等交易方式已经流行起来。

二层渠道，包含两层中间环节，如消费者市场一般是批发商和零售商。其中，生产者与批发商和零售商之间的两个中间环节构成批发市场；零售商与消费者之间构成零售市场。我国的工艺制品、花卉市场基本属于这种模式。

三层渠道是生产者与消费者之间加入三个分销中介机构，通常为总发行商、二级批发商和零售商。其中，生产者与总发行商、总发行商与二级批发商、批发商与零售商之间的三个中间环节构成批发市场；零售商与消费者之间的最后一个环节构成零售市场。我国的音像、软件、娱乐用品市场基本属于这种模式。

随着文化产业市场化进程的加速，我国文化产品的流通渠道呈现多层次、立体化、互补化的特征。以我国现行的图书发行为例，渠道主要有三种：一是出版社直销，即出版社自办的门市部、邮购部或在大型书市设点摆摊直销图书；二是批零兼营，如连锁店总店、集体书店、个体书店或网上书店，直接从出版社批量进书，然后通过连锁书店分店、零售书店门市或摊点、网络在线等渠道销售图书；三是多层渠道，新华书店总店、省区新华书店或区域性书刊发行公司作为总发行商或总经销商，通过各省、地、县新华书店及其所属的门市部、连锁书店、市场书市等批发和零售图书。

此外，随着市场竞争的日趋激烈，各种连锁店、图书展销会、主发寄销、采购团订货、网上书店和网上征订等流通形式层出不穷。连锁书店统一进货，既可以争取出版商的更多让利，又可以解决图书零售网络覆盖面不足的难题。图书展销会是目前我国规模最大、影响最广的图书展销活动，图书展销早已成为出版物展销、出版形象展示、出版信息交流的重要平台，成为影响广泛的文化盛会，也发展为我国会展经济的重要品牌。采购团订货是由发行商组成采购团，分赴各地，根据各基层新华书店上报的品种、订数汇总，形成统一订单，同各大出版社谈判订货。在获得出版社出让折扣的同时，采购团承诺确保使其图书销售达到一定的目标销售量。网上书店是近年来伴随互联网商务发展流行起来的一种新的图书流通渠道，它以更多的品种、更快的速度、更低的价格和零库存来满足读者需求。

(2) 文化服务分销渠道。文化服务分销市场也有多种不同形式的分销结构。绝大多数的文化服务项目往往采用在同一地点和同一时间进行的直销渠道，如各种现场演出、娱乐参与、咨询服务、网络服务、新闻报道、现场直播节目等。此外，也有一些文化服务项目采取多层分销渠道。

① 一层渠道。即在文化服务商与消费者之间加入一个中介服务或代理机构。该服务机构通过许可、合作、代理等方式，从文化服务商那里取得文化服务项目的经营权，然后提供给文化消费者。包括剧场文艺演出中的"文化团体—演出商"方式；设计招标服务市

场的"文化团体—代理商"方式；旅游业中的"服务商—服务商"方式；娱乐场所票务代理、旅游散客预订代理等"服务商—代理商"方式。

② 二层渠道。即在文化服务商或服务商与消费者之间加入两个中介服务或代理机构，该终端服务或代理机构通过许可、合作、代理等方式取得文化服务项目的经营权，然后提供给文化消费者。包括传媒服务市场中的"影视制片公司—中央电视台(省级卫视台)—地方有线电视网络系统"的经营模式；演出市场中的"表演团体—演出场所—票务代理"的经营模式；电子商务服务市场的"服务者—服务者—服务者"方式，如电子商务服务的"ICP—ISP—社区宽带网络"的经营模式等。

③ 三层渠道。即在生产者与消费者之间加入三个中介服务或代理机构。该终端服务或代理机构通过许可、合作、代理等方式，依次从初、中级服务者或代理商那里取得无形文化产品或文化服务项目的专营权，然后提供给文化消费者。包括电影市场中的"影视制作公司—影视发行公司—中央电视台(省级卫视台)—地方有线电视网"的经营模式。

5.4.2 影响文化市场分销渠道设计的因素

渠道设计问题的中心环节，是确定到达目标市场的最佳途径，而影响渠道设计的主要因素有4种。

1. 产品因素

(1) 文化产品的标准化程度与附加服务。有些文化产品是批量生产进入市场的，它的标准化程度很高，也不需要复杂的附加服务。例如，读者购买日报、晚报、书籍、期刊杂志等，只要求能够迅速及时地买到，并不要求提供特别的服务，文化企业就可以考虑采用间接销售渠道。但有些文化产品的售后服务要求高(比如某些价格昂贵、性能精良的视听设备)，文化企业就应考虑直接分销，为消费者提供售后维修等服务。还有些文化产品例如古董、字画，它们是独一无二的特殊产品，售后服务的要求复杂多样，普通的中间商难以胜任，这时就必须精选能提供特殊服务的、信誉良好的中间商进行分销。

(2) 文化产品单位价值的高低。单位价值较低的文化产品，例如书籍、报纸、期刊杂志、电影和展览会票券等，文化企业无法一一分销这些需求数额巨大而单位价值很低的商品，就应采用有中间商的间接销售渠道将这些文化产品尽快脱手，以求通过批发商和零售商完成分销，简化自身的销售任务，加快资金周转。有些文化产品的单位价值高，例如文物，就应减少中间流通环节，采用较短的销售渠道进行分销。

(3) 文化新产品。企业推出的文化新产品进入市场，许多中间商会因有经营风险而拒绝分销，此时最好采用直接销售渠道，自己组织强有力的销售队伍，花费高额的推销费用，通过具有强大影响力的推销方式说服文化消费者购买新产品。有些音像出版社组织歌星或影星进行巡回演出，宣传新上市的音像制品，也是文化企业采用直接销售渠道推销新产品的方式。新产品经历过导入期后，被消费者认识和接受，文化企业就可以考虑减少直接促销的工作，转而采用间接销售渠道分销，简化自身的销售业务，同时也有利于增加销售量。

(4) 文化产品的性质。如果文化产品的时尚性非常强,比如社会文化思潮发生了某种变化,影响文化消费者的欣赏口味,而且预计这种欣赏趣味还会随社会时尚潮流发生更大的变化,文化企业生产的专门针对这种趣味、时尚性很强的产品就必须马上占领市场,迅速分销给消费者,否则时尚一旦变化,文化产品立刻滞销。在这种情况下,就应采取短而宽的分销渠道,尽快将产品分销出去。有些文化产品的时尚性不强,文化企业就可以考虑采用比较长的分销渠道,将产品分销给中间商,尽早实现商品价值。

2. 市场因素

(1) 目标顾客的分布特征。文化产品的目标顾客具有较大的潜在需求量,而且在地理空间和时间上都分布得较为广泛和分散,文化企业采用直接销售渠道很难将整个目标市场覆盖,就应考虑长而且宽的间接分销渠道来进行产品分销,以使文化产品能够成功地随时随地到达每一个消费者手中。如果文化产品的目标顾客数量少,分布又较集中,采用短而窄的分销渠道是可行的。对于那些目标顾客是某些特殊顾客的文化产品(例如古董),就应精选成熟可靠的少量甚至一家中间商进行销售。

(2) 目标顾客的购买行为特征。某些文化产品长期以来被消费者所接受,他们购买时通常采用小批量购买、多次重复购买的方式,比如报纸、教科书、电影和音乐会票券等,这种产品分销就应采取同中间商合作的方式,而且中间商的数量越多越好,能够更广泛地分销产品。有些文化产品对文化消费者来说,并不是必需品,购买频率相对较低,那么采用短而窄的间接销售渠道甚至由文化企业直接分销,能够节省推销和流通费用,增加销售利润。

(3) 文化竞争态势。市场竞争对手的情形及他们所采用的分销渠道策略也能够影响文化企业选择分销渠道。在充分了解竞争对手实力的基础上,文化企业就应灵活机动、实事求是地选择适宜的分销渠道;或是在自身竞争实力不强时避其锋芒,另辟分销渠道;或是在实力增强后逐步占领市场。

3. 企业自身因素

(1) 营销能力。如果文化企业拥有丰富的营销经验,推销队伍人才济济,营销业绩一向稳步增长,就不必依赖中间商,自己可以直接营销;反之,文化企业就要积极寻求可靠的中间商,完成文化产品的分销。

(2) 资金和信誉。某些文化企业资金雄厚,具有良好的信誉,实力强大,有力量设立足够的销售网点,提供销售服务,能够迅速分销产品,占领市场,就不必采用间接销售渠道分销。一方面,文化企业可以通过直接销售渠道与文化消费者保持紧密联系,及时收集对产品的反馈信息,有助于企业制定更合理的产品策略;同消费者的密切接触,也有助于建立良好的公共关系,这对于较长远的文化营销是大有益处的。另一方面,还能够将支付给中间商的高额推销费用转化为自己的营销利润。文化企业初创时,规模小、资金少,也可以采用直接销售渠道分销产品,一方面可以借营销与消费者建立联系,打出企业和产品的知名度;另一方面也可以省下高额的中间流通费用,等稍具规模之后,再考虑间接销售渠道分销,减轻产品营销负担。

(3) 服务能力。如果文化企业具有较强的销售服务能力,在分销那些对销售服务要求高的文化产品时,就能采用直接销售渠道。如果销售服务能力弱,则应采用间接销售渠道,尽力争取和精明能干的中间商合作,让他们来协助自己分销产品,提供消费者需要的服务。

4. 环境因素

环境因素包括经济变化、足以影响消费者心理的社会文化思潮、国家政策法规等。如果外部环境因素促使目标需求量下降,文化企业就必须在较短的时间内以较低的价格分销产品,这种情况下要采用短而窄的间接销售渠道或者直接销售渠道,尽可能地减少中间环节,减少促销费用,或取消一些非必要性的销售服务,来降低产品价格,达到迅速分销的目的。如果外部环境因素引起市场需求量增加,文化企业就可以仍旧采用长而宽或短而宽的间接销售渠道,尽可能多地与中间商广泛协作,尽量扩大产品的销售量,增加销售利润。

5.4.3 文化企业分销渠道的选择策略

文化企业的策划者应当在分析分销渠道影响因素的基础上,结合企业自身的市场策略和营销目标,制定合理的渠道策略。常见的分销策略有密集式分销策略、选择式分销策略和专营式分销策略三种形式。

1. 密集式分销

密集式分销是指通过尽可能多的销售点和最宽的分销渠道实现最大限度的文化产品销售。这种策略通常适用于大量生产、经常消费的文化产品,如图书、报刊、音像制品、娱乐用品等,这类产品需求量极大,目标市场范围广泛而分散,消费者关心的是如何能够便捷地买到产品。在这种情况下,采用密集分销的优点在于市场覆盖面广、营销机会大,不仅可以极大地方便消费者购买,同时可使企业产品迅速进入分销领域,广泛地占领市场,从而更快地实现文化产品价值。但采取这种策略也存在一些不足之处,如流通费用高、同类产品竞争激烈等。

2. 选择式分销

选择式分销是指文化企业在一定区域内筛选部分经销商或代理商来经营自己的产品。这种分销策略是文化企业应用最多的方式。采用密集式分销策略的文化企业,由于战线拉得过长,企业为了提高效率,会逐步减少中间商的数量,最后过渡到采用选择式分销策略。此时,文化企业只需集中有限的力量去认真管理选择的少量分销渠道,加强对渠道的管理,便可以很好地完成分销业务。

3. 专营式分销

专营式分销是指文化生产企业在一定地区内选定一家中间商专营自己的产品,亦称独家分销渠道。专营式分销适用于个体生产、单件小批量生产、市场需求量较小、单位价位较高、知名品牌的文化产品经销。专营式分销的优点是,有利于独家经销商或代理商强化责任感和积极性,并且能控制经销商的售价、宣传推广等活动,从而拥有产品和树立企业形象；缺点是产品市场覆盖面窄，经营风险较大。

文化企业进行产品分销渠道策划，就是要选择最佳的分销渠道，即采用分销效率高、分销费用少并能取得较好的经济效益的合理渠道。企业必须在详细考察产品、市场、企业自身环境因素后，结合自己的营销战略目标，经过全面衡量和综合评估，才能做出决策。

5.5 文化产品促销策略

5.5.1 促销的含义

随着文化市场的兴旺，文化企业的竞争也越来越激烈，同类产品间的竞争更是趋于白热化。文化企业只有加强促销和宣传，突出本企业产品的特点，强调其优势，帮助消费者识别自己喜好的产品，才能使他们在众多的产品中对本企业的产品情有独钟，从而强化本企业的竞争能力。

促销是指文化企业通过一定的传播媒介向消费者传递信息，并与消费者进行信息沟通，以达到促进文化企业产品销售目的的营销活动。在营销实践中，文化企业的促销方式是多种多样的。文化企业通过公共关系树立自己良好的企业形象，投资广告宣传产品的独特性能，利用营业推广来刺激消费者的即兴购买，派出人员进行访问调查、推销产品，其根本目的就是把产品的各个方面的信息，如质量、价格、购买地点等尽可能详尽、快捷地提供给消费者。所以菲利普·科特勒干脆将促销称为营销沟通，着重从信息传递的角度来讨论促销策略。可以说，促销工作的核心和实质就是沟通信息。

促销的主要作用就是传播信息，沟通生产者和消费者的联系。信息的需求和传播不是单向的，而是双向的、多维的。文化企业和公司想了解顾客的消费需求，顾客也想了解企业和公司能提供什么样的文化产品和服务。当一种新产品推向市场后，企业必须向消费者提供情报，这样才能引发购买活动。中间商也处于传递信息的枢纽位置，它不仅需要生产企业的消息，而且需要顾客的需求信息，以便沟通产销双方。

随着文化市场的兴旺，文化企业的竞争也越来越激烈，同类产品间的竞争更是趋向白热化。这时只有加强促销，突出产品的特点，强调其优势，宣传自己的产品和别人产品的差异与区别，帮助消费者识别自己的产品的优势，才能使他们成为购买者，从而在无形中强化本企业的竞争实力。

人们对文化产品的需求和消费，很容易受到环境和宣传的影响，具有很强的可诱导性。促销活动的另一个作用，就是刺激需求。文化企业根据消费者的需求特点，加以诱导、烘托，有时可以轻松地改变消费者的需求，或者创造新的需求。

促销也是提高声誉、塑造企业形象的重要手段，文化企业同样看重自身的形象和声誉。多年来辛勤的积累，使一些文化企业声誉卓著，它们的产品受到广大消费者的欢迎，销路畅通；而一些声名不佳的文化企业，由于无法使顾客产生信任，导致产品销路不畅。

所以在开展促销活动时不能忽视对文化企业形象的建构，文化企业因其从事精神性产品的生产，极易渗入人们的情感评价，又与社会的意识形态关联紧密，稍有不慎，便会招致很大的危害。故文化企业尤其要注重企业形象的塑造和企业声誉的维护，以赢得社会的承认、消费者的首肯，从而达到巩固产品的市场占有率、稳定销售的目的。

5.5.2 促销组合及策略

促销组合，就是指文化企业在营销过程中对人员推销、营业推广、公共关系与广告等各种促销工具的合理调配和使用。促销组合实质上是一个大的沟通信息的中介，它肩负着把产品顺利转移到消费者手中的使命，是营销活动的重要组成部分。

促销策略是对促销组合施以统筹的方针，两者犹如战役中的战略与战术。没有正确的促销策略的指引，即使促销组合安排得天衣无缝，也不能恰到好处地发挥促销的作用，扩大文化产品的销售。反之，如果没有促销组合作为基础，空有一剂促销策略的良方，也无济于事。要想事半功倍，必须协调促销策略和促销组合的关系，以最适当的方式来组织促销活动，借以谋求良好的收益。

促销组合基于不同的促销方式，对各种促销方式的清晰认识和精确把握，是进行促销组合的先决条件，不管是人员推销、广告，还是公共关系、营业推广，每种方法都有其不可替代的特点，在促销活动中也各有千秋。文化产品种类繁多，品性各异，必须量体裁衣，筹划最佳促销组合，才能达到最好的效果。

作为合理选择促销方式、分配促销力量、协调促销组合的促销策略，虽然千变万化，但大致上不会超越两种最基本的类型，即推进式和拉引式策略，如图5-2所示。

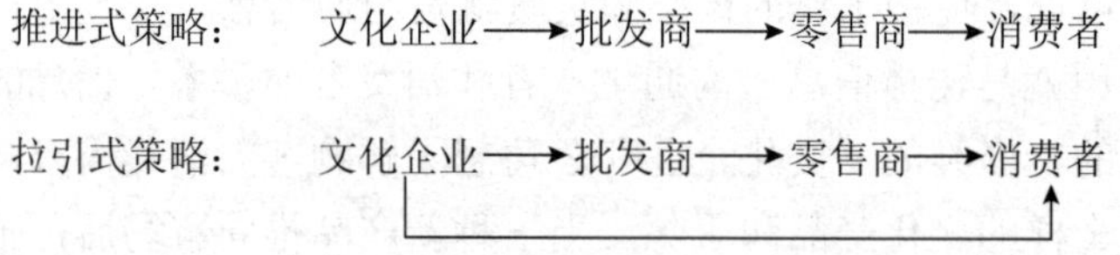

推进式策略： 文化企业⟶批发商⟶零售商⟶消费者

拉引式策略： 文化企业⟶批发商⟶零售商⟶消费者

图5-2 促销组合策略

现在我们以电影市场为例说明这两种策略的差异。一个电影厂拍摄制作一部影片之后，召集电影发行公司举办订货会，同时展开促销，力求各电影发行公司购买影片拷贝，电影发行公司再如此鼓动各放映点租借播放，这一过程，即推进式策略施行的过程。电影厂是以电影发行公司为主要促销对象，把影片推向市场的。还有一种方式是电影厂直接参与文化市场，对广大电影爱好者展开强大攻势，使观众们对其产生兴趣，通过观众唤起电影放映点，再将这种压力和需求诉诸电影发行公司，最后经电影发行公司之手向电影厂购买拷贝，这就是拉引式策略。当然，具体的电影市场运作并没有这么简单。推进式策略偏重于人员促销，主要对象是中间商；拉引式策略则向广告促销倾斜，致力于激发消费者的消费欲望，借消费者推动零售商，再借零售商推动批发商向企业购买其产品。促销组合策略的使用并不是单一的，有时可以双管齐下，交叉使用；有时亦可专注于一种策略，单向突破，创造销售机会。

5.5.3 促销方式

选择促销方式就是选择沟通信息的渠道。文化企业的促销方式虽然五花八门，但概括起来主要有4种：人员促销、广告、公共关系和营业推广。

1. 人员促销

人员促销也称人员推销，采用这种渠道来拓展产品的销路，早已是司空见惯的现象，它也是一种比较古老的推销方法。企业的推销人员与消费者进行面对面的交谈，或者通过电话、电视和信函来沟通信息，促进销售。直到今天，这种推销方式也还未过时，它仍在促销活动中占有一席之地。现在，一些价格昂贵或者以非人员促销方式难以奏效的文化产品，大多还是依靠人员促销。不论是在国内还是在国外，企业用在人员推销上的费用都远远多于用在广告上的费用。随着卖方市场向买方市场的转换，竭尽全力地争取顾客成了各种企业追求的目标，人员推销所显示出来的价值也愈加受到人们的青睐。

文化企业由于产品特殊，在人员推销的选择和使用上，相对更多一点。这些年来，大型文化演出和活动的营销，有很大一部分业务量都是靠人员推销来完成的。人员推销作为直销的一种形式，推广的程度一直很高，在西方甚至已经动用了先进技术来辅助人员推销的进行。美国纽约大都会歌剧院建立了一个可以容纳1 500万人以上的歌迷资料数据库，每到演出来临，歌剧院就会运用电脑分析各类观众的特点，找出可能的观众来源，然后直接联系和宣传，推销歌剧票并听取他们的意见。这样，经常在歌剧院入场券正式发售以前，70%的入场券就已经售出了。人员推销因此变得更为复杂，也更有成效了。当竞争日益激烈，文化产品以几何级数产出，囊括生活的空间和时间时，充分运用人与文化产品的天然联系，以推销人员的独特感受和理解来说服消费者购买某些文化产品，当然是一个值得深入研究的促销问题。

人员推销最大的特点就在于它使用人来实施具体的推销任务，人的参与使这一过程变得富于感情，使文化企业在推销本企业产品时的情感诉求变得更生动，更容易被消费者接受。在推销时，推销人员和顾客的接触是直接的、面对面的，这种直接性的特点，使推销人员能灵活地应付顾客的各种要求，了解顾客的意愿，解答顾客的疑问，并采取与之相宜的方式出售产品。

人员推销的另一个特点就是能够及时成交，它不像广告和营业推广、公关等促销策略，交易的达成是间接的，需要一段时间来接受产品信息，具有一定的滞后性。推销人员在推销过程中，可以把握分寸，找准时机，在短时间内促成交易的实现。

但是，人员推销最大的问题就是费用太高。培训一个优秀的推销员着实不易，尤其是文化产品品种繁多，推销员除了需具备一般推销员的素质外，还需有一定的文化修养，这样在与顾客交谈推销时方不会鲁莽唐突，并能尽快赢得顾客信任。而且推销员不好管理，很难掌握和控制。再加上人员推销的影响范围小，传递信息速度慢，不能充分满足市场需求，填补市场的广大空间。文化企业生产文化产品的旺盛力量，也使人员推销这种方式在一些情况下显得有些捉襟见肘。虽然如此，它还是一种行之有效的促销方式，文化企业在制定促销策略时，也常把人员推销组合在内。

2. 广告

广告是指文化企业借助特定的媒体通过付费的方式向消费者展示和推销文化产品与劳务的促销活动。广告是文化企业在营销时所使用的最主要的促销工具之一，它的使用频率比人员推销、营业推广和公共关系都要高得多，且能发挥更大的作用。文化企业借助一定的媒体，通过付费的方式向消费者展示和推销文化产品与劳务的促销活动，如今时刻以一股无坚不摧的力量刺激广大消费者的感觉器官、知觉系统，直到其产生消费欲望为止。说现代人生活在广告世界或广告时代之中，一点都不夸张。

作为一种通用的促销工具，广告的作用具有多样性。它可以在短时间内快速为文化企业或文化产品创造出一定的知名度，也可以通过对新产品进行解释说明来加深与消费者的理解和沟通，还可以及时提醒消费者做出购买决定等。这比采用人员推销和访问经济得多、省力得多。而且通过传媒的展示，文化企业和文化产品在无形中增加了权威性和由之而来的合法性，更有说服力。

广告促销是文化企业整个营销策略中的一个有机组成部分。营销部门准备开展广告活动时，要对构成一个广告计划的框架有所了解，并做出决定。无论采用何种广告运作策略都需明了广告目标，为达到此目标所需资金即广告预算，广告要传递的信息，以及选择的媒体和效果检测的方法等基本内容，然后才能施行。

3. 公共关系

公共关系是指文化企业为了树立良好形象，沟通与其有关的社会各界和内部各个群体的联系，加深了解，而运用的一种促销方式。公共关系作为重要的促销工具，相对其他促销方法，在具体的操作中能起到增进知名度、制造偏好的作用。它以文化企业为核心，去为其争取有利的舆论支持和宣传鼓励，能帮助文化企业树立良好形象，并协调好与相关组织和公众的关系，及时消除不利于文化企业存在和发展的谣言和事件。

谈及公共关系，人们所注意到的大多是以市场营销为目的的公共宣传，即以非付费的方式从媒体处获得版面宣传本企业及产品，以促进销售的一种做法。除此之外，公共关系还有其他的活动和目的。例如，需要密切与新闻界的关系，将有新闻价值的消息传送给媒体，引起人们对某件产品和服务的注意；具体宣传和报道产品的情况，以信息沟通来促进企业内部和外部的相互了解；以游说来取信立法者和政府官员，借以建立有利于企业的条款，摒弃不利于企业的条款；还可通过咨询针对企业的地位和形象等问题做出讨论。总体来说，公共关系作为重要的促销方式，它的作用很大，相对于人员推销、营业推广和广告，其成本较低，而且影响长远。一些小型的文化企业和公司如能创造性地发挥公共关系的特长，常能取得意想不到的效果。

4. 营业推广

营业推广是指文化企业为了迅速刺激需求和鼓励交易尽快实现所采取的措施和活动的总称，也称销售促进。如赠奖、折价、推销金、展览、红利、竞赛等。这是人员推销、广告、公共关系之外的又一种促销方法。营业推广在文化产品的销售中使用的范围还不大，它的作用和影响也未得到应有的重视，特别是在我国，文化产品步入文化市场不久，人们还拘泥于文化产品非商品属性的一面，不能运用更多的营业推广来扩展其销售数额，甚至它还不如公共关系策略用得多。从国内外的商业现实来看，营业推广的强大促销力量所创造的业绩骄人，而且成功率颇高。在文化产品的促销中，不失时机地引进营业推广的方法，必然会产生好的反响和效果。

营业推广最大的特征就是短期效益明显，能够迅速得到市场的反馈，激励市场的消费动力，在较短的时间内获得收益。其次，营业推广着眼的往往是短期的销售目标，而不像广告、公共关系和人员推销那样长期有规律的使用，它的不规则性和无周期性无法避免。但营业推广的方式众多，又为积极灵活地运用它提供了便利条件。营业推广的灵活性，以及强烈的诱惑力，能够刺激消费者快速反应并购买。但如果使用的频率过高，反而容易引起消费者的怀疑和逆反心理，这也是文化企业在文化产品促销中较少使用营业推广而着重于公共宣传和广告发布的原因之一。文化企业为了维护文化产品的特殊形象，大多不遗余力地予以强化包装，营业推广使用不当，极易破坏文化产品的固有形象，引起人们的反感和厌恶，所以在使用营业推广时要注意到文化产品的种类与属性，制定相宜的策略。

5.5.4 影响促销组合的因素

遵循促销策略、制定促销组合要有一定的依据，否则就会流于形式，纸上谈兵，计划也因此而成为一纸空文。在决定促销策略、调配促销组合时，我们必须考虑相关影响因素，排除干扰，将多种情况琢磨清楚，谨慎大胆地制订计划。一般说来，我们需首先了解产品的性质，了解其生命周期、市场状况、竞争对手、促销预算，然后才能进入促销计划的准备状态。

1. 产品的性质

对产品性质进行甄别是必要的，不同的产品有不同的价值和使用价值，它所诉求的消费者的需求层次、需求时间、需求量也都不同，故而不能一视同仁地采用同样的促销方式。比如，看一场港台歌星的演唱会和听一场贝多芬的交响乐演奏就有显著的差别，作为主办者，就不得不将两者进行比较，各自制订合适的促销计划。再如，一本书和一场演出虽然都可借助影视传媒做广告，但相比较而言，用影视手段来形象地获取演出中的精彩片断的效果，远比将一本书的封面和章节袒露于电视屏幕的效果要好得多。同样都是广告促销，产品性质不同，媒体的选择也不相同，更不用说促销组合的方式了。

2. 产品的生命周期

产品的生命周期不同，促销的目标和方法自然也不同。任何产品在市场中都有个生长发展的过程，文化产品也是如此。在产品的导入期、成长期、成熟期和衰退期，促销重点和促销方式的组合必须相应做出调整与变化。在导入期，主要通过各种广告使消费者了解认识产品，建立感性认识；在成长期，则要促使顾客产生偏好，形成一定的品牌信赖度，这时要适时地改变广告形式；成熟期也要持之以恒。而在产品的衰退期，需加强营业推广和公共关系，促成消费者购买，重新唤起消费者的消费欲望。在文化产品中，既有一次性的消费品，也有长期的历久弥新的消费物，它们的生命周期很难估量。文化产品本身由于其独特的品性增加了促销难度。一般说来，在一个稳定的社会中，可用以促销的大多是一些流行文化，因为它可以通过商业策略来解决，而另外一些本质的东西，我们可近似地把其看作文化产品，却不能通过商业技巧来解决，必须依附政府政策的施行、民众的推动和需求来贯彻，这时，我们或许能不计代价地考虑文化产品的生命周期。

3. 市场状况

市场状况也是文化企业制定促销策略、实施促销组合时要想到的一个重要因素。如果市场很大，使用人员促销的办法只会得不偿失，远不如发动广告促销切中要害。市场小而消费量大时，就应予以变通，选择人员促销。市场瞬息万变，在起草促销计划时，无论如何也要先进行市场调研，根据其特点来组合促销方式。

4. 竞争对手的状况

竞争对手的存在是任何一个文化企业都要面对的现实。文化市场虽然范围较窄，但在有限的领域内也避免不了竞争。俗话说商场如战场，文化市场同样是一个战场，要想通过文化产品获得较好的利益，不了解竞争对手的情况，盲目进取，只会失败，知己知彼，方能百战不殆。所以，要制定行之有效的促销组合方案，必须先研究竞争对手的状况。

5. 促销预算

在影响促销组合的诸因素中，促销预算的大小和多少更为关键。促销预算决定着促销方式的选择，如广告的投入，媒体的合理安排与划分，公共关系和宣传的规模，营业推广的刺激量强弱等，都需要促销预算的支持。促销组合和活动的实施，归根结底离不开财力的扶助，而在操作过程中，要在促销预算允许的范围内谋划。有时促销预算过小，文化企业无法将产品予以应有的包装，在市场竞争中难免失败。近年来，我国优秀的文艺片作品不少，但其票房却不如一些水准低劣的喜剧片，其中一个原因就是促销预算不及对方，不能发动强有力的促销活动。

本章小结

本章主要讲述了文化市场营销策略的相关理论，主要包括文化企业目标市场选择及文化产品、定价、分销、促销策略。为了制定科学有效的文化市场营销策略，首先要明确文化企业的目标市场，目标市场选择是在市场细分、目标市场选择的基础上对文化企业的市场定位。文化产品策略是在明确文化产品概念和生命周期理论的基础上，针对产品生命周期的不同特点确定文化产品的开发与设计的具体营销策略并最终实现文化产品的品牌建设。文化产品的价格策略从经济学和营销学的角度分析了价格的构成，依据影响价格的主要因素介绍了文化产品的三种主要定价方法：成本导向定价法、需求导向定价法、竞争导向定价法。文化产品的分销策略部分介绍了文化产品渠道的构成及其影响因素，得出文化企业分销渠道的选择策略：密集分销、选择式分销、专营分销。文化产品的促销组合主要可以分为推进式促销和拉引式促销，具体的文化产品促销方式包括人员促销、广告、公共关系、营业推广4种主要形式。

思考题

1. 解释下列名词：市场细分；目标市场；文化产品；品牌；文化品牌；成本导向定价法；需求导向定价法；竞争导向定价法；促销；促销组合；营业推广。
2. 简述市场细分的标准。
3. 选择文化企业目标市场的策略有哪些？
4. 论述文化产品不同生命周期的营销策略。
5. 简述文化品牌策划的途径。
6. 列举影响文化产品价格的因素。
7. 简述文化企业分销渠道的选择策略。
8. 影响促销组合的因素有哪些？

章末案例

美国的电影分级制度及其对电影市场的影响

电影分级制度指的是某一组织根据一定的原则把片厂的产品按其内容划分成若干级，针对每一级规定好允许面对的观众群。它没有国家法律支持，但在行业内部具有约束力。它只对观众起提示作用，而把选择权交给观众，由观众实行自我保护。

美国的电影分级是由MPAA制定的，MPAA即"美国电影协会"，总部设在加利福尼亚。这个组织成立于1922年，最初是作为电影工业的一个交易组织而出现的。如今它涉足的领域不仅有在影院上映的电影，还有电视、家庭摄影以及未来有可能出现的其他传送系统领域。

MPAA在洛杉矶和华盛顿为它的成员服务。它的委员会由MPAA会员中的美国最大的7家电影和电视传媒巨头的主席和总裁组成。

最早的分级制把电影分成4级，即老少皆宜的G级、儿童要由家长或其他成年人陪同方可观看的M级、儿童不宜的R级和21岁以下青少年不准入场的X级。分级制在1970年和1990年经两次修改，目前共分为5级。

G级：大众级。所有年龄均可观看的大众级，适合所有年龄段的人观看。该级别的影片没有裸体、性场面，吸毒和暴力场面非常少，对话也是日常生活中可以经常接触到的。G级又被称为"家庭电影"，指全家可以在感恩节和圣诞夜一起观看的、男女老幼皆宜的电影，如《绿野仙踪》《音乐之声》《狮子王》《小猪贝比》《玩具总动员》等。

PG级：分为普通级和辅导级。普通级建议儿童在父母的陪伴下观看，有些镜头可能让儿童产生不适感；辅导级的一些内容可能不适合儿童观看。该级别的电影基本上没有性、吸毒和裸体场面，即使有，时间也很短。此外，恐怖和暴力场面不会超出适应的范围。PG级明确建议10岁以下儿童观看时最好由家长或其他成年人陪同。这类影片夹杂一些肮脏词语或少量的暴力行为，如《星球大战》《小鬼当家》《蝙蝠侠》《回到未来》《辛巴达：七海传奇》等都属于这一级。

PG-13级：分为普通级和特别辅导级。普通级不适合13岁以下的儿童观看；特别辅导级建议13岁以下的儿童尤其要有父母陪同观看，其中一些内容对儿童很不适宜。该级别的电影没有粗野的持续暴力镜头，一般没有裸体镜头，有时会有吸毒镜头和脏话。美国卖座片《古墓丽影》《加勒比海盗》和20世纪90年代的《侏罗纪公园》都归属此类。在《侏罗纪公园》中有恐龙掀翻汽车和吞吃律师的镜头，导演斯皮尔伯格甚至没有带自己当时12岁的儿子观看，怕吓着他。

R级：限制级，17岁以下的观众必须由父母或者其他监护人陪伴才能观看。该级别的影片包含成人内容，里面有较多的性、暴力、吸毒等场面和脏话。

NC-7级：17岁或者以下的观众不可观看，购票者必须出示身份证。该级别的影片被定为成人影片，未成年人被坚决禁止观看。影片中有清晰的性场面、大量的吸毒或暴力镜头以及脏话等。该级影片露骨地表现色情或暴力，它实际上是分级初期X级影片的变种，故而又称"披着羊皮的X级"，凡列入这一级别的影片意味着将丧失大量的观众，因为美国的电影观众主要由14~24岁年龄段的观众构成。意大利的《索多玛的120天》、日本的《感官王国》、西班牙的《捆着我，绑着我》都属于此类电影。

美国的电影分级制度对于制片者不具有强制性，对于电影观众也同样不具有强制性，不过其意义在于影片在分级之后可以帮助美国未成年人的监护人指导他们的孩子观看电影。各种级别的影片会分别在主流院线、文艺院线、先锋院线以及专门播映限制级影片的院线发行。当然那些播映限制级影片的院线是不会允许17岁以下的未成年人进入的(美国有相关的法律)。

电影分级制度产生以后，美国的电影生产企业借助这些标准，既可以帮助政府有效禁止电影公司生产和传播不符合标准的电影，避免对特定观众群造成不必要的伤害，也为电影的发展提供了特定的观众指向和生产选择。电影生产企业可以根据自己对特定观众群的了解和掌握，组织自己的电影生产资料，为他们生产具有一定的指向性、更符合其需要的电影。

资料来源：百度百科.http://baike.baidu.com/.

问题：
1. 中国电影市场实行分级制度的主要障碍有哪些？
2. 未来电影分级制度的执行会给中国的电影市场营销带来哪些机遇和挑战？

第6章
文化产品国际营销

章前引例
"创意欧洲"计划

650票同意，32票反对，10票弃权。近日，欧洲议会以压倒性优势多数通过欧盟委员会提交的"创意欧洲"大型文化基金项目。

"创意欧洲"是欧盟委员会于2011年提出的一个新项目，旨在为欧洲的电影等文化创意产业提供资金支持，提高其对就业和经济增长的贡献。根据计划，在未来7年里(2014年至2020年)，"创意欧洲"将获得14.6亿欧元的预算，比欧盟文化创意产业现有的资助水平提高9%。在未来几个星期里，"创意欧洲"项目将提交至欧盟理事会的28个成员国审议通过，于2014年1月正式生效。

1. 大力扶持个人和小型文化企业

欧盟委员会发布的公告显示，"创意欧洲"将至少支持25万名艺术家和文化专业人士，使他们的作品能够被所在国以外的观众接触；800多部欧洲电影将获得发行上的支持，能够被欧洲乃至世界的观众观看；至少2 000家欧洲电影院将获得资金支持，只要他们保证放映的电影中至少有50%来自欧洲；超过4 500本书籍及其他文学作品将得到翻译支持，帮助作者打入新市场，其他国家的读者也能用母语欣赏这些作品；数以千计的文化、视听机构以及专业人士将得到培训机会，掌握数字化时代的新技能，加强跨国工作能力；将成立一个新的融资担保机构，为小型文化创意企业提供高达7.5亿欧元的银行贷款……

2. "一站式"资助平台让效率最大化

"创意欧洲"下设一个文化子项目、一个媒体子项目和一个新的跨界项目。根据规定，在"创意欧洲"预算总额中，有关媒体子项目的预算金额至少占56%，文化子项目至少占31%，跨界项目最多占13%。在跨界项目中，约6 000万欧元专门用于政策合作以及为建立观众群和新的商业模式培养创新方法。

文化对欧盟的经济发展起着重要作用。研究表明，文化创意产业占欧盟GDP的4.5%，提供近4%的就业岗位(相当于850万个就业岗位，如果考虑对其他部门的影响则数量更大)。欧洲是世界领先的创意产品出口地，为了保持这一地位，欧洲亟待加强投资部门的跨境运作能力。"创意欧洲"正是这一需求的产物，将注意力集中在投资这一影响力最大的环节上。

3. 重视跨国项目

据介绍，"创意欧洲"将对欧盟28个成员国开放。此外，只要满足特定的条件，该项目也将开放至欧洲自由贸易联盟国家，如冰岛、列支敦士登、挪威和瑞士；有意向加入欧盟和欧盟潜在的成员国国家，如塞尔维亚、马其顿、土耳其、阿尔巴尼亚等；欧盟周边国家，如亚美尼亚、阿塞拜疆、乌克兰、阿尔及利亚、埃及、摩洛哥等。这些非欧盟国家参与该项目必须支付一定的"门票"费用，具体将结合该国GDP与该项目总预算综合考虑。

资料来源：王寰鹰. 新华网. http://news.hexun.com/2011-12-05/135999899.html.

随着世界经济的快速发展，产业升级已成为不可逆转的趋势。作为世界上最有前途的产业之一，文化产业已经成为许多发达国家的主导产业。许多发达国家都把发展文化产业作为提升国家竞争力的重要战略措施之一。美国的电影和传媒产业、日本的动漫和网络游戏产业、法国的出版业以及英国的音乐产业，都是国际文化市场的领导者。根据一些权威的统计数据，多年前，日本的动漫产业已经成为日本国民经济的第三大支柱产业，占日本GDP的比重超过10%。从日本数字内容协会2012年发布的《数字内容白皮书》来看，2010年日本的动漫产业产值达到12.1兆日元，约折合1 200亿美元，占世界动漫市场的60%。

自20世纪末以来，我国文化产业高速发展，为国民经济的发展做出了巨大的贡献。从2006年开始，我国文化产业增加值呈现持续上升的趋势，且发展较为平稳。与2006—2010年相比，2011年我国文化产业增加值有较大幅度的上升。根据国家统计局发布的数据，2011年，文化及相关产业增加值为15 516亿元；2012年，我国文化产业增加值为18 071亿元，同比增长16.47%；初步估算，2013年，我国文化产业增加值约达到21 000亿元，同比增长16.21%。

然而，与发达国家相比，我国文化产业的国际市场进程还处于探索、培育和发展的初级阶段。目前，我国的文化产品在国际市场中的竞争力还不够强大，以图书行业为例，美国每年图书出口值近200亿美元，德国和日本出口的图书价值为60亿~80亿美元，而中国的图书业出口量却只有不到60亿美元。为了使我国的文化产品在国际市场上获取更多的市场份额，产生更大的影响力，我们需要科学选择目标市场、合理使用市场营销策略。

6.1 文化产品国际市场营销概述

6.1.1 文化产品国际市场营销的定义

国际市场营销是指对商品和劳务流入一个以上国家的消费者或用户手中的过程进行计划、定价、促销和引导以便获取利润的活动。国内市场营销和国际市场营销的唯一差别在于，国际市场营销活动是在一个以上国家进行的。文化产品一般指能满足人们精神需求的商品或服务。通常来说，一种文化产品由以下部分组成：核心价值、主要价值、预期价值、附加价值和潜在价值。由于文化产品本身的复杂性，在面临国际动态市场环境和差异化的社会文化环境时，文化产品的国际市场营销表现出自己的特点。

6.1.2 文化贸易的分类

在国际货币基金组织(IMF)的国际收支手册中，对国际文化贸易有这样的描述：居民与非居民之间，有关个人、文化和娱乐服务的交易。细分为下面两类：一是声像和其有关服务，二是其他文化和娱乐服务。在联合国中央产品分类(United Nations Provisional

Central Product Classification，CPC)中，文化产业在服务业的九大分支排列第六，具体有：①电影、广播电视和其他娱乐服务(Motion Picture，radio and television and other entertainment service)；②新闻出版机构(News agency service)；③图书、档案、博物馆和其他文化产业(Library archive museum and other culture service)；④体育及其他文娱服务(Sport and other recreative service)。

根据联合国教科文组织公布的《2004—2013年文化商品和文化服务的国际流动》报告，文化产品一般是指传播思想、符号和生活方式的消费品。它能够提供信息和娱乐，进而形成群体认同并影响文化行为。基于个人和集体创作成果的文化商品在产业化和在世界范围内销售的过程中，被不断复制并附加了新的价值。图书、杂志、多媒体商品、软件、录音带、电影、录像带、视听节目、手工艺品和时装设计组成了多种多样的文化商品。文化产品包括文化商品和服务。联合国教科文组织又将文化产品分为核心产品及相关文化产品，其中包括文化产品、图书、报纸和期刊、其他印刷品、已录制媒体、视觉艺术、视听媒体等9个类别，并划分出相应的协调制度编码。

WTO三大协议中没有独立于经济贸易规则外的文化贸易规定。文化贸易的相关规则大都包含在《服务贸易总协定》(GATS)和《与贸易有关的知识产权协议》(TRPIS)中。《服务贸易总协定》设计的服务范围有14个大类，其中与文化贸易有关的有7类：①商业性服务。包括与计算机硬件装配有关的服务、软件执行服务、数据处理服务、数据库服务、自然科学、人文社会科学及交叉科学的研究服务、文化娱乐的场地和设备租赁服务、翻译服务、展览管理服务、广告服务、管理咨询服务、与科技相关的咨询服务、摄影服务、包装服务、印刷出版、会议服务等。②电信服务。包括声频、电报、传真、电子邮件、声频邮件电信服务，电影与录像带的生产与批发、电影放映、无线电与电视传输、音像等视听服务。③分销服务。包括与文化有关的批发零售服务、与销售有关的代理、特许经营及其他销售服务。④教育服务。包括成员方之间在高等教育、中等教育、学前教育、继续教育、特殊教育和其他教育中的交往。⑤文化、娱乐及体育服务。如剧场、乐队与杂技表演娱乐服务，新闻机构服务，图书馆、档案馆、博物馆及其他文化服务，体育及其他娱乐服务。⑥旅游及相关服务。如旅馆、饭店提供的住宿、餐饮及相关的服务，旅行社及导游服务等。⑦健康及社会服务。如医疗服务、其他与健康有关的服务等。在知识产权层面直接涉及文化贸易的是第11条和14条。其中，第11条是关于计算机程序和电影作品的相关规定；第14条是关于对表演者、录音制品(唱片)制作者和广播组织者的保护。

国际上通行的文化产品贸易统计标准是UNESCO的文化统计框架(Framework for Cultural Statistics，FCS)。FCS将当前国际流通中的文化商品和服务划分为10大类，分别是：文化遗产(编码为0)；印刷品及文学作品(编码为1)；音乐(编码为2)；表演艺术(编码为3)；视觉艺术(编码为4)；电影和摄影(编码为5)；广播电视(编码为6)；社会文化活动(编码为7)；体育及游戏(编码为8)；环境和自然(编码为9)。

6.1.3 文化产品国际贸易的成因分析

文化贸易实际上是产品和服务背后隐藏的文化。也就是说，在文化贸易中，实际交易的是各国不同的文化。所以，仅仅从一般的贸易理论的角度来考虑是不够的，还要涉及文化领域。季羡林曾提出"文化交流论"，认为文化具有交流的本质。恰恰是这种交流，使不同文化群体间产生了对不同文化的需求。国际文化贸易的存在，就意味着不同民族、国家的人对不同文化存在需求。

1. 意识形态角度的文化贸易成因

通过对电视节目流向的跟踪研究，我们发现美国主导了该领域的国际贸易，英国、法国和德国也是电视节目国际贸易中的领先者。于是文化产业国际贸易现象与阴谋论往往被联系到一起。由少数大国控制国际信息，称为"文化帝国主义"或"新电子殖民主义"。它具体是指由特定国家对其他国以免费或低价的方式倾销媒体产品，相对来说，较小的国家比较倾向面临丧失独立国家文化的危机。

也就是说，文化产品的跨国贸易是一个国家在世界范围内推广和宣传其文化的最好方式。因此，文化贸易不仅具有一般商品和服务贸易的基本功能，还是一个国家扩大其民族影响力的有效工具，也是增强其国际地位的主要手段之一。特别是在经济全球化的背景下，文化贸易已经成为一个国家的经济安全和文化安全的决定性因素，其强大的产业辐射效应在世界范围内产生了巨大的经济价值和不可估量的社会影响。

2. 经济学角度的文化贸易成因

较大规模的投资会使其生产的影视节目对观众产生较大的内在吸引力，也就会使其生产者在国际竞争中占有比较明显的优势。规模经济是美国文化产业领先世界的主要原因，例如好莱坞的电影通常会产生几十亿美元的全球电影票房，初始的巨大投资带来的是更丰厚的投资回报，这与文化弱国的电影产业发展是完全不同的。

3. 社会学角度的文化贸易成因

区域化是当今经济的主要发展趋势。文化、地理、政治和经济等方面的接近性和相似性使文化产品容易在社会文化环境相对一致的区域内传播，能够引发受众在情感上产生共鸣，最终使文化产品在经济上获利。例如，基于地缘关系建立起来的北美自由贸易区(North American Free Trade Area，NAFTA)。北美自由贸易区由美国、加拿大和墨西哥三国组成，三国于1992年8月12日就《北美自由贸易协定》达成一致意见，并于同年12月17日由三国领导人分别在各自国家正式签署。1994年1月1日，协定正式生效，北美自由贸易区宣布成立。

最初协定的宗旨是取消贸易壁垒；创造公平条件，增加投资机会；保护知识产权；建立执行协定和解决贸易争端的有效机制，促进三边和多边合作。但由于自贸区的建立而引起的三国在法律、社会文化、娱乐方式及体验等领域的融合也是显而易见的。

类似的区域化组织还包括欧盟(The Europe Union)，澳大利亚和新西兰组建的澳新自由贸易和亚太经合组织(APEC)等。

6.1.4 中国文化产品的国际市场分析

联合国教科文组织数据研究院于2016年3月10日发布的一份最新报告——《文化贸易全球化：文化消费的转变——2004—2013年文化产品与服务的国际流动》显示，中国2013年文化产品出口总值达601亿美元，高出排名第二的美国(279亿美元)一倍多，成为全球文化产品的最大出口国。

报告指出，数字化趋势对音乐、电影和报纸等产业产生重要影响。以音乐制品为例，2004—2013年，贸易额下降了27%，而电影制品的同期贸易额下降了88%。但与此同时，音像服务业整体还是保持了持续增长。图书在一些地区仍是一个重要的文化出口产品，2004—2013年增长了20%。

从2011年文化产品出口187亿美元到2013年的601亿美元，从视觉产品到数字化趋势，在国家政策的扶持下，中国文化产业的国际化发展初露端倪，正在经历从文化贸易大国走向文化贸易强国的过程中。因此，我们需格外关注文化产业的全球变化趋势，用全球的眼光去运筹，用本土的战略去发展。

1. 中国文化产业仍有较大发展空间

由湖北大学和社科文献出版社发布的文化建设蓝皮书《中国文化发展报告(2013)》显示，2010—2013年，中国文化产品出口贸易额逐年攀升，年均增幅达17.2%，文化产品出口除总量保持增势以外，产品结构也呈现新的发展趋势和特点。

报告称，从出口产品的构成比例来看，视听媒介和印刷品占出口总值的比重日益下降，分别由2010年的31%和15%下降至2013年上半年的9%和14%，相比之下，视觉艺术品"异军突起"，比重由45%升至68%，占据中国出口文化产品的半壁江山。

报告指出，中国网络游戏产品海外发展势头良好，出口规模不断扩大。2011年，动漫产品出口达7.14亿元人民币，34家企业的131款原创网络游戏出口海外，实现收入3.6亿美元。2012年，40家中国企业的177款网游产品出口海外，实现收益5.7亿元，同比增长57.5%。

"尽管中国文化产品出口在过去三年发展较快，但出口规模仍然偏小，仍然存在较大的文化贸易逆差。"报告指出，从全球文化产业发展来看，高新技术、数字内容、自主知识产权的新兴文化产业是发展趋势，而中国目前的文化产品结构相对传统、单一，缺乏自主知识产权、高利润和高附加值的原创文化产品，在全球文化市场中中国所占比重仅为4%，发展空间有待进一步挖掘。

2. 国际文化贸易壁垒严格

随着经济全球化的迅猛发展，贸易保护主义重新抬头，并以新的面孔开始盛行。贸易壁垒一直是国际贸易中不可忽略的重要影响因素。与传统产业相比，各国政府对于文化产业的进口限制更加重视，采取的措施也更为严格。《加拿大内容要求》针对文化产品的国际贸易壁垒、其他壁垒，以及诸如税收补贴等优惠措施，来促进本土文化产业的发展，对外资投资本国文化企业的行为实行限制，并对进口文化产品和服务实行内容限制等。

与传统产业的贸易保护手段相比，文化产品的贸易保护具有如下特点：第一，文化壁垒更具稳定性。非关税壁垒如进口配额制、进口押金制、最低限价制和禁止进口等可以由一国政府在短时期内决定或撤销。而文化是一国历史的沉淀，其构成复杂且相当稳定，不会因个人或企业行为而轻易改变。即使一国文化发生改变，其过程也很漫长。文化的稳定性决定了文化壁垒的稳定性。第二，文化壁垒保护成本更低、边际收益更高。非关税壁垒如"自动出口配额制"等必然增加两国沟通与谈判的成本，并可能带来合作的不愉快；而文化壁垒更多地体现为一国消费者的心理意愿，不必通过政府附加的程序或条文，无须追加额外的战略决策、操作和贯彻成本，政府只需注意引导与维护自身的文化建设即可，操作更简单，其结果即文化加固却是普遍的、稳固的，边际收益也就相应更高。第三，文化壁垒更具隐蔽性、名义上的合理性和形式上的合法性(尤其是精神文化壁垒)。当前国际贸易保护中采用的技术壁垒，大部分不受国际约定(如WTO等)的影响，文化壁垒则比技术壁垒更隐蔽，其名义上的存在更具合理性和合法性，责难或批判一国文化壁垒的现象很少见。

国际文化贸易格局的失衡导致了两种截然相反的贸易倾向：倡导自由贸易与主张文化保护。设置绿色贸易壁垒的法律制度来处理文化贸易问题，以保护本国的文化产业避免遭受文化强国的冲击，确保国内文化产业的经济效益和文化效益，是我国积极推动文化贸易壁垒实施的安全原则。

6.2 文化产品国际市场发展现状

随着经济的快速发展和国民素质的不断提高，文化产品的全球需求日益增多。文化贸易作为国际贸易的重要组成部分，对许多国家的贸易收支有着重要的影响。我国文化产品的出口发展迅速，但仍存在一些问题，如出口结构单一，出口渠道狭窄，目标市场集中等。本节将重点分析全球文化产品的国际贸易和中国文化产品的出口现状，从而使中国文化企业对其产品将要进入的国际市场环境有一个全面的把握。

文化商品和服务的国际贸易不仅可以增加一个国家的收入，促进其他商品的出口，还可以大大提高其国际形象。自进入21世纪以来，全球文化市场迅速崛起，国际文化贸易迅速发展，不仅创造了大量的就业机会，也成为许多国家经济发展的引擎。

1. 全球文化产品的贸易规模迅速扩张

世界文化产业的快速发展导致国际文化贸易的规模不断扩大和持续扩张。多种文化商品和服务在世界各国之间流转，这导致一方面生产成本持续降低，另一方面文化市场不断扩大。这对通过出口产品盈利的文化产品生产商和经销商来说是大有裨益的。

根据联合国教科文组织最新出版的《文化贸易全球化：文化消费的转变——2004—2013年文化产品与服务的国际流动》报告显示，2008年的经济危机严重影响了全球经济进程，国际产品贸易和国际服务贸易都受到了严重打击。2013年，全球文化产品贸易总额为1 905亿美元，出口总额为128亿美元，进口总额为1 683亿美元，世界文化产品的出口是2004年的两倍。

2. 地区和收入水平差异是文化产品流动不均的两大影响因素

与2010年相比，全球文化产品市场持续增长，但是这种增长也体现出明显的区域不平衡。在过去的10年中，东亚、拉丁美洲和阿拉伯地区成为国际贸易的主导区域。新兴经济体以超过5%的年增长率发展。2009年以后，国际贸易主要由东亚的高业绩国家驱动。地区和国家收入群层成为文化产品交易的主要影响因素。

2004年，北美和欧洲占据世界文化产品出口69%的份额；2013年，这一数据下降到49%。中国经济发展虽然整体放缓，但其文化产业发展显著。同一时期，东南亚文化产品出口总值从26%增至46%。2013年，经济的减速依旧影响着北美和欧洲文化产品的出口。

按经济收入水平划分，高收入经济体(High-income Economies)的文化产品出口总份额从2004年的80%下降到2012年的58%，2013年与2012年并未发生明显变化。同时，中高收入经济体(Upper-middle-income Economies)的文化产品出口总额增长了一倍多，从2004年的16%增长至2013年的35%。出口的增长中大部分要归功于中国。低中收入经济体(Lower-middle-income Economies)的文化产品出口额增长了3.5倍，从2004年的42亿美元增至2013年的146亿美元。低收入经济体(Low-income Economies)只有不到1%的增长。

从文化产品的进口方面看，新兴经济体以内需增长为主要特征，体现为中高收入经济体(Upper-middle-income Economies)的进口增长。而文化产品的进口增长主要由高收入经济体(High-income Economies)带动。数据显示，高收入经济体(High-income Economies)的文化产品需求从2004年的992亿美元增长至2013年的1 433亿美元。

3. 全球文化产品国际贸易的结构和组成

根据2009文化产品统计框架(Framework for Cultural Statistics，FCS)，在文化产品的全部六大类别中，艺术和工艺品市场进入贸易额最大的十大文化产品之列，这得益于黄金首饰的畅销。2013年，黄金首饰的出口额超过1 000亿美元。雕塑、小雕像和绘画作品也出现增长，2013年它们为艺术和工艺品贸易贡献了190亿美元。

6.3 文化产品的国际市场环境分析

基于当前的社会状态和经济发展情况，什么是文化产品在国际竞争中的优势和劣势？文化产品在进入国际市场时会遇到哪些机遇和挑战？中国的文化产品在国际化进程中会遇到哪些问题？本章将围绕上述问题一一展开。

国际市场的特殊性来自一系列国外环境中的不可控因素(Foreign Environment Uncontrollable)。毫无疑问，在本国经营的企业能较方便地预测商业形势，并根据相关影响因素调整企业决策。但是，对国际市场营销的不可控因素的评价常常涉及大量的经济、政治、文化问题。对于中国文化企业来说，最重要的是要不断地关注和适应变化的国际营销环境。

首先，适应环境。为了使营销计划适应国外市场，营销者必须正确理解各种不可控因素对营销计划的影响和冲击。然而，适应环境是国际市场营销者所面临的最富挑战性、最重要的任务，他们必须把营销力量调整到他们尚不适应的文化中去。在与陌生的市场打交道的时候，营销者必须意识到他们进行决策或评估市场潜能过程中所使用的参照系统，因为判断基于经验，而经验是在本国累计起来的。参照系统一经建立，便成为决定或改变营销者对社会和非社会的情景反应的重要因素。

其次，文化调适(Cultural Conditioning)就像一座冰山——我们对它十之八九都不了解。在研究不同市场体系的经济、政治、法律、技术等其他因素的过程中，涉外营销者必须不断地防止以自身文化中已有的价值观和假设为尺度，去衡量和评价他们的市场。他们必须采取积极措施，使自己意识到在分析和决策过程中所依据的自我文化参照系统。

再次，要注意自我参照标准和民族中心主义，国际市场营销成功的关键在于适应不同的市场环境之间的差异。适应就是国际市场营销者有意识地努力预测国内外不可控环境因素对营销组合的影响，并调整营销组合方案，将影响降到最低程度。

国际市场营销成功的一个主要障碍是个人在决策过程中的自我参照标准(Self-Reference Criteria，SRC)和与此相关的民族中心主义(Ethnocentrism)。自我参照标准是指无意识地参照个人的文化价值观、经验和知识，作为决策的依据。与自我参照标准密切相关的是民族中心主义，即认为自己的公司最清楚应该怎么做事情。

面对一系列事实，我们总是根据生活中所积累的知识(这种知识是自身文化的历史产物)，自发地做出反应。我们很少停下来对某个反映加以思考，我们只是做出反应。这样，在另一种文化环境中遇到问题的时候，往往是本能地做出反应，并根据自我参照标准，寻求解决问题的办法。然而，我们的反应是以与我们自身文化相关的意义、价值观、符号和行为基础的，这些意义、价值观、符号和行为在外国文化中往往不同，因而这样的决策往往不能达到预期的效果。

在经营决策中，要避免犯错误，必须进行旨在克服自我参照标准的跨文化分析，进而保持对民族中心主义的警觉。以下步骤可以作为分析的框架。

第一步：按照本国的文化特征、习惯定义经营问题或目标。

第二步：通过向目标国家的人士咨询，按照他国的文化特征、习惯或规范定义经营问题或确定经营目标，但不进行价值判断。

第三步：分析自我参照标准的影响，仔细分析自我参照标准的影响是如何使问题复杂化的。

第四步：在没有自我参照标准影响的情况下，重新定义问题，并解决问题，谋求最佳经营目标。

6.3.1 经济环境

各国市场处于不同的发展阶段，学者们经常根据人均GNP指标的高低来划分市场发展的不同阶段，文化产品的国际市场营销者也基于此进行市场评价和判断。

(1) 低收入国家。按照世界银行的分类，人均GNP在765美元以下的为低收入国家。他们属于第三世界国家，或称为前工业化国家。在此阶段的国家有如下特点：有限的工业化，有高比例人口从事农业；他们消费自己生产的大部分产品，并将剩余的产品进行交换，取得简单的货物和服务，几乎没有出口的机会；高出生率；识字率很低，换句话说，文盲比例很高；严重依赖外援；政治不稳定，常年发生动乱。

(2) 下中收入国家。人均GNP为766～3 035美元的国家划为下中收入国家。他们属于不发达国家。

(3) 上中收入国家。人均GNP为3 036～9 385美元。

(4) 高收入国家。人均GNP高于9 386美元，属于发达国家。

如果一个国家的人仍在努力奋斗生活，文化消费绝对不可能成为他们日常需求的目标。只有人们的基本物质生活得到充分的满足，人们才会产生文化消费需求。因此，区域经济环境是文化产品国际市场营销者的重要决策依据。一般而言，当人均GNP超过6 000美元时，这个地区对文化产品的消费将进入"井喷"时代。

全球经济发展迅速，对文化产品的需求日益增多。一方面，全球经济的持续发展为文化产品的消费提供了坚实的物质基础。文化消费的需求通常伴随着巨大的生产力的进步和人民物质生活条件的显著改善。另一方面，全球经济的快速发展为消费者提供了更多的休闲时间，这是文化消费增长的有利条件和保证。目前，一些发达国家和中等发达国家已经开始进入休闲时代，这直接促使文化消费的普及，从而促进文化欣赏与文化消费的国际贸易在世界各地不断发展。

6.3.2 政治和法律环境

1. 政治环境

文化产品的国际进出口往往与国际阴谋论联系在一起。因此，政治环境及政府意志会对文化产品的国际化产生重要影响。社会批评家和政府的态度及反应都是影响文化产品贸易的重要政治环境。奥巴马政府正式将"购买美国"的政策列入新的经济刺激计划中。"购买美国"的政策旨在保护美国的生产商和国外竞争的就业机会，并设置障碍，以防止包括中国在内的文化产品进入美国市场。此外，"创意欧洲"也是由政府主导的保护、扶持欧洲文化产业发展的实例。

在政治保护逐渐加强的背景下，许多国家的民族主义意识高涨。一般而言，强烈的民族主义情绪会优先于一个民族对一切利益的追逐。这不仅会影响宏观营销系统的工作，而且会影响营销经理开展工作。民族主义情绪会严重影响产品的销售，甚至在一些国际市场上会成为开展营销活动的障碍。

案例6.1
迪士尼在法国

1992年4月，欧洲迪士尼在巴黎市郊马恩河谷镇开放，该公司决策者对其前景充满了信心。然而在开业后的当年只有40%的法国游客来此参观，更让人惊讶的是，其中很大一部分是到欧洲旅行的日本人。至1994年底，欧洲迪士尼乐园共亏损20亿美元。迪士尼在巴黎不惜血本，以44亿美元的高投入企图从欧洲文化市场抱回一个大金娃娃，然而，梦境与现实毕竟有一段距离。造成这一窘境的主要原因是民族主义情绪。

① 法国人排斥美国文化。迪士尼公司决心建造欧洲迪士尼的同时忽略了法国人有排斥美国文化的倾向。从历史上看，法国人具有极强的民族自豪感，性格较为自我崇高，自尊心甚重，对于美国产品接受度不高。他们认为欧洲迪士尼是一种文化帝国主义，害怕美国文化从此对他们的文化产生过大的冲击甚至取而代之，从心理上产生了排斥，以致公园开业时法国的左派示威者们用鸡蛋、番茄酱和写有"米老鼠回家去"的标语回敬远道而来的美国人。一些知识阶层的人士甚至将刚刚诞生的"米老鼠"和"米老鼠公司"视为对欧洲文化的污染，他们称公园为"可恶的美国文化"。主流新闻界对该公园也持反对态度，他们幸灾乐祸地描绘着迪士尼的每一次失败。

② 工作语言的选用。最开始园内的工作语言是英语，而法国人一向认为法语是世界上最美的语言，是上等人的语言，英语则是下等阶层的语言。因此，在园中要求必须使用英语，不仅导致员工和游客之间的沟通困难，同时也引起员工和游客的不满，直到后来才加入了法语。

从欧洲迪士尼初期的失败可以清楚地看到：民族主义情绪在企业向特定国际市场拓展过程中的作用相当大，尤其对文化产品的国际市场扩张具有不可低估的影响。

资料来源：胡晓明，殷亚丽.文化产业案例[M].广州：中山大学出版社，2011：160-162.

2. 法律环境

法律在国际贸易中至关重要，开展国际贸易首先要了解出口对象使用的法律，避免违反贸易对象法律，发生冲突。在发生商业争端时，对处理这种国际争端应该使用哪些法律也要有所认识。例如，欧美市场属于英美法系国家，知识产权的所有权按"使用在先"的原则来确定，而在许多大陆法系国家包括我国都按"注册在先"的原则来确立。世界各国都充分认识到文化产业的重要性，制定了大量的法律政策来维护本国文化产业的发展。尤其是发达国家文化产业发展成熟，相关法律完善。中国文化产品要进入国际市场，必须了解国际通用的以及各国具体的法律法规。

美国在1790年就颁布实施了第一部《版权法》，此后，根据美国经济、科技和社会发展的需要，美国国会不断对《版权法》加以调整和完善，目前已成为世界上最完善的关于版权保护的法律。欧盟针对文化产品进口提出一系列措施，包括补贴措施、国内含量措施、市场准入限制措施、知识产权保护措施、外国投资和所有权措施以及电影副产品协定措施。东南亚国家经济发展水平相对滞后,文化产品贸易量较少,关于文化产品贸易方面的法律还不够完善,使用的贸易法律以WTO法和东盟自由贸易区法为主,各国还有具体的产业政策、税收政策、投资环境和经营规则方面的法律。我国香港、台湾地区使用的法律与内地大体一致,但具体的商业规则有些差别,内地文化产品出口时要对这些有深入的认知。

6.3.3 文化和社会环境

文化和社会环境影响着人们的生活方式和行为举止,因而影响消费者的购买行为,并最终形成各地的经济、政治、法律环境。文化和社会环境是由许多变量组成的,包括语言、教育背景、宗教信仰、吃的食物、穿的衣服和住房的类型,以及他们如何看待工作、婚姻和家庭。

虽然文化和社会环境的变化一般不太被人察觉,但他们往往能产生深远的影响。1986年,季羡林在题为《东方文学的范围和特点》的文章中写道:"根据我个人的看法,人类历史上的文化可以归并为四大文化体系。在这里,我先讲一讲,什么是'文化体系'。我觉得,一个民族或若干民族的文化延续时间长,又没有中断,影响比较大,基础比较统一而稳固,色彩比较鲜明,能形成独立的体系就叫做'文化体系'。拿这个标准来衡量,在五光十色、错综复杂的世界文化中,共有四个文化体系:一、中国文化体系;二、印度文化体系;三、波斯、阿拉伯伊斯兰文化体系;四、欧洲文化体系。这四个体系都是古老的、对世界产生了巨大影响的文化体系。拿东方和西方的尺度来看,前三者属于东方,最后一个属于西方。"

1. 汉文化圈

中华传统文化体系是以孔子的儒家道德文化为主体,包括老子、庄子道家文化等多元文化融通和谐包容的文化体系。中华传统文化体系,是中华文明各种文化思想、精神观念形态的总体。中华传统体系文化亦叫华夏文化、华夏文明,是中国56个民族文化的统领。由于其流传年代久远,分布广泛,被称为"汉文化圈"。

"汉文化圈"(Sinosphere)是指汉文化存在和影响的广大区域,是同西方——基督教文化圈,阿拉伯——伊斯兰教文化圈,印度——婆罗门教文化圈平起平坐的世界四大文化圈之一。汉文化,又称为"华夏文化""中华文化""中国文化"。汉文化在中国形成之后,不仅为汉族所共享,而且通过各种交往途径,传播到东亚和东南亚的其他国家。因此,汉文化存在和影响的东亚和东南亚地区被统称为"汉文化圈"或者"汉文化区"。汉文化圈的国家自汉朝开始,一直受中国的政治和文化方面的支配影响。在古代汉文化圈的视野之中,汉文化是唯一最先进、最繁荣的文化,《四书》《五经》记载的是人类最初的历史,是最古老的记忆。"汉化"实质上大部分就是"华夏化"的过程。而诸子百家作为汉文化的主流,其传播的方向与途径和汉文化传播的总体趋势相一致。因此,汉文化圈的一个显著特征是对汉文化的学习和认同。古代中国,作为周边国家和地区的文化宗主国,不仅向外输出了汉字,也输出了大量的典籍,使得周边国家和地区的思想、学术和宗教极大地受到中国的影响，产生了慕华心理，也接受了汉文化影响下的绘画、医学、建筑、音乐、礼仪和服饰。日本的《养老律》，古代朝鲜成文化的法典《经济六典》和《经国大典》都是在汉唐律令的影响下完成的。

汉文化的影响不仅仅限于东亚和东南亚地区，汉文化也通过著名的丝绸之路向西传播，还通过西方传教士被介绍到欧美。但是，比较而言，汉文化在东亚和东南亚地区的影响更大，因此形成著名的汉文化圈。综上所述，尽管在汉文化圈内，各国受汉文化影响的程度不一，内容有别，但有一点是共同的，那就是，各国都受惠于中国的语言与文字。此外，还需指出的是，汉文化在被传播的同时，也不断地得到更新。汉文化圈内的各个国家，一方面是汉文化的受益者，另一方面又为汉文化的丰富和发展做出了各自的贡献。

2. 印度文化

印度文化在世界上曾经产生巨大影响，有着举足轻重的作用。印度文化具有十分鲜明而又强烈的宗教性、多样性和包容性。印度文化没有很强的扩张性，但也抵制任何外来文化的入侵。印度早期虽然有许多国王将佛教作为国教，但后来被信奉伊斯兰教的蒙古和突厥王公所统治，近两百年来又被信仰基督教的英国作为殖民地，但每个统治者走后，印度又恢复印度教传统。伊斯兰文化对印度进行了几百年冲击，同化了巴基斯坦和孟加拉国两片土地，但没有撼动印度主体文化。

印度是个宗教国家，历史上曾先后产生并流行多种宗教，其他主要的世界宗教如伊斯兰教、基督教、犹太教等也拥有众多信徒。多种宗教在印度的长期共存和印度人民对宗教的虔诚信仰，形成了印度文化浓郁的宗教性。宗教渗透于社会生活的各个方面。国家政治法律的制定，人的道德观念的形成，以及各民族传统的风俗习惯，也都是在宗教的影响下发展起来的。宗教也融入印度的文化之中，其民族语言、文学、艺术、音乐、舞蹈、雕刻等更是以宗教为中心。

在印度文化体系中不难看出其他文化成分如希腊文化、伊斯兰文化、波斯文化、英语文化和中国文化的特点。形成印度文化多样性的原因主要有两点，一是历史上的外族入侵，二是和平方式的文化交流。此外，印度有数以百计的民族和众多的部落，这些民族和部落都有自己的语言、宗教信仰和文化传统。因此，印度文化就是在不断吸收异族文化的过程中丰富和发展起来的，呈现举世罕见的多样性。

在漫长的历史长河中，印度对所有的外来文化均采取兼容并蓄的方式。所以，在印度所有的不同类型的地域文化、语言文化和宗教文化里，既或多或少地保留了各种不同的外来文化成分，又与外来文化融为一体。

3. 阿拉伯伊斯兰文化

阿拉伯文化与伊斯兰思想和伊斯兰教体系是紧密相连的。其实阿拉伯伊斯兰文化是水乳交融的一体。阿拉伯伊斯兰文化历史悠久，内容博大精深，既坚守纯洁的理念，追求崇高的理想，同时又充满包容，体现开放的胸怀。

伊斯兰文化是中世纪阿拉伯帝国各族人民在吸收融汇东西方古典文化的基础上而共同创造的具有伊斯兰特点的新文化。这种文化兼容并蓄，集多民族多样性的文化于一体，并随着社会经济和生活实践的变化而加以发展和创新,形成多学科的知识形态,广泛使用阿拉伯语创作,具有鲜明的伊斯兰色彩,故又称"阿拉伯伊斯兰文化"。

阿拉伯伊斯兰文化与中国文化、印度文化、希腊及罗马文化并称为古代四大文化体系,在世界文化史上占有极其重要的地位。中世纪灿烂辉煌的阿拉伯伊斯兰文化为人类文化的发展做出了重要贡献,在人类文化传承与东西方文化交融方面发挥了独特的历史作用。

美国人塞缪尔·亨廷顿(Samuel P. Huntington)认为,以欧美社会道德价值观为代表的西方文明(文化)和以儒家学说为代表的中国传统文化,以及以伊斯兰教为核心的阿拉伯伊斯兰文化将会在新的世纪产生剧烈冲突,并以此取代冷战时期的军事对峙。

4. 欧洲文化体系

欧洲文化体系又称西方文化体系,主要包含古希腊、古罗马以至近现代欧美的印度欧罗巴文化体系。与中国相比,西方文化的源头——希腊文明是一个对外开放的产物。希腊地处地中海,国土狭小,农业难以发展,四面环海的地理位置以及迫于粮食交换的需求,必然导致航海技术的发达,加上希腊作为民主精神的摇篮,使得周围各种先进文化得以汇集并在此孕育。

西方文化的主导思想恰恰是一种与中国的"天人合一"截然相反的"天人相分"的思想。在西方人眼里,人与自然始终是一对不可调和的矛盾。西方文化主要把自然作为其对立面存在,也许是由于特殊的地理环境,常年的海上征战的生活,必然导致其主客二分思维模式的形成,主体的能动性就体现在认识客体与征服客体上。

西方文化的发展经历了4个重要时期:古希腊、古罗马时期的西方文化,中世纪基督教文化,近代西方文化和现代西方文化精神。

(1) 古希腊、古罗马时期的西方文化。古希腊时期是从公元前800年至公元前146年,是西方历史的开端,持续了约650年,发源于欧洲南部,地中海的东北部,包括巴尔干半岛南部、小亚细亚半岛西岸和爱琴海中的许多小岛。公元前5、6世纪,特别是希波战争以后,经济生活高度繁荣,产生了光辉灿烂的希腊文化,对后世有深远的影响。古希腊人在哲学思想、历史、建筑、文学、戏剧、雕塑等诸多方面有很深的造诣。这一文明遗产在古希腊灭亡后,被古罗马人破坏性地延续下去,从而成为整个西方文明的精神源泉。这一时期的主要文化成果是民主精神、法治精神、科学精神和自由精神。

(2) 中世纪基督教文化时期。经历了罗马帝国的灭亡,欧洲文艺复兴开始。这是欧洲历史上的"黑暗时期",宗教的禁欲主义压抑长达十个世纪之久,被看成人类进步征途中一个漫长而毫无目标的迂回时代——穷困、迷信、黯淡的一千年,将罗马帝国黄金时代和意大利文艺复兴新黄金时代分隔开来。基督教以其国教化及国家化,不仅使基督教神学垄断了思想而成为官方哲学,而且使基督教会插手政治而具有统治权利,在基督教从思想到政治的直接影响下,在保障与促进欧洲文化发展的同时,又妨碍了欧洲文化的发展,因而这一影响的正面性与负面性之间的对比十分强烈。

(3) 近现代西方文化。近现代西方文化以资本主义经济体制为基础,因此,又称为资本主义文化。近现代西方文化是在对古希腊、古罗马文化和中世纪基督教文化进行集大成的吸纳综合之后产生的新型现代文化。它吸纳了古希腊文化对智慧和理性主义的追求和尊重，以及古罗马文化对人性的尊重和实用主义的追求，从而促成近代的人文主义和科学精神，构成世俗社会的文明精神内核；同时，它又从中世纪基督教文明中吸纳了神圣的信仰，创建起现代精神世界的文明。

中华文化以人文、和谐、中庸、克制、尚礼为特征；西方文化则表现出强烈的科学、理性、浪漫、进取和务实精神。希腊人从科学理性的角度，教导人们理应辨别真假与美丑；罗马文明从社会契约的角度，告诫人们必须区分合法与非法；基督教文化则从宗教伦理的角度，劝告人们务必明辨是非与善恶；资本主义文化则从虔诚敬业的角度，倡导一种竞争与创新的开拓精神。

(4) 现代西方文化精神。现代西方文化的主要精神体现在以下几个方面。

自由精神和自由主义自由精神在西方历史上渊源久远，自由主义是近代以来西方许多国家立国的基础，也是支配性的精神。现代西方自由主义主要体现在以下几方面。①人权。人权是人的基本权利，包括人身、财产、思想自由和普选权等权利，这在当代西方社会是受法律保护的，不得随便受侵犯。②经济自由主义。当代西方的经济自由主义主要表现在：a.生存权；b.所有权和财产权；c.自由竞争和自由贸易；d.经济民主。其中，以保护财产所有权最为重要。③市场自由主义。当代西方是市场经济，崇尚自由竞争、自由贸易和重商主义，一方面，在国内实行自由放任，政府不干涉主义，个人在经济活动方面有充分的自主权；另一方面，支持对外扩张，以自由竞争为口号占取国外的市场和资源。

近年来，资本主义国家在经济发展中都采取了自由放任与国家干预、个人自由与社会控制相结合的政策，但自由主义是主流。具体包括：①思想自由。思想自由包括信仰自由、言论自由、出版自由等。这些内容在西方社会深入人心，并得到了比较完善的法律保护，成为西方人的生活方式。②个性与意志自由。重视个性、尊重他人的个性，在生活中人人有选择的权利，是现代西方人的基本生活态度。

民主与法治精神在西方源远流长，现代西方国家政体各异，但民主与法治的精神贯穿如一，民主与法治的潮流在当代已不可阻挡。民主主义主要包括主权在民，民有民享民治、多数人统治的原则。

科学主义、理性精神和创造精神现代文明本质上是工业文明，现代化的过程就是工业化的过程。在这一过程中，机器大工业的发展，科学技术的飞速进步，带来了生产力的空前发展，创造了前所未有的巨大财富，这一切都使得科学成了无所不能的力量，崇拜科学、迷信科学、科学至上成为一种时代精神。现代科学技术的主干是自然科学，于是自然科学的研究方法、学术规范成为一切学问模仿的对象，社会科学的研究引入了实证的、数学的方法，人文科学也努力向自然科学的规范看齐。实证的、理性的精神统治了一切领域，科学理性张扬到了无以复加的地步。而科学的发展离不开创造，于是人的创造精神得到了高度的重视，技术发明、工具革新、科学新发现等创造性活动造就了一个又一个工业时代的英雄，成为人们学习、模仿的对象。

在个人主义现代西方文化精神中，最有代表性的是个人主义。现代西方文化中的个人主义首先表现为强烈的自我意识，即自觉、自立、自强、自尊、自爱、自为、自由、自我创造、自我实现的精神面貌。其次表现为权利意识，重视个人权利，将其作为个人的自由加以追求。最后表现为个性意识和人格意识,西方人追求个性的张扬,以个人的独特性、丰富性、创造性为荣,崇尚自尊、自制、自立的生活方式和人生态度。个人主义还有一个重要内容,就是自为和利己主义,自为就是自我创造、自我实现、自我设计、自我奋斗,是西方人的基本价值取向;而利己主义则是张扬个人和私有制的必然结果,在私有制市场经济发达的现代,每个独立的个人作为社会的一分子都有自己独立的个性与利益,利己主义的兴盛自不待言。

6.4 文化产品的国际目标市场

文化产品的国际营销总是受地理因素的影响,因为同属一个地理区域往往具有相似的社会文化背景、经济系统和文化需求。因此,根据地理区域,国际文化市场可以分为北美市场、欧洲市场、亚洲市场及其他市场。

6.4.1 北美市场——北美自由贸易区

1. 美国

美国的文化创意产业以版权产业为基础,包括核心版权产业、交叉版权产业、部分版权产业和边缘产权产业等。从1996年开始,版权产品首次超过汽车、农业与航天业等其他传统产业,成为美国最大宗的出口产品,核心版权产业的出口额已达601.8亿美元,占GDP的11.12%。其中,电影、音乐、软件等核心版权产业约为8 190亿美元,占GDP的6.6%。2007年,核心版权产业的产值是8 891亿美元,大约占美国国内生产总值的6.4%。由于受到经济危机的影响,美国经济在2008—2009年度走向了滑坡,但是其核心版权产业的增加值不仅持续上升,并且占GDP总量的比重也不断增加,在2009年达到近年来的最高水平6.6%。

2. 美国和加拿大市场

美国有着较为特殊的发展历史和地缘政治背景。不再同为英属北美殖民地,但同根共源的发展轨迹,相差不大的语言和文化,基本相同的生活方式和社会体系使两国之间有着千丝万缕的紧密联系,加拿大的经济发达和人口稠密地区都位于与美国接壤的南部特别是东南部地区。两国政府和民间交往也十分密切,因此依照一些学者的说法,美国和加拿大两国之间的"文化距离"非常接近,因而导致的"文化折价"现象就非常轻微。

3. 美国与墨西哥

虽然同处北美自由贸易区,且墨西哥也和美国陆地接壤,但较之美国和加拿大之间在传媒市场上的高度融合与合作,美、墨两国之间的社会、经济、文化等方面的差别较大。而更为关键的是,以英语为主的美国传媒产品与以西班牙语受众为主的墨西哥受众市场之间天然就存在着较为严重的"文化折价"问题。因此,美、墨两国在传媒市场领域的合作就远远不如美、加两国密切。尽管如此,受北美自由贸易区的影响,美国传媒企业同样也渗透进入墨西哥传媒市场的各个领域,例如墨西哥境内的许多报纸都直接或者间接地被美国公司所控制,绝大多数消息也是来自美国的通讯社,表现出对美国较强的依附性。

总而言之,相较于倍受限制的其他海外目标市场,位于北美自由贸易区内的国家几乎向美国开放了所有传媒市场,这使美国传媒企业无须考虑规制因素的制约就可以在该国实施国际化经营行为,这也大大降低了美国传媒企业在这些国家实施国际化经营行为的难度和风险。

6.4.2 欧洲市场

2011年12月,英国文化媒体体育部公布的最新统计数据《英国创意产业经济评估》(Creative Industries Economic Estimate)显示,2009年,创意产业年产值约363亿英镑,占当年总体经济增加值(GVA)的2.89%,较上年度的2.82%增长了0.07%。其中,出版业对GVA贡献最大,达0.92%。创意产业年出口额占英国出口额的10.6%,其中出版业和电视广播业的出口额分别占3.1%和2.6%。2010年,英国创意产业就业人数为150万,占全部就业人口的5.14%,较2009年的144万人和4.99%均保持了增长。其中,音乐和表演艺术的从业人员达到30万人。2011年,英国创意企业总数为106 700家,占企业总数的5.13%。

欧洲联盟(英语:European Union;法语:Union européenne;德语:Europäische Union),简称欧盟(EU),总部设在比利时首都布鲁塞尔(Brussel),是由欧洲共同体发展而来的。创始成员国有6个,分别为法国、德国、意大利、荷兰、比利时和卢森堡。该联盟现拥有28个会员国,正式官方语言有24种。

"创意欧洲"是欧盟委员会于2011年提出的一个新项目,旨在为欧洲的电影等文化创意产业提供资金支持,提高其对就业和经济增长的贡献。根据计划,在未来7年里(2014—2020年),"创意欧洲"将获得14.6亿欧元的预算,比欧盟文化创意产业现有的资助水平提高9%。

6.4.3 亚洲市场

根据联合国教科文组织最新出版的《文化贸易全球化:文化消费的转变——2004—2013年文化产品与服务的国际流动》报告显示,亚洲市场是世界文化产业发展最迅速的市场。截至2013年,亚洲文化产品的出口总额占世界文化产品出口总额的近50%,同时对文化产品的需求量巨大。因此,在一定程度上可以说,亚洲已经成为市场上最大的世界文化需求市场。

对中国的文化企业来说,亚洲是一个非常重要的市场。特别是与欧洲市场和北美市场相比,中国的文化企业在亚洲市场具有独特的优势。首先,中国文化(特别是儒家文化)在中国广袤的土地上不仅有着悠久的历史,而且也对东亚和东南亚国家有着广泛而深远的影响,其中大部分属儒家文化圈。因此,许多中国的文化产品可以很容易地被亚洲客户接受。其次,在地理上,中国与亚洲市场的关系较为紧密,因此,我国文化企业非常方便接触客户及向其提供服务。最后,中国政府与东南亚各国签署了一系列贸易条约,因此中国的文化企业可以享受关税减免,从而降低出口成本,进一步扩大市场份额。

按照前述说法,亚洲各国之间的"文化距离"非常接近,"文化折价"程度相对轻微。伴随着亚洲经济的发展,这将是国际上最有潜力的文化市场。

6.4.4 其他市场

非洲市场、南美市场和其他市场更适合作为低档产品的目标市场。在这些市场,经济发展缓慢,产业基础不强,盈利能力低,但仍有一些市场需求。由于可信度低、支付风险高,文化企业如果打算在这些市场开始经营,应该遵循"安全"的原则。

6.5 文化企业国际化经营发展的进入路径选择

一般来说,通过对企业国际化经营的现状进行分析和归纳,学界和业界早已达成共识,即企业进入国际市场的方式比较多,包括进、出口,签署许可生产协议,成立合资公司,并购已有企业以及直接投资设立新的海外事业部或者分公司。其中,除去前两者以外,后面的三种方式都与对海外进行股权方面的投资有关,因此可以统一称为海外股权投资方法。以上这些方法没有优劣之分,需要根据具体的行业特性乃至企业、对象国别的具体情况进行分析,来选取更加适合特定类型企业的国际市场进入模式和国际化经营模式。

6.5.1 产品出口

对于企业的国际化进程来说,产品的进、出口相对而言是最为简单易行的一种国际化经营策略。近年来,以影视剧为代表的美国文化产品在国际传媒市场上随处可见,并且受到了全球各地观众的热烈追捧。尽管如同上文的分析所说,许多国家的政府出于文化安全的考虑,对本国媒体引进或放映来自美国的影视剧作品施加了种种限制,但必须承认的是,即便在这种情况之下,美国影视产品依然强势占据了相当数额的海外市场,进行影视剧海外发行的公司也获得了巨大的收益。

以好莱坞电影的海外发行为例。根据统计数据,2011年,尽管由于经济危机的影响,好莱坞电影在北美地区的总票房只有102亿美元,比起2010年的数字下滑了4%,但得益于好莱坞电影在海外票房上的强劲表现,2011年所有好莱坞电影的总票房不仅没有下降,反而强势上涨了3%,达到326亿美元。海外市场所贡献的224亿美元票房,刷新了2010年的210亿美元记录,是好莱坞有史以来最好的海外票房表现。结合图6-1可以看出,好莱坞海外票房已经逐渐成为好莱坞电影的最主要收入来源之一。

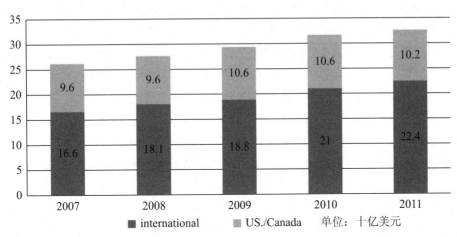

图6-1　好莱坞2007—2011年北美票房与海外票房统计

产品出口战略是风险最小的传媒企业国际化经营战略，文化产业企业并不在海外进行生产工作，而仅仅将销售渠道扩展到海外，利用海外的市场扩展自身受众规模。但对于文化产业企业而言，由于分销渠道的限制，其自身在海外很难铺设完备的传媒产品销售渠道，一般都需要在海外市场与本地的销售商达成合作来分享其销售网络(如电影上映时的院线，电视剧播出时的电视网等)。因此，销售收入中的相当一部分要用来抵充销售渠道的建立与维护费用。因此，使用这种国际化经营战略的传媒企业，由于高额销售渠道费用的影响会损失一部分利润。

另外，各国政府处于扶植国内文化产业发展和国家安全的考虑，对进、出口障碍的制定也会影响建议模式下企业经营的利润空间，因此需要企业进行更深入的国际市场参与行为。

6.5.2　签署许可协议

在传统行业的国际化经营行为中，签署许可协议一般是指国外企业通过与目标市场的国内企业签署许可协议，来授权目标市场的国内企业使用国外企业所拥有的专利技术、品牌等，并从中获取利润分成或回报的行为。具体到传媒产业来说，签署许可协议实现国际化经营战略的主要操作方法有两种：一是实施品牌授权生产和特许经营战略，这种方式主要以生产实体产品为主；二是实施内容产品创意或版权的让渡或本土化制作授权，这种方式主要以生产各种类型的内容产品为主，下面将分别介绍这两种方式。

1. 品牌授权生产和特许经营战略

首先来介绍实施品牌授权生产和特许经营战略的方法。众所周知，在当今商业社会中，品牌已经成为商业领域最为重要的核心内容之一。品牌(Brand)一词源于古挪威语，原先的词根是Brandr，意思是"灼烧"，即使用烙铁或者其他器具在自己所拥有或者生产的物件上灼烧以烙下自己所独有的印记。目前有史可查的最早的品牌名称"Chyawanprash",可以追溯至公元前1100年左右的古印度吠陀时期,可见这一概念很早就出现在人类社会的发展进程之中。到了工业革命之后,随着机械化生产的日益盛行和产品产量的不断提高,品牌的重要性也日益突显,厂商为了使自己的产品区别于其他生产者的产品,纷纷采用了各种标志、徽章来帮助顾客识别产品的产地和生产者。而广告的兴起更是让自身品牌的建设成为各个工业厂商必须面对的重要课题。

根据经济学中的特性理论(Attribute Theory),可以将产品分为搜寻品(Search Goods)、体验品(Experience Goods)和信任品(Credence Goods)三类。所谓的搜寻品,是指大部分产品特性可以由消费者在购买之前通过搜寻活动所轻易识别出来的商品;体验品,是指产品的特性主要在消费者购买并使用之后才能加以评价;而对于信任品的绝大部分特性,即便在消费者购买和使用之后也难以进行充分的评价和说明。

文化产业产出的各项产品,基本都可以被划分进体验品和信任品的类别,因此,传媒企业格外重视自身的品牌建设。美国传媒企业通过长期的发展,已经形成一批在全球享有盛誉的媒介品牌。举例来说,我们在日常生活中提起儿童节目时,最常想起的品牌就是"迪士尼";而提起科普节目,第一个想到的品牌就是"探索"或者"国家地理"频道等。上面列举的这些传媒品牌,都在全世界范围内拥有较高的商业声誉。这些各具特色的媒介品牌经过长时间的运营,都已经形成鲜明的特色,具有非常强大的品牌力量。而美国传媒集团更是非常善于开发自身的品牌,将品牌所代表的无形价值转化为实际商业操作中的收益,美国最大的传媒集团之一迪士尼集团就是其中最好的例证。

案例6.2
迪士尼的品牌授权

所谓的特许经营和衍生消费品生产授权业务,是指迪士尼公司将所持有的"迪士尼"品牌,以及一些著名的动漫形象如"米老鼠""维尼小熊"等的使用权,有偿让渡给其他公司,由他们来生产和设计很多相关的纪念品并进行销售,迪士尼公司从中收取使用费的经营行为。

实际上,迪士尼公司几乎不涉及任何消费品的生产,也很少开设专门的门店来销售相关纪念品,因此,不管是在迪士尼的主题乐园中销售的各种可爱玩偶,还是在许多超市都可以购买到的有迪士尼卡通图案的各种产品,几乎都是由迪士尼授权,由其他厂商进行生产和销售。迪士尼公司对授权生产采取的是较为开放的合作态度,只要在特定国家的特定市场拥有5年以上的成熟经验,有意成为迪士尼品牌的授权生产商,就可以接洽迪士尼公司的消费品部接受迪士尼公司的审查并进行谈判。

在这一授权的过程中,迪士尼公司会向授权生产商收取权利金,并且还会要求从销售收入中获取提成。

根据统计,目前在全球范围内,已经有约3 000家迪士尼公司的授权商,总共在生产和销售着超过10万种与迪士尼卡通形象有关的产品；仅仅在中国，目前就有100余家公司获取了迪士尼的品牌授权，不管是爱国者的"米老鼠"MP3，还是三枪儿童内衣上的"米老鼠"图案，都是这种品牌授权战略之下的产物。这样的战略，使得迪士尼在自身产业链并未完全铺开到全球各国的情况下，每年都可以从全球市场获取数十亿美元的品牌授权费用，不仅进一步提升了品牌价值和全球范围内的知名度，而且获得了可观的经济收益。

资料来源：周志民. 品牌管理[M]. 天津：南开大学出版社，2015：233-234.

2. 版权让渡、本土化生产战略

上文所介绍的迪士尼进行品牌授权生产的策略，更多的是文化产业与传统制造业之间的互动和合作。而对于更多暂时无法将产业链拓展到传统制造业领域的文化企业来说，还有一种国际化经营方式可供选择，即版权让渡和本土化生产的战略。

众所周知，文化产品是一种需要较高创意水平的产品。以广播、电影、电视业为例，在激烈的市场竞争中，如何找准节目定位并迎合目标受众的需求，如何将目标受众的注意力从诸多同质化的竞争节目中吸引过来，是当前广播、电影、电视产业节目制作方最为关心，也是最核心和关键的问题。在这一点上，美国各大传媒集团经过多年市场化的激烈竞争，早已有了一整套从节目创意到节目流程设计，再到节目具体制作细节直至最后进行宣传及播出的完整体系。

近年来，一方面，由于传媒市场的不断发展，受众的选择日趋多元化，美国各大传媒公司更是在节目创意方面做足工作，用各种层出不穷的创意吸引受众的注意，以期能够赢得残酷的收视率大战。此外，国外节目制作方在与赞助商、广告主、播出平台的互动方面，也有着非常丰富的经验，能够在实现"收视率"和"收益"之间找到一个极佳的平衡点，从而使得与节目相关的各方都能获得最大化的收益，这样的运营水平也是通过多年来的专业化经营才得以实现的。而另一方面，在如中国、印度这样的传媒市场发展程度相对不够高的市场之中，广大传媒公司的创意水平和制作水平相对有限，所制作的节目的整体水平也不能完全满足当前新媒体时代观众日益提高的收视需求。因此，他们也将目光投向了相对发达的欧美传媒市场，试图引进相关的高水平节目来提升自身的竞争力。

在拥有优质节目资源的欧美节目制作方和需要优质节目资源的目标国媒体之间，确实存在合作的需求以及合作的潜质，但在进行实际的合作渠道构建时，却不能简单地采取"买—卖"这种最为直接的合作方式。主要原因有两个：第一，欧美国家的成功节目往往是针对欧美国家观众的文化传统、收视习惯等量身定做的，节目内容也往往以欧美各国民众的生活为基础，这样的节目如果直接引进，会遇到非常严重的"文化折价"问题，吸引力会大打折扣；第二则涉及政府规制的问题，许多国家的政府对直接引进国外节目都有着比较严格的限制和规定，这样的政策壁垒是节目制作方难以逾越的。因此，欧美各国的节目制作商便采取了一种比较折中的合作方式，即将节目版权出售给目标国的电视制作机构，由他们按照原节目的各项设置进行本土化的相关调整之后，自行制作该节目的属地国版。

> **案例6.3**
>
> **荷兰RTL4的版权让渡，成就《中国好声音》**
>
> 《The Voice》节目于2010年在荷兰RTL4台首播之后，在荷兰国内获得了轰动式的成功，随后登陆全球40余个国家，其中包括英美等节目竞争最为激烈的发达市场，均获得了很好的反响。其所独创的"盲听""明星导师制"等，在诸多的音乐类选秀节目中独树一帜，这也是该节目能在这么多国家获得成功的最大倚仗。但不可否认的是，来自荷兰的版权方和各国的本土化制作方，在节目移植和本土化制作方面也花费了大量的心血，双方的通力合作才使得《The Voice》成为全球娱乐节目的知名品牌之一。《The Voice》非常注意各国节目核心内容的统一性，不管是宣传视频还是海报现场视觉效果等方面，版权方都要求各国制作机构在制作时务必与荷兰原版保持一致。即便在非常本土化的内容，如节目中的"导师"和"学员"选择的问题上，荷兰版权方也给出了全球统一的选择标准，即"要有两个国内一线大牌，一个是年轻人非常喜欢的歌手，一个是选秀歌手"。而学员方面，则采用五分制，"三分声音，两分故事"。此外，对于乐队方面，荷兰版权方也明确要求必须找到现场乐队进行全部的伴奏工作。所有这些规定，都是为了《The Voice》节目的国内本土化版本能够继续保有全球各国版本所通行的核心元素。
>
> 资料来源：卢倩.国际文化贸易的发展及中美文化贸易的对比分析[D].厦门：厦门大学，2008.

实施许可协议制度进行国际化经营的文化产业企业，已经在一定程度上开始介入文化产品的生产环节，因此，在文化产品的定价、销售等后续各项工作中已经拥有了一定的话语权。同时，由于来自目标市场的固定的授权费用保证，也可以实现一定程度的风险规避，在文化产业企业由于自身生产能力限制或者由于规制等原因无法进入特定市场时，许可协议制度是一种折中的市场进入方式，它可以保证传媒企业以相对较低的成本进入更多的传媒市场。但同样，由于生产渠道不完全掌握在自己的手中，传媒企业无法享有该国际化经营行为所带来的全部利益，与此同时，还要冒着生产技术、创意等因素被窃取、仿冒或由于被授权方的过失导致品牌价值受损等相关因素的风险。因此，采用这种方式进行国际化经营存在一定的风险性，需要对合作方进行仔细的考察与评估。

6.5.3　海外股权投资

在传媒企业实施国际化经营的路径选择中，还有一类很重要的进入方法，就是实施海外股权投资。所谓海外股权投资，是指传媒企业通过海外股权投资的方式，来获得在目标国市场经营活动的权利的方法。一般而言，企业实现海外股权投资都是通过海外直接投资(Foreign Direct Investment，FDI)进行的。根据国际货币基金组织(International Monetary Fund，IMF)的定义，海外直接投资是指一个经济体的居民或企业通过投资的方式控制或者在很大程度上影响另一个经济体中的一个企业的行为。

海外直接投资被认为是当今跨国企业进行经营的最主要形式之一，也是跨国公司赖以生存的必要手段。根据利用海外直接投资手段进行海外股权投资的不同情况，海外直接投资可以分为合资和独资两种：所谓合资，是指两家或者两家以上企业共同投入一定数量的资产之后合作经营新的企业，在新企业中双方按照出资比例或者事先约定的其他比例共享合资企业带来的收益，也共同承担投资失败可能造成的风险。而所谓独资，则是指一家企业通过全额投资控制一家海外企业并拥有其百分之百的股权，从而对其拥有完整的管理权并全额承担盈亏情况。从投资进入模式的选择角度看，利用海外直接投资手段进行海外股权投资的情况又可以分为新设公司、并购已有公司等。

海外直接投资的最典型例子就是各种各样的跨国公司，跨国公司早在19世纪就已经出现在全球经济活动的范畴之内。有学者研究之后指出，如果当前对1913年海外直接投资规模的估算是准确的，那么它大约占了1913年全球总产出的9%。

从历史上看，从1970年有具体的统计数据开始，全球范围内的海外直接投资数额从整体上看一直呈现上升趋势，到2007年时，全球范围内的海外直接投资总额曾经到达19 755亿美元的峰值，尽管受到了全球性金融危机等不利因素的影响，但2011年，该数字依然保持在15 244亿美元，大致相当于当年度全球第十二大经济体西班牙的全年国内生产总值(14 935亿美元)。由此可见，在经济日益全球化的今天，海外直接投资已经成为在全球经济发展中占据重要地位的一股力量，有力支撑着投资流出国和投资流入国的经济发展。作为当前经济重要组成部门的文化产业，自然也参与到了经济全球化和海外直接投资的热潮之中。

但与其他很多行业有所区别的是，由于传媒产业的特殊属性，多数国家对传媒产业的外资投入有着较为严格的限制。究其原因，主要是之前在文中已经论述过的为了维护文化安全的考虑。许多国家担心，外国传媒资本的大量涌入，会带来经济层面和社会层面的双重问题：在经济层面上，外资传媒企业由于拥有母公司强大的资金、技术、人才等运营优势，将在传媒市场的竞争中占据绝对优势地位，从而使得本土传媒企业在竞争中处于不利地位，进而影响本国传媒产业发展；而在社会层面上，外资传媒企业大量进入后，其所制作的各类产品内容将不可避免地带有其母公司所在国的文化色彩，而由于传媒产品对民众具有较大的影响力，各国政府都担心这样带有他国意识形态和文化色彩的传媒产品会威胁到本国的文化安全。基于以上两种原因，许多国家都对传媒产业的企业进行海外直接投资施加了限制。例如，加拿大规定外资在广播公司的比例不超过33.3%，每一个外国投资人所占股权最多在20%；巴西不允许外资参与本国的无线广播电视，在有线电视领域外资持股不得超过49%；韩国仅允许外资在卫星广播电视中参股30%；新加坡不允许外资通过商业参与控制本国媒体；在法国，所有欧盟投资者拥有任何私营频道的股份不能超过25%，非欧盟成员国或欧共体成员的经济合作与发展组织国家，拥有股份须在20%以下，非欧盟成员不允许在有线电视拥有绝对股权；俄罗斯法律规定，任何外国公司或股东为外国人的俄罗斯企业所持俄罗斯电视频道的股份不得超过50%。

可以说，股权合作的方式才是真正意义上的文化产业企业国际化的进入方式。但与此同时，股权合作的进入方式也使文化企业集团失去了前两种进入模式本身所带的风险屏障功能，需要让子公司完全面对目标市场的激烈媒体竞争，如果不能合理地进行跨文化管理，实现跨国公司的协同效应，文化子公司在面对来自目标市场已有的强大竞争对手的激烈市场竞争时，将很难实现国际化经营所带来的种种理论上的好处。因此，对于股权合作方式的进入模式，最重要的是要尽快实现子公司与母公司之间的良好整合，尽量发挥国际化经营带来的种种优势，实现企业效益的提升。

本章小结

文化产业日益成为许多发达国家的主导产业，也是许多发达国家提升国家竞争力的重要战略措施之一。"十二五"之后，文化产业也成为我国政府重点培育和发展的产业，中国文化产业产值和增速均呈现出良好态势。然而，与发达国家相比，中国文化产业的国际化进程缓慢，中国亟需加快开拓文化产业的国际市场的步伐。

由于文化产品的传播性好、增值性强，对国家的对外经济关系重大，文化产业的国际市场营销往往面临诸多挑战和问题。如WTO对文化产品的定义、分类和贸易规定，各国政府对文化产品进口的限制和法律障碍等。

文化产品的国际化发展是经济全球化的必然结果，是追求新经济增长点的必要手段。中国文化企业需要突破国内文化产业创新瓶颈，分析、评估国际各细分市场，在充分认知各国对文化产品的政策和法规限制的基础上，选择正确的方式迅速进入国际市场。从文化产品生产和创造的角度研究文化产品知识产权的保护和利用，从商业模式的角度研究企业进入国际市场的方式，从国家文化安全的角度研究文化产业的战略发展步骤。

思考题

1. 中国引进了一系列海外真人秀节目，如《爸爸去哪儿》《中国好声音》《奔跑吧，兄弟》等，你认为我们引进这些节目的原因是什么？节目引进是否成功？节目的引进模式都有哪些？
2. 你比较关注或者感兴趣的文化产业都有哪些？请一一列举。
3. 以某一国家为例，列举其对文化产品进口的限制政策和由此产生的影响。
4. 与其他产品相比，文化产品的国际市场环境有哪些特殊性？
5. 从国家文化安全的角度考虑，你是否赞成引进海外文化产品？
6. 有人认为，文化产业的全球化发展侵蚀甚至毁灭了很多地方性的特色文化，致使文化产品越来越缺乏地方特色，你是怎么看待这个问题的？

章末案例

国产电视剧到海外"霸屏"

从20世纪80年代开始，《西游记》《三国演义》等国产电视剧就已经开始尝试涉足境外市场，但更多的是面向海外的华人市场，特别是华人相对集中的我国港台地区以及东南亚地区，但不成规模、没有规划，也难称之为产业现象。而如今，从《甄嬛传》《步步惊心》，到《何以笙箫默》《媳妇的美好时代》，再到《琅琊榜》《芈月传》……"出海"的国剧不仅数量和质量有大幅提高，题材也越来越广泛，很多甚至在海外都成为话题性事件。更为重要的是，中国电视剧行业"产业化出海"的想象力正在被打开，"华流"汹涌或许已经指日可待。

国产电视剧海外热播甚至被"盗版"

"梅宗主"和"靖王"在国内"霸屏"之后，又要去海外圈粉了。人气古装电视剧《琅琊榜》在国内热播的同时，也全面开启了海外发行。据《琅琊榜》制片方介绍，该片已经收获大量的海外订单，不仅包括美国、韩国、新加坡、马来西亚等国，还将登陆非洲各国。不仅如此，《琅琊榜》甚至开始遭遇"盗版"，海外的"字幕组"已经先于版权方制作出英语、意大利语、西班牙语等多种语言的字幕，并上传到YouTube上，不仅播放火爆，而且评论也很活跃，英文、中文、西班牙语、韩语都有，可见粉丝群体颇为广泛。

《琅琊榜》并非孤例，近几年国内的热门影视剧几乎都在尝试拓展海外市场。比如《陆贞传奇》《宫锁连城》《美人心计》等，在马来西亚、韩国、日本、加拿大、美国等国都登上了当地主流频道，获得了良好口碑。如果说《琅琊榜》的海外圈粉还只是无心插柳，那么有一些国剧则是有计划、有步骤地"走出去"。四达时代集团（下称"四达"）是一家扎根非洲多年的中国公司，目前已经成为非洲发展最快、影响最大的地面数字电视运营商。在投资非洲之初，四达只是想开设一个频道给在非洲的中国人播放一些国内的影视剧，但后来发现，当地人其实也非常喜欢看中国电视剧。特别是2011年，四达将《媳妇的美好时代》引入坦桑尼亚，讲斯瓦西里语的毛豆豆几乎引发了"万人空巷"的收视热潮，以至于很多当地人看到中国女人就会用中文喊"豆豆"。后来，四达又先后将《奋斗》《我的青春谁做主？》《北京青年》《舌尖上的中国》等40多部近千集国内影视剧译制成当地语言，在肯尼亚、埃及、塞内加尔和赞比亚等46个国家播出。

还有一件被视为中国电视剧"走出去"过程中具有里程碑意义的事件发生在2015年3月，国产古装剧《甄嬛传》的片方请美国团队操刀，将76集的长剧精编并制作成6集、每集90分钟的英文版电视电影，并在美国收费视频网站Netflix播出，这也是中国电视剧首次在美国主流媒介平台以付费的形式播出。

"近年来，国产电视剧在华人市场的影响力越来越大，并逐渐超出华人范围，像《甄嬛传》在日本开播时的效果很好，美版《甄嬛传》在Netflix上的评分也达到了3.7，已经相当不错了。"乐视控股高级副总裁高飞告诉《中国经济周刊》记者，《甄嬛传》由乐视网旗下花儿影视公司出品。而《甄嬛传》的姐妹篇——《芈月传》干脆在国内还未播出之时，版权就已经卖到了海外。"凡是播出过《甄嬛传》的外国频道，包括Netflix，都已经买了《芈月传》的版权。《芈月传》在国外播出的覆盖面比《甄嬛传》更大。"高飞说。但他表示并不方便透露具体的版权金额，"其实价格还是很不错的，而且《芈月传》比《甄嬛传》的发行价格增加了不少。"他说。

古装剧、现实题材剧、网络剧"抱团出海"

"韩流"的出现,从风靡亚洲变为席卷全球,给整个中国文化影视产业带来巨大的触动和鼓励。如今,影视行业"出海"也由肩负国家使命的"国家队"为主,变成大批民营资本的大胆尝试。韩流的成功看似偶然,好像韩国政府对文化产业实施"无为而治",但实际上,"韩流"背后最强大的推手正是韩国政府,通过实施一套复杂而系统的政府工程,文化产业在韩国经济中占据了支柱地位,并不断输出整个国家的软实力。业内人士建议,我国也应该从国家层面出台一系列产业、税收政策,鼓励越来越多的国剧"出海巡航",一旦这个引擎被激发,"华流"完全有逆袭"韩流"的可能。

根据国家新闻出版广电总局国际合作司公布的数据,近几年来,国产电视剧的出口规模在稳步增长,仅2014年就出口了1万多集,但相对于国产电视剧一年超过15万集的总量而言,这一比例还是很低,而且电视剧行业至今仍处于贸易逆差状态。

近年来,现实题材电视剧的出口数量和金额都在大幅增长。比如2015年年初,国产电视剧《何以笙箫默》在韩国收视火爆,韩国三大台之一的MBC干脆购买了版权,决定翻拍成韩国版。

高飞认为,国产剧之所以频频出海试水,本质原因还是"大剧、好剧自然会有大野心"。近年来,国内影视故事剧本、美学韵味、技术水准等方面均大幅提升,很多国产大剧、精品剧集的投资已经跃升到四五百万元一集,从制作预算来讲,甚至超过了日韩。但也正是由于巨额的制作成本,电视剧出品方自然希望市场越大越好,加之"一剧两星"、题材限制等政策的原因,行业自身都在积极寻求更大的发展空间,走出去不失为一种有益尝试。"内地电视剧制作能够使用的资源和成本其实已经是港台没法承载的了,所以,从品质来讲,尤其中国内地古装剧应该是全世界最好的,而海外市场对于古装片的需求几乎是刚性的。"高飞说。他还表示,随着网络剧的精品化,未来可能成为"国剧出海"的另外一个主角,甚至会比传统电视剧更早形成规模化"出海"的趋势,毕竟网络平台天然具有国际化的优势。

资料来源:孙冰,袁巍.国产电视剧到海外"霸屏"[J].中国经济周刊,2015(46).

问题:

1.以《琅琊榜》为例,说明国产电视剧是如何开发海外市场的,同一时期的国产电视剧都使用了哪些方式进入海外市场,原因是什么。

2.请尝试说明,开拓国产电视剧海外市场的积极意义。

第7章

演艺业营销

《文化部"十二五"时期文化产业倍增计划》指出,在"十二五"时期,演艺产业加快剧院、剧场、电子票务等演艺基础设施建设,为扩大演艺消费创造条件;建立演艺产品创作生产补贴机制,扩大原创性演出产品的生产;加快演艺与旅游等相关产业的融合,培育旅游演艺市场,丰富旅游演艺产品,避免同质化;设计开发演艺衍生产品,延伸演艺产业链。在着力推动文化大发展、大繁荣的背景下,我国演出市场显示出巨大能量,文化演出市场发展可谓前景广阔。

演艺产业作为文化产业的一个重要领域,对于带动产业升级、提升消费水平、拉动经济增长、传播文化理念有着重要作用。当前,演艺产业虽然仍面临各种挑战,仍有很多问题存在,但它的发展逐渐走入正轨,各项制度逐步完善,演艺产业逐渐形成一个完整而又规范的行业。如今,如何促进演艺产业的更好发展还需要我们继续去研究,如何将演艺产业的发展经验应用到其他文化产业领域也是我们需要去探索的一个课题。

7.1 演艺业概述

7.1.1 演艺业的定义

每天世界各地都有数以万计的演出不断上演,台上的演员们展现着他们的迷人风姿,台下的观众们享受着观看演出而带来的愉悦和乐趣。演艺业作为休闲娱乐文化产业的重要组成部分,在今天已经成为人们日常休闲的主要选择之一。演艺产业是由演艺产品的创作、生产、表演、销售、消费及经纪代理、艺术表演场所等配套服务机构共同构成的产业体系。演艺产品的具体形态包括音乐、歌舞、戏剧、戏曲、芭蕾、曲艺、杂技等各类型演出。

7.1.2 演出的组成要素

(1) 演出组织者。演出组织者可以是演出商、演出经纪人、演出场所、演出团体本身和演出者。根据不同的需要和利益诉求,相关组织者筹划演出节目,以满足消费者的娱乐消费需求。

(2) 演出节目形式。演出节目形式即演出人员表演节目的具体表现形式,演出节目形式主要分为两类:一类是单纯剧种演出形式;另一类是综合剧种演出形式。单纯剧种演出形式是指演出由某个剧种独立组成,如越剧《红楼梦》的演出、杂技专场演出等。它的特点是专业性强,适合发挥剧种特色和戏剧性展开,适宜固定观众群观看。综合剧种演出形式是指综艺性节目,它的演出形式由两个或两个以上剧种组成,如综合性晚会等。它的特点是形式多样，能吸引观众注意力，有较强的娱乐性。

(3) 演出受众(观众)。从商业演出的角度来说，观众就是演出市场中的消费者。同其他产品一样，演出市场的消费者同样是市场的主导，决定了演出的内容和形式，而演出产品的成功与否也决定于消费者是否认可。因此，了解消费者的娱乐消费需求，提供符合市场需要的演出产品是每一个演出提供者都要认真考虑的问题。

(4) 演出时间。演出时间是指在演出地点和场所所约定的演出时间。演出时间有三层含义：一是演出选择的日期，二是演出开始的时间，三是演出从开始到结束的时间。

(5) 演出地点和场所。演出场所是演出服务和交换的场所。尽管随着科学技术的进步，广播、电视、网络都可成为演出载体，但传统剧场等演出场所仍是演出的主要阵地。演出场所可分为规范演出场所和非规范演出场所。规范演出场所是指具有标准的舞台设施、观众席位、封闭性的专业剧场；其他的演出场所统称为非规范演出场所。

7.1.3 演出类型

(1) 根据演出的组织者是否以营利为目的，可将演出分为商业性演出和非商业性演出。非商业性演出包括纪念性演出、会议演出、慰问演出、公益性演出及庆典演出等。非商业性演出对演出团体来说，也并非无偿演出，允许取得必要的演出报酬。商业性演出则主要是指以营利为目的组织的演出活动。

(2) 根据演出节目形式的不同，可以分为单剧种演出和综艺性演出。单剧种演出如交响乐演出、戏曲演出等；综艺性演出是指由多种表演形式综合而成的演出。

(3) 根据演出受众的不同，可分为慰问演出、专场演出、音乐普及演出、会议演出、汇报演出和献礼演出等多种。

(4) 根据演出时间的不同，可分为节日演出、庆典演出、纪念日演出、演出季演出、固定性演出和非固定性演出等。

(5) 根据演出地点和场所划分。首先，根据演出的地点，可分为国外演出和国内演出，国内演出又可分为城市演出和农村演出(中国文化部文化统计指标中就采用这种划分标准)。其次，根据演出场所的大小及参演人员的多少，可分为室内超小型演出、小型演出、正常剧场演出、大型演出和超大型演出等类型。根据剧场条件的不同，又可划分为规范剧场演出和非规范剧场演出。

(6) 按照演出是否进入演出市场，可分为市场演出和非市场演出，或者称为营业性演出和非营业性演出。市场演出与商业性演出是不同的概念，一个演出不是商业演出，却有可能是市场演出。例如，某商场举办纪念演出，尽管不是商业性演出，但对于请来的艺术表演团体来讲，这个纪念演出就是市场演出。换句话说，只要是存在交换关系的演出，都是市场演出。

此外，还可以根据不同的标准对演出进行多种类型的划分，例如根据演出的目的、演出的流动性、演出规模等标准进行划分。

7.1.4 演艺业的特点

(1) 对现场等末端环节有较高的要求。演艺产品具有现场性和不可重复性等特点，这就决定了在一次演出中要避免或降低问题发生率，将最完美的演出效果呈现给观众，所以对演出人员、工作人员、舞台布景等末端环节具有较高的要求。

(2) 具有很强的区域特性。地区文化、地段特征等因素对演艺产业的发展具有决定性的作用。这一点是很容易理解的，受地域文化的影响，不同地方观众都有各自的演出观赏偏好，如江苏人喜欢昆曲、东北人喜欢二人转、河南人喜欢豫剧等。

(3) 呈现多元化市场格局，企业形态多样。中国演出市场呈现各种所有制形式和各类文艺表演形式多元共存的市场格局；演出院线连锁型企业、演出跨界创新型企业、企业品牌塑造型企业和转企改制的演艺集团借助于各自特有的优势发展良好，是未来最具投资价值的企业类型。

(4) 收益模式以票房和商赞为主。票房收入和商业赞助是演艺产业的主要收入来源，衍生品收益、版权收益等辅助性收入在演艺产业整体收益中的地位将逐步提升。

(5) 处于产业化发展的初级阶段。目前，演出产业链还不成熟，演出市场分配机制还不完善，演出国有院团改革还不彻底，演出产业化发展还存在很大的发展空间。

(6) 具有较好的发展前景。旅游演出市场与话剧市场正处于快速发展时期，曲艺演出市场、儿童剧演出市场和音乐演出市场等新兴市场也具备较大的发展潜力。

(7) 产业间的投资与兼并重组趋势愈演愈烈，其模式也日趋多样化。目前，我国演艺市场的主要投资模式包括IPO模式、收购模式、多方投资模式与国际投资模式等。

知识链接　2014年我国演艺业整体收入情况

1. 演出票房收入

专业剧场演出8.2万场，票房收入66.09亿元，场次比2013年上升10.36%，票房收入上升1.1%；大型演唱会、音乐节演出0.14万场，票房收入25.69亿元，场次比2013年略有上升，票房收入上升20.27%；旅游演出6.02万场，票房收入38.37亿元(含被分账收入)，场次与票房收入均比2013年下降37.3%；演艺场馆娱乐演出47.81万场，票房收入18.17亿元，比2013年下降12.9%。

2. 农村演出收入

农村惠民演出6.88万场，政府补贴3.29亿元；农村商业演出100.4万场，演出收入17.25亿元。

3. 演出衍生产品及赞助收入

演出衍生品收入2.65亿元，比2013年下降14.24%；演出赞助收入20.99亿元，比2013年下降7.24%；音乐节衍生品及其他收入2.7亿元，比2013年上升8%。

4. 演出经营主体配套设施及其他服务收入

剧场物业及配套服务收入18.5亿元，比2013年上升25.25%；演艺场馆票房以外其他收入33.47亿元，比2013年下降12.91%；舞美企业非演出活动设备租赁及服务收入4.31亿元，比2013年下降15.66%。

5. 政府补贴收入(不含农村惠民补贴)

国有文艺表演团体收入52.02亿元，比2013年上升8.44%；民营文艺表演团体收入1.47亿元，比2013年下降3.29%；国有演出经纪机构收入2.15亿元，比2013年上升4.88%；民营演出经纪机构收入0.52亿元，比2013年下降8.77%；专业剧场收入53.78亿元，比2013年上升20.15%。

资料来源：中国演出行业协会.2014中国演出市场年度报告[R].中国演出行业协会，2014.

7.1.5 演艺市场分析

1. 演艺市场的现状

从2014年国内演艺市场的情况来看，演艺市场发展呈现以下几个特征。

(1) 政府加大了政策与资金的扶持力度。2014年，政府继续加大对文化艺术发展的扶持力度，经国务院批准，国家艺术基金正式设立。2014年，国家艺术基金对394个艺术项目给予了资助，资助总金额达4.3亿元，其中，268个舞台艺术剧目创作项目、52个演出传播交流项目、22个舞台艺术人才培养项目获得基金资助。

同时，2014年政府对国有文艺院团的投入方式发生转变，将转制院团纳入文化产业发展专项资金支持范围，中央和地方设立的其他有关专项资金和基金，从直接给钱给物向通过购买服务、原创剧目补贴、以奖代补等方式转变，北京、重庆、山东、山西、江西等多省市在2014年出台了政府购买公益性演出的相关办法。

2014年，为了强化专业剧场的公共文化服务功能，各级政府对从事艺术演出的剧场加大了扶持力度，专业剧场获得各级政府各类补贴共计53.78亿元，比2013年上升20.15%。

(2) 旅游演出和演艺场馆娱乐演出收入持续下降。受2013年10月颁布实施的《中华人民共和国旅游法》对旅游演出市场的持续影响，2014年旅游演出市场继续呈较大幅度的下降趋势。旅游演出场次6.02万场，票房收入38.37亿元，均比2013年下降35%以上。旅游演出市场下降的趋势将会持续较长一段时间，主要原因在于，除少数品牌性项目之外，大部分旅游演出项目的制作水平普遍偏低，缺乏创意，缺乏市场吸引力，取消旅行社捆绑消费方式后这些项目难以为继。

2014年，演艺场馆驻场娱乐演出场次47.8万场，票房收入18.17亿元，均比2013年下降12%以上。该类型演出下降的主要原因：一是公款消费的大量减少；二是2014年中央文艺工作座谈会后，一些节目内容低俗且未按规定取得营业性演出场所备案证的演艺场馆被叫停整顿。

娱乐演出和旅游演出市场要走出低谷，需要提高节目的创意性和观赏性，突出经营特色，树立品牌，增加市场吸引力。

(3) 大型演唱会和户外音乐节收入大幅上升。自2013年颁布文艺晚会"限奢令"以来，各地节庆晚会和政府主办的演出大量减少，知名歌手参加各地拼盘演出的数量急剧下降，演唱会项目从2013年下半年开始迅速回归完全市场运营模式。2014年共举办演唱会1 200余场，场次与2013年基本持平；平均票价453元，比2013年下降11.7%；票房收入19.39亿元，比2013年上升15.01%。票价下降而票房却上升的主要原因是政府主办的项目少了，持赠票去看明星的机会也随之减少，演出主办单位顺应市场需求合理制定票价，促成了2014年演唱会市场票房的明显上升。

大型户外音乐节无论数量还是收入都呈继续上升趋势。2014年，全国各地有大型户外音乐节200余个，场次及收入总额均比2013年上升40%，发展态势迅猛。2014年，中国音乐节品牌首次走出国门，国内外顶级乐队加盟音乐节，国际知名音乐节登陆中国内地，使户外音乐节成为业界和社会关注的焦点。

(4) 音乐会成为惠民演出主力，票价大幅下降。2014年，专业剧场音乐会演出场次达1.9万场，比2013年上升25.83%；平均票价137元，比2013年下降56.23%；票房收入10.9亿元，比2013年下降49.79%。

2013年，因为企业赞助和包场演出大量减少，仅靠票房收入难以运营的高雅艺术演出难以在市场上立足，场次和收入大幅下降。2014年，为了推动大众走进剧场欣赏古典音乐，各地政府陆续出台相应的扶持政策，以政府购买惠民演出项目的方式对音乐会演出给予补贴。低票价、多场次的音乐会演出丰富了群众的文化艺术生活，对提高百姓艺术素养起到积极作用，仅从北京市场来看，2014年音乐会演出观众人数突破110万人次。

(5) 话剧领跑剧场演出票房，民营剧社是主力。据统计，话剧演出市场连续三年呈稳步持续上升态势。2014年，专业剧场话剧演出1.17万场，比2013年上升4.46%；平均票价285元，比2013年上升13.1%；票房收入19.14亿元，居剧场演出票房首位，比2013年上升20.08%。2014年，京沪两地的优秀民营剧社逐渐向二三线城市延伸，除常规的巡回演出之外，剧社通过设立工作室和创作基地，开展戏剧培训等方式，培养二三线城市的戏剧创作团队，培育戏剧消费市场。在2014年全国专业剧场演出的话剧场次中，60%以上为民营戏剧团体创作演出。

(6) 儿童剧演出成为市场新热点。儿童剧演出是2014年演出市场又一个呈快速发展态势的演出类型，演出场次1.85万场，比2013年上升50.41%；平均票价100元，比2013年上升25%；票房收入7.4亿元，比2013年上升80%以上。

儿童剧演出的大幅上升主要有两个方面的原因：一是政府主办的演出项目大幅减少，各地一些演出机构从向政府要项目转为根据市场找项目，儿童剧演出因其低成本、低风险的特点受到大多数转型中的演出机构的青睐；二是当下的儿童家长以改革开放后出生的80后为主体，家长文化程度的提高使得家庭文化消费观念逐渐成型，儿童演出的市场需求增大。

(7) 新媒体介入演出，票务营销模式多样化成为新常态。随着移动支付应用的推广、电商企业移动端布局力度的加大以及独立移动端平台的发展，众多演出机构和票务机构将移动票务引入传统演出票务市场，使演出票务销售更加便捷化、智能化。同时，移动终端也拉近了演出机构与消费者之间的距离，了解消费者诉求，细分消费人群，扩展票务营销思路，使票务营销不再集中于大型票务机构，由相同艺术门类的演出机构或工作室组建的小型、专业化票务销售体系也逐渐成为票务市场新力量。

演出机构利用微博、微信等新媒体进行项目宣传，既便于表演者、创作者、演出机构与观众深入互动，也有效控制了宣传成本，实现了点对点促销，而像有的歌手演唱会网络直播的成功也开启了新的演出盈利模式。2014年，演出营销正式步入O2O时代。

2. 演艺业市场的发展趋势

(1) 跨界融合将成为主流。演出将与拥有庞大市场的产业进行跨界融合，生成新的产品，如旅游演出、动漫演出、网络演出、演出主题餐厅等。

(2) 以"演出院线"为主导的跨区域合作趋势将继续扩大。演出院线、演出联盟、人才战略合作等各种形式的跨区域合作方式将继续扩大。

(3) 高质内容将成为市场需求热点。剧场的大规模建设和院线联盟趋势的加强将大力推动演出市场对高质内容的追逐。

(4) 品牌化竞争时代即将来临。演出市场在相对市场化领域的竞争日益激烈，话剧、旅游演出等领域即将进入市场盘整期，品牌化发展与定位将成为企业的突围之道。

(5) 企业集团化趋势日益明显。通过合作、兼并或股份制方式实现资产重组、优化资源配置，并按照集约化经营的要求组建跨地区、跨部门的演艺集团是一种必然的发展趋势。

(6) 资本将成为演出企业发展的重要推动力。越来越多的资本进入演艺产业，对演出创作、演出产业化等各个环节将起到重要的推动作用。

(7) 全国首家演艺集聚区即将形成。以北京为中心辐射上海、广州、西安等各个省市的演艺集聚区建设进入了全面开展阶段，全国首家真正意义上的演艺集聚区即将形成。

(8) 演出"走出去"的创新模式将继续推进。"走出去"将由政府交流模式向相对商业化模式转型，品牌化输出、版权输出都将成为主要形式。

3. 演艺业市场发展的制约因素

(1) 演出经营主体专业化程度不高，缺乏创新发展意识，跟风现象严重。2004年，旅游演出兴起，国内一窝蜂出现各类旅游演出，盲目跟风的结果是演出内容趋同、质量良莠不齐。从2014年儿童剧演出市场的蓬勃发展态势来看，又暴露了演出机构跟风现象仍然严重的问题。家长对儿童教育意识的提升，使儿童剧市场具有极大的发展潜力，然而大量制作粗劣、欠缺故事性的作品，使得正处于良好发展态势的儿童剧市场出现粗制滥造、作品良莠不齐等各类问题。因为欠缺专业的儿童剧制作理念，很多非专业儿童剧演出机构常常大量使用眼花缭乱的舞台设计和声光电等现代化手段，不仅会对儿童的视力、听力产生负面影响，而且淹没了剧情本身的意义。由于国内儿童剧年龄段细分体系不健全，造成儿童剧在创作和市场定位方面的缺失，为存有投机心理的演出经营单位提供了空间。

盲目跟风不但影响企业的长期发展，也给市场带来极大的负面影响。投机类演出公司往往以"赚一把"的赌博心态投身市场热门领域，给一些正处于上升发展态势的领域带来恶性冲击。演出市场的良性发展需要制作精良、定位明确、静心打造的优秀作品，更需要从业者的共同维护。

(2) 演出与金融资本融合难度大。继2012年引入深圳市创新投资集团有限公司等机构的3 000万投资后，云南杨丽萍文化传播公司于2014年10月完成新三板挂牌，引发了新一轮金融资本对演出市场的关注。但关注者多，成功合作案例少，演出与资本融合的难度较大。主要有两个方面的原因：一是演出行业潜规则多，缺乏规范的运作体系，财务制度不健全，票房收入不透明，项目成本控制、风险控制受人为因素影响大等，使金融资本对演出企业的投入裹足不前；二是演出企业多为中小型的项目型公司，大多以眼前的单个项目盈利为经营目标，还未形成能够持续性发展的长效盈利模式。

(3) 剧场缺乏管理标准和服务规范。先进的设施与落后的管理间的矛盾是剧场目前存在的主要问题。据调研了解，国内70%以上的剧场没有完善的管理制度，剧场管理没有明确的岗位定位和定责，缺乏管理标准和服务规范，没有形成剧场管理人员、技术人员、服务人员的培养与考核体系。一些地方政府投资数亿元建设大剧院，却不知道该按什么标准组建管理团队；斥巨资购置了灯光音响设备，却没有操作和维护规范。剧场对管理标准和服务规范的缺乏有着一定的历史原因。改革开放以前，我国剧场演出更多承担的是政治宣讲的任务，并不面向市场，也就无所谓运营与管理。近20年来，国内大规模地兴建剧场，但没有重视开展剧场相关管理和建立服务标准，导致目前中国的剧场硬件设施属世界一流，而管理与服务却远落后于发达国家的问题。

(4) 剧场管理和运营人才匮乏。剧场人才匮乏问题存在已久，近几年来，每年有不少有影响力的机构举办剧场运营管理人才的培训班和研修班，但收效并不明显，主要存在几个方面的问题：一是多数参加培训的人员并非一线经营管理人员，即使学有所成，也不能学以致用；二是课程设置以理论和交流为主，缺少实践课程；三是培训内容随意性强，未与考核相结合，培训成效难以体现。

由于剧场经营的特殊性，剧场的管理人员既要懂管理、懂经营，还要懂艺术。目前，国内大部分剧场的管理人员都来自文艺表演团体或政府部门，懂艺术的不懂经营管理，懂经营管理的不懂艺术，甚至于既不懂经营管理也不懂艺术，只能"摸着石头过河"。目前，国内数十家高校都设立了艺术管理专业，但是其课程设置和就业方向主要面向艺术品经纪、影视制片管理、文化经纪等领域，这也造成了剧场管理运营人才后备不足的问题。据统计，剧场管理人员中拥有艺术专业、舞台技术专业或管理专业教育经历的总共只占管理人员总数的30%。专业人才的匮乏，是我国剧场提高运营管理水平面临的主要问题。

同处东亚的韩国，在20世纪七八十年代经历了文化设施快速发展的20年，同样也出现了设施建设与管理服务脱节的问题。从20世纪90年代开始，韩国政府通过立法建立剧场专业人员认证制度来解决这一问题。借鉴其他国家和地区的经验，我国应在演出行业建立长效的剧场从业人员认证制度，通过培训考核和继续教育等多种方式培养剧场专业人才。

案例

歌剧《秦始皇》：中国歌剧登上世界舞台

2006年12月21日，美国纽约大都会歌剧院首次上演歌剧《秦始皇》。开幕当天的贵宾票虽然每张高达1 000美元，却早在两个月前就被一抢而空。演出后，红地毯的欢宴一直进行到深夜。主办单位——大都会歌剧院董事会主席克里斯蒂·亨特女士兴奋地当众宣告，这部歌剧的第一轮演出共有9场，全部席位已提前数月售罄，票房收入达360万美元，冲抵300万美元支出后尚有剩余，且企业赞助的2 400万美元也已到位，足以补充大都会歌剧院半年的运营开支。对于从来都是入不敷出的高雅艺术剧目来说，这样辉煌的商演成功，大都会歌剧院还是第一次享受到。

纽约大都会歌剧院是当今世界最著名的歌剧院之一，始建于1881年，1965年迁入位于林肯中心正中央的剧场内，有3 800个座位，是世界上最大的室内歌剧场。20世纪最著名的歌剧演员，如男高音卡鲁索、帕瓦洛蒂、多明戈等均以该剧院为主要舞台。歌剧《秦始皇》由张艺谋任主导演，主角由男高音多明戈、京剧演员吴兴国等担纲。大都会歌剧院进行总体制作与筹资，并组织全球巡演。歌剧故事讲述的是秦始皇统一六国之后，邀请童年好友高渐离作国歌，高渐离与秦始皇、秦国将军以及秦王女儿之间的爱恨情仇。综合各方面的因素，歌剧《秦始皇》被普遍认为是一部原创性强、中国元素丰富、中美文化合作的大歌剧。其发展过程本身，亦可被看作一个中国文化走入美国主流社会并具有相当影响力的案例。尽管美国舞台上有各种各样的现代歌剧、实验性探索剧及外来的民族民俗演唱剧，但歌剧《秦始皇》似乎与它们都有所不同——它是一部以西方经典歌剧形式表现中国传统历史文化题材的结合体。

歌剧《秦始皇》虽然取材于中国历史，但它本身并非历史。编剧对秦始皇这个人物形象进行艺术化的再创作，从某种程度上说是一种戏说和演绎。从剧情的编排和展开铺陈、歌词的调配对应，歌剧《秦始皇》都具备了戏剧所需要的各种元素。实际上，大多数主流观众和不少华人观众也并未把它当成历史教科书，吸引他们去观看的是一部以中国人为主编排创作，中外艺术家和演员合作演出，在美国主流社会展现的现代歌唱戏剧。大多数人更关注这部歌剧的艺术水准如何，是否被主流观众接受、能否打动华人观众，从而避免经济上遭遇"滑铁卢"等。第一轮9场演出后，观众和媒体的反应相当强烈。绝大多数观众评头品足的是剧本的跌宕起伏、音乐的动人旋律和演员的表演水平，而各类媒体从歌剧审美的角度给予了广泛评价。

反馈意见不外乎两类：一类是高度肯定和赞扬该剧的创新精神和中西文化的结合探索。歌剧中有中国传统的京剧表演，而且歌词用的是英语而不是最常用的意大利语，普通美国人都能欣赏接受；音乐及咏叹调、宣叙调是谭盾式独打的旋律节奏处理手法，富有新意；舞台设计和编导体现了张艺谋式的磅礴气势和中国气派，等等。另一类则给予严厉批评，认为该剧背离歌剧传统，音乐怪异杂糅，舞美刻板、机械、缺少变化，尤其是把中国古代和东方的旋律成分硬塞到歌剧抒情的段落中，先天不良，失去了歌剧最需要发展的抒情性，忽高忽低大跳滑行的旋律走向使歌唱演员的嗓音难以适应，等等。也有一些观众抱着很大的期待来观看,看后却不知该如何表达自己的感受。用《纽约时报》剧评家 Anthony Tommasini 的话说,看这部戏的很多人只是寻求新奇体验和大歌剧刺激的歌剧欣赏入门者。当然,也有不少人是追星族,他们更关心的是多明戈怎样演秦始皇、吴兴国怎样在歌剧中演京剧。

不管怎样,歌剧《秦始皇》获得了成功,其成功的原因是值得我们研究的。

资料来源:王永章.国际文化产业典型案例选编[M].北京:北京出版社,2008:9.

7.2 演艺业的营销策略

7.2.1 演艺业的质量管理

对服务质量的管理,一直是困扰服务业管理者的难题,原因在于服务业本身具有"人"的特点。服务业主要是以人为主体,经历全部的业务服务过程。服务者与接受服务者共同完成服务生产过程,人的主观因素处处存在,导致服务业的质量控制难度过大,而演出服务业,作为服务业中高密度与人接触的行业,其质量管理就更显复杂。

演出服务质量与观众的期望有密切关系。观众希望得到什么,是演出营销人员最为关切的问题。精彩的节目表演,欢乐融洽的现场气氛,优良的服务质量,一些额外的附加惊喜,都是观众对一场演出服务的期望。

精彩的节目表演是核心产品质量,与其他因素共同作用,构成观众的高满意度,也构成了对观众的最大吸引力,使其保持对演出服务企业的忠诚。本小节主要介绍艺术表演团体、演出公司、演出场所的服务质量管理内容,同时简单介绍国际服务质量管理体系,作为演出服务业营销管理的借鉴。

1. 成立艺术创作生产质量管理组织

对于艺术作品的质量,很难实行量化的程序管理,每个人都会形成对艺术质量的不同见解,所以应该有一个权威的质量控制组织,做出公平、公正的质量评价。因此,在艺术作品生产过程中,成立艺术质量管理委员会或艺术质量管理小组,由这个组织来控制整个艺术创作生产的质量管理全过程,可以在一定程度上控制艺术作品创作的质量问题。质量控制小组的人员由领导、艺术专家、营销业务人员组成,任务是负责对艺术作品决策、创作、生产过程进行全面质量管理,并保证艺术作品最大限度地达到商业性与艺术性的完美结合。艺术专家的任务是保证艺术质量,营销业务人员的任务是保证艺术作品符合市场需要,从市场的角度提出建议。由他们对艺术作品立项进行论证评审,对主创人员、主要演员资历进行评估,对剧本及导演主创意图进行评价,跟踪创作生产过程,及时发现处理质量问题,最后对艺术作品进行质量验收。

2. 建立科学的艺术质量管理机制

建立科学的艺术质量管理机制就是要把艺术创作生产过程制度化，使完善的制度控制发挥强制作用，防止人为的随意性。

制度规范是组织管理过程中借以约束全体组织成员行为、确定办事方法、规定工作程序的各种章程、条例、守则、规程、程序、标准、办法等的总称。制度规范是组织管理过程中的管理体系和框架的一个组成部分，它是合理组织集体协作行为、规范个人活动、实行科学管理、维系企业组织正常运转的手段，是服务质量管理必不可少的一个环节。

依照制度规范所涉及的层次和约束内容的不同，可将其分为5类：企业基本制度、管理制度、技术规范、业务规范、个人行为规范。对于演出服务质量管理应重点抓技术规范、业务规范及个人行为规范管理，这对于演出经纪机构、艺术表演团体、演出场所来说都是十分重要的。

3. 规定严格的舞台工作纪律

舞台工作纪律主要包括以下几个方面。
(1) 演职人员提前就位；
(2) 不允许闲杂人员进入表演区；
(3) 舞台监督认真负责；
(4) 表演前检查舞台设施(包括话筒、音响等)；
(5) 禁止吸烟，禁止说笑；
(6) 禁止带与演出无关的任何个人饰品、物品登台；
(7) 不许使用手机；
(8) 提前化妆，及时换装；
(9) 禁止笑场，及时救场、抢台；
(10) 禁止演出前饮酒；
(11) 认真谢幕；
(12) 不许发挥剧情之外的个人表演。

4. 良好的演出条件准备与应急措施

演出业务人员需要提前安排好化妆室、更衣室、饮水供应、道具间，解决可能影响演出的工作环境问题，保证演出状态。

舞台演出会出现许多意想不到的情况，需要有优秀的舞台监督和富有经验的报幕员，录音师应备好备用音乐带，在出现特殊情况时，及时应对；保持舞台上下的沟通、联系，防止出现观众混乱，如果出现意外，要有礼貌地请求观众原谅，一般情况下，观众都会配合。

5. "演出走台"制度

演出前，只要有条件，就要走台，检查是否会出现问题，如有问题要及时解决。特别是在陌生舞台表演、在新搭建舞台表演、舞蹈表演、杂技表演必须要请演出队伍适应舞台。如果是组台演出，更要反复检查演出顺序，检查录音磁带，防止出现失误。舞台监督要熟悉所有演员的到位情况和演出习性、风格。

6. 树立服务意识

现在的企业管理都强调企业文化建设，强调员工的团队精神和公司的凝聚力形成。以顾客为中心的服务理念是一切服务的宗旨。现代营销观点认为，企业生存、发展的唯一道路，就是千方百计地提高顾客的满意度。

开展服务营销，首先要确定服务对象，明确顾客的需要，再把顾客的要求转变成与之相应的服务属性要求，通过服务属性的要求，确定市场营销的产品项目。了解这些服务属性，目的在于结合不同服务行业的质量特性不断进行改进，以进一步提高服务营销的有效性，解决服务质量问题，并不断改进。尽管演出服务行业不像物质商品那样可以准确地确定品质标准，但服务业也是有服务质量要求的，客户对于服务一般希望在以下6个方面得到满足：功能性、安全性、经济性、时间性、文明性、舒适性。必要的时候需要运用激励的手段，提高员工对服务的积极性。

▍7.2.2　演艺业的价格策略

价格策略是企业营销组合策略中重要的一部分，不仅是企业获得利润的手段，还是营销人员用于营销的最有效的促销方式之一。

1. 演出服务定价

在演艺行业里，由于具体服务行为和过程的不同，其经营成本的计算有很大的差别。但不论是艺术表演团体、演出经纪机构，还是票务公司、舞美公司、演出场所，都存在大量人工服务的特点，而且人工服务过程就是价值创造过程，许多人工劳动是凝结技术、经验、阅历的复杂劳动，即使是剧场的领位员都需要面对不同顾客提供面对面的服务，对服务所包含的隐性成本非常难以估算。这就是难以确定演出服务成本的主要原因。演出服务业对成本的确定有两种基本方法：一种是内部成本核算法，另一种是罗列法(也叫汇总法)。

内部演出成本核算，是指演出服务企业为了加强对演出工作的管理，正确反映有关演出财务状况及成果，强化成本核算意识，提高演出投入资金使用效益的内部成本核算与管理方法。它是演出服务企业按照特定的演出对象和成本项目，对演出过程中所发生的各项支出进行科学的归集、分配、计算的过程。

罗列法，一般按照成本的发生顺序逐项汇总所有成本。成本有固定成本与变动成本之分。固定成本项目包括每月固定要发生的公司基本管理费用，在小型演出公司里主要是指人员的工资福利费用和房租、水电等办公杂费。固定成本是每个月都要发生，与本月演出业务没有直接关系的行政管理费用，这些费用是公司的基本维持费用，也是演出公司的成本底线，是获得业务收入后应最先抵补的成本开支部分。变动成本是指演出公司因为开展具体业务而发生的业务成本费用，这部分费用可以准确归集在一个具体演出项目中，之所以称为变动成本，是因为它是随着业务的变化而变化的费用，如果没有业务发生，就不会出现。变动成本项目包括市场调研费用、差旅费用、前期投入费用(主要包括宣传费、预付剧场租金、预付合同押金等费用)、直接项目费用、项目奖励费用等。

2. 价格管理策略

演出服务价格一经确定后，仍要制定"收放自如"的弹性管理策略。演出营销人员可以在以下项目中合理应用价格策略，达到营销目的。

(1) 折扣与折让。可以根据许多理由来使用让利手段，考虑的主要因素有数量(场次)折扣、交易折扣、现金折扣、季节性折扣。

(2) 交通运费负担。对运输费用可以有选择地争取，但一般情况下，让演出需要人决定交通运输方式和负担方式。

(3) 演出附加服务定价。这些内容不容易量化，但必须有所约束，如演员的数量与质量、顾客的特殊需要等。

(4) 价格控制。对报价系统要了然于胸，不能出现互相矛盾的报价，可以采取统一代理价格，建立价格保证制度，或者确定场次与价格的关系等方法实施价格控制。

3. 慎用价格促销手段

利用价格手段作为销售促进工具，其作用非常有效，方式和手段也较多。但要注意演出服务的特性，谨慎使用。下面介绍一些在使用价格促销策略中需要注意的事项。

(1) 为了上市特惠低价。为了庆祝演出服务新产品上市，演出服务营销人员可以特价鼓励观众前来购买，以便加快新产品的扩散速度。在这种情况下，注意要标明优待期间和场次，以免日后造成困扰。

(2) 打折。打折是最常用于吸引消费者的价格工具之一，演出服务新品面市可以打折，演出服务企业周年庆典也可以打折，演出季更应该打折。事实上，只要找到一个理想的时间和恰当的诉求点，打折可能都会产生不错的效果。但打折不能常用，且一定要运用"折扣依赖"心理，否则消费者会形成弹性疲乏，不打折不购票，打折时候才行动，演出服务的品牌形象会受到致命打击。

(3) 预付演出费。演出服务企业都曾受到演出费欠款问题的困扰，这与企业执行的演出收费政策有密切关系，如果坚持在演出服务前结算，欠款问题可以解决，但会制约演出场次的增加；放松对演出付款的管理权限，演出场次会大量增加，但必须做好坏账准备，并做好相应的收款管理工作。

(4) 直接降价。直接降价会出现在经济效益不好的年景和行业竞争激烈的时候，但要注意：①降价要有充足、合适的理由向消费者、同行业交代；②看准时机；③尽量避免同行业价格大战。

(5) 变相降价。与直接降价相对的就是变相降价。在使用这一策略时，演出服务企业并不直接降低价格而是以种种方式让消费者感觉比较便宜，如赠送演出纪念品等。另一种方法是以量取胜，消费者多看演出或多买同一场票可以获得优惠价格。所以，在不直接降低售价的前提下，营销人员还是有许多营销技巧可以让消费者觉得演出服务的价格比较便宜。

(6) 心理定价。定价与消费者的心理之间有密切且微妙的关系。依据消费者心理，可以提高价格，也可以降低价格。使用心理定价的前提是能够准确把握消费者心理，否则，营销效果会适得其反。

7.2.3 演艺业促销

1. 演出服务促销组合

演出服务促销组合是指演出服务企业根据演出促销的需要，对广告、销售促进、公共关系、人员推销4种方式进行适当的选择和整合使用，以实现企业的促销目标。针对演艺行业的特点，可以采取如下几种方式的促销组合策略。

(1) 演出服务广告宣传与销售促进相结合。演出企业通过精心准备宣传品，发布大量广告信息，势必会烘托良好的营销气氛，但广告内容若缺乏有说服力、有吸引力的购买理由和卖点，很难引起潜在观众对演出服务的购买冲动。而在这时配合演出服务销售促销，也就是实施销售促进策略，比如买二赠一、八折优惠、抽奖等活动方式，就会让潜在观众产生购买欲望。这是因为生动的广告宣传可以对消费者视觉、感觉形成冲击，而销售量促销作为生动化的延续可为消费者提供购买理由。

(2) 企业形象促销与企业通路(经销渠道)促销的整合。演出服务企业形象在企业通路中影响巨大，因而很多企业都愿意针对通路(经销渠道)塑造良好的企业形象，比如召开新闻发布会以及邀请通路成员参与企业的有关庆典、首演招待会、年会等。企业不能仅仅通过这些会议来达到传播企业形象的目的，必须同通路促销结合起来，在企业实行通路促销政策的同时，把良好的企业形象传播给公众，使公众相信企业，从而引发对品牌的认知、消费和忠诚。如刘老根大舞台通过培养明星演员、积极宣传"绿色东北二人转"等手段，来树立良好的企业形象，从而提高全国各演出场馆的销售收入。

(3) 公共关系策略。除了广告宣传、销售促进等直接的促销方式外，通过巧妙使用公共关系策略，可以提升社会和观众对企业的认知度和美誉度，加深观众对演出产品的了解和认可，提升消费者的品牌忠诚度。下面我们以京剧版《哈姆雷特》在荷兰的成功演出为例，来说明公共关系对于演艺产品的促销作用。2007年，上海京剧院在海牙舞蹈剧院演出了根据莎士比亚名剧《哈姆雷特》改编的京剧版《王子复仇记》，获得了当地观众的热烈好评，演出票全部售出。该剧的成功演出与演出前的努力是分不开的，为了让当地观众了解中国京剧的文化知识，演出机构与当地文化部门、学校、孔子学院等合作，组织了三场关于中国文化以及京剧历史、乐器、行当等知识的讲座。开演当天，还在剧场内举办了一个小型讲座，观众凭票可免费入场听讲。通过这些公共关系活动，大大促进了观众对演出的消费欲望。

2. 演艺促销组合需要考虑的因素

企业在进行演出服务促销时，要考虑促销预算如何在各种促销方式之间分配，以达到最佳的促销效果，这是演出团体和演出经纪人、演出商需要认真决策的问题。促销预算限制了总的经费资源，而各种促销方式的优缺点，又决定了要根据不同的情况，采取不同的促销组合方式。一般说来，企业将促销预算分配到各种促销方式时，即确定促销组合策略时，除了需要考虑演出服务企业的战略目标和阶段性目标外，还要考虑以下几个因素。

(1) 演出产品类型。不同种类的演出，具有不同的特点，这些特点决定了不同的促销方式适合不同的演出类型。比如，对于京剧演出，采用销售促进方式比广告方式更有效，而歌舞类演出促销利用广告宣传方式更为有效。

(2) 推式策略和拉式策略。推式策略是重点做演出经纪人、中间商的工作，把演出推广的任务交给中间人，而由中间人再推向观众市场；拉式策略的重点是直接面向观众促销，从而拉动整个分销渠道的运作。针对不同演出产品的特点，选择合理的促销策略对于产品促销的成功至关重要。

(3) 目标受众的特点。目标受众是指促销活动要面对的重点目标观众群体，如青少年观众、大学生、中老年人群、外国观众都可能成为演出的目标观众群体，需要采用的促销方式势必要有所差别。在实际工作中，演出服务企业最容易犯的低级错误，就是促销手段的固定模式化，不论什么性质的演出，都使用一样的促销组合。例如，媒体"炒作"、广告等简单的组合，显然这样的促销效果是不会太理想的。

(4) 演出产品的生命周期阶段。在不同的产品阶段，产品在演出市场的知名度、地位、观众喜爱程度都不同，采用的推销方式也应根据不同的阶段有所侧重。例如，某项演出刚进入市场应以广告宣传、短期促销方式为主，进入市场成熟期后应注重产品形象宣传，以提高观众的品牌忠诚度。

7.3 演艺业营销创意与策划

演艺业营销从来不缺乏创意，也正是因为创意才使得演艺产品不断推陈出新，满足人们不同的精神消费需求。本节主要从市场营销的角度分析演艺市场创意与策划的特点，以帮助读者掌握演艺市场营销的创意方法和技巧。

1. 演艺业创意的特点

(1) 娱乐性。消费者接受演出服务，一定是想通过演出获得精神上的放松和满足，从观看演艺节目中得到快乐和享受，所以在进行演艺业创意和策划时，首先要注意娱乐性这一特点。从现在的地方戏曲演出、旅游演艺节目中都可以看出，演出产品的娱乐性设计非常重要。

(2) 休闲性。看演出、听音乐会等活动并不是人们日常工作学习中的一部分，而是利用闲暇进行的一项休闲活动。演艺业属于休闲娱乐文化产业，因此相应的演艺业创意也必然要具有休闲的性质。消费者在进行演出类的消费过程中，实际上就是在消费自己的休闲时间，因此不能为消费者提供休闲娱乐的创意必然是无法成功的。

(3) 文化性。与所有的文化产业创意一样，演艺业同样要看重对文化差异的把握。特定的环境、风俗、民俗会对不同地域的演艺业创意有所限定。演出娱乐业的创意者必须了解当地的社会文化，只有贴近当地的民风民俗才能使创意得到人们的认同，人们才会愿意使用他们的时间和货币进行演出消费。

(4) 教益性。教益性是演艺业区别于其他休闲娱乐文化产业的主要特性之一。一般来说，人们在休闲娱乐时并不会把主要的目的放在"受教育"上。然而，由于文化演出必然会涉及一定的情节和内容，而这些情节和内容往往是对人们日常生活、工作、学习的提炼，观众在欣赏演出节目的同时便会受到节目内容的感染而自觉或不自觉地与自己的实际生活进行联系。这就要求演出娱乐业的创意人员在演出节目的把握中注意节目的教益性，引导一种乐观的、积极向上的生活态度。当然，目前部分观众也存在着排斥教益性节目的"逆反情绪"，这就需要创意者根据不同的目标受众来设定创意方针或在"寓教于乐"的创意上下功夫。

2. 演艺业的策划程序

演艺业的创意与策划是一项系统过程，即便是再小型的演出项目都需要事先精心地策划和包装才能登上舞台。演艺业的策划实施过程可以参考以下7个实施要点。

(1) 市场环境和消费者需求调研。进行市场环境和消费者需求调研是许多策划的必备步骤，演艺业当然也不会例外。对于整体市场环境的调研有助于企业了解当前市场环境背景，了解竞争对手的生存状况以明确自身的优势和不足。对于消费者需求的调研则有助于企业明确演出项目的定位和对演出节目进行整体编排，前期调研是成功进行演艺业策划的根本保证。

(2) 确立演出项目定位。用"众口难调"来评价演艺市场消费者的需求状态是最贴切的，演出编排者很难在一台演出中满足所有观众的需求。既然不能"求全"，就要"求精"，策划人员应当根据市场调查结果，了解当下社会群体的价值取向，结合消费者个人偏好，选取大多数消费者的需求共性作为参数。最后根据企业自身的优势和劣势，确立鲜明的演出项目定位，并作为整个演出的基调和衡量标准。

(3) 设定符合各类需求的演出节目。确定项目定位后就要进行演出节目的初步框架搭建。在这一过程中，要尽可能弥补"求精"所带来的弊端，可巧妙地安排部分与整体定位不一致的节目以满足小部分观众的需求。当然，考虑到整个节目框架，仍要注意结构的篇章分布，与整体定位不一致的节目要尽量少出现甚至不出现。在满足消费者需求的基础上，节目设定还需要考虑到企业自身的特点，不能因为观众喜欢看什么节目就一定要演什么节目，如果企业实力达不到要求也不应勉强。此外，对于整体市场环境和政策环境的把握也十分必要，否则在演出过程中可能会出现不必要的麻烦。

(4) 筹集演出资金。筹集足够的演出资金是演出得以顺利进行的保障。演出资金包括企业自身拥有的资产，可称为"自有资金"；也包括通过合作经营的方式筹集来的"合作资金"；还包括通过政府申报获得的"政府财政支持"；当然也包括向银行贷款或采用众筹的方式的筹集的资金。

(5) 演出节目创作。资金到位后，就可以进行演出节目的创作了。演出节目的创作应当严格遵循先期的节目框架进行。在创作过程中可以根据导演、编导和其他创作人员的艺术要求进行小范围的调整。在这一期间，节目的主创人员需要进行充分的沟通和协调，求同存异，确保节目创作的有序推进。同时，要特别注重知识产权的问题，绝不能有抄袭和剽窃艺术创作的行为，否则，将要承受巨大的经济损失和社会声誉损失。

(6) 节目排练制作与评估。节目排练过程中应注意对演员的管理，这就需要有高素质的组织者，组织者要能够了解前期策划的所有过程，并有很强的号召力，以便顺利做到"上传下达"。节目排练一段时间后可以进行试演，并邀请部分专家或者普通观众观看，根据试演的效果和专家、观众的意见对节目进行调整。这里要注意的是，此时的节目调整力度不宜过大，不然会引起演员或编导人员的不满情绪，不利于演出的推进，因此应限于在一定范围内的微调。

(7) 衍生产品的开发。对于演艺业的策划者来说，节目公演并不是终点。在节目演出成功或者不成功之后，节目的策划团队都应当进行及时的总结分析，以便对节目进行进一步的改进。同时，对于成功的项目来说，趁热打铁推出衍生产品是一个不错的选择。开发衍生产品不仅能增加企业收益，也会提高企业品牌的社会认知度。

3. 演艺业的创意与策划实例

近年来，在演艺业高速发展的背景下，尽管没有形成完整的策划理论体系，但许多值得借鉴的案例已经浮出水面。从这些案例中，我们可以看到优秀的创意策划者的思维结晶，也可以从中举一反三，总结规律，为实际的创意策划工作提供参考。

1) 纳西古乐的复苏

云南丽江，在这块被称为"人间仙境"的地方，人们在古桥流水边悠闲度日，看灿烂阳光照耀生命的年轮，用雪山圣水洗涤灵魂的尘埃。如今的丽江是旅行者的天堂，而在19世纪80年代之前，它还是一个名不见经传的偏远小城。丽江的改变在于它看到了自己所拥有的财富，以及深厚的文化底蕴。丽江的成功得益于城内众多的文物古迹，得益于灿烂神秘的纳西东巴文化，得益于犹如仙乐一般的音乐瑰宝——纳西古乐。纳西古乐曾濒临灭绝，是一位老人挽救它于危难之中，他就是滇西传奇人物宣科。在老艺人的相助之下，发掘出大约十几支曲子，纳西古乐会就这样被重建了。至今，世界各地的观众不远万里赶到丽江，就是为了聆听这段天籁之音。细细想来，纳西古乐缔造的奇迹并不是偶然的成功，正是人们认识到了纳西古乐的珍贵，也正是丽江所具有的深厚的文化底蕴，才吸引了世界各地的人们奔赴丽江，享受这样一场古文化的盛宴。

2) 宋城千古情的"创意舞台"

"给我一天，还你千年"是杭州宋城喊出的响亮口号。也许有人会嘲笑宋城人的狂妄自大，也许有人会质疑他们那些仿造的景致，但宋城演艺事业的成功却是有目共睹的，尤其是《宋城千古情》的实景演出，已成为宋城品牌宣传中的一大亮点。

有人把《宋城千古情》的成功归结为创作者对宋朝文化的精确把握。然而，看过《宋城千古情》的观众大多会被那变幻莫测的舞台布景所深深吸引，而这也正是《宋城千古情》区别于其他类型歌舞剧的重点所在。在《宋城千古情》的舞台上，暗藏着200多个可移动的机械设备，单凭这一点就足以让人惊讶。移动舞台、移动座位、移动瀑布、舞台喷泉、喷洒龙头、弥漫香气、升降幻笼、升降宝塔、升降吊桥、时光隧道……这些贯穿始终的舞台效果调动了全场观众的视觉、听觉、触觉、嗅觉和想象力，大大增强了演出所带给观众的震撼力，真正把现场观众融入演出的意境之中。因此，《宋城千古情》的成功在很大程度上得益于在创意和策划过程中充分应用了舞台效果，这样的"创意舞台"值得众多演出界的创意策划人员学习和借鉴。

3)《印象·刘三姐》的奇迹

2004年春天，由源远流长的刘三姐民歌演变而来的大型山水剧《印象·刘三姐》正式开演。演出中有山、有水、有动人的乐曲、有优美的舞蹈、有美丽的姑娘、有展翅的雄鹰……这些仿佛只能在仙境之中才能看到的景象却在一个小小的舞台上上演着。《印象·刘三姐》公演之后，引来了如潮水般的观众，开演第一年就接待观众30万人次，在之后的三年中，一共接待了从世界各地慕名而来的游客160万人次。如此辉煌的经营业绩称得上演艺业历史上的一座里程碑。那么，究竟是什么让《印象·刘三姐》获得如此巨大的成功呢？事实上，整个演出的亮点就在于那300多个当地村民和渔民的演出，"红绸""渔火""牧歌"这些原本只在乡郊野外才能见到的景象，就这样被那些来自演出地附近5个村庄的农民生动地演绎出来。他们并没有扎实的演出功底，也并不太懂得舞台艺术，然而他们运用他们那份质朴的乡情吸引了一批又一批旅客的驻足留恋，将很多人眼里的"下里巴人"的农村文化演绎成一幅唯美的画卷。《印象·刘三姐》的例子充分说明，演艺业的竞争并不一定是明星大腕儿的比拼，而是对休闲娱乐文化产业整体意义的把握和创新，以及对市场需求的深入挖掘。

本章小结

本章分析了演艺业营销的相关问题。演艺活动是人们生活中重要的娱乐消费内容，掌握演艺产品的特征和演出市场运行规律，对于促进演艺市场的发展具有重要意义。演艺业具有独特的行业特点，演出市场随着整体经济的增长而快速发展，并呈现新的发展趋势。出于营销实战的需要，学生应该掌握演艺业产品质量管理、价格策略、促销策略以及演艺业的营销创意与策划技巧，以便于制定恰当的演出营销策略。

思考题

1. 简述演出市场的发展现状。
2. 简述演艺业营销策略。
3. 简述演艺业的策划程序。

章末案例

英国戏剧演出的经济价值

近年来，随着各国文化产业的发展，文化产业对国民经济发展所起的作用日益受到关注。如何认识和界定这种作用，并以此为依据来制定科学的文化政策和管理措施，成为负责文化领域宏观管理和政策制定的政府职能部门所思考的问题。在英国，作为创意产业之一的戏剧产业十分发达。随着戏剧演出对英国经济直接和间接的带动作用逐渐被认识和重视，英国文体部等政府机构积极开展了相关研究，探讨戏剧业在英国经济发展中的重要性，并出台相关的促进措施，以使戏剧产业为英国经济做出更大的贡献。

一、戏剧业对英国经济的作用

2001年12月至2004年4月，谢菲尔德大学的学者谢拉德受英格兰艺术理事会的委托，针对英国所有剧院的演出活动对当地经济所产生的作用进行了深入细致的研究。谢拉德在他的《英国剧院的演出活动对经济的带动作用》一文中列出3个伦敦以外的剧院，以此为例说明戏剧演出活动对当地经济的作用。

第一，位于格洛斯特郡的普通人剧院(Everyman Theatre)是一家领取地方政府补助的中型剧院，可容纳672位观众，演出票价在7英镑至15英镑之间，当年的演出活动花销为410万英镑。第二，位于诺丁汉市的皇家中心剧院(The Royal Centre)是一家商业运作的大型剧院，可容纳2 000位观众，演出票价在25英镑至40英镑之间，当年演出活动花销约为940万英镑。第三，位于英格兰中部的德比剧院(Derby Playhouse)是一家领取政府补贴的小型剧院，可容纳500位观众，演出票价在9英镑至20英镑之间，当年演出活动花销为390万英镑。

上述每个剧院都直接或间接地对当地经济做出了不同程度的贡献，直接贡献包括剧团在当地购买补给和支付当地雇员的花销；间接作用包括直接贡献带动下的二次开销，比如，剧院在当地公司购买补给的开销以及这些公司支付其雇员工资，雇员再用工资支付在当地的生活开销。所有这些花销周而复始地在当地循环，提供工作机会，促进经济增长。外地观众在用餐、交通、购物等方面的消费，对当地的经济也起到十分重要的作用。剧院由于演出活动而保持了就业率，从而引发新的经济活动，成为经济和社会再生产的动力源。根据报告提供的统计数字，戏剧演出行业2002年至2003年为英国创造的经济价值高达38亿英镑，其中伦敦西区约占20亿英镑；在全英国文化领域里就业的人员达648 900人，其中伦敦西区约为40 000人。另外，在英国，剧院还是最受志愿者欢迎并愿意提供服务的场所，英国至少有16 000名义工在剧场提供服务。

二、品牌效应：吸引海外游客，创造就业机会

英国的戏剧艺术闻名世界，在剧目创新、演出质量及演员整体素质方面都达到了很高

的水准,称伦敦为世界戏剧之都并不为过。如果单以上演戏剧的种类、数量或观众人数而论,就连纽约的百老汇也难以与其媲美。伦敦每天公开售票的舞台表演多达200场,其中最有名的演出主要集中在伦敦西区。伦敦西区已成为英国戏剧中心的代名词,在不到1平方英里的区域里,聚集了42家商业性经营的剧院。

不仅仅是伦敦西区营造了良好的戏剧整体环境,英国戏剧中的很多经典剧目也具备了强大的品牌效应。例如,音乐剧《猫》的演出时间超过30年,而英国大师级音乐剧作家安德鲁·劳埃德·韦伯的经典作品《歌剧魅影》也已连续上演了30几年,每场座无虚席。这个剧目还同时在纽约、马德里、布达佩斯和南非上演,其全球票房收入已达到17亿英镑,超过有史以来的任何一部电影或者舞台剧。高水准的表演艺术使英国的旅游业受益匪浅。根据英国旅游局公布的数据,英国每年的旅游收入中约有20亿英镑来自与文化相关的项目。其中,伦敦西区已经成为伦敦旅游业的一个品牌文化产业园区,许多海外游客甚至把到西区看演出列为去伦敦旅游的重要项目。丰富多彩的文化生活也使得很多外国公司选择伦敦作为其驻地,越来越多的国际性会议也选择在伦敦举办,一些会议还专门组织到伦敦西区观看戏剧演出,成为这个国际性大都市的一道独特风景。

在谈到西区对促进伦敦旅游业和经济发展的作用时,西区的地方政府负责人西蒙·米尔顿说:"西区剧院是伦敦市中心的一部经济引擎。正是因为有了这些吸引人的演出,人们才会乘坐飞机来伦敦,正是因为有了这些剧场,酒店里才会顾客盈门。"伦敦西区为英国的国民经济创造了可观的价值。从经济作用的角度看,伦敦西区剧院同其他地方剧院的最大区别在于,大多数人都把到西区看演出当做一次重要的出行活动,因此观众的消费心理和方式都会有所差别。同时,不同口味的观众在西区都能找到自己喜欢的节目,西区的优势就在于能在有限的空间内为观众提供多样的选择,以节目的集体优势来吸引庞大的观众群,从而产生连锁的经济效应。剧院及其周边的餐饮、住宿、交通等服务行业都相互依存,产生了十分可观的经济力量。以剧院为起点,西区周边的各国风味、各种情调的餐厅林立,电影院、音像店、酒吧、室内游乐场、商店比比皆是,街头艺人的节目五花八门,游客摩肩接踵,一派文化、旅游完美结合的繁荣景象。到伦敦西区看演出的观众要比其他地方的剧院观众开销大得多,他们为交通、用餐、饮料和孩子花的钱都比较多。每位观众在门票上的消费约为53英镑。2003年度,西区29家剧院的门票总收入达到3亿多英镑。

三、政府支持发挥巨大作用

戏剧演出活动每年能创造38亿英镑的产值,应该说英国文化新闻体育部多年来为贯彻其对戏剧创作的鼓励政策所设立的指导性拨款功不可没。多年来,英国文化新闻体育部每年拿出1亿多英镑,通过全英国4个艺术理事会对各种戏剧创作项目实施小额资助。这些小额资助实际上是一种指导性拨款,对戏剧表演艺术的创作,特别是带有一定风险的尝试性创新可以起到鼓励和推动作用,很受业内人士欢迎,被称为英国戏剧艺术长盛不衰的动力源。英国政府每年通过4个地区艺术理事会下发的资助款额分别为:英格兰1亿英镑、苏格兰1 280万英镑、威尔士640万英镑、北爱尔兰210万英镑。

在戏剧演出行业内,为鼓励部分新创作的戏剧艺术产品在条件许可的情况下逐步转向商业演出市场，艺术理事会会鼓励商业演出机构同领取资助的非商业性院团之间的合作，特别是有可能促进就业增长的被资助项目，这种合作可以为非商业院团创造收入。艺术理事会认可这种自创收入的重要性，既不减少对其资助的金额，也不寻求任何回报，以示对此类院团在这方面所做的努力的认可。尽管艺术理事会提供资助的项目不以商业探索为主要目的，但这些领补贴的戏剧制作最终会让商业制作人、剧院经理等受益。例如，伦敦西区的49家剧院以自负盈亏的商业剧院为主，只有皇家歌剧院、英格兰国家歌剧院、皇家剧场、皇家国家剧院和皇家莎士比亚剧院享受政府资助。这5个剧院规模较大，在国际上享有盛誉，为当地创造了许多就业机会和经济效益。

资料来源：http://blog.sina.com.cn/s/blog_4b7460830100b14b.html. 有删改。

问题：

1. 结合案例，分析英国戏剧演出行业对英国经济的作用。
2. 课后查找资料，分析《猫》或《歌剧魅影》长盛不衰的营销之道。

第8章
图书市场营销

> 章前引例

看《蔡康永的说话之道》如何营销

　　凭借《康熙来了》这档综艺节目而闻名的我国台湾著名艺人蔡康永，与盛大文学聚石文化图书公司牵手，推出了他的第一本实用书《蔡康永的说话之道》中文简体版。该书自上市后销量一路飙升，成为2010年至2011年跨年度销量最给力的名人书籍。《蔡康永的说话之道》已在中国图书出版界成为一个新的标杆，它的成功值得当局者、旁观者对图书市场的现状进行更深层次的思考。

　　《蔡康永的说话之道》的热销与其名人效应有着很大的联系。但相较于其他名人书籍，蔡康永的写作风格不是传记也不是随笔，而是"术业有专攻"，一个在"讲话"方面成功的人士来和大家分享他的成功经验。该书对受众群体的定位十分精准，面向初入职场的菜鸟或即将毕业的大学生。他不仅教会了职场新丁们如何与人相处，还讲述了朋友之间、同事之间讲话的技巧，贴近生活，娓娓道来。因此，《蔡康永的说话之道》不仅是本明星书，同时也是一本工具书。

　　在《蔡康永的说话之道》的整个营销过程中，"蔡康永的知名主持人身份+他所著的《蔡康永的说话之道》+大学现场讲授如何说话+当地书店签名售书"这几个环节构成本书成功的营销流程。新书上市前期，通过大量的媒体曝光进行宣传，一则曝光新书的内容，二则将蔡康永内地巡讲和签售的消息铺向全国，不断增加宣传的广度。这其中也包含各种网络营销方式，在每一个营销环节，都着重强调了目标读者群体对本书的认知度。在宣传的过程中，蔡康永没有让任何读者失望而归，每场活动都不遗余力，直到签完最后一本书。

　　资料来源：刘吉波，周葛.《出版物市场营销》典型案例评析编著[M]. 北京：中国书籍出版社，2014：183-185.

　　《蔡康永的说话之道》一书的成功并非偶然，应该说是"天时地利人和"的结果，它的成功过程，足以让每一个人心悦诚服。

　　随着出版企业的蓬勃发展，出版社体制改革的持续推进，出版业的市场竞争越来越激烈，各个出版企业越来越意识到"营销"在图书市场上的重要性。树立图书市场营销观念，并采取相应的市场营销策略，已成为关系出版企业生存和发展的重要问题。

8.1 图书市场营销概述

8.1.1 图书的概念

　　关于"图书"，中国古人曾从不同的角度下过定义。例如，"百氏六家，总曰书也"(《尚书·序疏》),该定义是从图书的内容方面出发的;"著于竹帛谓之书"(《说文解字·序》),该定义是从图书的形式方面出发的。这些定义正确地揭示了当时书籍的内容和形式特征,并且把"书"看做一种特指概念,把它与原始的文字记录区别开来。

随着社会经济文化的发展和技术的进步,图书的知识范围、表达方式、物质载体和制作方法都发生了很大的变化,因此图书的内涵和外延也发生了很大的变化,这就促使人们对图书有了较系统而明确的概念。

1. 图书的内涵

联合国教科文组织认为,凡由出版社(商)出版的不包括封面和封底在内的49页以上的印刷品,具有特定的书名和著者名,编有国际标准书号(IS-BN),有定价并取得版权保护的出版物称为图书。

《中国大百科全书·新闻出版卷》认为,"图书包括书籍、画册、图片等出版物。书籍是用文字、图画和其他符号,在一定材料上记录各种知识、清楚地表达思想,并且制装成册的著作物,是传播各种知识和思想,积累人类文化的重要工具。随着历史的发展,图书在书写方式、所使用的材料和装帧形式以及形态方面,也在不断变化与变更"。

刘国钧(《中国书史简编》)提出,"图书是以传播知识为目的而用文字或图片记录于一定形式的材料之上的著作物"。

李琛(《图书市场营销》)认为,"图书是以文字或图像等手段,记录或播述信息知识,以达到一定目的的物质载体"。

2. 图书的外延

狭义的图书,与期刊、报纸、科技报告、技术标准、视听资料、缩微制品等相区别;广义的图书,泛指各种类型的读物,既包括甲骨文、金石拓片、手抄卷轴,又包括当代出版的书刊、报纸,甚至包括声像资料、缩微胶片(卷)及机读目录等新技术产品。

8.1.2 图书的特点

相较于其他出版物,如报纸、期刊、音像制品、电子出版物、互联网出版物等,图书具有如下特点。

(1) 与报纸和期刊相比,图书是非连续出版物,但可以一印再印;篇幅和出版周期都有较大的伸缩性;内容讲究系统性和稳定性。

(2) 与音像制品和电子出版物相比,图书以纸张为主,仅适用文字及图画等符号记录信息,使用时无须外在播放设备。

(3) 与互联网出版物相比,图书需先复制一定数量的复本,然后开始发行,两个阶段有明显的分界。

8.1.3 图书的构成要素

肖东发指出,不管图书形式与内容如何变化,都具有以下几个基本要素:可传播的知识信息;记录知识的文字、图像及其他信息符号;记载文字、图像信息的物质载体;基本的生产技术与工艺;必要的装帧形式。

吴平指出,图书必须具有下列要素:以信息知识为内容;以文字、图像、声频、视频、代码等作为表述方式;以一定的物质载体作为存在的依据;以一定的形态呈现出来;以一定的生产方式制作。

夏兴通综合了前两位学者的观点,认为构成图书的基本要素有以下6个:知识内容、表达知识内容的信息符号、物质载体、表现形态、生产技术和传播活动。

8.1.4 图书市场营销的含义

1. 图书市场营销的含义

孟凡舟认为,"图书营销是图书发行企业围绕着图书市场和图书交换而从事的经营销售活动,它是图书出版发行企业将图书从出版者传递到读者的一切企业活动"。

方卿等认为,"图书营销是指书业企业为适应和满足广大读者对图书的需求,从市场调研、图书产品开发、定价、促销到将图书产品从出版企业经发行中间商送到广大读者手中,再将中间商及广大读者的意见反馈到书业企业的一系列活动。或者简单地讲,图书营销就是书业企业以图书市场为中心的整体性活动"。

刘信圣认为,"图书出版发行企业以'图书'商品为主体,为了满足读者的需求,通过图书市场进行交换,向社会提供图书和企业劳务,既实现图书的价值,同时图书出版发行企业亦获得一定利润。因此,图书营销是一种综合性的商业经济活动及文化传输活动,同时图书营销也是图书出版发行企业经营活动的中心"。

艾莉森·贝弗斯托克认为,"图书市场营销,是指图书市场调查、目标市场选择、选题开发、图书定价、渠道选择、图书促销以及售后服务的一系列的营销活动"。

从上述定义中可以看出,图书市场营销应该包括以下几点。

1) 营销目的是有效满足广大读者对图书商品的需求

随着市场营销观念的确立,不顾消费者及社会利益单纯追求企业自身利益的观念早已被摒弃,取而代之的是兼顾社会、消费者及企业三者利益的现代营销观念。正如市场营销是以顾客需要为核心,图书市场营销是在最大限度地满足读者需求的前提下考虑其经济效益。同时,考虑到图书作为一种具有科学文化属性的特殊产品,书业企业作为具有科学文化教育功能的特殊企业,决定了图书营销也必须注重社会效益。

2) 营销主体是书业企业

图书营销是书业企业而非其他行业企业的一项基本活动。作为以生产经营图书产品为营销对象的企业类别,书业企业通常包括两大类:出版企业和图书发行企业(包括图书批发商、代理商和零售商)。出版企业和图书发行企业均需要市场营销,而出版企业的市场营销更为重要。

3) 营销活动是整体活动

图书营销不等于图书销售，从营销观念的演进来看，图书销售是推销观念时代的产物，是在产品出现以后通过种种手段完成销售。而真正的图书营销是指从研究市场需求、确立目标市场开始，到根据市场需求确定出版选题，生产图书产品(Product)、确定图书价格(Price)、进行宣传促销(Promotion)、建立分销渠道(Place)，直到把图书商品送达读者手中，并将中间商和读者信息反馈到书业企业等全部活动。

4) 营销活动是市场活动

现代营销观念是在产品供过于求的市场环境下产生的，因此，企业的生产和经营必须以市场为导向，要树立市场意识。企业营销活动有效与否是以市场上顾客认可与否来衡量的，市场是企业生产经营的出发点，也是企业生产经营的归宿。图书营销必须树立市场意识，从经营理念、组织架构、管理方法等多方面匹配市场情况，实现真正意义上的营销。

2. 图书市场的构成要素

图书市场由图书产品、读者、购买力和购买动机4个基本要素构成。

1) 图书产品

图书产品是图书市场的基础构成要素和物质基础。图书产品对图书市场的发展有十分重大的影响。

首先，图书产品的丰富与否直接决定广大读者精神文化需求的满足程度。如果没有丰富的图书产品，图书市场将处于短缺状态，读者对于图书市场的需求就难以得到充分的满足。因此，为图书市场提供丰富的图书产品是对出版业的基本要求。其次，图书产品的品种结构必须与市场中的读者构成及其需求结构相适应，否则，就会影响图书产品价值的实现，从而严重影响出版单位的再生产。

2) 读者

一般而言，读者的数量与规模、年龄结构、教育水平等几个方面的因素对图书市场的发展有着十分重大的影响。读者的数量与规模在一定程度上决定着图书市场的大小。当然，图书消费不同于一般物质产品的消费，它要求读者必须具备一定的文化水平，文盲和文化程度较低的人，即使数量再多，也不会对图书市场产生根本的影响。目前中国居民中，文盲、半文盲占有相当比重，这对于中国出版业的发展是非常不利的。

年龄结构是指不同层次年龄人口的比例关系。粗线条地划分，它主要是指老、中、青、少4个年龄层次读者的比例关系。现阶段中国少儿读物选题重复、内容粗制滥造等现象非常严重，而出版业对老年读物的重视程度还远远不够。

教育水平是指读者受教育的程度，它直接影响读者对图书产品的消费能力。一般来说，教育水平的高低对图书市场有两方面的影响：第一，一个国家或地区的居民受教育的水平越高，其图书消费的欲望就越强烈，用于图书消费的时间就越长，对图书的需求量也就越大。第二，读者受教育水平的高低，影响读者对图书类别及内容的选择。具有较高文化程度的读者，对哲学、社会科学方面的理论著作、史料典籍等较有兴趣；文化程度较低的读者则更喜爱通俗读物、传记文学等。

3) 购买力

购买力即读者对购买图书产品的货币支付能力。就目前来看，中国居民的收入水平还较低，农村居民的恩格尔系数还在50%以上。因此，中国的出版企业应坚持社会效益优先的原则，尽可能降低出版成本，以满足广大读者对图书的需求。

4) 购买动机

读者的购买动机支配着他们的购买行为。在图书市场的4个基本构成要素中，购买动机是最难把握的。通常，读者的购买动机主要有以下几种类型。

(1) 求知。求知是以对知识的追求为目的的一种购买动机，它是读者最普遍、最常见的一种心理活动。

(2) 求实。求实是以追求图书产品的实用价值为主要特点的一种购买动机。事实证明，一些实用性较强的书很受读者欢迎，如词典、教辅资料等。

(3) 求新。求新是以追求图书内容的新颖性为主要目的的购买动机，它实际上也是求知心理的一种表现。这种求新心理在读者中突出地表现为对科技读物的需求上。

(4) 求名。求名是以追求名家名著及知名品牌的图书为特征的购买动机。一般来说，读者追求名家名著及名牌图书主要是为了更好地学习、参考、欣赏和收藏，但也不乏少数读者是为炫耀自己。

(5) 求美。求美是以图书产品的艺术价值和鉴赏价值为追求目的的购买动机。这主要表现为对艺术类图书产品的购买。

(6) 娱乐。娱乐是以追求精神享受的满足为目的的购买动机。它与求美心理不同，主要追求图书产品的内容美。

(7) 好奇。好奇是以满足好奇心为目的的一种购买动机。图书产品主题特殊或内容有争议、出版过程中遭禁以及内部限量发行等，大多会引起读者的好奇心。

(8) 时尚心理。不少读者在购买畅销图书产品时并不是出于实际需要，而是为了追求时尚。20世纪80年代后期，弗洛伊德的著作曾风靡一时，多少是出于这个原因。

(9) 求便心理。求便心理有两种表现：一是图书产品本身使用上的便利，如内容便于查阅、大小便于携带等；二是购买过程中能得到便利的服务，如送书上门等。

(10) 求廉心理。这是以追求图书产品的低廉价格为主要目的的购买动机。从总体情况来看，中国读者的购买力仍然比较低，出版企业以优惠价等方式进行促销对这类读者具有较大的吸引力。

8.2 图书营销环境分析

8.2.1 宏观环境

图书市场营销的宏观环境主要是指书业企业所在行业之外的对整个图书行业具有全面

性影响的因素或力量，如政治、经济、社会、科技等因素。

1. 政治因素

政治因素是影响图书市场营销的非常重要的环境因素，包括社会制度、方针政策、法律法规、社会治安等。这些因素都会对书业企业的营销活动产生不同的影响。

案例8.1
焚书坑儒

> 焚书坑儒是指秦始皇于公元前213年至公元前212年焚毁书籍、坑杀术士和儒士的事件。
> 公元前213年(即秦始皇三十四年)，博士齐人淳于越反对当时实行的郡县制，要求根据古制，分封子弟。丞相李斯加以驳斥，并主张禁止百姓以古非今、以私学诽谤朝政。秦始皇采纳李斯的建议，下令焚烧《秦记》以外的列国史记，对不属于博士馆的私藏《诗》《书》等也下令限期交出烧毁；有敢谈论《诗》《书》的处死，以古非今的灭族；禁止私学，想学法令的人要以官吏为师。此即为"焚书"。
> 公元前212年，两个术士(修炼功法炼丹的人)侯丰和卢生暗地里诽谤秦始皇，并亡命而去。秦始皇得知此事，大怒，派御史调查，审理下来，得犯禁者460余人全部坑杀。此即为"坑儒"。
>
> 资料来源：罗立彬. 文化市场营销学[M]. 北京：高等教育出版社，2013：214-236.

1) 社会制度

为了满足人类基本的社会需要，在各个社会中具有普遍性，在相当一个历史时期里具有稳定性的社会规范体系，被称为社会制度。它包括：总体社会制度，如封建主义制度、资本主义制度、社会主义制度等；社会中不同领域里的制度，如经济制度、教育制度等；社会中具体的行为模式和办事程序，如考勤制度、审批制度等。不同的制度安排对图书市场营销的影响是不同的。但在任何社会制度下，通常情况下，书业企业经营的图书商品都不能与其国家性质及国家意志相违背。世界各国基本都有违禁图书的相关规定。

改革开放后，中国逐步完善社会主义市场经济体制，使得市场成为资源配置的主要手段，这为中国书业企业的图书市场营销开辟了崭新的天地；中国教育制度的改革，使得教育类图书需求剧增；各种考试，如研究生入学考试、出国留学考试、职业技能考试、公务员考试等异常火爆，使得应试类图书需求剧增；为解决城乡差异、民生等问题，针对农村、农业和农民的各种学习和培训需要增加，使得针对"三农"的各类图书需求剧增。

2) 方针政策

政府制定的涉及书业的各项方针政策，是任何书业企业都必须贯彻的。2011年3月19日公布的中华人民共和国国务院令第594号《国务院关于修改〈出版管理条例〉的决定》，指出"出版活动必须坚持为人民服务、为社会主义服务的方向，坚持以马克思列宁主义、毛泽东思想、邓小平理论和'三个代表'重要思想为指导，贯彻落实科学发展观，传播和积累有益于提高民族素质、有益于经济发展和社会进步的科学技术和文化知识，弘扬民族优秀文化，促进国际文化交流，丰富和提高人民的精神生活"，并就出版单位的设立、单位性质或名称等变更、出版活动中止、出版物进口经营、出版物规范、中小学教材出版等内容对2001年12月25日中华人民共和国国务院令第343号《出版管理条例》做出相应的修正。

对于图书市场营销而言，修正后的《出版管理条例》给出的方针政策明确了出版业的根本任务，书业企业都必须围绕这一任务来开展图书营销活动，任何违背这一出版方针的行为都是不允许的。这就决定了凡是与出版方针直接抵触的策略和手段，如买卖书号、贿赂发行、回扣发行等不法营销方式绝不能使用；书号资源不再是出版企业竞争的筹码，市场化的能力已经成为出版业的核心竞争力。此外，还给出了评价书业企业营销效果的重要标准，书业企业的经济效益的取得必须是建立在良好的社会效益的基础之上的，社会效益才是中国书业企业的最高追求。

3) 法律法规

法律法规是对图书市场营销活动影响最直接，也是效果最显著的一种宏观市场环境因素。它对图书市场营销的影响主要是运用法律法规来限制图书的思想内容和图书营销业务活动。对出版公司而言，最重要的权利是知识产权，对出版内容的专有使用权是出版公司赖以生存、盈利的基础。随着我国知识产权法律、法规的不断完善，著作权人及出版者的权利基本得到保护。但我们应该正视的是，虽然法律不断完善，但是监督管理没有完全跟上。监管机构对于音像制品被盗版侵权的重视程度要远远大于对图书及其电子书被侵权的程度。盗版书在许多城市的书店公然开卖，畅销书的电子版在网上被肆意传播。

从国内来看，图书营销相关的法律可以分为三类：第一类是普通的基本法和经济法、民法、商法、知识产权法等与企业有关的基本法规；第二类是针对出版物思想内容的专门性法律法规；第三类是有关图书营销活动的专门性法规。有关图书营销的主要法律法规有《中华人民共和国著作权法》《出版管理条例》《出版物市场管理规定》等。

4) 社会治安

"盛世古董乱世金"，社会治安状况的变化会对其中的民众消费行为产生影响，其中也包括图书消费。现阶段，我国社会稳定，治安状况良好，各种鉴宝节目频出，民间藏宝活动日益繁盛。与鉴宝有关的书籍受到民众的追捧，就是对这一现状的反映。

案例8.2
韩寒等50位作家声讨百度文库

在2011年3月15日"国际消费者权益日"，一份由贾平凹、刘心武、韩寒、郭敬明等近50名作家联合署名的《三一五中国作家讨百度书》以公开信的形式发出，矛头直指百度文库。

事实上，这已不是百度文库第一次被声讨。自这个平台诞生之日起，围绕侵权、盗版、伤害作者利益的争议就从未停歇。

在百度文库正式成立之后的1个月，中国文字著作权协会(文著协)与盛大文学召开联合发布会指责百度文库侵权，盛大文学就旗下5部网络小说向百度提起诉讼。

2010年11月，盛大文学CEO侯小强开始在微博上炮轰百度文库，并表示"百度文库不死，中国原创文学必亡"。盛大方面当时表示，将逐一与相关人士建立联系，发起一场出版界有史以来参与人数最多的反盗版行动。

2010年12月9日，文著协、盛大文学与磨铁图书公司共同发布了《针对百度文库侵权盗版的联合声明》。

面对50位作家的声讨，2011年3月16日，百度回应：百度高度重视互联网领域的知识产权保护，从文库诞生之日起就郑重承诺，如果作家及版权方发现文库用户在上传内容时有侵权问题，只要通过文库投诉中心反馈情况，百度会在48小时以内迅速核实并依法进行相应的处理。并称：截至目前，百度已经通过文库投诉中心，有效清除了文库中数万条用户上传的侵权信息。

背景知识：百度文库正式成立于2009年12月。2009年11月，百度推出了"百度知道文档分享平台"。当年12月，这一平台正式更名为"百度文库"，其自称的运行机制是：用户可以在线阅读和下载多个领域的资料，平台累积的文档，均来自热心用户上传；百度自身不编辑或修改用户上传的文档内容。基于这样的机制，大量的文学作品以网友的名义被上传到百度文库的平台之中。根据百度文库的统计数据显示，截至2011年3月，平台已经拥有近2 000万份文档。

资料来源：罗立彬.文化市场营销学[M].北京：高等教育出版社，2013：214-236.

2. 经济因素

一个国家宏观经济的发展状况对书业发展的影响较为深远，书业企业在制定营销战略时，必须充分考虑企业面临的宏观经济发展状况。随着经济的发展，居民的消费水平显著提高，有力促进了居民消费结构的优化，使得图书消费的扩大成为可能。图书不是生活必需品，因此，在居民消费水平较低的情况下，难以成为民众购买的对象。但随着收入水平的提高，居民就有增加图书消费的可能。

我国著名学者寇钧锋指出，"图书消费同其他商品的消费一样，首先受制于收入水平并和它呈同方向变动，但不是同比例地变动。边际消费倾向是指新增加的单位收入中用于消费的比例。对于图书消费而言，不同收入水平的边际消费倾向存在明显的不同。边际消费倾向是递减的"。例如，一个家庭的月收入为1 000元时，用于图书消费的可能性预算是月收入的5%，即50元；但其收入增加到10 000元时，图书消费一般达不到500元，图书边际消费倾向随收入的增加而减少。据有关方面统计，我国图书消费的增长速度低于经济整体的增长速度，可以从这里得到印证。

3. 社会因素

社会因素主要有人口和社会群体两大因素，它们都会对图书营销产生影响。

1) 人口因素

著名营销学家菲利普·科特勒指出，"市场营销人员感兴趣的第一个环境因素就是人口"，图书市场营销必须关注人口因素的变化，包括人口总量及增长率、人口结构等。

人口结构包括年龄结构、教育结构等。人口结构的这些方面对书业企业的营销都有不同程度的影响。一般而言，不同年龄的人口，其生理、心理都有一定的差异，这就导致其各自的需求及购买行为的不同。

根据美国相关机构的调查结果，读者对图书的需求量随着受教育程度的不同而不同，从而影响读者的需求结构。受教育程度影响人们对知识的兴趣和需求，决定人们选择不同传播媒介的偏好，影响人们对图书内容的需求。

2) 社会群体因素

不同社会群体的图书消费需要和购买能力存在差异，因此，其图书消费也存在差异。

例如，我国著名学者邢千岩将购书对象分为党政领导干部、科研院所工作人员、企业领导干部、中高级职员、农民工、城镇居民职工、农民、学生、军人干部、士兵10个类别，其研究表明：①党政领导干部群体对党政类图书及官场文学类图书较为关注；②科研院所工作人员购买图书以工具类和学科前沿类为主；③农民工、农民、城镇居民职工以及士兵群体购书人数较少；④学生群体是购买图书最大的群体。

4. 科技因素

"科技是第一生产力。"科技的飞速发展、劳动力生产水平的提高，极大地影响了图书的市场营销，可谓喜忧参半。

喜的是，图书生产技术主要有电子照排技术、现代印刷技术及计算机网络技术等，提高了图书的生产效率，就等于提高了书业企业的市场反应速度；劳动力生产水平的提高，使得人们拥有更多的休闲时间，这将促进图书的消费。

忧的是，科技的飞速发展加快了图书的老化速度，尤其是科技类图书的老化速度；音像制品、电子出版物及电子信息网络技术的发展和普及，由于其媒体自身的技术含量高于传统的纸质图书，而且更新时效快，深受广大消费者的欢迎，人们在阅读方式上将面临更多的选择，年轻人喜欢通过数字媒体去获取信息，这无疑冲击了传统图书的消费市场。

8.2.2 微观环境

图书作为商品，其市场营销面临的微观环境同样包括顾客、供应商、竞争者三部分。但由于图书的特殊性，对其顾客、供应商和竞争者的分析同其他商品的相关分析有所不同。

1. 顾客

顾客既是图书营销的出发点又是归宿点，不同的目的引出不同的顾客群。例如，为了个人消费，个人或家庭组成消费者市场；为了再销售以获得利润，形成了中间商市场；为了向公众或成员提供服务，公共图书馆和各学校或科研单位等构成了组织市场。每一种顾客市场类型都有自己的特征，营销人员需要仔细研究。

同样是个人消费，图书构成要素对读者阅读心理有影响，如内容、书名、作者、出版者、定价和它的物质形态——纸张、印刷、装订形式，以及有关服务等要素。此外，不同年龄的阅读群体的心理行为特征及阅读倾向对图书消费也有影响，儿童、青年、中年和老年读者心理特征有一定的差异，营销人员需要认真研究。

2. 供应商

图书出版的整个供应链条包括出版社、材料(纸张)供应商、书稿加工审读合作者、封面设计工作室、校对合作者、排版公司、印刷厂、仓储公司、运输公司、图书批发商、图书零售商等。

此外，银行、信贷公司、保险公司以及其他对货物购销提供融资或保险的各种公司和广告公司、营销咨询公司等，也在为企业提供营销服务。

3. 竞争者

从营销的观念看，狭义上的竞争对手是指以相似价格、相似方式向相同顾客提供相似产品的其他企业。但实际上，在较广泛的意义上，竞争对手可能放宽到所有提供相同服务和产品的企业。在更加广泛的意义上，竞争对手还包括所有彼此争夺顾客手中钞票的企业。如此说来，出版社或书店可以认为自己也在和电影院、游乐园、咖啡馆等竞争。

8.3 图书市场营销策略

8.3.1 图书市场营销产品策略

产品是图书营销的基础，其他的一切营销活动都建立在产品之上。只有图书本身符合市场需求，在市场上具有竞争力，图书营销的其他步骤才能顺利开展。

1. 树立正确的产品观念

"生产你能够销售的东西，而不是销售你能够生产的东西。"这是现代市场营销学的一句著名口号，实施以消费者为导向的产品策略应该成为出版企业整个经营活动的准则。

2. 产品开发策略

在图书营销策略中，图书产品策略居于中心地位。此外，新产品策略中的抢先型和紧跟型策略，以及优势产品经营策略、最低成本型图书策略等也十分重要。

1) 抢先型策略和紧跟型策略

图书产品经营策略即指出版社出什么样的书，是根据需求尽早组织新品种的选题开发，首先占领市场，还是围绕现有市场已经出现的新产品，开发相类似的图书品种，与先行企业的产品展开竞争，共同占领市场。前者为产品抢先型经营策略，后者为产品紧跟型经营策略。例如，在2001年"知识经济"成为学术界的热门话题之后，山西经济出版社于同年推出了《知识经济论》一书，成为中国当时最早系统地介绍知识经济的图书。在其后不到一年时间内，我国先后陆续出版同类图书近200种，而山西经济出版社出版的《知识经济论》一书正是采取了产品抢先型策略。该书不仅多次重印，而且荣获全国"五个一工程"优秀图书奖，为山西经济出版社带来了可观的经济效益和社会效益。又如，当电视连续剧《笑傲江湖》在中央电视台热播的时候，很多出版社纷纷出版《笑傲江湖》的简装本、精装本、豪华精装本、编剧本、电子出版物等。

2) 优势产品经营策略

优势产品经营策略也是书业企业经常采用的重要策略之一。例如，商务印书馆出版的中外语言工具书在中国出版界独领风骚，"买辞典找商务"，已是人们毋庸置疑的选择。中国人民大学出版社的"考研"图书，清华大学、电子工业出版社的计算机图书，山西教育出版社的作文图书等都以其优势产品在读者心中树立了品牌形象。再如，中国经济出版社围绕"经济"做文章，作家出版社利用"名作家"创效益等，这些都是采取了优势产品经营策略。

3) 最低成本型图书策略

最低成本型图书策略是指出版企业以较低的生产费用、较高的生产效率、科学的经营管理和大批量的生产方式用比市场同类图书较低的定价出售图书，以价格优势争取读者、占领市场的一种经营策略。中国目前有些出版社，每年出书十几万个品种，除去再版书之外，新版书尚有几万余种。如此丰富的图书产品市场为各种不同需求的读者提供了多选择的购书环境，同时也向所有的出版企业提出了新的要求。因此，尽可能地降低图书成本，以图书质量和价格真正打动读者，使读者感到真正的物美价廉已成为每家出版企业首选的图书营销策略。

4) 产品差别化策略

产品差别化策略就是要以能够给消费者带来独特的利益和满足其主要需求为导向，售出产品。在产品高度同质化的今天，企业为了提高产品竞争力，同时也为了吸引消费者对产品的关注，通常都会采取产品差别化营销策略。产品差别化最重要的环节是确定产品的独特性，并通过独特性来赢得消费者的青睐，以建立起产品差别化所带来的竞争优势。为此，企业在推出新产品时，需要大力找寻它的独特性。如果产品的独特性不突出，消费者就会拒绝接受该产品。所以，独特性是影响消费者购买心理极为重要的因素。然而，独特性是有其本身特征的，并不是不经甄别只要拿过来就可以称其为独特性的。若要使产品具有独特性，必须同时满足三个标准特征：必须是独特的；必须能为消费者提供明显的利益；必须能够满足消费者的首要需求。在市场营销中，企业的产品如果具备这三个特征，才可称之为具有独特性，反之则不具有独特性。

3. 图书产品组合营销策略

一方面，出版企业可以对本企业已经出版并受用户欢迎的图书进行横向组合或纵向组合，实现图书系列化，以促进图书的销售。目前，这种图书产品组合营销策略被广泛应用。例如，复旦出版社推出的"复旦博学"系列图书已经出版20多个系列，图书品种近200种，其中包括复旦出版社近年来荣获国家及省市级大奖的优秀图书90余种。另一方面，出版企业还可以对外版图书采用组合策略，如结合引进版的教科书编写出版教学参考书及学习辅导书。例如，西安交通大学出版社在做好引进版图书出版的同时，还充分利用大学的资源优势和学校的品牌优势，积极开发有特色的精品教辅，其中近50种图书荣获国家或省级优秀畅销书奖，取得了相当好的社会效益和经济效益。

4. 图书品牌营销策略

在买方市场环境下，随着竞争的加剧，消费者的选择余地越来越大，没有任何一种产品可以垄断市场。图书品种繁多，而且许多还是相同或类似的选题，图书企业如果不在读者心目中树立自己的品牌，迟早会被读者遗忘，更谈不上什么利润和发展。通过品牌经营，谋求品牌优势，是参与市场竞争、增加市场份额的现实需要。

1) 图书品牌建立策略

品牌的建立是一个整体的、综合性的战略过程。出版企业在确定自身品牌战略时，至少需要考虑三方面的综合因素。

(1) 目标读者最看重、驱动他们做出购买决策的是哪些方面的因素；

(2) 竞争对手在这些关键因素上表现如何；

(3) 自身在这些关键因素上表现如何。

通过这三方面的分析，可确定区别于竞争对手、体现自身独特竞争优势的品牌定位。而品牌定位只是品牌建设的第一步，此后还必须有提炼品牌的核心价值、明确品牌的个性、发布品牌主张、建立品牌传播策略等各个紧密相关的环节。而很多出版企业至今仍在品牌战略的第一个步骤——品牌定位的门外徘徊，无法清晰地理解自身的差异性和竞争优势所在，从而使得自己与众多出版企业形象雷同，性格模糊，与读者之间既缺乏情感联系，也无法让读者产生信任感和忠诚感。

2) 图书品牌提升策略

对于一个品牌而言，产品质量和服务是它的基础所在。图书品牌形成的基础是图书自身的质量，图书质量是图书长久的生命力所在。好的图书质量不等于好的品牌，但好的品牌一定要有好的质量。质量是图书的内在本质，是出版企业生存发展的根本。没有高质量的图书就无所谓好品牌的出版企业。高质量的图书不仅仅包括图书编校的高质量、图书装帧等外观的高质量，更应包括图书内容的高品位，品牌图书应是具有国内或国际领先水平的精品，或是能形成垄断性效果和长远利益的作品。

由于图书质量问题，很多图书的生命周期短暂，难以经受住市场的考验，再加上出版社服务意识的淡薄，使得品牌基础相当薄弱。品牌建设是一个长期的过程，需要持之以恒、不断积累。而一些出版社都把目光放在短期利益上，缺乏对长远价值的追求。典型的表现就是不知如何处理"畅销书"与"长销书"的关系。很多出版企业一门心思考虑的是怎样做出一本"畅销书"，从而在短时间内在市场上获得最大的收益，而忽视了对能够带来持续收益的"长销书"的开发。实际上，畅销书如果不能够转化为长销书，最后的结果往往是昙花一现，对于品牌资产的长期积累并不利而长销书则能够保持稳定的销售，源源不断地为企业创造效益，促进品牌价值的持续提升。

3) 图书品牌延伸策略

图书品牌延伸，是指出版企业利用已有的品牌来推出改进图书或新图书，它是维护和提升图书品牌的一个重要方面。图书的品牌延伸策略主要有以下几种。

(1) 横向品牌延伸策略。出版企业可以从原有的品牌图书出发，开发一系列同一层次的品牌图书，这就是横向品牌延伸策略。例如，电子工业出版社的"飞思教育"是该社在计算机培训图书中的一个品牌，从这个品牌出发，他们开发出了办公软件、图形图像、计算机技术等多个计算机方面的品牌图书。

(2) 纵向品牌延伸策略。纵向品牌延伸策略是指从原有品牌图书出发，开发同一学科门类的其他层次的品牌图书。例如，从原有的本科图书开始，向上延伸可以开发出研究生品牌图书，向下延伸可以开发出高职高专品牌图书。

(3) 发散型品牌延伸策略。发散型品牌延伸策略是指从一个原有的品牌图书出发，向多个方向、多个角度开发相关品牌图书的一种谋略。例如，《大学英语》是上海外语教育出版社的主打品牌，面对新的市场需求和激烈的市场竞争环境，他们推出了集图书、音像、光盘、网络于一体的《大学英语》全新版系列教材。许多出版企业都可以对自己已有的品牌教材进行立体化开发。

4) 图书品牌管理策略

图书品牌管理是一个系统工程，从某种意义上来说，品牌的管理与维护比品牌的创建更重要。同时，品牌也是一种资产，出版企业必须把图书品牌纳入资产管理的范围，通过品牌管理，使品牌资产保值、增值。一个完整的品牌管理体系包括以下几个部分。

(1) 品牌测试与评估。必须建立一套制度，如品牌指数评估体系，对品牌的发展状态保持跟踪测试，定期收集各项品牌指标的数据，并加以分析，通过品牌指标的变化程度来评估品牌推广的成效。

(2) 品牌保护。图书品牌形成后不是一成不变的，除无形资产本身存在功能性贬值外，出版企业内部管理不严，图书质量下降，不法之徒盗用出版企业名义制造、销售假冒图书，也会使出版企业形象、声誉受到损害，都会使图书品牌受到负面影响。这就需要出版社具备品牌保护意识，能及时采取相应的保护措施，如申请商标注册，以获得永久的使用权并对盗版品牌诉诸法律等。

(3) 品牌策略调整。如果市场环境和出版企业发展战略发生了变化，则需要对图书品牌进行适当的调整。例如，高等教育出版社在原有图书的基础上提出建设立体化精品图书品牌，就是在分析新的市场需求的基础上做出的品牌调整策略。培生教育出版集团的高教出版品牌也经过了很长时间的整合，一方面是退出不相关的出版领域，比如该公司在房地产专业教材出版领域很发达，这也是高教领域的一个分支，但是跟其他学科关系不大，所以把这部分卖掉了，这样它的品牌特色变得更加突出。另一方面是内部品牌整合，例如朗文的英语出版品牌有绝对优势，而知道它出版美式英语教材的人并不多，经过整合后，现在它所出版的所有英语书，都挂着朗文的牌子。

8.3.2　图书市场营销价格策略

目前，很多出版企业给图书定价还比较主观和随意，凭经验和感觉进行决策的色彩浓重。主要表现在没有明确的政策指导和机制保障，对定价的相关因素考虑不多，价格制定与营销组合相分离，往往过分主观地以成本大小为导向进行定价，定价的差别变化也不够多样等。

1. 确定图书定价目标

由于所处环境及其自身实力的差异，不同出版企业通常有不同的定价目标。即使是同一企业，其定价目标也不是单一的或固定不变的，而是根据不同图书去选择不同的定价目标，并且随着出版企业整体营销策略的变化而随时调整。一般来说，图书的定价目标主要有以下几种。

(1) 对于预期市场占有率较高的图书，定价目标可定为追求利润最大化或实现预期的投资受益率。

(2) 对于市场竞争激烈的图书，应有意识地通过定价来提高产品竞争力，定价目标应定位于适应竞争。

(3) 对于一些市场需求不大，但为了满足图书的社会效益而出版的图书，其定价目标应是保本或尽量少亏本。

2. 图书定价策略

定价目标确定之后，接下来要解决的便是定价方法问题。图书定价方法主要有以下几种。

1) 成本加成定价策略

这是以成本为中心的传统定价方法，也是出版企业常用的定价方法。就是在定价区间内，以成本作为主要参照，在成本的基础上进行一定加成的定价方法与策略。具体做法是在一定的预测销量下，按总成本估算出一个单位产品的平均成本，然后加上一定比率的预期利润和发行折扣。这种定价方法的优点是简单易行，缺点是忽视了供求状况和竞争状况，可能与市场脱节。

2) 通行价格定价策略

通行价格定价策略就是在定价区间内，以竞争替代品价格作为主要参照进行定价的方法与策略。对于那些在竞争中处于势均力敌、均势地位的产品，可以采用通行价格法进行定价。通行价格法以竞争产品的价格作为有效参照去制定价格，注意保持和竞争替代品的价格均衡，既追求产品的盈利率，又不放弃市场份额追求，这是在较为稳定的市场状态下采取的一种定价方法与策略。

3) 认知价值定价策略

认知价值定价策略就是在定价区间内，以认知价值作为主要定价取向的定价方法与策略。出版企业对那些品牌影响力大的优势产品和有独特价值的产品可以采取认知价值法定价。

一般来说,产品在市场中处于领导者的强势地位,消费者对产品品牌和产品价值的认知度和敏感性就高,定价虽高,但顾客会认为物有所值。比如北京语言大学出版社的对外汉语类图书产品,由于北京语言大学出版社是全国唯一一家对外汉语教学专业出版社,而且多年来出版并积淀了一大批优秀图书,品牌影响力强,认知度也高,其相关产品在市场中自然地位独特。一般来说,这样的产品定价应以追求盈利率为首选,可以消费者对产品的认知价值作为主要定价取向。

3. 图书的折扣策略

对于广大出版企业来说,图书折扣策略则更为常见。

1) 数量折扣策略

顾客购买的图书数量越大,获得的折扣越高。很明显,一次订购1 000本的批发商能比只订购6本的书店获得更高的折扣。

2) 季节折扣策略

图书的销售具有很强的时效性,比如有些图书的销售有很强的季节性。一般来说,对于在图书购买高峰时期之外的其他时间预订或购买图书的客户可以给予优惠的折扣。季节折扣比例的确定,也要考虑图书的成本、储存费用、资金利息等多种因素。

3) 现金折扣策略

如今,每年年底向图书购买者催款成了许多出版企业的难题,因此,对在规定期限内提前付款或用现金付款者给予一定的价格折扣,不失为一种明智之举。采用现金折扣策略一般要考虑三个因素,即折扣比例的大小、给予折扣的时间界线、付清全部货款的期限。现金折扣的比例一般应高于银行利率,以便购买者即使向银行贷款也乐意按期限尽早付款,只有这样才能真正起到激励作用。

4) 品种折扣策略

如果销售商从出版企业那里订购各种各样的图书,而不只是订购正在畅销的图书或者订购那些对出版企业来说更有利润的图书,就可以得到品种折扣。另外,如果图书零售商或批发商订购后不退货,那么也可以得到相应的折扣。

5) 创新折扣策略

这是对进入特殊的市场或开辟新的销售渠道的图书销售商的一种奖励。如果图书销售商能够保证进入一个其他销售商难以进入的特殊市场,便会获得额外的折扣。例如,在英国,如果销售商借助《好书指南》的发行,将图书销往通常难以达到的市场如海外市场,便有资格获得更大的折扣;或者通过直销将贸易类图书卖给了从来不从零售书店买教材的学生,也可以要求出版商给予优惠的折扣。

8.3.3 图书市场营销渠道策略

销售渠道策略又叫分销分配渠道策略,是指选择产品从制造商转移到消费者的途径的方法。

1. 传统图书营销渠道与在线销售相结合策略

随着网络技术的发展和网民数量的增加，营销渠道发展的重要趋势之一是在线销售。读者足不出户便可买到自己喜爱的图书，出版企业可以节约大笔费用，如库存管理费、资金占用费等。同时，对图书市场需求高效、便捷的反应，不但提高了图书库存周转率，还能提高投资收益比。

2. 多渠道策略

影响渠道选择的主要因素有读者特点、产品特性、出版企业自身条件和市场环境等几个方面，出版企业为求发展，可以采用多渠道营销系统，多种模式的销售渠道并存。一般来说，不同层次、不同类型的学校，学生人数差异很大，学生的学习习惯不尽相同，学校选择购买教材的办法也不一样。读者人数少、需求量小或购买频率高、市场竞争相对较小的品种，宜于采用间接渠道、长渠道销售。读者集中、需求量大、要求特殊、偶尔购买、市场竞争激烈的产品，适宜采用直接渠道、短渠道销售。如果出版企业的规模大、声誉高、财力雄厚、经营能力强、管理经验丰富，在选择中间商、控制销售渠道方面会有较大的主动权，可以建立自己控制的销售系统，以求以最合理的销售渠道销售最适宜的产品。

3. 关系型渠道策略

目前，图书营销渠道关系由交易型向关系型转变。在传统的图书营销渠道中，渠道成员都是一个独立的经营实体，以追求利益最大化为目标。在关系型图书销售渠道中，出版企业与图书经销商实行一体化经营，实现出版企业对图书渠道的集团控制，使分散的图书经销商形成一个整体，图书营销渠道成员为实现自己或大家的目标共同努力，追求双赢或多赢的局面。出版企业以协作、双赢、沟通、效益为基点来加强对销售渠道的控制，出版社与图书经销商共同致力于提高图书销售网络的运行效率、降低费用、监控图书市场。

4. 扁平化渠道策略

如今，渠道结构由金字塔式向扁平化方向转变。出版社应将图书销售渠道改为扁平化的结构，使图书销售渠道变短、销售网点增多，从而增加出版社对图书销售渠道的控制力。

5. 渠道管理策略

1) 渠道跟踪策略

出版企业要深入渠道中跟踪其推广的情况，对图书的售后服务以及对消费者的阅读和使用过程进行跟踪。

2) 渠道激励

对渠道的激励一般包括以下几种措施：根据销售额的不同给予发行商不同的发行折扣；定期召开渠道成员会议，总结经验，研究销售对策；向业绩优秀的发行商提供更优惠的发行承诺等。

3) 渠道优化

图书销售渠道经过一段时间的运行后，应对其运行效率进行评价，并根据评价结果适时进行销售渠道的优化。对销售渠道效率的评价包括对各销售渠道分销效率的综合评价和对销售渠道各成员效率的评价两方面。通过评价考核，出版企业应对那些分销效率不高的渠道及时进行调整，对经营不善、信誉不佳的渠道成员及时淘汰。在销售渠道运行中，在不同渠道之间、同一渠道不同环节之间、销售渠道同一渠道同一层次不同成员之间可能发生一些矛盾或冲突，出版社应认真分析出现这些矛盾或冲突的原因，通过对渠道结构的适当调整及对激励机制的进一步完善来消除渠道矛盾或冲突，提高效率。

8.3.4 图书市场营销促销策略

图书促销策略主要是指出版企业通过何种形式或手段来宣传促销图书，使其销量扩大和加速。

1. 针对中间商的促销策略

出版企业为调动中间商销售本企业图书的积极性，有必要对中间商进行促销，这不仅可以扩大图书销售，还可以促使中间商积极为出版企业收集各种市场信息，向图书消费者及时传递本企业的出版信息。针对中间商有两种基本的促销策略，即"推"的策略和"拉"的策略。

1) "推"的策略

所谓"推"的策略，就是出版企业派人到目标市场，拜访所选择的中间商，向他们宣传本企业图书特色、优势及其市场机会，并就销售折扣达成协议。在现代营销中，促销与服务在很多时候是紧密联系在一起的。出版企业对中间商的服务是非常重要的，促销人员要向中间商灌输品牌的概念和系列的概念，并不时跟他们分享销售技巧和心得，出版企业可通过年会、产品销售会、订货会等形式对中间商进行培训，帮助他们提高销售业绩，从而达到促销的目的。

2) "拉"的策略

所谓"拉"的策略，就是出版企业通过广告宣传、争取各种行政部门对图书的指定使用或推荐使用、对各种机构进行公关等方式形成一个现实市场，从而吸引中间商承担图书销售任务。例如，一些出版企业采取组织开展各类研讨会、活动或赞助各类学术性比赛的做法，来树立出版企业形象，这种方式的长期效果是比较明显的。

2. 针对消费者的促销策略

针对广大消费者的促销方式是多种多样的，从大的方面可分为人员促销和非人员促销两大类。

1) 人员促销策略

人员促销是由推销员或销售服务员直接与顾客发生联系，进行推销活动。人员促销可分为广告、宣传、营业推广、公共关系等多种方式。它实际上是一种比柜台销售、超级市场的开架销售更为先进的营销方式。近年来,我国的人员促销也热了起来。但北方地区几乎没有出版企业使用该种促销方式,南方地区如杭州、上海等地已有所发展。

2) 非人员促销策略

企业常用的非人员促销策略一般包括广告宣传、营业推广和公共关系。

一般在市场范围较大的情况下,使用广告促销策略比较好。广告宣传具有普遍、及时的特点。广告宣传在传播出版信息、促进图书销售、开拓图书市场、指导读者消费、推动市场竞争和塑造出版企业形象等方面可发挥重要作用。

营业推广也是不可缺少的促销手段。它是人员推销和广告促销的补充手段,能迅速产生促销效果。图书发行人员要根据实际情况,掌握时机,采取赠送样书、合理降价、提供咨询、参加和资助读书活动、举办读书座谈会等各种有效方式促进图书销售。

公关促销是指企业以公共利益为出发点确定本企业的战略,与广泛的潜在顾客沟通信息的一种促销活动。图书市场营销人员要通过有组织的公关活动为出版企业和所出版的图书赢得良好的信誉,要建立和发展出版企业和广大读者之间的合作关系,让读者了解出版企业,让出版企业了解广大读者。图书市场营销人员要努力通过交际性公关活动与广大读者交朋友,要通过社会性公关活动向广大读者提供服务,通过社会公益活动、赞助福利事业、咨询性公关活动收集公众信息,为出版社决策提供参考意见,从而促进图书的销售。公关促销策略的形式主要有新产品推广、适应消费者心理、巧借新闻媒介、让利于人、巧借名人形象、参与公益事业、参与社会活动等。

3. 图书网络营销策略

利用网络营销可以降低市场推广成本。常见的网络营销策略有以下几种。

1) E-mail图书营销

E-mail图书营销是基于互联网环境的营销活动,是一种新的营销方式,它利用了网络媒体传播的新观念和计算机网络新技术等新的营销工具和营销观念。图书的E-mail营销有如下几个方面的优势。首先,它充分利用了互联网的技术优势和效率优势,进一步拓展图书营销的空间;其次,通过E-mail营销,可以更全面地提供图书信息,突出图书的特色;最后,它针对性强、操作简易、成本低廉。

2) 图书网站营销

利用图书网站开展营销活动有以下几个方面的优势。首先,可以建立广泛的网络媒体联络,比如与相关图书交易网站互相链接。其次,在网络空间里发布该书相关新闻,比如出版说明、基本介绍、目录、图片检索、作者小传等内容,可方便访问者在第一时间了解最新资讯,网站还提供开放式检索功能,感兴趣的读者能搜索到本书作者的详细资料,全面掌握该书的国内外动态及相关背景。再次,网站还能为读者构建一个沟通与互动交流的平台,分享彼此的阅读感受。最后,通过了解读者需求,可完善图书的市场营销计划。

3) 网络论坛营销

论坛营销,是目前新兴的网络营销方式,其投入成本小,传播迅速,而且宣传人群和影响力极其可观。运用网络论坛营销的最大目的,是扩大影响。这种方式需要得到版主的大力支持与网友的充分互动。主要方法如下所述。

首先，为了避免版主误认为是广告帖而将其删除，最好以话题讨论的形式，将图书的宣传内容变成通俗简洁的文帖。先提出和图书内容相关的话题，再取一个吸引人的标题。同时，注册大量论坛用户名，为写好的软文"顶帖"，增加人气，争取成为热门帖。也只有成为热门帖之后，才能引起论坛网友的广泛注意。其中，论坛版主的支持非常重要，若帖子被版主置顶会取得较高的关注度和点击率。

同时，还要将帖子尽可能多地发到与图书内容或者图书交易相关的论坛里。比如，当目标读者是喜欢美容健身的都市年轻少男少女时，可以先在网络上搜索"美容"或者"健身"论坛。最常用的方法是用Google、Baidu等搜索引擎，输入"美容"或者"健身"等关键词，进行搜索。然后，按照各个论坛人气的旺盛程度，逐一发帖。

案例8.3
《狼图腾》的促销策略

在由新浪、《新周刊》和《新京报》等媒体评选的2004年最有影响力的图书中，《狼图腾》被评为第一名；在北京新华书店2004年年末最具人气的图书评选中该书又位居榜首。《狼图腾》创造了图书销售的神话。其实，《狼图腾》从各个角度都不具备超级畅销书的潜质，它的内容具有一定的学术性，洋洋洒洒50万字的篇幅，不适合现代生活的阅读节奏；作者姜戎在文学领域名不见经传，全书文字也不像其他文学畅销书那样富于阅读乐趣；书中大唱狼的赞歌，与我们的传统观念相悖等。但经过精心策划，它成为超级畅销书。

(1) 精准的目标群体定位分析。《狼图腾》的目标读者群体被精致地细分成5类，并有相关名人予以推荐。

(2) 首发式众星造势、作者独缺。2004年4月15日，长江文艺出版社举办了《狼图腾》首发式暨作品研讨会，赵忠祥、白岩松、张抗抗、潘石屹及北京各大媒体到场，而唯独作者姜戎缺席，保持神秘色彩。出书后出版社在平面媒体、电视媒体、网络媒体全面出击，引发销售热潮；1个月后，作者姜戎应《北京青年报》邀请接受专访，掀起第二轮宣传高潮。

(3) 点燃评论的"狼"烟。出版社积极组织评论，制造话题，推波助澜。

(4) 不断制造新闻热点。例如，张抗抗在北大研讨《狼图腾》言论引发热议；雅典奥运会中国男篮打进前八名的关键性战役后，姚明接受采访时说："你看过《狼图腾》吗？我们就是要当那一群狼，我是头狼，但所有的二狼要一起布阵，一起进攻和防守。我看《狼图腾》时印象最深的就是它们的整体作战和那股血性。"

资料来源：罗立彬.文化市场营销学[M].北京：高等教育出版社，2013：214-236.

8.4 数字图书市场营销策略

8.4.1 数字时代对图书市场的影响

数字技术给出版市场带来了巨大的影响,除了数字技术大大改良了图书的印刷工艺以外,互联网阅读、手机阅读的出现也对传统图书造成很大的冲击。但是,数字的意义不是为数字而数字,而在于与传统产业的结合和对传统产业的改造,不断提高其生产力水平和生产效率。数字技术带来的互联网是一个巨大的多层次的超级文本,有扩展性、延伸性和跳跃性,它将破坏人们阅读线性文本时能够得到的逻辑思维训练。而传统纸质图书背后所担负的文化传承和积累功能,所蕴含的逻辑体系及深层次思考,所体现的编辑对相关信息的审核和把握,是网络阅读所不能替代的。所以,放弃传统出版大举进军数字出版,不仅会使众多出版公司陷入难以为继的困境,也可能使数字出版革命走向极端和歧途。在短期内,数字技术还不能动摇传统出版公司的主导地位,纸质图书将会在长时间内存在,电子图书将会获得较大发展。数字时代对传统图书市场的影响有以下7个方面。

1. 电子出版物与网络出版呈增长之势

无论是以VCD、CD、DVD为主要载体的音像制品,还是以CD-ROM、FD、DVD-ROM为载体的电子出版物,它们的内容无一不是由数字所构成。对于电子出版物而言,数字化是其细胞和生命。而这类出版物由于其便于存储、价格便宜以及储存信息量大等特点,受到人们的喜爱。同时这类出版物还在图书生产、库存、运输等环节降低了出版公司和书店的成本,使上下游皆受益。

对于网络出版,目前比较普遍的看法是它是具有合法出版资格的出版机构以互联网为载体和流通渠道,出版销售数字化出版物的行为。网络出版与传统出版相比,具有产品数字化、流通网络化和交易电子化三个明显的特点。计算机网络目前已成为出版物的一种流通渠道,也成为一种特殊的出版物载体。出版物以数字化形式存储在网络出版物提供者的网络服务器中,在计算机网络中流通,通过计算机或专用的电子阅读器来阅读。对于出版公司的未来发展而言,传统出版物和出版资源是否已作数字化处理,是否具备这种处理能力,出版人员是否适应这种新的出版方式,都将对出版公司的生存和发展产生较大的影响。

2. 给图书出版带来了更多的选题信息资源

每一种新技术的诞生,都给我们的时代带来巨大的变化。数字时代的到来,人们获取、传播、交流信息的方式日新月异,随之而来的是信息越来越丰富,人们处理信息的能力也越来越强。具体表现为信息流量骤增,信息在时空的分布密度无限加大。信息是出版资源之本,无序、分散的信息在整合之后才能形成新的信息编码方程式,产生新的信息意义和文化积累价值。利用数字技术加大信息资源的整合力度,真切地感觉信息,敏锐地捕捉信息,从信息的整合中形成独特的选题思路,使信息资源在重组中转化成更多社会需要的精神产品，占领市场制高点，成为出版公司的营销优势。

3. 带来了促销的机会

中国图书畅销书史上第一次有意识地运用市场营销是《学习的革命》一书，著名导演谢晋上中央电视台为该书做广告推荐，使得该书的影响力达到了顶峰。它一改我国过去图书宣传促销时采用的书评推荐、书店码堆等传统的促销手段，令人耳目一新。数字时代的到来，信息越来越多，传播越来越快，给图书市场带来了大量的促销机会，具体有以下几个特点。

(1) 较高的经济性。传统媒体宣传的投入成本较高，而且提供发布信息的空间有限。而数字时代带来的信息载体如互联网、手机以及商务楼宇液晶电视联播网等，其传播促销信息受时间和空间的限制较小，而且成本很低。

(2) 较强的目标性和针对性。传统的图书促销信息主要通过大众报刊、书店新书栏以及一些图书专业报刊发布。受众大多为图书行业从业人员或者大众人士，缺少针对性，只适合品牌的推广。而采用数字技术促销则有比较高的针对性。以互联网为例，从有关调查数据可以知道，网民是一个受过良好教育、极富购买力的群体，图书网络促销的基础好，出版公司完全可以根据这部分群体的特点，在一些专业网站、具体书目所在的网页发布一些针对性强的信息。

(3) 效果的可测试性。传统图书促销信息的目标受众游离于监控之外，图书信息发布商无法确切地知道哪些人阅读了促销信息，无法知道有多少决策是因为促销信息而做出的。而应用数字技术进行宣传则可以通过自动统计程序统计点击率，进行效果评估。

4. 电子商务改变了图书发行方式

如雨后春笋般不断涌现的网上书店，充分展示了互联网对图书发行商的吸引力。对于网上书店，当前知名度最高的还是美国的亚马逊网上书店。过去几年，我们常将亚马逊看作图书电子商务在盈利方面不成功的例子，现在却不是这样了。亚马逊对公司和机构开放团体图书购销业务，企业可使用特定的订单，而不再需要信用卡。这些新客户占整个团体图书市场的份额较大，给亚马逊带来了数目巨大的销售额。从亚马逊的运作情况来看，网上书店的优势在于便利读者获得所需图书信息和挑选图书，扩大读者群体。亚马逊网上书店自1995年6月成立以来，迄今已为150多个国家的1 700多万读者提供了网上服务，这是传统书店很难做到的。我国的网络出版物销售单位，除出版公司和新华书店所开展的电子商务外，比较大的有卓越网、当当网等。这些网站提供的信息每天都在更新，成交量也一天比一天大，深受用户欢迎。网上发行事实上已在悄悄地改变出版物的发行方式。2007年，卓越亚马逊网销售万册以上的图书品种比2006年增长240%；销售2万册以上的图书品种比2006年增长530%。这一方面说明了网络书店的市场份额增长很快，另一方面也说明了消费者正越来越多地依靠网络选购图书。可见，电子商务已经把销售渠道所具有的地位提到一个新的高度。以电子商务为基础的渠道策略为中小出版公司获得竞争优势提供了重要的机会。

电子商务给读者提供的便利降低了图书及其服务到达市场的费用，而这部分便利又可以让利给读者，缩短了图书到达读者手中的时间，给读者提供了购买的便利。

电子商务给出版商及经销商带来的便利有：降低了交易成本；有利于迅速回笼资金；可以利用自身技术和供应链的能力为读者提供差异化服务；一些在传统书店没有上架或者上架时间较短的小众图书及库存图书，得以重见天日，可被有需要的读者发现。

5. 有利于客户关系管理

对出版公司而言，客户主要有三类，即作者、读者和经销商。

作者是出版产业链上游的内容提供者，是出版公司的核心资源，出版公司需要下大力气加以开发和维护。数字技术提供的手段使得出版公司与作者的沟通变得更加快捷。

对于读者和经销商，可以利用数字技术建立数据库。在分析数据的基础上，研究经销商经销图书和读者购买图书的倾向性，当然也可以发现出版公司现有的目标读者群体，从而有针对性地向经销商和读者推出更适合的图书，满足他们的需求，更快速地推动出版公司的发展。

6. 将客户锁定在自己的供应链中

传统的提供标准纸质图书的出版商可能没有想过自己的未来，但是数字技术的发展，人们阅读习惯的改变，迫切需要出版商向内容提供商转变，未来的出版商可能会是一个提供复杂多样化产品的内容提供商。纸质图书只是其内容生产的一部分，音像制品、电子图书、培训讲座等都有可能是其内容产品。数字技术可以帮助出版商将客户锁定在其供应链当中，以便获取最大的利润，这是目前出版商需要努力的方向。

7. 使量身定做或个性化图书成为可能

市场细分的实践建立在满足读者需求的基础之上。新技术的出现，使得出版商有能力并且能够满足企业或者个人量身定做或者制作个性化图书的需求。

首先是实现按需印刷。以数字技术为基础的按需印刷(Print On Demand，POD)，将从根本上解决长期困扰出版公司的退货和库存积压的问题。对于印刷厂而言，随着数字式彩色印刷机的产生和应用，将抛弃传统的、繁琐的制版、装订工艺，大大提高生产效率，使传统印刷得到质的飞跃。比如，以色列的Indigo公司、美国的IBM公司，它们推出的全无版数字式彩色印刷机，由于省去了传统的打样、晒版、冲版、挂版、洗橡皮布、归位调整、水墨均衡、试车等工序，不存在成本分摊，它的第一张到无数张的单品耗材成本不变，所以在短版印刷中占绝对优势，并使实现"按需印刷"成为可能。2006年，兰登书屋投入500万英镑对在版书进行数字化，到2007年5月已完成2.5万种在版书的数字化工程，并通过网站实现按需印刷，让在版书永不绝版。同时，哈珀·柯林斯也投入巨资将已出版的两万余种在版书进行数字化，并建立书目数据库，实现按需印刷。在国内，北京的人民时空等单位也在尝试图书的按需印刷或出版的工作。虽然目前订购获得的销售收入与投入的资金相比还只是杯水车薪，但按需印刷已经度过最初的摸索期。

其次是实现按需出版。随着数字技术、网络技术和数字印刷技术的日益完善和普及，在出版界也将出现按需出版。在不远的将来，随着出版成为"内容产业"的一部分，出版商也就成为"内容提供者",出版公司掌握的最大资源是内容资源,出版公司可建立海量数据的资源中心,读者可以根据自己的兴趣来定制自己的图书。

8.4.2 数字时代图书市场营销策略内容

对图书来讲,营销的源头和终端只有两个指向市场和读者。而图书又是内容导向型的产品,所以图书营销从终端导向始端,不能闭门造车、自以为是。

1. 产品策略

1) 充分利用数字技术开发满足读者需求的图书

畅销书现象产生的根本原因在于其激发、满足了读者的根本需求。就一般图书来说,要实现社会效益和经济效益的双丰收,出版公司就要对图书市场进行有效供给。目前,图书市场竞争远未充分,大多数图书细分市场还没有形成领先者,呈现不稳定竞争的格局,变数很大,存在着后来者或者弱小者居上的可能。网络技术的出现使得每个人都可以在互联网上发表自己的看法。出版公司的图书策划人员应该紧密跟踪社会热点,在专业论坛、专业网站等处寻找读者最关心的问题,开发读者需要的图书选题。

2) 开发"人无我有""人有我优""人优我特"的图书

数字时代带来了海量信息,感觉触角迟钝的策划编辑,往往身在金山不识金,把富矿当做贫矿,策划的选题总是跳不出固有的圈子,造成图书内容同质化的现象很严重。而有敏锐触角的策划编辑,感到自己置身于出版信息资源的富矿之中,不断形成新的选题思路。

寻求差异化,形成自己的图书特色,从而建立稳定的图书消费群体,也是出版公司树立自身形象、创造效益的途径。虽然图书出版市场已经非常繁荣,但就其市场来讲还是有空白点,还是可以细分的。在开发某类选题之前,应充分利用网络搜索引擎进行搜索,或在某类专业论坛下寻找读者的阅读需求信息。这样一方面可以避免出版资源的浪费,另一方面可以不断提炼图书的卖点,或可以进行图书的细分开发。

图书公司应充分利用目前浅阅读的阅读趋势,在版式设计及内容选择上要做到轻松、实用,要充分发挥"一看就会、一读就懂"的产品特色。

如今,图书形态学已经浮出水面,读者购买图书更重要的是靠一种感觉。可以利用网络技术查看同类图书的体例、编排、封面设计等,从而进行超越。或在一本书成书之前,利用数码印刷技术,先制作几本样书,请读者、编辑、发行人员试读。

3) 配合纸质图书,开发其他介质的文本

首先,继续发挥传统出版公司在作者、书稿等方面的资源优势,不仅用更优质的文本内容去吸引更广大的纸质读者,而且可为其他介质的出版提供文本内容,以取得"一本多利"的延伸效益,如推出与书相配套的光碟。"书配碟"不仅是一种日渐增大的市场需求,同时也是纸质出版跨入数字出版的低成本之路。当然,要根据终端消费的需求确定配套产品的形态,比如是选择光盘,还是选择网络版,或者是把不同的产品形态进行自由组合。开发的图书配套光盘、软件，应符合读者需求，使读者根据自身实际情况对这些电子产品稍加修改就可以使用。其次，以纸质图书的文本为依据，依靠集团力量或者与第三方公司合作，打造电子图书等延伸产品乃至电子书库、在线图书馆等延伸平台。同时，加大对网络电子图书盗版的诉讼力度，惩一戒百。这种做法，不仅使出版物的集成性、覆盖率和使用率大幅度提高，而且也使制作成本和营销成本进一步降低，是传统出版转向数字出版的便捷之路。此外，还可与音像公司或者第三方公司合作，开发培训类图书的音像制品，获取图书内容衍生的最大利润，开发出来的音像制品也可在刚刚新起的卖场液晶电视上播放，从而促进图书的销售；以出版物为基础，利用互联网等现代传输技术和平台，为读者提供相关在线信息、咨询、辅导、培训等服务，这是现代高科技出版和传输技术给出版业带来的新增效益地带。

2. 定价策略

专业图书的定价策略与大众图书和教材的定价策略是有明显区别的。一般来说，大众图书产品差异性较小，出版公司多采用低价策略以争取竞争优势。而专业图书的产品差异性大，部分专业读者在选择相关专业图书时，更多地考虑图书的内容及质量，价格往往不是最主要的影响因素。而对部分读者来讲，图书价格又是其决定是否购买的重要筹码。

(1) 充分利用互联网，请读者参与定价。可以设立网上价格讨论区，以便了解读者的价格承受能力。

(2) 利用网络带来的信息检索功能，采取价值定价策略。GDE出版公司曾与深圳一家通过了质量认证并在业界富有影响力的物业管理公司合作出版了《物业管理质量体系与管理实务》一书，20多个印张如果按印张成本定价，正常定价也就40多元。出版公司得到的信息是，物业管理公司急剧增多而相关图书极度缺乏，基于这样的一种信息判断，最终这本书定价高达180元，该书很快销售了8 000册，由于定价高，虽然售出数量并不是很大，却创造了近百万元利润，一时间传为业界佳话。如果对这一成功案例加以总结，那就是采取了积极的以价值为主导的定价方式，当然，采用这种定价方式有一定的风险，必须建立在拥有大量信息判断的基础之上。

(3) 根据产品及读者对象的不同采取灵活的定价策略。对于高端产品，如果已经拥有了固定的发行渠道、特定的读者群体，产品不容易被复制和盗版，就可以与技术商合作，提供采用加密技术的数字产品服务，把价格提上去。如果读者对象层次较高，也可在保证图书品质的基础上适当提高定价。如房地产类的图书，定价可以适当高些。而对于中、低端产品，在确保出版公司正常利润的基础上，可适当降低定价，以量占领市场，使得读者感觉物有所值。

(4) 根据消费心理定价。一是尾数或整数定价。许多商品的价格定为0.98元或0.99元，而不定为1元，这就是适应消费者购买心理的一种取舍，尾数定价使消费者产生一种"价廉"的错觉，能够促进销售。相反，有的商品不定价为9.8元，而定为10元，同样可使消费者产生一种错觉，迎合消费者"便宜无好货，好货不便宜"的心理。对图书产品来讲，也存在同样的情况。二是声望性定价。此种定价法有两个目的，一是提高图书的包装水平,二是以价格说明其档次满足购买者的地位欲望,适应购买者的消费心理。很多名家写的书或者引进版本的畅销书定价相对偏高,部分也是出于这种目的。三是习惯性定价,某种商品由于同类产品多,在市场上形成了一种习惯价格,个别生产者难以改变。降价易引起消费者对品质的怀疑,涨价则可能受到消费者的抵制。既然读者对于图书定价的心理价位已经成为短时期内约定俗成的"惯例",那么,顺应读者的心理价位进行图书的策划、营销,就成为出版人的必然作为。

(5) 根据图书实际情况采取动态的价格策略。

一是撇油脂定价法。适合于确实具有独特优势和市场潜力,能够带动市场需求的主打图书。该策略针对图书的独特价值和优势,在图书刚刚面市时配合大量的营销宣传,采取较高的定价和折扣回收成本和获取利润。当图书进入生命周期中后期,成本完全收回、利润目标实现或市场出现强劲竞争对手时,可采取低折扣和降价策略争取剩余利润。

二是价格倾销法。对于市场已有相似产品的图书可以使用这种方法。在图书一上市就采取低价格和高折扣的办法争取尽快占领市场,以获得更大的市场份额,通过薄利多销得到利润;并能够扩大影响,提高图书品牌的知名度。

(6) 与其他出版公司建立联盟,降低成本。出版公司之间的联盟可以有多种目的和形式。例如,共同开发数字化出版的软硬件设施,分摊高额的研发费用,与出版范围相近的出版公司结成图书发行联盟,提高与下游书店的议价能力,为避免价格上受制于人联合招标采购纸张,降低生产成本,从而掌握定价的主动权。

3. 促销策略

打折、赠品、宣传是传统图书促销的三大法宝。数字时代的到来在动摇着大众出版的根基,数字技术可以创造内容、储存内容、保护内容和传播内容。同样,通过数字方式,我们也可以更有效、更低廉地促销我们的图书。数字促销策略的出发点是充分利用数字技术的优势,通过"软营销"实现与读者的高效沟通。

(1) 加强与Google图书搜索引擎、大型网络图书销售商的合作,加强自身网络销售平台的建设,提高重点图书、专业板块图书在相关图书搜索中的排名。

一方面,目前,我国出版的图书品种逐年上升,而图书销售总量的增长幅度却相对滞后,有时甚至出现下滑势头,以往单一品种图书销售量高达百万册的现象越来越少,而且评价畅销书的销售量指标也在逐步降低。这些现象足以说明,我国图书市场原来呈现的符合80/20定律的销售格局正在受到严峻的挑战,并且开始发生微妙的变化。

"长尾理论"成为国际出版公司的亮点后,标志着传统图书销售已呈现细化趋势,以便更好地服务目标读者群体。"长尾理论"的基本原理是只要存储和流通的渠道足够大,需求不旺或销量不佳的产品所共同占据的市场份额就可以和那些少数热销产品所占据的市场份额相匹敌,甚至更大,即众多小市场可以汇集成可与主流大市场相匹敌的市场能量。

越来越多的出版人、作者和代理商开始意识到,谁能挖掘、获得尽可能小的读者群,并使其达到最高的满意度,谁的书就好卖。而图书出版公司的"长尾理论"现象以及由此产生的长尾经济是利用网络优势实现的,它可以把一些冷门的图书产品转化为相对的热销产品，可以使非主流中小出版企业共享图书主流市场。

另一方面，图书公司应争取与图书搜索项目的合作。图书搜索项目出来后，曾经引来书业界的一片质疑。但是，应该看到，绝大多数的欧美主流出版公司都加入了全球图书搜索计划。搜索技术延长了库存滞销图书的销售周期，图书搜索项目为专业图书精准定位小众类读者提供了可能。因此，提高在网络图书搜索中的排名显得非常重要。

(2) 充分利用电子邮件、手机短信等数字技术带来的工具发挥数字广告的作用。具体来讲，包括以下几个方面。

一是博客、播客促销。在新书出版之际，同时在新浪、搜狐、网易、腾讯等各大门户网站开设博客，由作者或者出版公司编写一系列造势文章，广为张贴，起到产品预热作用，以吸引读者，激发他们关注的热情。将作者讲课录像或者其他相关材料编辑成视频，发布到土豆网、优酷网、找乐网等著名视频网站，如能创下较好的收看效果，将有利于促进图书销售。

二是在财经网站及相关专业论坛推广。利用他们旺盛的人气资源，发布有一定深度的图书书评或者促销信息以及主题帖子，这样做不仅成本低廉，而且具有针对性。

三是可以利用手机短信及电子邮件，对目标读者进行个性化营销。可将书中内容的精华部分制作成文件，方便读者传播。

四是利用群进行促销。出版公司、作者、读者、经销商就某一图书主题在群内进行互动。出版公司与读者之间也可在群内进行一对一促销，通过为读者提供在线服务，建立良好口碑，促进图书销售。

五是利用出版公司的网页促销。出版公司应根据自己的特点，设计出有个性的主页。在形式上，制作网页时要适当安排文字与图片的比例。如果觉得可行，还可以在公司网页上提供图书部分内容的下载服务。

六是利用书店大卖场的液晶电视，对图书进行图像和声音的宣传。在大书城，码堆要收费、黄金位置要收费已经成为心照不宣的秘密。然而，目前几乎所有书城的大屏幕都不是营利性质的，出版公司在大屏幕上发布信息是不需要交费的。一方面，可能是因为书店大屏幕的宣传作用并未得到广泛认可；另一方面，出版公司尚未意识到书城大屏幕的宣传推广效用。从书店反馈的情况来看，液晶大屏幕的宣传效果非常好，特别是在晚间很醒目。在公布重要消息的时候可以变换字体，可以闪烁，能够吸引读者的眼球。

4. 品牌策略

在图书业过度繁荣的今天，在有限的时间与精力面前，品牌可帮助读者简化选择的过程，读者挑选图书就靠出版公司的品牌与图书品牌，强有力的品牌可为出版公司带来丰厚的回报和信誉。这一点在网络成为图书销售重要渠道的今天显得尤为重要，因此，图书公司应实施品牌策略。

1) 建立企业识别系统

以前出版公司是事业单位，出版的图书不怕卖不出去，现在转制为企业，全面参与市场竞争，所以建立自身的企业识别系统显得尤为重要。要继续强化"广经图书，惟实致用"的企业理念与出版文化，建立便于企业传播的有形图案，这一点三联书社、中信出版公司等做得很好，读者很容易分辨该出版公司出版的图书，而其他出版公司目前还没有做到这一点。同时，加强企业内外部活动，如开展有自身特色的公益性活动，宣传出版公司品牌。在出版物高度同质化的今天，读者对出版公司具有很强的选择性，这反映了品牌形象的重要性。出版公司在长期的经营活动中形成的声誉、商标、名称等无形资产，并不会因为内容载体的改变而失去作用。即使在网络环境中，读者对于图书的选择也会受到品牌的影响。识别系统的建立一方面可以吸引读者，吸引优秀的作者资源，从而达到建立识别系统的初衷；另一方面可以帮助出版公司为将来向内容生产商转型做准备。

2) 进一步提升品牌管理能力

注重多媒体互动开发和衍生产品开发，最大限度地利用内容资源和延长产品的价值链。特别是要将在传统出版领域多年来建立起来的企业品牌和产品品牌延伸到新兴媒体领域，如充分利用出版品牌的影响和现代出版、传输等技术，广泛介入传媒、教育、广告、培训等领域，实现"跨行业"发展。这些是现代高科技将不同文化产业和行业"打通"之后，出版业可以乘势扩张的新领域，最终能有效地传递品牌核心价值。比如，国内培训市场每年的销售额有500亿元，这块大蛋糕对任何企业都是一种诱惑，而拥有巨大的市场空间、高信任度的客户和产品品牌优势的出版公司没有理由忽视培训这个市场。事实上，这也是出版公司业绩达到一定的成熟度后，应该把握的一个新的经济增长点。

3) 努力维护出版公司的品牌

例如，要确保图书的内容质量和编辑校对质量，不能因为这些细小的因素导致出版公司品牌受到损害。

5. 渠道策略

1) 要形成有自身特色的产品销售模式和销售渠道

首先，出版公司应该根据以往图书发货及回款情况对渠道进行有效评估，明确什么渠道该发什么样的书，避免图书主发的无效性。事实上，许多书就是因为放错了地方没卖出去，最终变成了库存。其次，在网络销售及民营渠道日趋繁荣的今天，出版公司必须加强与网络书店、拥有固定会员的民营书店的合作。目前，营销渠道发展的重要趋势之一是在线销售，读者足不出户便可买到自己喜爱的图书，这样出版公司不但可以节约大笔费用，如库存管理费、资金占用费等，还可加速对图书市场需求的反应，提高图书库存周转率，增加投资收益比。因此，要有效评估和调整网络渠道和传统渠道，采用复合营销，实现两者的无缝对接，在目标市场建立图书物流配送体系或选择合理的销售代理网点，保证渠道畅通、送货及时。另外，可与拥有固定会员的民营书店充分合作，对其会员读者展开手机短信的移动营销。

逐步建立自身的数字化工作平台，引进GMS内容管理系统。内容管理是对其包含的数据和元数据在整个产品生命周期(采集、加工、发布)的管理，以使信息能够更快速、无缝地集成到企业的信息基础设施中来。目前，全球大型出版公司不仅所有内容文本全部数字化，还建起了内容管理系统。使出版公司的内部管理、编辑、出版、发行、在线出版、信息合作等各个方面的工作都统一在一个平台上，使选题申报、出版进度、成本核算、发货途径、回款情况都汇成网络系统，使其一目了然。未来全程电子化出版已是大势所趋。互联网和4G移动通信的发展，使得出版发行成为一个巨大而扁平的结构。以往图书发行的多级行销结构将被彻底打破，作品审批、制作、发行、销售、版税结算都将在网络上完成。建立自身的数字化工作平台，不仅有利于目前纸制图书的销售，而且为将来电子书的全流通布下了接口。通过网络进行图书进、发货，不仅提高了效率，而且加强了与书店的信息沟通，可避免信息不通畅、信息失误等情况的发生。

同时，利用网络一方面可以加强与有采购权的业务员的联系，另一方面也可以让图书获得书店门市营业员的认可，使得出版公司可以获得比较有利的货架资源，从源头上促进公司图书的销售，第一时间了解图书的销售情况。

2) 建立完善的渠道价格体系

在图书销售过程中，价格体系混乱是我国出版业普遍存在的一个问题，价格作为营销组合的一个重要因素，是竞争的重要手段。造成图书市场价格体系混乱的原因有的来自出版公司，有的来自图书批发商。比如，网络销售图书火热，其中一个重要原因是网络书店要货量一般较大，出版公司给的折扣一般较低。要设计好销售渠道各环节的折扣，精确计算图书出社折扣、一批折扣、二批折扣、零售价。图书营销渠道的销售折扣设计直接影响各环节的利益，从而影响他们的积极性，决定了图书在市场上的前途，出版公司必须高度重视。出版公司不能急功近利，为眼前的利益而自乱价格体系，应尽量减少读者购买图书时对价格的比较，以合同的形式与各渠道成员共同维持渠道价格体系的稳定。

3) 加强与其他渠道的整合力度

多渠道发行已经成为书刊发行的一个趋势。在地铁文化亭、机场书店、酒店、超级市场等处，书报刊甚至音像制品已经共同存在；在许多大型购书中心，许多报刊已经堂而皇之地占据了书架的位置，而图书进入报刊发行渠道的则比较少，出版公司可进行这方面的尝试，开拓更多的发行渠道。

4) 充分利用作者自身的渠道

出版公司是作者与读者的桥梁，出版公司的不少作者都是各行业的专家、学者，其中不少人经常在企业或者各种场所公开授课。出版公司应该充分利用作者自身的渠道，请其帮助拓宽图书销售渠道。

5) 客户关系管理策略

(1) 作者关系管理。图书公司可利用数字技术发掘作者、培养作者、维系作者队伍，由于网络写作的门槛较低，发布便利、成本低廉、传播迅速，越来越多的作者特别是新生作者，选择在网上以电子图书的方式发布自己的作品。同时，很多作者在网络上拥有一定的人气后，转向以纸质图书出版为主，以网络发布为辅，拥有电子出版和纸质出版作者的双重身份。相比之下，由传统出版转向电子出版的作者则少得多。从这个角度上讲，电子出版为传统出版注入了新鲜的发展动力。数字图书馆、电子图书网站等技术提供商以及图书出版商都开始在网络上寻找优秀的作者签约，作者资源的竞争愈演愈烈。

优秀作品是优秀作者和出版公司的完美结合。就专业出版公司而言，作者大多是这个领域内的专家,而出版公司是其作品的发展者、搜集者、发现者、组织者、整理者、引导者和设计者。在互联网时代,编辑充分利用网络寻找目标作者的相关信息,并与之沟通,能降低组稿、约稿成本。同时,融入媒体圈、学术圈、企业圈,可以开拓更好的选题。

图书公司可建立作者数据库,并与之形成联盟。维系作者不仅仅是编辑人员的工作,也是出版公司的工作。出版公司之间对作者存在着竞争性的争夺。出版公司若能与具有特殊市场价值的作者形成排他性的联盟,无疑可以达到独占资源的目的,有利于建立竞争优势和品牌。同时,利用数字技术建立作者数据库,可以为出版公司向内容生产商转型建立雄厚的无形财富。采取有市场竞争力的稿费制度,同时保证作者稿费的按时发放,能吸引优秀的作者。

(2) 读者关系管理。

首先,以读者关系为核心展开促销。据有关调查表明,12%的高忠诚度人群可占整个品牌销量的69%。高忠诚度的顾客对企业经营的重要性可见一斑。而服务对于这样的出版公司在造就数字促销的核心资产——忠诚顾客群的过程中发挥着举足轻重的作用。出版公司可通过与第三方公司合作,为读者的需求提供个性化的信息与附加值服务,这将对读者产生很大的吸引力,有助于出版公司留住现有读者。比如,出版公司准备出版一套股票图书,可以和证券公司联合起来开办讲座,和证券软件公司联手进行软件开发,和卫星电视联手举办电视直销,和各类媒体合作举办沙龙、制造话题等,充分挖掘图书的内容资源优势,从而留住读者。

其次,建立读者俱乐部。出于宣传的需要,出版公司经常会在书店等处召开新书发布会或者读者作者座谈会等,但是各种会议开完了也就完了,没有整合资源及后续动作。出版公司的图书为专业图书,读者相对比较固定,因此,应该建立自己的读者俱乐部。读者俱乐部作为图书发行的一种方式,它最早诞生于德国,在西方已有近百年历史。作为专业出版社,目标读者相对明确、稳定,因此,读者俱乐部理应受到重视。

读者俱乐部的运作可设立积分会员制,随着购书量的增加,积分和会员等级也逐级爬升。读者俱乐部归出版公司营销部门管理,凡是会员可优先收到出版公司最新的书讯或图书目录,还可享受出版公司网站为读者俱乐部会员提供的相关咨询、信息等服务。同时,优先推荐会员参加出版公司图书作者在会员所在地举办的学术讲座、培训等活动。

读者俱乐部的会员可以通过会员注册、网上订购以及参加专业学会、学术会议成为会员,也可吸纳相关行业机构的专业人士成为会员。为了维护和保证俱乐部会员的稳定性,应该定期通过电话回访相关会员读者,听取其意见。会员还可通过信件、电子邮件、QQ、MSN、传真、电话、门店提交进行全面的信息反馈。读者俱乐部有利于宣传、销售本版图书。在购书方面,会员读者可以在出版公司享受打折优惠,会员购书可以作为发行网络直销和邮购的补充。读者俱乐部也有利于发现和发展团购客户,为其提供个性化的服务。

再次,应充分利用网络与读者的交互性,了解读者对图书产品与服务的评价,以推进产品与服务的改进和新产品的研究和开发。读者可从网上浏览全部书目,通过"留言"功能实现编辑与读者之间的对话,将终端信息直接反馈给出版公司,以供将来决策作辅证。

图书公司可设立读者意见专栏和自我设计区，征求读者对图书产品的意见和建议，最大限度地满足读者的个性需求。

(3) 经销商关系管理，与经销商之间建立伙伴型关系联盟。在伙伴型关系图书销售渠道中，出版公司与图书经销商实行一体化经营，可实现出版公司对图书渠道的集团控制，使分散的图书经销商形成一个整体，图书营销渠道成员为实现自己或大家的目标共同努力，追求双赢或多赢的局面。出版公司以协作、双赢、沟通、效益为基点来加强对销售渠道的控制，出版公司与图书经销商共同致力于提高图书销售网络的运行效率、降低费用、监控图书市场。例如，可主动开发适合书店所在地域读者需求的图书选题，这样可以提高发行量，增加出版公司和书店规模效益，同时也可以与书店共同制定定价策略，保证书店的盈利水平，形成双方共赢局面。出版公司可利用自身的作者资源，帮助书店提高其管理能力或水平，或者针对书中的内容对书店业务员展开专业培训或者其他技能的培训，增加业务员对本公司图书的亲切感，更好地促进图书的销售。

(4) 其他客户关系管理。

第一，业外大客户关系管理，建立业外大客户数据库。与业外组织建立广泛与充分的合作。培训市场日益火爆，大型企业自建企业大学、企业商学院方兴未艾，可以看出，宣传企业文化、提高管理者与员工技能是各企业越来越重视的一项工作。出版公司可以根据具体行业和企业的实际需要，建立业外大客户数据库，定期与培训公司及各大企业联系，一方面争取图书的团购，另一方面在已有图书的基础上，为这些企业量身定做图书。传统的图书营销模式是出版公司花钱制作图书让新华书店发行，然后再向书店要钱，是否卖得出去、能不能收到钱还是个未知数。而根据实际需求量身定做图书，不仅可以快速回笼资金，而且实现了图书营销从面到点、从粗放到精准的转变。

进入信息时代，行业之间的相互依存性日趋增强，在一定程度上联结成一个大市场，就像出版公司在不断扩大社会交往面、物色合作伙伴一样，一些企业也在寻找文化合作机缘，想要通过资助文化公益事业等形式，走上社会表演舞台，提升自身形象。它们要么有雄厚的资本实力，要么有独占性的出版资源，要么有一定的发行渠道。出版公司所具有的传播和积累文化的功能，使其在社交中形成独有优势。因此，出版公司要充分发挥这种优势的亲和力，在政策允许的条件下，与这些业外组织进行项目合作或开展长期的战略合作，通过合作，在更高的营销层面上挖掘出版资源，引进优势资源，寻求发展机遇，摆脱弱势地位，从而跳出就书出书的圈子。

第二，媒体客户关系管理。媒体是出版公司促销的重要途径，因此，建立广泛的媒体关系网络有利于出版公司及时、准确地发布出版信息，提升促销效果，从而有利于提升经济效益和社会效益。

本章小结

随着我国图书市场化进程的加快，以及出版体制改革的逐步深入，图书市场竞争日趋白热化,中国出版业越来越意识到"营销"在图书市场上的重要性。大家认识到,现代出版的竞争早已不是一城一池的争夺与拼抢,而是全新的出版理念、独特的营销策略、广泛的市场营销网络的全面抗衡。出版企业要在未来激烈的市场竞争环境中生存和发展,就要根据环境因素制定适合企业条件的企业发展策略、市场营销策略等,并有效地实施和落实。

思考题

1. 什么是图书市场营销?图书市场营销包括哪些内容?
2. 影响图书营销的因素有哪些?
3. 在进行图书市场营销时可以采取哪些策略?试举例说明。
4. 数字时代对图书市场有哪些影响?
5. 在数字时代图书市场可以采取哪些策略?

章末案例

《盗墓笔记》成功因素分析

2011年12月19日,《盗墓笔记》大结局在千万粉丝的期待和呼唤中隆重上市,这部前七册销量达到近千万的超级畅销书,大结局上半册首周销量突破100万册,仅卓越网一天的销量就达到15 000册,强压郭敬明的《小时代》和韩寒的《青春》。在中国,发行量达到几十万册即为畅销书,而上千万册的发行量,堪称出版神话。那么是哪些因素促成了《盗墓笔记》的超高人气?接下来我们来一一分析。

一、选题策划:顺应市场,投其所好

图书选题策划不仅仅是把图书作为文化产品,更重要的是将其作为文化商品,在文化的前沿和市场发展的背景下,通过现代特定的出版形态和出版手段,塑造整体的图书形象和内容。

(1) 稳固忠实的读者基础。《盗墓笔记》最先在起点中文网络进行转载,连载时就吸引了大批忠实的读者粉丝,点击量破百万,好评指数7.9,五星评价达61.9%,远超同类的《鬼吹灯》,这些数据充分印证了《盗墓笔记》的超高人气。

(2) 顺应市场潮流,投其所好。自《达·芬奇密码》在全球畅销后,图书出版市场掀起了一股"解密"风潮。《盗墓笔记》深深把握住市场趋向,投其所好。书中不仅描写盗墓活动,其中更是融合了历史秘闻、建筑学、考古学、古文物、风水学、机关暗器、天文地理等方面的内容,书中描写的一些蛰伏于地底的古生物活灵活现,栩栩如生,令读者看后印象深刻。

(3) 情节紧凑,语言风趣,令读者欲罢不能。悬疑类小说本身就具有强大的吸引力,《盗墓笔记》用八部系列图书构架了一个关于"长生"的命题。在叙事中,不断穿插小高潮,不断透露新的消息点,却不解最终秘密,这就吸引着读者不断阅读,欲罢不能。

《盗墓笔记》语言风趣幽默,尤其是其中的"王胖子"一角,在书中作者将其描述成来自北京潘家园的一个倒卖文物的"老北京",文中充斥了大量的京味俗语,使读者紧张的心情得以缓解,犹如听相声一般。

二、装帧设计富有个性,令人过目不忘

(1) 封面:书名突出,设计简单,具有强烈的视觉冲击力。《盗墓笔记》一书的封面设计非常简单,封面的右边是书名,采用黑色软笔手写体,给人一种很真实的感觉,而本书的故事就源于主人公吴邪爷爷的一本笔记,笔记中记录了一次惊险的盗墓经历,以此拉开了故事的序幕。书名占据近一半的封面,富有强烈的视觉冲击力。

在封面的右半部分,是一条红线贯穿上下,中间或系中国古代玉佩,或系古代铜钱,或系古代扳指,这一设计更契合了"盗墓"这一主题。

整本书的封面采用暗黄色或土黄色,从色彩心理学的角度看,两者的结合给人一种压抑的感觉。同时黄色又有良好的可视性,与黑色搭配更加醒目,常被用于危险警告或注意标志的颜色,这一色彩很好地传达了故事的基调。

(2) 广告语:定位明确,诉求直接。在《盗墓笔记》一书中,广告语位于封面的中间,采用竖排,将封面一分为二。这个广告语概括了故事内容,同时对图书进行了定位。广告语体积较小,显得低调而有张力,诉求直接,从形式上突显了此书低调的自信和野心。

三、营销策略:全方位出击、立体式营销

(1) 成熟的营销团队。《盗墓笔记》的营销团队具有丰富的营销经验和人力资源。该书由北京磨铁图书文化公司出版,该公司在2009年时已占到了整体大众出版1.03%的市场份额,超过人民文学出版社和中信出版社,在全国所有出版社中排名第六,位列民营图书第一名。

(2) 作家明星化打造。《盗墓笔记》的作者南派三叔,本名徐磊,杭州人,自成功推出《盗墓笔记》之后成为专职作家,在磨铁公司的打造下,南派三叔已成为明星级的人物,新浪微博的粉丝达285万,而同类型的作家天下霸唱的粉丝仅有145万。南派三叔常常出现在各个活动地点,如图书签售现场、电视直播间,还经常在微博上与粉丝互动,他与读者的关系也非常紧密。

(3) 全媒体联动营销。除了依托传统的营销手段外,《盗墓笔记》整合多种媒体形态,进行多媒体热炒,以尽可能提高《盗墓笔记》的出镜率。南派三叔曾参加湖南卫视的《岳麓实践论》,以《盗墓笔记》为例,与大学生一起讨论"网络时代下的文字复兴",不仅提高了《盗墓笔记》的知名度,同时也开发了该书的潜在读者群体。

除了运用传统媒体外,《盗墓笔记》还积极运用新媒体,尤其是网络媒体营销。在新浪、腾讯都有官方微博,作者经常通过微博与读者实时互动。

(4) 积极开发衍生产品。除了实体书以外,《盗墓笔记》营销团队已开发了《盗墓笔记》同名网游,还创办了《超好看》杂志,《盗墓笔记》还与影视领域互动,被翻拍成电影和网络剧,使《盗墓笔记》的影响力进一步扩大。

资料来源:刘吉波,周葛.《出版物市场营销》典型案例评析编著[M]. 北京:中国书籍出版社,2014:164-170.

问题:

《盗墓笔记》成功营销的原因有哪些?

第9章

娱乐业营销

> **章前引例**

长影世纪城：从零散到系统、从促销到品牌营销

　　长影世纪城在运营之初，宣传攻势强劲，但都很零散。甚至在一个网站上出现众多的宣传语，比如"长影世纪城，想象无边，欢乐无限""不把国门出，也看好莱坞""东方好莱坞，长影世纪城""中国第一家世界级电影娱乐园"。传播诉求过于分散，不利于消费者形成深刻的印象。另外，从长影世纪城的营销手段上来看，过于强调促销方式的运用，尤其善于打折促销，通过价格杠杆来吸引消费者，而不是从品牌和整合营销的角度来提升消费者的感知价值，提升顾客让渡价值。

　　通过对以上问题的分析，专家指出长影世纪城必须要做到以下两点：一是进行品牌规划，使分散的资源系统化，合力为长影世纪城的品牌做加法；二是转变长影世纪城员工的服务观念，向其灌输"全员营销""全园营销"的品牌营销理念。

　　营销不等于促销，销量的增长不能基于大量的促销，促销是一把双刃剑，在透支市场的同时对品牌资产有着强大的稀释作用，唯有练好内功、建设品牌才是立业之本。因此，要进行品牌的规划，充分挖掘长影世纪城的品牌核心价值。在调研中发现，消费者觉得长影世纪城的名字更像一个楼盘、一个电影院，而不是一家给人带来欢乐的电影相关的主题公园。因此，在核心价值以及广告语的创意中一定要将"长影世纪城电影主题公园""快乐的主题公园"的属性更好地融入其中，让消费者更易感知。

资料来源：http://www.docin.com/p-202411439.html，2011-5. 有删减。

　　我们正处于一个"娱乐经济"时代，娱乐业正迅速成为全球经济增长的新的驱动力。美国著名的娱乐营销顾问米切尔·J.沃尔夫在其著作《娱乐经济》的开篇中指出："到21世纪上半叶，娱乐将不再是一个特定的行业，因为所有的事情都可以换个角色或者方式来做，为人们提供娱乐，让人们过得更轻松、愉快。"娱乐经济的发展不仅满足了消费市场中的各种消费需求，也促进了消费市场的繁荣发展。

9.1 娱乐业概述

9.1.1 娱乐业的内涵

　　一般来说，娱乐业是指为娱乐活动提供场所和服务的行业总称，包括歌厅、舞厅、卡拉OK歌舞厅、音乐茶座、台球厅、高尔夫球场、保龄球场、网吧、游艺场等娱乐场所，以及娱乐场所为顾客进行娱乐活动提供服务的业务。娱乐作为生活中不可缺少的组成部分，赋予其经济意义后，自身便获得了有力的发展动因，并逐步走向产业化和规模化。它既丰富了文化娱乐内容，又改善了生活结构，还促进了经济发展，娱乐产业化是历史发展的必然选择。不过，对于娱乐产业概念的认识，理论界并未取得一致意见。

第一种观点认为，娱乐产业是指与娱乐活动有关的一切生产经营活动，其外延除包括娱乐本身向社会提供的服务外，还应包括活动器材、场所、服装等相关领域的企业。

第二种观点认为，娱乐产业是指以娱乐活动向社会提供各类劳务的行业的总称，此观点将娱乐产业界定在娱乐本身向社会提供服务的范围内，而并未扩展到其他相关领域。

第三种观点认为，娱乐产业的形成，是以政府办成经济实体或实行企业化经营为标志，娱乐产业必须拥有能够生产物质、提供社会劳务的劳动力，能够支配的资产(包括无形资产)、资金等生产资料，能将上述生产要素结合起来的经济组织和保障体系(如核算制度)，在持续的经营中能以上述投入形成社会需求的产出(实物或劳务)为前提。

从以上关于娱乐产业的概念认识的介绍中可以看出，目前理论界对这一概念的认识有"宽派"和"窄派"两种基本倾向。"宽派"观点认为娱乐产业除包括劳务本身外，其他与娱乐活动相关的产品(主要是器材、服装、场所)，都应当容纳在娱乐产业的范围之中；"窄派"观点则将娱乐产业限定于娱乐劳务，认为只有娱乐劳务才是整个娱乐产业的构成部分。本章对于娱乐产业的界定在原则上与"窄派"观点一致。

知识链接　老上海：东方巴黎的娱乐繁华

早在20世纪初，老上海被誉为"东方巴黎"，是当时远东最繁华的城市，娱乐业非常发达。当时上海就出现了"一品香""爵禄""月宫""大华"等歌舞厅，同时一些大公司和大饭店也附设舞厅，如永安公司的"大东舞厅"，扬子饭店内的"扬子舞厅"。那时上海最好的舞厅就是出现在静安寺路(今南京西路)附近，到现在老上海们还常说到的"百乐门"。百乐门舞厅号称远东第一娱乐场，规模宏伟、装修华丽，至今还可以领略到原来的奢华与喧闹。当初与百乐门齐名的还有"仙乐斯""丽都""大都会""大沪""新仙林""高士满""维纳斯""米高美"等舞厅，总数不下五六十家。

资料来源：http://blog.sina.com.cn/s/blog_3e1eb70e0101fpvf.html，2013-12. 有删减。

9.1.2　娱乐企业经营的类别

1. 独立经营的娱乐企业

独立经营的娱乐企业在经营管理上是完全独立自主的。它由总经理全权负责整个娱乐企业的经营和人、财、物的管理，创造和享有经营利润。按其经营的内容和数量，可以细分为以下两种具体的形式。

(1) 单一性娱乐企业。这是指娱乐企业以单一娱乐项目作为经营内容。这种企业容易形成自己的经营特色，从而吸引对此娱乐内容及项目情有独钟的消费者群，获得经济效益。例如，卡拉OK厅、健身房、保龄球馆等都属于这一类型。

(2) 综合性娱乐企业。这是指娱乐企业以多种娱乐项目作为经营内容，经营项目涉及歌舞、健身、游艺等。例如，大型娱乐城的经营内容就是集歌舞、健身、美容等于一体。综合性娱乐企业能充分利用场地，吸引爱好不同的消费者前来，消费者能同时享受多种娱乐项目，从而有助于增加消费者数量、获得经营利润。

2. 附属经营的娱乐企业

这种娱乐企业是指设立在其他形式行业的企业之中，作为其二级部门存在的娱乐经营个体。它的经营管理受到上级的领导和控制，只具有相对的独立性。娱乐附属经营中最常见的形式有以下几种。

(1) 饭店业娱乐附属经营。饭店是由客房、餐厅、娱乐三个主要功能区构成的。其中的娱乐项目不仅为度假的消费者提供了休闲、游玩、社交的场所，而且为商务消费者提供了健身、运动的基本条件。所以，娱乐一直是饭店经营不可缺少的内容。

(2) 餐饮业娱乐附属经营。餐饮业为了增加对消费者的吸引力，营造良好的就餐氛围，也会与娱乐相结合开展经营，如歌舞表演、卡拉OK等。就餐消费者可以免费参加这些娱乐项目。

(3) 零售业娱乐附属经营。一些大型商场、购物中心为了招揽消费者前来购物，往往也设立一些娱乐设施以增加自己企业的吸引力，如在店内附设咖啡厅、保龄球馆、游戏厅等。

知识链接　娱乐场所与娱乐业活动分类

◆ 室内娱乐活动：室内各种娱乐活动和以娱乐为主的活动。

包括：

夜总会、歌舞厅、卡拉OK厅、练歌房等活动；

电子游艺厅的活动；

室内娱乐设施的游戏、游艺活动；

以休闲、娱乐为主的动手制作活动，如陶艺、缝纫、绘画等。

不包括：

台球、保龄球、飞镖等，列入休闲健身娱乐活动；

健身中心(房)，列入休闲健身娱乐活动；

电影院、录像厅，列入 电影放映；

酒吧、咖啡厅，列入饮料及冷饮服务；

网吧、氧吧，分别列入其他计算机服务和其他卫生活动；

室内游泳馆，列入体育场馆；

室内外两用的充气娱乐设施的各项活动，列入游乐园。

◆ 游乐园：配有娱乐设施的大型室外娱乐活动及以娱乐为主的活动。

包括：

大型游乐园活动；

充气娱乐设施的各项活动；

水上游乐园活动。

不包括：

公园，列入公园管理；

高尔夫球活动，列入休闲健身娱乐活动；

射击、射箭活动，列入休闲健身娱乐活动；

跑马场的娱乐活动，列入休闲健身娱乐活动。

◆ 休闲健身娱乐活动：主要面向社会开放的休闲健身娱乐场所和综合体育娱乐场所的管理活动。

包括：

综合体育娱乐场所(集游泳、保龄球类、健身等于一体的综合性健身中心)；

保龄球馆；

健身中心(馆)；

台球室、飞镖室；

高尔夫球场；

跑马场；

射击、射箭馆场；

滑沙、滑雪及模拟滑雪场所的活动；

惊险娱乐活动场所的活动(跳伞、滑翔、蹦极、攀岩、滑道等)；

娱乐性军事训练、体能训练场所的活动。

不包括：

单一的游泳馆、滑冰场、篮排网球馆、乒乓球馆、足球场等(无论是否对社会开放)，列入体育场馆。

◆ 其他娱乐活动：各种形式的彩票活动，以及公园、海滩和旅游景点内小型设施的娱乐活动。

包括：

彩票活动(体育、足球、福利等彩票中心，以及销售网点)；

公园、景区内游船出租活动(不带操作人员)；

公园、景区内的摆摊娱乐活动；

公园、景区内的小动物拉车、骑马、钓鱼等活动；

租借道具活动(如租借照相机、服装、道具等)；

海滩浴场更衣及租借用品服务；

公园及街头艺人表演活动；

娱乐性展览；

其他未列明的娱乐活动。

不包括：

彩票发行的行政主管部门，列入社会事务管理机构；

带操作人员的游船出租、观光活动，列入水上旅客运输的相关行业；

公园、风景名胜区、其他旅游景点的管理活动，分别列入公园管理、风景名胜区管理和其他游览景区管理。

资料来源：http://www.docin.com/p-1424592591.html，2016-1.

9.1.3 中国娱乐业经营的问题

近几年来，消费者生活水平的提高和消费者观念的更新使中国娱乐业经营有了较大的发展，但也暴露了一些问题。

1. 娱乐项目配套性较差

随着娱乐业的发展，高尔夫球场、迪厅、卡拉OK厅、健身房、日光浴、蒸汽浴、健身中心、戏水乐园等国际先进娱乐项目或设施设备都已成为娱乐消费热点。然而，中国的娱乐企业在项目的选择和配套上还存在许多不合理的地方。

(1) 项目综合性布局不合理。目前，很多娱乐场所不是缺少某一个服务环节，就是各项服务的地点相隔太远，使消费者在娱乐消费的过程中感觉很不方便，导致服务存在缺陷。若碰上挑剔的消费者，一定会遭到投诉。

(2) 环境布局不协调。具体表现在：娱乐场所内没有洗手间、休息室，衣帽间不知在何处；咖啡台、椅子、茶几摆放不合理，妨碍消费者行走；美容室灯光不够柔和，没有音乐舒缓情绪；健身房灯光不够明亮，墙面缺少大镜面等。这些都会让消费者感觉服务欠佳，导致消费者不满意。

(3) 娱乐消费层次较低。由于中国娱乐业经营处于起步阶段，对娱乐场所的消费缺乏引导。另外，从整体上看，消费者的收入水平还不高，可用于娱乐方面的支出有限，使得高档次、高规格的娱乐项目经营受到限制。另外，娱乐消费者的个人文化素质不高，对高层次、具有文化内涵的娱乐项目难以理解和接受，也严重影响了娱乐业正常的经营和发展。

2. 娱乐设施投入不足

随着设备的现代化，娱乐业的经营项目越来越多，娱乐内容也越来越丰富，但当前中国娱乐经营中普遍存在设施投入不足的问题，仍难以与国际接轨。具体表现在以下几个方面。

(1) 设施配套不全、利用率低。一方面，娱乐企业往往只重视某一项娱乐活动，又不能形成规模和特色；另一方面，项目之间不配套，难以在市场上形成竞争力，不能吸引消费者，导致其设施不能被充分、有效地利用。

(2) 对设施维修、保养投入不足。目前，大多数的娱乐设施技术先进，维护保养条件要求较高。如果在设备的运作过程中缺乏正常保养维护的投入，就会直接影响娱乐设施的正常工作。

(3) 投入不考虑设施性能。娱乐设施性能差，难以发挥最佳效果，对消费者缺乏吸引力。此外，性能过高不合乎实际需要，也会造成浪费。

3. 娱乐经营服务水平较低

虽然中国娱乐业经营随着经济的发展而逐渐兴旺起来，但娱乐业的经营管理却没有步入正常的轨道，主要表现在以下几个方面。

(1) 经营管理人员缺乏娱乐项目的专业知识。大多数娱乐项目的服务、操作等的管理都具有较强的专业性，如果缺乏专业知识就难以使各项娱乐活动经营走上正轨。

(2) 管理人员对娱乐活动的特性缺乏了解。由于娱乐管理者不了解娱乐活动的特性，导致其在营销方法与策略方面缺乏创造性，使得娱乐休闲设施设备没能充分发挥作用。

(3) 管理者思想不开放，经营观念落后，导致娱乐经营难以达到现代水平。娱乐服务人员缺乏基本的技能和服务技巧的培训，难以保证服务质量。

9.2 娱乐业的特征

9.2.1 娱乐市场的特征

文化娱乐市场是整个文化市场中最为活跃的一部分，不仅向人们提供最为丰富的文化消费产品，而且消费形式也不同于其他文化市场，具有鲜明的特征。文化娱乐市场在社会主义精神文明建设中发挥着重要的作用。

1. 消费者的参与性

消费者的参与性是娱乐市场的特征。一般文化市场的消费者多数以被动接受的形式实现消费，如观众在演出场所和影院看戏、听音乐和看电影，都是在观众席上静坐欣赏，到书报刊市场和艺术品市场，消费者购买所需文化艺术产品后慢慢阅读或欣赏，无须参与创作和制作。而娱乐市场不同，经营者向消费者提供娱乐场所、设施、设备和服务，消费者亲身参与娱乐活动，实现消费。可见，这种市场交换和消费不仅不同于一般市场，而且不同于其他文化市场。文化娱乐市场的交换和消费，不发生娱乐产品所有权的变更，而是通过消费者的亲身参与实现市场交换和消费。可见，正是由于消费者的参与，才使得交换与消费同步完成。由于这种同步性，使交换和消费这两个主要环节体现出一个"活"字，即活的服务、活的消费。活的服务是指为消费者提供良好的参与条件，活的消费则是指消费者在参与中愉快地实现消费。可见，参与性是文化娱乐市场独有的特征。

2. 硬件设施的科技性

文化市场经营场所的硬件设施和设备，一般都有一定的科技含量，如音响、灯光和舞台装置都要跟上技术的发展，尤其是文化娱乐市场更加需要先进的科技装备，这是决定娱乐场所能否吸收更多消费者的重要因素之一。以卡拉OK娱乐场所为例，随着科技的进步，卡拉OK的播放设备经历了影碟机、CD碟播放机、全电脑点歌的VOD机，直到现在的触摸屏。点歌方式经历了从抄写歌单到手工查歌本，再到目前的遥控器点歌、电脑点歌。

与此同时，由于电子技术的进步，现今卡拉OK场所歌曲的画质、音质、同步性、便捷性与智能性都有进一步提高。技术的进步，使卡拉OK及其他娱乐场所的娱乐设施更加智能化、高品质化、人性化和大众化。

3. 规模和档次的差异性

文化娱乐市场经营在规模和档次上存在着明显的差异。一般来说，根据市场定位的不同，娱乐企业在经营面积、装修风格、设备质量及服务水平等方面存在较大的差异，可以分为高、中、低不同的经营档次。高档场所消费档次高，以满足高收入群体的高标准的消费需要；中等档次的娱乐场所在设施、设备和服务等方面比较一般，比较适合中等收入人群和一般商务活动人群的需要；低等档次的娱乐场所由于经营者资金的局限，设施和服务都很一般，主要目标人群为低收入者。而从整体来看，目前娱乐场所整体的服务水平都在提高，高档服务、低档价格成为企业吸引消费者的一大倾向。

4. 经营内容的服务性

娱乐企业除了提供娱乐设施和设备外，主要是向消费者提供娱乐服务。服务性是文化娱乐市场的重要特征。其他文化市场虽然也要为消费者提供一定的服务，如去剧场看戏，剧场一般都有领票人员为观众指引座位所在方位，但这种服务是辅助性的。而娱乐场所不同，从某种意义上来说，娱乐场所主要是向消费者提供服务，如迎宾服务、包房服务、娱乐设备使用服务、灯光照明服务、酒水服务等。因此，娱乐场所经营者要不断提高服务质量和水平，营造舒适、高雅、文明的娱乐环境，才能吸引更多的消费者。

▌9.2.2 娱乐消费的特点

文化娱乐企业不仅要在物质形态上满足消费者的需要，更主要的是要在精神层面满足消费者的需求。因而，文化娱乐消费相对于单纯的物质意义上的消费，具有下述几个特征。

(1) 文化娱乐消费是劳动力再生产的必要条件，是文化生产力的表现形式。在现代社会中，文化生产保证了合乎现代经济社会要求的劳动力的再生产，在一定意义上，只有消费文化产品，才能满足和保证人的要素的本质要求。文化娱乐消费除了可保证劳动力再生产的延续，还能提升人的价值观、荣誉感，培养人们的情感与意志力。

(2) 文化娱乐消费符合一般产品的市场运行规律。所有实体产品的市场营销规律都适用于文化娱乐行业。文化产品的估值与定价又不同于一般物质产品，它除了受市场供求关系的影响，往往更多地取决于消费者的心理定价，取决于娱乐产品的文化含量和品牌对于产品的定价权。

(3) 文化娱乐消费的特许、分级和准入制度及投资环境。文化娱乐消费除了受价值规律、垄断现象等经济因素制约外，还受到政府审批、特许、分级和准入制度等的影响。因此，一个地区的文化娱乐消费水平除了受制于文化娱乐产品供给能力之外，还取决于文化娱乐消费的政策、法律环境，以及文化娱乐产业投资环境。

(4) 文化娱乐消费的原创性与共享性并存。越是原创的文化产品，特别是有创新内容和独具特色的产品，其价值就越高。因此，只有加强知识产权保护，才能保持文化产品的创新和原创动力。同时，文化娱乐产品越是能够实现共享，就越能产生好的盈利模式。

(5) 文化娱乐消费遵循品牌效应。品牌效应对于实体产品和精神消费产品都是适用的，都可以通过恰当的品牌策略来提高消费者的满意度和忠诚度。就像一提到主题乐园，首先映入人们头脑中的便是迪士尼乐园，一听说上海迪士尼在2016年6月开园，国内众多的消费者便蠢蠢欲动，急切盼望着能拥有迪士尼主题乐园的梦幻体验。

(6) 文化产品生产和消费作为一个工业化过程，是当代社会经济发展的趋势和必然现象。只有实现工业化过程，也就是文化生产有组织、有制度、有规模、有标准，才能充分满足人们的文化娱乐消费需求。这促使我们考虑如何改变过去小规模、小作坊式的文化产品经营模式，尽量提高其科技内涵和文化含量，突出时代特色。

(7) 文化娱乐消费向时尚化发展。消费与时尚密不可分。在20世纪20年代，消费主义文化的基础随着电影新媒体的出现而确立，小报出版物、大众化杂志以及收音机等媒介宣扬休闲的生活方式，引导人们参与原来限于上层人物的商品消费与体验消费。随着社会的发展，城市逐渐从工业中心、生产中心转变为文化中心和消费中心。城市文化娱乐消费日趋呈现时尚消费的特征，物质产品的丰富及商品生产的多样化和个性化发展，使得选择"时尚"成为人们生活的"必需品"。

9.2.3 娱乐业市场营销的特性

娱乐业市场营销是娱乐业经营的重要组成部分，由于娱乐业自身的特点，使娱乐营销具有以下几个特征。

1. 娱乐消费受顾客收入水平的限制

娱乐消费与收入水平紧密相关，只有在人们的收入满足了基本生活消费支出以后，才会产生对休闲娱乐的需求。人们只能在日常工作之余选择简单的娱乐活动来调剂生活，人们对娱乐需求的弹性也很大，这就增加了娱乐营销的难度。因此，娱乐营销必须针对不同的消费者的消费能力采取不同的营销方式，主要是根据娱乐活动的特征来选择目标消费者，这样就会使营销活动更为有效。

2. 娱乐消费活动的时间性影响营销活动

娱乐业经营受其客观条件的影响，特别是受时间、季节的影响较大。由于人们的工作主要是在白天进行，因此，娱乐消费一般只能在晚间或工作之余进行。还有一些娱乐活动受季节的影响较大，如水上娱乐项目、冰雪娱乐项目等都具有较强的季节性。娱乐消费活动的时间性、季节性要求娱乐营销必须与之相适应，在恰当的时间采取有效的营销策略，以促进娱乐产品的消费。

3. 娱乐项目的时尚性影响娱乐营销

娱乐产品时尚性的特点，使得某一类娱乐形式的产品生命周期较短，产品进入市场很快被人们所接受,而退出市场也较快。比如路边卡拉OK、迪斯科、慢摇吧、保龄球热等现象都是在一段时间内被人们奉为时尚符号,但很快就淡出人们的视野。这也为娱乐营销带来了挑战,一方面要求企业在产品消费的黄金期扩大销售,另一方面也要求企业利用卓越的营销手段延长产品的生命周期。

4. 娱乐产品的非实物形态影响娱乐营销

娱乐营销的核心是娱乐产品,而娱乐产品中有相当一部分为非实物形态,并且在娱乐经营中起着非常重要的作用。这种无形产品看不见、摸不着,服务质量很难控制。在娱乐营销活动中,如果营销过程的描述与实际服务效果脱节,就会影响娱乐营销活动的效果,增加顾客的不满,甚至发生纠纷。例如,热情周到用什么标准来衡量呢?文化产品的非实物形态增加了营销的难度。

5. 法规不健全影响娱乐营销

有关娱乐业经营管理的法规不健全,尤其是有些规章制度中相关概念界定不清直接影响了娱乐企业的营销活动。例如,"三陪"这一概念,如与"色情""卖淫嫖娼"相混淆,不仅不利于娱乐企业的经营,而且会对消费者、经营者产生误导。娱乐业法规的不健全和概念的不清,使得娱乐企业的很多服务项目和服务方式难以实现,直接影响娱乐营销活动。

9.2.4 娱乐企业形象的重要性

娱乐企业只有在市场中树立自己的形象,使顾客了解娱乐企业的经营内容、服务思想、服务特色、服务品种,才能吸引顾客,增加娱乐场所的知名度,使顾客认同娱乐企业。尤其是娱乐还受人们传统观念的影响较深时,娱乐企业良好的社会形象对企业经营就显得更加重要。娱乐营销实际上是为了扩大娱乐企业的知名度和增强娱乐活动的吸引力,使其在市场上树立起良好的形象,使更多的消费者信赖和喜欢。为了树立良好的企业形象,娱乐企业要做到以下几点。

1. 娱乐经营应以维护顾客的利益为前提

首先,娱乐企业首先要根据市场消费者的不同层次、品位、消费能力,提供雅俗共赏的娱乐内容,尽量满足各层次消费者的需要。其次,在竞争越来越激烈的娱乐经营中,企业不应以不正当手段,靠损害消费者利益来获取短期利益。一个经营成功的娱乐场所,必须通过推出各种档次的娱乐活动来充分满足顾客多样化、多层次的正当需求,使企业在当地市场上有一定的知名度。这就要求娱乐企业应通过各种形式的营销手段,让顾客了解娱乐场所的名称、位置、提供的服务内容及服务特色。娱乐场所应通过提供优质的服务、高雅的环境来满足顾客的需求,让顾客从内心和行为上喜爱相关的产品和服务,从而喜爱娱乐场所。

2. 娱乐营销既要考虑经济效益，又要注重社会效益

娱乐企业营销的目的当然是获取更多的利润，但对于那些低级趣味的、庸俗的色情娱乐活动，应该禁止提供和经营，这与社会主义文明建设相悖，也不符合法律要求。娱乐企业要为人们提供一些有一定文化内涵、高品位的娱乐产品，使人们在消遣、休闲的同时获得精神上的享受和审美的情趣。娱乐企业只有平衡经济利益和社会效益两者的关系才能获得健康的发展。

3. 娱乐营销应突出企业的特色

在娱乐经营竞争比较激烈的情况下，各个娱乐企业的娱乐产品和服务只存在细微的差别。娱乐企业可通过开展推销活动来宣传自己的产品区别于竞争者的特点和独到之处，以突出自己的产品给消费者带来的特殊效益。

案例9.1

北京欢乐谷：淡季营销"四轮驱动"

北京的冬天，寒气袭人，一些落叶树木只剩下光秃的枝丫。对于公园来说这并不是一个好季节。正午的北京欢乐谷门前，几个年轻人在拍照，尽管天气渐凉，仍然可以听到他们兴奋的笑声。与暑期的热闹相比，北京欢乐谷步入了北方城市特有的长达5个月的淡季。

尽管如此，淡季并未影响北京欢乐谷2010年的运营：重游率均值为35%，旺季高达40%，游客接待量为270万人次，预计2010年的营业收入将超过3.5亿元。有淡季市场，但是没有淡季思想，在华侨城筹备举办25周年庆典之前，北京欢乐谷总经理赵小兵在接受《新营销》记者专访时，介绍了北京欢乐谷缘何能够取得如此业绩。他认为"四轮驱动"品牌建设是北京欢乐谷的成功秘诀。"根据游客对欢乐谷的口碑和喜爱程度，以及实际接待人数看，北京欢乐谷在北方区域市场做得很不错，很扎实。2010年北京欢乐谷可以取得辉煌的业绩。"赵小兵对于欢乐谷目前的发展很满意。

最初定位于以年轻人为主体的客源市场，随着知名度的提高，北京欢乐谷在不断满足主体客源市场需求的条件下，开始考虑规模相对较小的客源市场需求。为了满足不同消费者群体的需要，北京欢乐谷精心设置了50余项主题景观、10余项主题表演、30多项主题游乐设施、20余项主题游戏及商业辅助设施。经过5年的品牌打造之路，北京欢乐谷迄今为止已经成为北京体验旅游的重要标志。

"北京欢乐谷每年都会有一个品牌年号，2006年是品牌上市年，2007年是品牌建设年，2008年是品牌提升年，2009年围绕共和国60周年大庆，称之为品牌推广年，而2010年是品牌创新年，因为2010年有个二级项目会推出来。可以说，品牌建设是公园建设的重中之重。"赵小兵说。

为了更好地进行品牌建设和维护，北京欢乐谷坚持"主题文化包装+高科技游乐设施+高

> 标准旅游演艺+品质优质服务"的"四轮驱动"策略。"第一，坚持以文化为主导，用主题故事包装游乐设施，辅之以文化让消费者在体验的同时领略更多的文化内涵。第二，确保提供最领先的高科技游乐设施。北京欢乐谷最主要的大型游乐设施均从国外进口，让游客可以感受到国际最领先、最刺激的游乐体验。第三，高品质的旅游演艺资源。除游乐设施外，丰富多彩的演出形式成为欢乐谷最吸引消费者的亮点。其中，北京欢乐谷大型原创舞蹈诗剧《金面王朝》屡屡获奖。第四，以优质服务树立良好的品牌形象。"赵小兵说。
>
> "四轮驱动"的策略从硬件和软件两方面夯实欢乐谷的品牌基础，全方位满足游客需求，并为欢乐谷的活动营销提供了先决条件。
>
> 资料来源：周再宇.北京欢乐谷：主题公园的活动营销[J].新营销，2011(1).

9.3　娱乐业市场营销策略

随着全球娱乐业长期、持续、迅速的发展，传媒和娱乐产品以其无所不在的影响，逐渐渗透到社会经济增长、文化进程和社会生活的方方面面。娱乐因素已经成为产品与服务的重要竞争手段，真正的商业与娱乐之间的界限已不存在。世界顶级传媒与娱乐公司首席顾问沃尔夫在一本直接以《娱乐经济》冠名的书中提出一个崭新的营销思路——娱乐营销，即用娱乐因素改造社会经济。正如美国乃至整个西方社会一样，娱乐营销对全球经济发展的作用，堪比100年前的无线通信与水火电力的发明、30年前的电脑革命，今后社会的重大变迁，恐怕都要从娱乐经济开始。娱乐营销已成为优化未来企业的决定性概念。

9.3.1　娱乐业市场营销组合策略

1. 卓越产品

任何一家优秀的娱乐企业，它之所以能保持长期的辉煌，"内容为王"是所有因素中最关键的一个。无论在什么情况下，产品永远是营销的基础。所以真正成功的营销永远是以优质的产品为第一位的，产品战略是决定企业营销成败的首要战略。在这里有必要分析一下文化娱乐产品的三个层次。

(1) 文化娱乐产品的增值功能。文娱产品的增值能力在蒙牛公司与《超级女声》的合作中体现得淋漓尽致，蒙牛酸酸乳的销量从几千万元暴增至20亿元就是一个很好的证明。2006年的超女选秀带来的3 000万元短信收入、上亿元广告收入，让中国电信和湖南电广传媒成了大赢家，赞助商蒙牛公司的销售额因此也翻了几番。有资料显示，美国电影业总收入中约20%是从影院的票房收入中获得的，而有约80%则是由非银幕营销所得。当今社会，商业与娱乐的界限似乎越来越模糊，文化娱乐产品以其无所不在的影响，渗透着我们的经济与生活，会有愈来愈多的产品和服务与娱乐活动相结合。商业经济结合娱乐内容，是文娱产品增值的关键。

(2) 文化娱乐产品潜在的产业链。真人秀娱乐活动构建了一个由电视、网络、手机等多渠道参与的多媒体互动平台。如网上直播及视频点播节目，选手博客及"粉丝"论坛，微信投票、媒体报道、活动新闻等。网络为观众与选手的互动提供了一个良好的平台，同时也延长了选秀节目的产业链。正如电视娱乐节目的产业化运营，将促进广告、微信、演唱会、艺人经纪、品牌开发、玩具、游戏、乐器等多个行业的发展一样，将文化娱乐产品作为一个完整的产业链来运作，将更有利于中国经济的发展。

(3) 文化娱乐产品的品牌经营。娱乐产业的盈利模式与其他产业具有很大的不同。从国际经验来看，发展娱乐业绝不仅是推出一部电影、一档电视节目、一本杂志或一本书，而是要借助初始的具有轰动性的娱乐产品去开发一系列相关产品(次级产品)。初始娱乐产品(核心产品)在整个盈利模式中只不过起到一种杠杆作用，次级产品(相关产品)才是娱乐业收益的主要来源。娱乐品牌的延伸能否成功是娱乐产业盈利的关键所在。

2. 灵动价格

在企业的发展历程中，影响企业最终定价的因素有产品、市场、经济环境等。传统的成本加利润的定价模式不太适合文化娱乐产品。因此，娱乐企业要讲究一定的定价策略，采用灵活机动、科学的定价方式。例如，迪士尼的产品定价就是根据产品的特征而采取不同的定价策略——分类定价策略。迪士尼力求在定价方面令消费者满意，同时也利用定价策略增加自己的营业收入。

3. 娱乐促销

娱乐促销是指营销人员将有关企业的娱乐产品信息通过各种方式传递给消费者和用户，促进其了解、信赖并购买、体验本企业的娱乐产品，以达到扩大销售的目的。因此，娱乐促销的实质就是促销人员与购买者或潜在购买者之间进行有效的信息沟通。这种信息的沟通可以通过广告、人员推销、营业推销和公共关系4种方式实现。

(1) 明星效应。娱乐营销的一大特点就是它永远跟着热点走，这种热点并不是一种单纯的与某种流行音乐时尚的结合，也不是打着娱乐幌子的非必要性促销，而是年轻态消费市场的时尚因素，而明星是最能代表年轻态市场的时尚元素。再加上明星作为偶像的号召力，利用明星效应进行促销已经成为企业，特别是娱乐企业的最佳促销形式。

(2) 整合营销传播。整合营销传播理论权威舒尔茨认为，在信息过量、媒体繁多、干扰大增的情况下，"信息的传达"与"信息的内容"分量相等。迪士尼深入研究舒尔茨的整合营销传播理论，并将其应用到实践中，取得了巨大的成效。

(3) 交叉营销。交叉营销是指寻找服务于同类顾客的本企业的其他服务部门或其他企业，双方采取共同合作的方式，以更好地吸引现有和潜在的顾客。当前很多企业经常斥巨资进行广告营销，成本高、收效却不大，而交叉营销则为企业打开了一条新的思路。交叉营销方式有很多优点,如可以帮助企业在激烈的市场竞争中脱颖而出、保持销售旺淡季现金流的平衡、激发人们更多购物的动机、培养与顾客和社团间的信任。据相关统计显示,三个合适的战略伙伴将能使各自的顾客量增长4倍,而且无须额外费用。

4. 完美服务

娱乐营销的核心理念在于将企业能力与顾客需求相匹配以实现双方的目标。如果两者能够实现匹配,企业必须针对服务的本质功能和外延功能来发挥优势,从而满足顾客的需要,即企业要实行服务营销策略。对任何一家企业而言,尽管他们的核心产品与别人的一样,但他们可以通过控制产品的服务要素、通过特殊的服务营销理念来使他们的产品与别人有所不同。

案例9.2

迪士尼:天生为娱乐

迪士尼可谓历史最悠久、规模最庞大的娱乐帝国。从早期的动画制作,到如今集合旅游、娱乐、出版、传媒、消费品于一身,迪士尼以娱乐的方式建立了自己的商业体系,这个体系的核心文化就是"创造快乐"。永远富有创意的动画电影,糅合了"童话、幻想、冒险、欢乐"的主题乐园,迪士尼品牌的价值在于给大众创造一切愉悦的精神体验。为娱乐而生的迪士尼,从内容的制造到销售拓展,都紧紧围绕"娱乐"二字。所谓娱乐,其核心是为人们创造快乐。迪士尼公司创始人沃尔特·迪士尼说:"我希望它所带给你的将全部是快乐的回忆,无论是在什么时候。"

20世纪,米老鼠、唐老鸭、高菲狗、小熊维尼等一系列卡通形象深入人心,迪士尼一步步将自己打造成"快乐"的代名词。以故事为中心的产品开发模式,充满乐观精神的故事,都潜移默化地使受众在心中形成了迪士尼形象。生产快乐、提供快乐,把快乐变成商品卖遍全世界,为消费者提供愉快的、各异的娱乐体验,从而成就了迪士尼传奇。在动画电影成功之后,迪士尼迈开了向主题公园拓展的步伐,创始人立志把虚拟的童话变为现实。1955年,沃尔特·迪士尼在美国加州建立了第一家迪士尼乐园,将动画片中的魔幻和快乐场景"复制"展现在现实生活中,创造现实中的童话世界。

目前,全球已建成的6座迪士尼乐园,分别位于美国的洛杉矶和奥兰多、日本的东京、法国的巴黎、中国的香港和上海。迪士尼乐园成为人们心目中"地球上最快乐的地方",而其为迪士尼公司带来的利润,也几乎是总收益的一半。迪士尼根据企业的核心价值对主题乐园进行了准确的市场定位,即表演公司,它的主要功能在于为游客、观众提供高满意度的娱乐和消遣。迪士尼乐园充分利用动画电影获得的影响力,把动画明星米老鼠、唐老鸭、小熊维尼、白雪公主、灰姑娘带到乐园,将家喻户晓的迪士尼经典故事转化为游乐过程。让游客暂时远离现实世界,走进缤纷的童话王国,感受神秘奇幻的未来国度或惊险刺激的历险世界,游客所体验到的是或惊险或激动的快乐旅程。

资料来源:胡晓明.文化产业案例[M].广州:中山大学出版社,2011:270-292.

9.3.2 娱乐业同质化营销

市场竞争的加剧，导致产品同质化程度加深，娱乐产品的同质化更为严重。在产品功能相仿的情况下，如果要想占有更大的市场，一般会导致"价格战"。"价格战"的后果就是杀敌一千自伤八百，最后导致整个行业的衰落。因此，在娱乐产品同质化的情况下，研究市场需求的差异性，采取不同的市场定位，实行差异化、人性化、个性化的营销策略，便可获得更大的市场"蓝海"。

(1) 提及差异化，关键词有与众不同、独创、专利、创新。要求企业抓住核心能力打造特色树立品牌，让消费者拥有"不一样"的娱乐体验。

(2) 提及人性化，关键词有以人为本、诚心、爱心、细心。要求企业真正做到服务消费者，使消费者感到宾至如归，打造"最舒心"的娱乐体验。

(3) 提及个性化，关键词有因人而异、了解、用心、务实。要求企业区别对待有不同需求的消费者，致力于为每个消费者提供"最需要"的娱乐体验。

案例9.3

季节因素是沈阳方特欢乐世界的"短板"吗？

沈阳方特是隶属深圳华强集团的一家主题公园，是其旗下第8家主题公园，投资额超过20亿元，娱乐园区科技化程度较高，大量应用了3D、4D、动态传输平台、环幕、球幕、水幕、交互式剧场等一批国内自主研发的技术，并且充分运用文化元素彰显魅力，如聊斋等娱乐项目都应用了中国的神话传说，目前是东北地区规模最大的第四代主题公园。但是面对冬季旅游市场，户外主题公园如何延长生命线、如何做有效的营销传播？这是困扰企业的一大问题。尽管方特乐园有许多室内娱乐项目，但消费者游玩人次很少。此外，企业方也认为另一家方特主题公园——芜湖方特已经开业5年，现在已经进入衰退期，而新产品的研发至少还需要3年，目前企业还没有像美国迪士尼公园在3个月内可以更改30%的项目的实力，那么如何通过营销延伸产品的生命周期呢？

中国社科院旅游研究中心特约研究员吴金梅认为，目前旅游市场上"冷产品"很有市场，比如，冬季到黑龙江漠河看雪是时下较热的旅游方式，所以气候并非绝对的制约因素。作为地处冬季较长地区的主题公园，要思考的是不仅仅以景区为核心来做营销，而要把景区放到线路里，形成北方旅游线上的一个节点，参与线路的推广，才有可能增加游客量。乐途旅游网副总裁张晓路反问："我们都知道迪士尼的吉祥物是唐老鸭和米老鼠，但谁能说出方特公园吉祥物的名字呢？"迪士尼公园的营销是与其互动项目、技术以及影视传播合为一体的，其收入不只是门票，它的旅游产品可以全年销售，没有季节限制。张晓路认为，方特公园应挖掘当地的文化、历史、风俗和名人故事，通过影视技术进行传承，并将之发展成一种文化纪念品，这才是核心竞争力。在汲取国外先进技术和迪士尼的营销经验的基础上，真正打造出中国的主题乐园品牌，才能与迪士尼这样强有力的对手展开竞争。

资料来源：http://wenku.baidu.com/link?url，2011-3. 有删改。

9.3.3 体验营销

娱乐产品主要通过体验消费来实现产品的价值，因此，开展恰当的体验营销对于企业的营销战略具有重要的意义。自美国经济学家B.约瑟夫·派恩和詹姆斯·H.吉尔摩撰写的《体验经济》一书问世以来，在社会上引起了强烈的反响。它告诉人们，新经济体系中的一个重要内涵就是"体验经济"，体验经济将取代服务经济。

派恩认为，体验是使每个人以个性化的方式参与其中的事件。具体来说就是企业以服务为舞台，以产品为道具，以消费者为中心，创造能够使消费者参与、值得消费者回忆的活动，这就是"体验"。体验类型有4种——娱乐、教育、逃避和审美，事实上最好的体验包含所有类型。

娱乐体验是吸引顾客的一种方式。例如，拉斯维加斯的古罗马式交易市场，所有的商店都古色古香地铺陈在街道两边。每小时都会有一次5～10分钟的商品展示来吸引前来观光的游客，让人们时而感觉自己置身于古代亚特兰蒂斯城的车水马龙中，时而感觉自己正在观看古罗马军队方正的游行队伍。尽管在这5～10分钟的时间里，商店都会暂停自己的业务，但这并不会使其利润下降，恰恰相反，这里每平方英尺的盈利是至今为止最高的，相当于摩天大楼盈利的3～4倍。

通常情况下，体验并非自发而是诱发形成的，但这并不意味着消费者要被动体验商品，营销人员必须提供体验媒介。并且体验是一个复杂的过程，不同的体验之间存在着巨大的差别，因此，人们只能通过一些标准来区分体验的形式。开展体验营销要注意以下几点。

1. 掌握消费者心理

体验是一个人在遭遇、经历一些处境后所产生的结果。对消费者自身来说，体验经历十分重要，对商家也一样。因此，企业应该注意与消费者之间的互动，以发现对方内心的渴望。进而学会换位思考，客观地对企业自身的产品或服务进行审视。所谓知己知彼、百战不殆，企业必须要了解消费者在体验过程中的心理才能对症下药，取得实效。

(1) 期望心理。对于已知的产品或服务，消费者总是想象将会产生怎样的体验。在体验之前，商家的一些推广活动，如广告等，可使消费者在购买前对体验结果已经心知肚明，即产生了期望值。因此，只要实际体验超出期望值，就会产生正面积极的效果，否则将会事与愿违。

(2) 经验心理。在人与人的互动交流中，经验发挥着举足轻重的作用，同样也会影响消费者的体验结果。例如，消费者从前一次互动体验中获得一些经验，并试图用于第二次体验活动中，这位消费者会自然而然地把两次体验进行比较，并得出结论。那么，在这种情况下，消费者的体验结果将会在很大程度上受到该结论的影响。企业要想更好地迎合消费者的体验心理，必须要将新的体验活动与上次的体验活动进行分析比较。

(3) 个性心理。不同的人其性格特征也会有所不同，而这些不同的性格特征决定了体验结果的千差万别。因此，在向消费者提供体验的同时，企业还要首先考虑自己的目标消费群体的情况，有针对性地举办活动，以达到事半功倍的效果。企业只有弄清消费者的心理因素，才能有的放矢地开展体验活动，才能保证活动结果是积极正面的。

2. 提供机会

从消费者心理的角度来说，体验的核心精神正是对自我实现的追求。企业不仅仅要提供产品或服务，还要让消费者获得身临其境、难以忘怀的愉快体验。当消费者购买一种体验时，其目的就是获取身心愉悦。例如，消费者选择主题公园或游乐场，其目的就是获得娱乐体验；选择户外运动或者体育项目，其目的就是获得运动体验；而选择网络游戏，其目的是获得一种虚拟的网络体验。

现在的消费者越来越关注消费过程中的体验感知，这就要求企业要注重对产品体验的设计，突出产品特色。所以，企业必须要保证自己所提供的"体验"能够真正与其他企业所提供的体验区分开来，包括与众不同、个性十足的营销渠道，独具匠心的商品包装和陈列的视觉美感，特殊营销人员亲切专业的服务态度，以及现场示范、免费试用等。大多数人都希望在体验兴奋、刺激的同时，还能保证安全可靠，网络上的各种体验正好可以满足消费者的需求。网络媒体对企业开展口碑营销是必不可少的，愉快的网络体验可以吸引更多的潜在消费者，并促使其购买产品、传播产品信息。

愉快的网络体验是指对于消费者而言，简单明晰、气氛轻松且能使消费者的心情得到调节的一种体验活动。只有这样，才会让消费者乐意去体验，也才会使消费者主动去传播品牌信息。出于激发消费者的热情，促使其被商家的产品或服务所折服，进而产生消费行为的目的，企业无时无刻不在想着为消费者提供愉快的体验。因此可以说，一个产品能否实现最大规模的传播，企业的产品或服务能否得到最广泛的认可，在一定程度上取决于企业能否最大限度地调动消费者的热情。

小米手机采用的就是这种调动消费者热情的体验营销方式，一时间在青少年消费者群体内大受欢迎，成为一个口碑产品。时尚新颖的外观设计、丰富实用的应用程序加上价格上的优势，成功赢得这一消费群体的青睐。另外，公司通过挖掘充实核心用户群的实际需求来不断完善自身产品。同时，还通过网络论坛交流用户体验信息，以便让消费者获得尽可能多的信息。最终，不仅赢得用户的一片赞誉，还吸引来更多的新用户。

企业只有在激发消费者热情的基础上，才能达到促使顾客消费的目的。而企业要做的就是为其提供获得体验的机会，让消费者在体验中对产品爱不释手，最终买下商品。

案例9.4
永远追求完美体验的迪士尼

如何才能在尘世中创造一处令人信以为真的魔法世界？迪士尼的回答是将游客(观众)的体验放在最重要的位置。迪士尼有一个专有词汇用以称呼从事迪士尼乐园设计的工作人员：Imagineer。这个词结合了英语中的想象(Imagine)与工程师(Engineer)两个词汇，赋予了这项工作"令想象成真"的奇幻色彩。游客在进入加州迪士尼乐园时都会读到这样一句宣示：从这里起你将进入幻想和魔法的世界。迪士尼Imagineer"十诫"中的前两条分别是"了解你的观众"与"设身处地"。在迪士尼乐园，一处游乐设施往往要同时调动游客的听觉、视觉乃至嗅觉、触觉等多项感官,以求身临其境的体验。

以"太空过山车"(Space Mountain)为例,尽管其高度落差与旋转的复杂程度无法与国内一些大型过山车相比,但"太空过山车"将乘客置于宇宙深空的背景中,只见星光而不见轨道的走向,再辅以直接通过座位内置音箱播放的动感旋律,在心理上放大了刺激的感受,成熟技术与人性化的结合,使"太空过山车"成为加州迪士尼乐园中最受欢迎的游乐项目之一。迪士尼追求更优质的体验并不仅仅局限于乐园,也体现在不同业务的细节中。迪士尼度假酒店的前台附近一般都设有适合儿童身高的电视及桌椅,全日不间断地播放卡通片,以期减少家长与儿童因在高峰期长时间排队而产生的烦躁感。迪士尼婴儿用品则广泛采用软化产品标签,避免挫伤婴儿皮肤。这些设计看似微不足道,却能给消费者的体验带来明显的改善。

在"体验经济"时代,乐趣导向消费与感性消费逐渐渗入人们的生活中。与物质匮乏时代追求性价比、实用性相对应的是,在物质极丰富的时代,即便是日用消费品,人们也对品牌的抽象性功能有了更多感知,比如"快乐、个性、幸福、浪漫",而迪士尼,从其创办开始,就一直注重顾客的消费体验。

资料来源:胡晓明.文化产业案例[M].广州:中山大学出版社,2011:270-292.

3. 五种体验形式

体验具有多样性和复杂性的特点,却可以根据其固有又独特的结构和过程分成不同的形式。这些通过特定的体验媒介所创造的体验形式,最终能帮助企业达到有效的营销目的。

(1) 感官体验。感官体验是指经由视觉、听觉、触觉、味觉与嗅觉所产生,目的在于创造知觉体验的感觉,可分为公司与产品、引发消费者购买动机与增加产品的附加价值等方面。被《时尚》杂志誉为"世界上最漂亮的巧克力"的理查特(Richart)公司所制作的巧克力,其商标以艺术装饰字体完成,并以斜体"A"作为首字母,用以区分"富有(Rich)"和"艺术(Art)"。然后将巧克力放在一个玻璃盒子里,陈列于一个明亮的销售店内。再加上打光拍摄以及厚实有质感的包装,真可谓一件美好的艺术品。

(2) 思考营销。这种营销方式的目标诉求是智力,通过创意的方式引发消费者的兴趣和对问题的思考,创造出认知和解决问题的体验。这种体验活动通常被用于高科技产品的营销活动中,在很多行业的产品设计、促销和与买卖双方沟通方面也得到了一定的应用。苹果公司已故总裁乔布斯说过:"与众不同的思考代表着苹果品牌的精神,因为充满热情创意的人们可以让这个世界变得更美好。苹果决定为处处可见的创意人,制造世界上最好的工具。"在苹果概念店内,通过顾客自主体验或者工作人员的引导和解说,顾客感受到了苹果所带来的生活体验,并引发了其对电子产品所体现的个性设计的思考。这样的营销方式在科技产品领域屡见不鲜,随处可见的体验店、概念店正是最好的证明。

(3) 情感体验。这种体验形式的目标诉求是消费者内在感情与情绪,这种体验形式范围广泛,不仅包括温和、柔情的正面心情,还包含欢乐、自豪甚至热烈的激动情绪。创意者如果想要运作情感体验,就必须要真正了解引起某种情绪的刺激源头,并使消费者自然而然地受到感染,并融入其中。比如,"孔府家酒叫人想家"这句广告语,引发游子们对父母、家乡的无尽思念。这份浓郁的亲情,使得消费者在消费的同时,还能感受到一种思乡的情绪。

(4) 行动体验。与上述体验不同的是,这一体验的目标诉求在于通过影响身体的有形体验、生活形态与互动达到宣传的效果。这种体验能够增加消费者身体的体验,为其指出做事的替代方法和生活的替代形态,从而使消费者的生活变得更加丰富多彩。其中,消费者生活形态的改变可以是激发的,也可以是自发的,还有可能是由影视歌星或著名运动员等偶像角色所引起。例如,在运动用品的营销活动中,通常会选择对青少年消费群体具有很强号召力和影响力的演艺明星或者是体育明星进行代言,其广告词相对于其他产品而言,常常更具渲染力和鼓动性。

(5) 关联体验。这是一种包含感官、情感、思考、行动等方面的体验营销,超越私人情感、人格和个性,通过"个人体验"将消费者与自我、外界或者文化联系起来。另外,关联体验的诉求目的是激发消费者对自我改进的渴望。将个人与一个较广泛的社会系统联系在一起,建立个人对某种品牌的偏好,并让使用者逐渐形成一个群体。在很多不同的产业中,如化妆品、日用品和私人交通工具等,这种关联体验都会存在。

9.3.4 互联网娱乐业营销

互联网带来了一种新的生活方式,随着网络科技的进步,使得越来越"高端"的互联网娱乐方式被广泛开发。网络与娱乐的结合,在对传统娱乐行业产生冲击的同时,也为娱乐业开拓了新的发展道路。我们将借助网络营销的"4I模型"(见图9-1)认识互联网娱乐。"4I模型"的具体含义如下所述。

第一个"I":Individual Gathering,个体的聚集。
第二个"I":Interactive Communication,互动的沟通。
第三个"I":Inside或In,在里面。
第四个"I":就是I,即"我"的个性化。

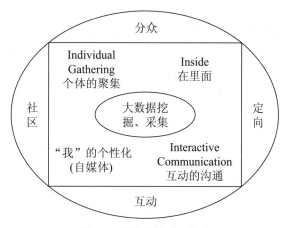

图9-1 网络营销的4I模型

现对4I模型作如下简要说明。

(1) 第一个"I"是"Individual Gathering"：个体的聚集。物以类聚，人以群分。博客、播客、威客、维客、换客、晒客、印客、闪客、淘客、测客……在百"客"云集的互联网上，由于兴趣、爱好的驱使，形成了各式各样的"客"，以及它们所聚集的各类门户、垂直网站及形成的"虚拟社区"。虚拟社区的存在就是"个体的聚集"，从而形成"有共同目的"的"个众"。

(2) 第二个"I"是"Interactive Communication"：互动的沟通。百"客"互动，在网络时空形成巨大的信息流和数据流，互动就是参与，互动就是体验。

(3) 第三个"I"是"Inside"或"In"：在里面。In的意思是"进去了"，Inside的含义是"在里面"，是的，网络世界正成为虚拟现实的"柏拉图时空"。互联网的普及使人们可以轻易地"进去了"，并长时间地呆"在里面"，网民与网络之间具有巨大的"黏"性，实际上是网络互动社区时空里面"聚集的个众"，具有既不连续又不离散的"稠性"特征，这种"稠性"特征使得网络时空的不间断性得以充分体现，形成了"多维"的"破碎"空间。为了吸引"分众"能"进去了"并呆"在里面"，需要对网络时空进行"情景构造"，网络游戏就是"情景构造"的典型例证。

(4) 第四个"I"是"I"："我"的个性化(自媒体)。网络上的个性化是通过互动体现出来的，它不仅指个性表达，还指个性需求、个性交流等各种各样的个性化特征。自媒体充分展示了个性化。

网络营销是以数据库为核心的，数据库实质上就是对"人"的统计，网络营销既是互联网营销、移动互联网营销，也是两种网络的结合，所以"人就是媒体"在网络营销实践中是实实在在的具体的网络营销原理。"4I模型"是一个广义的网络营销模型，是审视网络营销的视角，它由表及里、拨开海量网络现象的本质，适用于所有网络上出现的各种"客"站，或者说每种"客"都具有"4I"的特点，这是网络营销的本质。网络营销开启了21世纪的营销新纪元，在网络社会，"4I模型"无处不在。

如果说娱乐是体验经济，网络是生活方式，那么娱乐与网络的结合，毫无疑问地加速了娱乐生活化的发展。随着社会文化的发展，以及消费者文化素质的提高，一方面，越来越多的人参与娱乐消费；另一方面，也有越来越多的人愿意为生活注入娱乐元素，"非专业"的娱乐方式已经越来越醒目地显现在各个娱乐企业面前。因此，"4I模型"的意义不仅在于网络娱乐产业，也在于要求传统娱乐企业在新时代下，树立互联网思维，更多地以"人"为中心，尊重"人"的力量，加强互动与沟通，关注"人"的个性化，将产品与服务更细腻地融入"人"的生活之中，"人"无处不在，网络无处不在，娱乐便无处不在。

案例9.5
迪士尼与网络营销

迪士尼与互联网有关的业务和产品，最早可以追溯到1996年。当时，历史上最具传奇色彩的互联网公司之一雅虎刚刚开始盈利。迪士尼在那时顺利完成了对ABC集团的业务收购，此后，迪士尼开始拥有自己的互联网业务，先后通过资本运作的方式，构建了美国最大的体育、娱乐资讯王国，成为Abcnews.com、ESPN.com、NBA.com、NFL.com等美国大型网络媒体的幕后老板。同时，迪士尼还围绕自己所擅长的影视娱乐业务，推出了包括Disney.com、Disney移动娱乐、Family.com、FamilyFun.com、Movies.com、Wondertime.com等互联网和移动网络服务平台。如今，迪士尼的网络帝国拥有包括网站与固定互联网业务、宽带业务、网络游戏业务以及移动互联网业务等全方位的互联网产品及服务，这些网络业务从体育到游戏、从资讯到电影不一而足。迪士尼的网络娱乐帝国初具模型。

在中国第一次互联网泡沫破灭之后，迪士尼趁机把自己的网络产品和服务带到了中国。2001年8月26日，迪士尼互联网集团和中国的海虹控股股份有限公司合作开通了迪士尼中文网站(Disney.com.cn)及迪士尼收费游戏频道"迪士尼小旋风"(Disney Blast)。之后，迪士尼又先后收购了上海智赢和北京群胜两家无线网络服务公司，开始了在中国的移动互联网业务。不过，或许是患上了国际互联网巨头"水土不服"的通病，相较于其在全球的网络产品和服务领域的高速发展，迪士尼在中国的互联网业务发展却显得有些迟缓。不过，虽然没能让自身的网络业务在中国得到高速发展，但迪士尼通过另一种方式打开了其他业务在中国的互联网市场的大门——基于互联网的营销。在互联网营销方面，首先打开中国网络营销之门的是迪士尼主题公园。2005年，中国香港迪士尼主题公园正式对游客开放，搜狐成为迪士尼主题公园的第一个合作伙伴，负责建设和运营迪士尼中文网站，同时，迪士尼还正式授权携程网成为香港迪士尼主题公园在内地的唯一合作网站，提供香港迪士尼门票、香港迪士尼乐园酒店和迪士尼好莱坞酒店的网上预订服务。或许，这两项合作只是迪士尼主题乐园在中国互联网上的简单营销动作，但这样的本土化合作方式更容易打开中国市场，为迪士尼的传统业务带来新的机会。

2009年，迪士尼消费品部门和影视部门分别找到了自己的合作伙伴。2009年4月，迪士尼消费品部在上海宣布推出中国首个迪士尼授权B2C网络购物平台"小主人网迪士尼专区"，正式进军网络购物市场；同年，迪士尼与中国网络游戏巨头盛大达成合作意向，共同开发以迪士尼品牌故事为背景的本土化游戏——迪士尼魔幻飞板。

资料来源：胡晓明. 文化产业案例[M]. 广州：中山大学出版社，2011：270-292.

本章小结

本章分析了娱乐业营销相关问题。娱乐是人类普遍存在的精神消费需求，娱乐业提供了娱乐活动服务和活动场所。娱乐市场和消费具有特有的行业特征，娱乐业营销要求企业创造卓越的娱乐产品，实施多样化的促销策略，充分运用体验营销策略，并注重互联网时代下娱乐消费形式和内容的变化，从而向市场提供受欢迎的娱乐产品。

思考题

1. 简述文化娱乐消费的特征。
2. 举例说明如何针对娱乐产品设计体验营销策略。
3. 简述互联网娱乐"4I模型"。

章末案例

芜湖方特新媒体营销策划案

从2005年开始，深圳华强集团就开始设计研发中国人完全自主知识产权的文化产业主题公园，其开创的"方特欢乐世界"和"方特梦幻王国"，被称为"中国的迪士尼"。芜湖方特欢乐世界坐落于安徽省芜湖市芜湖长江大桥开发区，是中国目前规模最大的第四代主题公园。随着时代的发展，新兴网络媒介的涌现为企业的发展提供新的契机，也对新媒体营销手段提出更高的要求。本案例主要是针对"十一黄金周"进行新媒体营销策划。

一、项目评估：SWOT分析

(1) 优势(Strength)。第一，芜湖方特是由深圳华强文化科技集团在芜湖投资建立的第二个主题公园，品牌知名度和认知度很高。第二，方特梦幻世界是一座拥有自主知识产权，并以科技加中国文化为主题诉求的大型科技文化主题公园，具有鲜明的文化特色。迎合旅游者的需求，对游客具有极大的吸引力。

(2) 劣势(Weakness)。第一，方特目前的宣传力度不够。第二，相当一部分的游客对其价格满意度很低，与其竞争者相比，没有价格优势。

(3) 机会(Opportunity)。目前，国家将旅游业发展上升为国家战略，并将旅游业定位为未来支柱产业，在政策方面会有很大的扶持。虽然2013年新旅游法的出台对景区造成一定的冲击，但从某种程度上也提高了旅游的纯度和精度。并且随着中国经济的发展，居民生活水平的提高，旅游将成为新时尚潮流，皖江城市带承接产业转移，将带动旅游业的发展。以此为契机，可促进方特梦幻世界的进一步发展。而且QQ、微博、微信等新兴媒介的出现，为方特的营销提供了更好、更快的平台。

(4) 威胁(Threat)。首先，中国现在的主题公园很多，市场竞争激烈并且区域竞争也很大，在长三角地区，芜湖方特梦幻世界面临的强劲对手就有上海欢乐谷、常州中华恐龙等。其次，主题公园的投资很大，设施维护成本高，管理难度高，经营风险大。

二、2014年度推广时间分解安排

(1) 马年春节(2014年1月31日—2月6日)，"芜湖方特闹新春"。

(2) 三八妇女节(2014年3月8日—3月11日)，围绕"特权、勇敢、快乐"策划精彩的"风采女性主题活动"。成年女性凭身份证半价入园。

(3) 七夕情人节(2014年8月2日)，开设爱情闯关活动，前3名获大奖，没有获奖的参与者现场拍摄情侣照一张。

(4) 教师节(2014年9月8日—9月10日)，凭教师资格证半价入园。

(5) 十一黄金周(2014年10月1日—10月7日)，"金秋十月，红色经典聚方特"(详见具体分析)。

(6) 圣诞节(2014年12月24日—12月25日)，"圣诞狂欢夜"唱诗班在平安夜、圣诞节两天在阿戴尔小镇演唱经典圣诞颂歌；在12月24日平安夜和12月25日圣诞节，伴随着圣诞钟声，万人在绚烂的烟花下一起倒数狂欢。

三、新媒体选择

时间安排为"十一黄金周"，开展主题为"金秋十月，红色经典聚方特"的主题活动。营销方案包括线上营销和线下营销，活动形式包括猜红剧、唱红歌、传红旗等。旅客入园即送方特国庆小红旗，还有巨型国旗万人传递，释放游客心中的爱国热情，关注并回复芜湖方特主题公园官方微博、微信，猜红剧、唱红歌即有机会免费游玩芜湖方特主题公园。夜场红歌对对唱，获胜者获得国庆特别礼包一份。

(一) 线上营销

1. 微博营销

微博营销是指通过微博平台为商家、个人等创造价值而执行的一种营销方式。微博营销涉及的范围包括认证、有效粉丝、话题、名博开放平台，整合运营等。营销方式有以下几种。

(1) 注册"芜湖方特主题公园"用户，并认证(新浪、腾讯等知名网站)。

(2) 建立微群、微刊等。

(3) 微博活动：①十一黄金周具体活动方案；②后期活动信息发布；③抽奖抢票活动；④芜湖方特主题公园；⑤热点微博转发。

(4) 与粉丝积极互动，发布猜红剧、唱红歌活动。

(5) 关注热点，热点话题中带上标签"金秋十月，红色经典聚方特"。

2. 微信营销

微信营销是网络经济时代企业营销模式的一种创新，是伴随着微信的火热而兴起的一种网络营销模式，用户注册微信后，可与周围同样注册的"朋友"形成一种联系，用户订阅自己所需要的信息，商家提供用户所需要的信息，推广自己的产品，从而实现点对点的营销。营销方式有以下几种。

(1) 注册"芜湖方特主题公园"公众账号，获得微信官方认证。

(2) 根据自己的定位，建立知识库。

(3) 开通订阅号，通过订阅号定期将活动告知关注的微信用户。

(4) 国庆节前在微信平台开展抽奖或猜奖赢门票活动，例如：猜红剧、唱红歌(利用微信独特的语音功能)。

3. 网络营销

网络营销就是大量的客户通过互联网搜索,找到某网站或商铺,查看企业活动、商品卖点,然后通过电话、邮件、QQ等方式联系商家,将潜在客户发展成有效客户。营销方式有以下几种。

(1) 关键词搜索,如"芜湖方特""国庆方特特别活动"。

(2) 图片拍摄技巧,突出芜湖方特的特点及各项游戏的刺激感。

(3) 网上页面广告,在各大门户网站上设置悬浮广告。

(4) 与美团、大众点评等商家合作,推出有吸引力的国庆大团购信息。

(二) 线下营销

(1) 与本地商家合作,例如与方特主题公园周围的酒店合作,推出游芜湖方特+酒店住宿的组合套餐,并在酒店周围拉横幅或者霓虹灯。

(2) 赞助推广。寻找赞助商,与赞助商旗下的品牌商品合作。

(3) 广告传单。十一国庆前,在全城派发传单,内容要有足够的吸引力,突出本次方特活动的主题。

四、费用预算

为保证"十一黄金周"营销策划方案的可执行性,营销策划要做好方案规划和费用预算。黄金周期间的营销费用预算如下所述。

调研策划费:5~6万

广告费:2~4万

促销费:4~5万

活动费:5~6万

总计:16~21万

预期达到的目标:短期来看,吸引大量的游客于"十一"前来游玩,游园人数同比增长50%以上,营业额同比增长40%以上。长期来看,建立一定的网络关注度,发展长期的潜在客户及有效客户,在未来营业额提高5%~10%。

五、危机预案

当有任何意外事故发生时,芜湖方特应该在第一时间做出回应,包括通过网络、微博、微信等新媒体及电视广播、报纸等传统媒体,将事件的真相公之于众,将谣言扼杀在摇篮中,必要的时候也可召开记者发布会澄清事实,做好危机公关工作。

资料来源:http://www.chinairn.com/news/20140509,2014-5. 有删改。

问题:

1. 试评价芜湖方特"十一黄金周"各项营销活动是否恰当,并说明理由。

2. 结合案例,谈谈当迪士尼主题乐园进入中国上海后,芜湖方特应该采取哪些营销手段,来树立自己的竞争优势。

第10章
艺术品市场营销

> **章前引例**

"国礼"的背后：传统工艺如何换新颜

2014年北京APEC峰会上，习主席及夫人送给参会各经济体领导及配偶的"国礼"分别是"四海升平"景泰蓝赏瓶、"繁花"手包套装和"和美"纯银丝巾果盘，可谓样样拿得出手。这三件"国礼"的生产商均是北京工美集团，包括北京市工艺美术高级技工学校、工美聚艺文化创意产业园以及王府井工美大厦，构成了一条从人才培养到产品设计研发、生产制作、市场销售的完整产业链，使得我国的传统手工艺焕发出新的魅力。

在传统工艺美术传承过程中，不但面临着人才紧缺的困境，而且面临着如何与市场对接并产生经济效益的难题。像"燕京八绝"这些传统手工艺，早前都是用于制作皇家器具，根本不会考虑出售赚钱的问题，说白了就是"专供"。但是，在现代社会，想要把一门技艺更好地传承下去，与市场融合是必经之路。只有产生效益，手工艺者不用担心基本的生存问题，才会更好地投入到技艺研究中去。相信这个道理大家都明白，只是如何去做呢？一件小的玉雕挂件，售价动辄成千上万，更不用提大型工艺作品了，那么普通百姓有多大的购买能力？况且，这些工艺品只能起到装饰作用，又能有多大的市场空间？这时候，"创新"与"融合"就显得格外重要了。

资料来源："国礼"的背后：传统工艺如何换新颜[J]. 中经文化产业，2015-04-11.有删改.

在工美技校和工美聚艺的作品和产品展示区，有一些将传统工艺应用到日常用品的经典范例。比如，将金漆镶嵌的工艺用到手包和背包上，一点小小的元素，立刻让整个产品的品质感和设计感提升了一个档次。由此可见，工艺产品的设计尤为重要。

10.1 艺术与艺术品的相关概念

10.1.1 艺术的定义和分类

1. 艺术的含义

关于艺术，中外学术界有不同的解释。在中国古代，艺术最早的含义是技艺、技巧和技术。而在近代，艺术是指人类表达思想与情操的一种精神活动。

在中国古代，"艺"至少包含如下几个含义：技艺、艺术、种植、准则和经术等。历代文献中都曾提到"艺"，《诗经·唐风·鸨羽》曰："不能艺(艺即种植之意)黍稷。"《孟子·滕文公》曰："树艺(艺即种植之意，引申为技艺、本领等含义)五谷。"《尚书·金縢》曰："予仁若考，能多材多艺(艺即才能、本领)，能事鬼神。"春秋时期，

《周礼·保氏》中提出："养国子以道,乃教之六艺。""六艺",即教育子弟的六种技艺:礼、乐、书、数、射、御。清人刘熙载在《艺概》中也说道:"艺者,道之形也。"

到了近代,"艺术"一词的内涵和外延不断变化。毛泽东在《在延安文艺座谈会上的讲话》中说道:"在现在世界上,一切文化或文学艺术都是属于一定的阶级,属于一定的政治路线的。"丁玲在《莎菲女士的日记·韦护》第二章中也说道:"他当面非议浮生,他们的生活太单调,太不艺术。"按照我们现在的理解,艺术是一种文化现象,是一种生活方式,是一种精神状态,是一种创作形式等。

一般情况下,我们从精神层面、活动过程和活动结果三个层面理解艺术。从精神层面理解,艺术是一种与宗教、哲学、伦理并列的文化意识形态;从活动过程理解,艺术是艺术家的创造表现或对现实的模仿过程;从活动结果理解,艺术是艺术家通过各种艺术媒介创造的艺术作品。关于艺术的分类,中西方有不同的理解。中国对艺术的分类侧重于艺术形式,把各种艺术形式都纳入艺术史的研究范畴,而西方一般把艺术认同为造型艺术。

2. 艺术的分类

根据不同的角度和标准,艺术有很多种分类方式,最常用的有以下三种。

1) 根据艺术形态的存在方式分类

根据艺术形态的存在方式,艺术可分为三个类型:空间艺术,主要是在一定的空间并列展开的艺术形态,如绘画、书法、工艺美术、雕塑、建筑艺术和园林艺术等;时间艺术,主要是在一定的时间过程中延续展开的艺术形态,如音乐、文学和曲艺等;时空艺术,既是在空间里有程序地展开的动态形象,又是在时间里延续、变动的空间样式,如舞蹈、戏剧、电影等。

2) 根据艺术形态的感知方式分类

根据艺术形态的感知方式,艺术可分为四个类型:视觉艺术,以诉诸视觉感官为主的艺术形式,如绘画、书法、工艺美术、雕塑、舞蹈、建筑艺术和园林艺术等;听觉艺术,以诉诸听觉感官为主的艺术形式,如音乐、曲艺等;视听艺术,同时诉诸视觉和听觉感官的艺术形式,如戏剧、电影等;想象艺术,以书面或口头语言为媒介,通过想象呈现于头脑中的艺术形式,如文学。

3) 根据艺术形态的创造方式分类

根据艺术形态的创造方式,艺术可分为四个类型:造型艺术,以塑造有型的物态为主的艺术表现方式,如绘画、书法、工艺美术、雕塑、建筑艺术和园林艺术等;表演艺术,以人物表演为主要媒介的艺术表现方式,如音乐、舞蹈、戏剧和曲艺等;语言艺术,以语言为主要媒介的艺术表现方式,如文学;综合艺术,综合了造型、表演和语言等各类形式的艺术表现方式,如电影。

10.1.2 艺术品的含义和艺术品的价值

1. 艺术品的含义

艺术品多指人类具体的艺术行为结果,即物态的产品,如美术品中的绘画、雕塑、工艺美术品等。在西方，关于艺术的起源，也有诸多观点和学术争鸣，如模仿说、巫术说、情感说、游戏说、劳动说等。18世纪，德国古典哲学家康德将艺术划分为"自由的艺术"和"报酬的艺术"两类。美国当代哲学家和美学家乔治·迪基在《什么是艺术？——一种习俗论的分析》一文中提出，艺术品包括人工制品和系列方面。艺术品首先是人工制品，同时也是包含着审美的精神产品，艺术以创造非现实的意象来传达人类的审美经验。章利国先生说道："一般地说，美术品具有双重属性，即精神属性或者说意识形态属性和物质属性。"

广义的艺术品，是指历史上一切具有艺术价值并传承人类对美的认知、理解、探求和创造的客观物质载体。狭义的艺术品，是指凝聚人类各种形式的艺术劳动的，有某一具体表征和特定的经济价值、文化价值、审美价值和科学价值的物品。

人类最原始的艺术品是手工制作的实用兼装饰性的石器、骨器、玉器、陶器、瓷器、青铜器、金银器，然后又发展出观赏性较强的绘画、雕塑、书法、篆刻、摄影、建筑艺术等。当前的艺术品既包括观赏性的艺术品，也包括兼具实用性与装饰性的工艺品。艺术品市场中的"艺术品"，是指作为可以出卖的商品而流通，并且能够脱离艺术家的艺术活动而单独存在的造型艺术作品。艺术品是一种精神上的物品，具有商品的性质，通过对它的艺术性进行展示来体现其价值以及它的价值增值。

随着人类社会的发展，人类不断创造新的艺术门类和品种。美国著名美学家布洛克则对"艺术品"提出了新的观点，他从艺术品与人的意图、艺术品与社会习俗、艺术品与非功利性、开放的艺术品概念等方面诠释艺术品的概念。美国刘易斯和克拉克大学西北法学院法学教授伦纳德·D.杜博夫在《艺术法概要》中从法学概念中解析艺术品："艺术品，这个词有多种含义，要看它在何种情况下使用。由于大多数艺术品可以免税进入美国，因而在法律上一些最重要和最完善的定义是在海关判例中形成的。为了确定进口关税率或关税豁免问题，法院在判决何为艺术品时，注意力主要集中于物品的外观、制作者的职业以及制作该物品的目的。"

2. 艺术品的价值

艺术品的价格是艺术品作为商品价值的市场货币表现，体现的是艺术品市场对艺术品价值的商业认同。它主要由艺术家自身劳动所创造的价值和艺术品市场供求矛盾关系所决定。艺术品创作具有独一性、自主性、随意性、创造性等属性，故与一般商品不同，在艺术品创作的过程和时间方面，艺术品的价值形成也具有不确定性。因此，真正意义上的艺术品也被称为自由的精神产品，不同于一般意义上的物质商品。

艺术品价格既有一般商品的经济规律，也有与其他商品所不同的特殊规律。因此，往往要综合起来考量艺术品的价格问题。阿诺德·豪泽尔(Arnold Hauser)提到艺术品价格与艺术品价值的关系时说："由于艺术价值难以与市场价值相比较，一幅画的价格很难说明它的价值。艺术品价格的确定更多地取决于各种市场因素，而不是作品的质量，那是商人的事，也不是艺术家所能左右的。"

影响艺术品价格的因素非常复杂和多样，一般有艺术家的知名度和艺术地位，艺术家的地域性，艺术作品的创作年代，艺术作品的题材内容和技巧，艺术作品的制作材料和手段，艺术作品本身的品质和品相，艺术作品的历史价值、学术或文献价值，艺术作品的存世量，社会经济环境、政治环境、审美心理，艺术思潮，价值取向，国家政策等。另外，艺术品的真伪、艺术品的精粗、艺术品的代表性、艺术品的数量、艺术家的创作状态、艺术品的创作年代、艺术品的材料等，都有可能影响艺术品的价值。美国经济学家歌德哈伯说："如果你用美元数量测量一个艺术家的生产力，你会发现最引人注意的艺术家最赚钱。"从这个方面来说，影响艺术品价格的因素还可能与艺术家的受关注度有关。

10.1.3 艺术家

1. 艺术家的地位

艺术家，是艺术品的创造者，是艺术创作的主体。艺术家的社会地位是独一无二的。

艺术家是艺术美的创造者与情感代言人，这是艺术家不可取代的独特价值。世上的美由两部分组成，一是自然美，二是艺术美。自然美是造化之功，艺术美却是艺术家的创造成果。人类既需要在自然界寻求美韵，也需要在艺术中获得美的享受。孔子听了《韶乐》，三月不知肉味。列宁喜欢音乐，尤其对贝多芬的《热情奏鸣曲》痴迷一生。每个人都有情感要表达，但并不是谁都可以成为艺术家，大众通过艺术寄托自己的情感、愿望和理想。因此，大众欣赏艺术，这本身就是参与艺术创作，完成情感的表达。孔子和列宁对《韶乐》和《热情奏鸣曲》的喜爱，显然是因为这些音乐引起了他们的共鸣。在科学文明的现代社会中，艺术早已与宗教分离。宗教已经失去了原始的感染力，而人类依然需要精神生活，艺术依旧以它独有的魅力为人们提供了一个情感家园与灵魂庇护所。

与科学家相比，艺术家显得更加不可取代。一位伟大的科学家发现了一条定理，固然是对人类文明的巨大贡献；但是，如果他不发现，另外一个科学家也会发现，只是时间推迟一点而已。而对于艺术家来说，他的工作不仅其他阶层的人无法取代，即便是同类的艺术家也无法做到。因为任何一件艺术品都是独特的创造，饱含艺术家的个性特征。我们不能想当然地说就算没有李白也会有王白、赵白之类写出《蜀道难》，没有李白就永远不会产生《蜀道难》。

艺术是人类的心灵史，艺术家是人类心灵的记录者。人类历史是由事件与人物组成的，历史记载的是事件，人物是附属品，而艺术记录了人类的心灵。即使是在表现历史事件的艺术品中，事件也只是人物的背景。历史勾勒人类的发展轨迹，而艺术描绘了每一个历史时期人们的心灵。

艺术所传达的不仅是艺术家个人的心灵，更是民族的心灵。秦汉的古拙雄浑，魏晋的清峻自然，唐代的豪放慷慨都记录在每个时代的艺术里。汉代的画像石《荆轲刺秦王》线条粗犷有力，形体高度夸张，流露着一股朴拙雄浑而不可阻挡的气势。魏晋艺术的代表是王羲之的书法，《兰亭序》飘逸潇洒、俯仰自得，如天马行空。唐朝艺术的代表是李白的诗歌，李白的诗正如李泽厚所说的"痛快淋漓，天才极致，似乎没有任何约束，似乎毫无规范可循,一切都是冲口而出,随意创造,却都是这样的美妙奇异、层出不穷和不可思议。这是不可预计的情感抒发,不可模仿的节奏音调"。

2. 艺术家的素质

1) 真性情和人格境界

真性情和人格境界是艺术家的首要素质。所谓真性情,是指人们对待世界的一种态度,艺术家应率性而发,因其自然,真挚诚恳,不假矫饰,常常表现为儿童般的赤子之心;人格境界是指建立在真性情之上的自我道德完善高度,形成一种境界超拔的精神实体。真性情与人格力量是相互支持的,没有真性情,人格境界无从立足;人格境界低俗,自然是真性情缺席。因此,真性情是艺术家对待世界与人生的态度,人格力量是在真性情的人生实践中凝聚的精神实体,这是艺术家天赋与修炼的汇融。

人们经常把性情真挚、不事虚伪的人称做性情中人,因为他们有真性情。现代艺术家李叔同出家之后自题为婴,他们希望自己存有婴儿的性情。明代思想家李贽倡导童心说,他认为童心是艺术的源泉,是艺术的基本性格。为什么他们如此重视童心?因为童心是真挚的,天性自然,无拘无束。艺术家需要的就是真性情,这使他们保持了对世界与人生的真挚态度、探求兴趣、自由想象与大胆创造。

2) 发现的目光与独到的体验

艺术家从现实生活中所取得的一个图案、一束鲜花、一片风景、一桩历史事件、一段回忆、生活中的任意一种花样或课题,都被转化为一件浸透着艺术活力的想象物,这样一来,就使每一件普通的现实物都染上一种创造物所应具有的意味。艺术家必须有一双善于发现的眼睛,在习以为常的生活中发现新的内涵,感受生活,体验生活,在自然生活中寻找生命的契合点,做出对生活、自然和生命的独特思考,提炼出感性形象。这是艺术家的基本素质。

艺术家要有敏锐的观察力,关注到普通人易于忽略的生活与自然内涵。艺术敏感是艺术家重要的素质,这是艺术创造的开始。法国艺术理论家泰纳说:"艺术家需要一种必不可少的天赋,便是天大的苦功、天大的耐性也补偿不了的一种天赋,否则只能成为临摹家与工匠。也就是说,艺术家在事物面前必须有独特的感觉:事物的特征给他一个刺激,给他留下一个强烈的、特殊的印象。"在西方绘画史上,印象派创始人莫奈被称为"伦敦雾的制造者"。莫奈在作品中把伦敦的雾画成了紫红的颜色,这激怒了伦敦市民。他们长年累月生活在这座雾都中,知道雾是灰色的,何曾见过紫红的雾!可是,当伦敦市民走出展览馆,在阳光下再次看雾时,却发现雾果然是紫红色的。原来,伦敦工业发达,空中散布着大量的尘粒,加以伦敦的不少建筑物用了红色砖墙,经阳光一照,伦敦的雾就呈现紫红的颜色。敏锐的观察力不仅表现在对司空见惯的生活的新发现,也表现在瞬间捕捉事物主要特征的能力。中国民间艺术家"泥人张"张明山的泥人艺术堪称一绝,他的泥人艺术取材于现实生活,婚丧嫁娶、谈笑说唱、少女藏羞、童子戏耍,无所不有。人物造型生动,姿态万千。"泥人张"能在很短的时间里抓住人物的神情,并迅速表现出来。

> **案例**
>
> **古根海姆博物馆**
>
> 古根海姆博物馆是索罗门·R.古根海姆(Solomon R.Guggenheim)基金会旗下所有博物馆的总称，它是世界上最著名的私人现代艺术博物馆之一，也是全球性的一家以连锁方式经营的艺术场馆。古根海姆基金会成立于1937年，是博物馆的后起之秀，发展到今天，古根海姆已是世界上首屈一指的跨国文化投资集团。其中，最著名的古根海姆博物馆为美国纽约古根海姆博物馆和西班牙毕尔巴鄂古根海姆博物馆。
>
> 纽约古根海姆博物馆全称为所罗门·R.古根海姆博物馆(The Solomon R. Guggenheim Museum)，是古根海姆美术馆群的总部。该建筑是纽约著名的地标建筑，由美国20世纪最著名的建筑师弗兰克·劳埃德·赖特(Frank Lloyd Wright)设计，建筑坐落在纽约市一条街道的拐角处，与其他任何建筑物都迥然不同，外观像一只茶杯，或者像一个巨大的白色弹簧，由于其特殊的螺旋线结构也有人说像海螺。
>
> 纽约古根海姆博物馆是世界著名的私立现代艺术博物馆，是世界上最早在博物馆业引入和运用"文化产业"概念并在事业上获得巨大成功的博物馆。他们的运作方式被世人称为"古根海姆模式"。经过许多人的共同努力，古根海姆博物馆成为世界著名的现代艺术博物馆，在纽约拥有两处展览场馆并在意大利威尼斯拥有分馆。作为世界上最著名的西方现代美术博物馆之一，该馆收藏的艺术品基本上是印象派以后各名家的作品，尤其是抽象艺术品更是居于世界各博物馆之首。
>
> 资料来源：古根海姆博物馆.百度百科.http://baike.baidu.com/，2015-9.有删改.

10.2 艺术品市场概述

10.2.1 艺术品市场的定义和特点

1. 艺术品市场的定义

市场就是买卖双方交换关系的总和，是商品供给与需求的矛盾统一体。供给方代表的是卖方，卖方想高价卖，而买方想低价买，这在客观上是一对矛盾。这种矛盾在市场上又必须统一，因为只有统一了，卖方和买方各自的销售和采购愿望才能实现。艺术品市场的范围很广，不仅有庞大的美术品市场，也有各类艺术行为市场，如文艺表演和演出市场、电影放映市场等。它包含动态市场和静态市场。艺术品市场的本质特征是交换、调节和竞争。交换是目的，调节是手段，竞争是艺术品市场的核心动力。

艺术品市场，是以商品形式进行艺术品交易的场所。广义的艺术品市场则是整个艺术品交换关系的总和。根据市场的定义我们可以得出，艺术品市场(Art Market)是指艺术作品通过一定的场所，经过买卖双方共同协商确定成交价格，而后完成交易的贸易行为过程，也就是艺术作品转换成商品的流通过程。

2. 艺术品市场的特点

首先，表现为产品鉴别的难度大，需要专业知识。艺术品的鉴赏者可以不拥有艺术品，但应能欣赏和鉴别；这类身份的艺术品消费者，则要自由得多，可以去博物馆，也可以去画廊，还可以去艺术家家里欣赏和鉴别。他们没有和艺术品发生直接的关系，但他们与艺术品之间又有着千丝万缕的联系。真正懂得艺术品的鉴赏家，拥有艺术品和不拥有艺术品在性质上没有区别。

其次，艺术品的价格确定较为困难，艺术品的定价既不是按照成本来定，也不完全按照供需状况来定，而是受到信息充分程度和投资炒作、宣传等的影响。具体说来，对于收藏者，对艺术品的效用定价也是极不确定的，受到产品的价格、外界的宣传、市场的炒作、作者的名气等因素的影响。而投资者在投资过程中的行为则进一步加剧了这种价格的不确定性。这种不确定性要远远大于股票市场。艺术品市场的效用是不易预测的，而且大部分时候，供给是唯一的，定价完全不同于普通商品。

最后，中介组织的作用极大，由于艺术品的特殊性，中介组织在促成交易的过程中作用很大，不是简单的批发零售的作用，而是在宣传、包装、鉴别等方面发挥重要作用，甚至主导了艺术品市场的价格和发展。

10.2.2 艺术品市场的形成和发展

从人类早期的物物交换，到后来货币的出现，再到现代意义上的艺术品交易，人类经历了几千年乃至上万年的探索过程，艺术品市场是艺术发展和繁荣的必然产物。

1. 西方的艺术品市场

艺术家既是商品的生产者，又是商品的经营者，艺术家的工作室也就是产品的制造车间，创作的作品也就由艺术家进行销售。艺术市场出现于17世纪的荷兰，到了18世纪，艺术品交易的规模逐渐扩大，出现了以画店代销艺术品的形式。18世纪，法国画家A.瓦托的油画《拉尔森画店》就描绘了这种情况，画店的老板实际上充当了经纪人的角色。艺术家创作的作品送到画店代销，作品售出后由画店与艺术家分成，或直接由画店按低于作品的销售价收购。

19世纪下半叶，随着西方国家进入现代工业社会，艺术品市场的结构发生了很大变化，集展览、艺术、销售于一体的画廊取代了传统的画店，艺术品市场的范围也由比较单一的艺术品扩展到工艺美术品。进入20世纪后，由于政府文化部门和大资本家投资艺术品市场，形成了由艺术家、艺术博物馆收购历史名画、古董和当代优秀艺术家作品的拍卖行制度，一些在历史上主要经营古籍的著名拍卖行开始涉足绘画领域，如苏富比拍卖行和佳士得拍卖行。

2. 中国的艺术品市场

在中国，艺术品的买卖从唐代以前就开始了。对于王羲之的书法，就有这样的描述：

"雅所爱重，悬金招买，不计贵贱。"唐人张彦远在《历代名画记》"论鉴识艺术购求阅玩"中提到书画鉴藏之关系时说："夫识书者多识画，自古蓄聚宝玩之家，固亦多矣。则有艺术而未能鉴识，鉴识而不善阅玩者，阅玩而不能装褫，装褫而殊亡铨次者，此皆好事者之病也。"张彦远又言："鸠集遗失，鉴玩整理，昼夜精勤……竟日宝玩。可致者必货弊衣减粝食……惟书与画犹未忘情。"清人顾禄在《清嘉录》中谈到苏州"灯市"时引用《石湖乐府》序中的一段话："前一月，已卖灯，谓之灯市。价贵者数人聚博，胜则得之。"这段描述似乎表现了"拍卖"的雏形。

到清末时，中国就有经营字画、古董、古玩生意的商店出现，但真正意义上按照市场经济规律进行艺术品交易的画廊或拍卖公司则是20世纪80年代末到90年代初开始出现的。中国的艺术品市场还很稚嫩，没有形成一个比较健全的制度和艺术品市场体制。中国的艺术品市场主要集中在经济文化比较发达的文化都市和东南沿海地区，而尤以北京和上海为重要中心。由于中国与西方及东亚、东南亚的一些国家和地区在经济发展上的不平衡，在一定时期内形成了以海外艺术家为主的买方市场和以国内艺术家和古代艺术品为主的卖方市场。

20世纪90年代后期，由于中国经济的飞速发展，中国艺术品市场的买方市场有逐渐转向以国内艺术家和投资者为主的趋势，到21世纪初，已出现中国的艺术家和艺术品投资者走向海外买方市场的局面。

3. 中国艺术品市场的问题及产生原因

中国的艺术品市场是随着商品经济的发展而发展起来的，目前还没有形成一个比较健全的制度环境。应该说，中国的艺术品市场仍处于起步阶段，现当代艺术品市场并没有形成，就中国现阶段来说，当代艺术品市场是买方市场，而不是卖方市场。

产生这种现象的原因是多方面的，主要是市场变动的几个因素，即艺术家、评论家、画廊、美术馆、拍卖行没有运转起来，艺术品走向市场是通过艺术经纪人来实现的。目前，中国艺术品市场存在的一个很不正常的现象是，收藏家或企业直接从艺术家手上买作品，这当然要比从经纪人手里买要便宜一些，但殊不知，你所买的艺术品没有经过市场流通环节，没有经过几个要素的互动，其价格只能局限于购买时的价位，不可能升值，因为人们对这件艺术品的市场价值不了解，谁还敢买？另外，拍卖行与画家联手抬价位，也没有真正的市场，上述种种现象都会导致艺术品市场发展的恶性循环。只有艺术品市场中的几个互动因素整体获利，购买者才能得到回报，否则永远得不到应有的利益。

10.2.3 艺术品市场的交易

1. 艺术品交易需要注意的问题

艺术品通常没有特别复杂的分销渠道，一般都通过经纪人或某个秩序良好的交易平台来交易。由于艺术品自身的特殊性，在进行艺术品交易时，应该注意以下几点。

(1) 注意鉴别。在艺术品交易中，鉴别艺术品的价值和真伪是极为重要的。因为大部分艺术品的价值不在于物质载体的经济价值而在于其历史价值、纪念价值等，如果鉴别不清很容易在经济上遭受重大损失。

(2) 注意比较。即便藏品是真品，但卖家所出价格是否客观可靠，还需要货比三家才可定论。因为卖家往往利用藏友急于购买的心理，故意夸大其词。一般来说，价格相对较低的孤品和精品都不太现实，在购买时应该三思而行。

(3) 注意订单。订单是双方交易商谈的主要依据，是交易双方协调纠纷和仲裁的主要凭证。因此，交易双方都应该注意保证订单上的金额、日期、签名等数据信息的清楚、完整和准确。

(4) 注意退货、退款的有关规定。由于艺术品的价格比较昂贵，在进行交易时，购买者一定要注意艺术品退货、退款的有关规定，比如退货的期限，卖方在退货退款时的权利，买方在退货退款时的权利，退货、退款的方式与保证以及原订单的处理等。

(5) 注意艺术品的投资价值。许多艺术爱好者将艺术作为一种投资方式，这就需要注意协调投资艺术与投资其他领域的关系。以投资艺术与投资股票的关系为例，根据科学的计算和衡量，投资者只要将用于投资资产的80%~90%投资于艺术品或文物，其余投资于股票；或者预留一部分现金，剩下的资金按照上述比例配置于艺术品与股票，理论上都会得到收益风险特性都很优良的投资组合。

2. 艺术品交易的支付方式

经济的繁荣和发展改变了人们的交换形式和交易方式。人类社会早期有直接的物物交换，后来出现了用贝壳等作为货币的交换，直到金属货币和纸质货币的产生。从人类的交换和交易方式来看，人类一直在合理完善这种关系，并力图稳定经济秩序。

艺术品拍卖是社会经济发展到一定阶段出现的一种高级经济现象，艺术品包含的文化精神因素远远高于其他商品。艺术品拍卖成交以后，能否顺利支付，直接关系艺术品市场的健康有序发展和成败。支付方式有很多，也有各自的特点。

现代支付方式日趋规范化、系统化、科学化，出现了从现金支付、汇款、托收、信用证到信用卡、电子支付、网上银行的转变趋势。

(1) 汇款。这是一种常用的支付方式。根据买卖双方签订的合同，卖方将艺术品提供给买方，而买方则通过银行将艺术品拍卖后的应付款项用汇款方式汇给卖方。汇款的优点是：手续简单，需支付的费用少。

(2) 托收。所谓托收就是债权人向债务人收取款项，出具汇票委托银行代为收款的一种支付方式。托收比汇款要安全。

(3) 信用证。信用证是由银行向卖方提供付款保证的支付方式，因此在采用信用证支付方式时，卖方的风险就小很多。信用证的优点很明显，缺点是容易产生欺诈，手续繁琐，支付费用多。

(4) 电子信用卡类。交易双方都必须在网上开设账户。买方通过浏览网上艺术品报价和商品情况，找到自己喜欢的拍品后，便互换账号给对方。卖方可以向买方发送艺术品，卖方也会定期在网上提供"交货清单"。

(5) 交付押金。在艺术品拍卖市场上，这是一种常用的方式之一，资金负担相对平衡。

(6) 转账。它不仅是拍卖交易常用的支付方式，也是一般贸易常用的支付方式。随着艺术品拍卖市场的成熟和发展，资金支付方式也会逐渐合理和安全。

10.2.4 艺术品市场的组成要素

艺术品市场通常由两个部分组成：一级市场和二级市场。一级市场是指原作者首次出售作品的市场。一级市场的经营方式是艺术品经营者通过代理艺术品的所有权或拥有艺术品的所有权，将艺术品首次投入市场销售，如画廊、艺术品商店等；二级市场是对现有艺术作品进行交易的市场。二级市场的经营方式是艺术品经营者接受艺术品所有者的委托，将艺术品投入市场销售，其中经营者不代理或者拥有艺术品的所有权，如艺术品拍卖行和艺术博览会。无论是一级市场中的画廊，还是二级市场中的艺术品拍卖行、艺术博览会都是联络买家和卖家的桥梁。和其他金融市场一样，一级市场和二级市场的价格也是需求和供给相互作用的结果。

艺术品市场离不开艺术中介。在艺术品市场中，以前的交易方式是买家和卖家直接交易，这样就有很多问题，比如是不是物有所值，画家说的是否真实的，等等，从而引起许多麻烦和纠纷。有了中介以后，通过中介机构的服务，买卖双方不必劳神费力，尤其是艺术家不用纠缠于俗务，可以安心创作，而买家也可以更容易找到自己满意的艺术品，从而形成了一个良好的市场经营机制。无论是买家还是卖家在这个机制里都遵守一定的规则，确定了这样的机制以后，艺术品市场会进入一个健康良性的发展循环，比如说以前艺术家可能是画完了作品以后直销，售完了就可以不用再负责任，他也不用顾忌这个买家买了作品之后会不会善待作品。中介就起到了对艺术品的推广作用和对艺术品质量的保障作用，还有对于整个艺术品市场价格的维护作用。一般情况下，艺术中介服务的对象有两类：一类是艺术家，为艺术家及其作品做代理和推广；另一类是买家，主要扮演投资顾问的角色。

1. 供给方——艺术品提供者

任何一件艺术品，至少应该具备以下功能：一是为艺术家自身服务，二是为他人服务。一旦进入艺术品市场，艺术品的服务对象就会发生变化，艺术品的流转是艺术品市场的基本特点。早在古希腊时期，柏拉图在《理想国》中说："任何技艺都不是为它本身服务，而是为它的对象服务的。"这个对象就是指接触艺术品的人，在艺术品市场领域就是指艺术品生产者、艺术品艺术家、艺术品投资者或艺术品使用者等。在艺术品的流通领域，作为起点，艺术品从艺术家手中流通出来以后，它始终处在一个运动过程中，就像一个接力棒，没有终点，但最终毁灭是它的宿命。

艺术品的提供者至少应该包括两个方面——直接供给者和间接供给者。艺术品的生产者是指艺术家本身，他是艺术品的第一提供者，也是艺术品产生的源头。当艺术品一旦作为艺术生产出现，它们就再也不能以那种在世界史上划时代的、古典的形式创造出来。艺术对象创造出懂得艺术和能够欣赏美的大众，因此，艺术品的生产不仅包括为主体生产对象，而且包括为对象生产主体，因而，它生产出消费的对象、消费的方式和消费的动力。同样，消费生产出生产者的素质，因为它能在生产者身上引起追求一定目的的需要。艺术品的生产者和艺术品的消费者存在某种默契或促进作用，或许与艺术无关的艺术生产和艺术消费都是苍白的。

从艺术品市场的角度来看，艺术品间接提供者则包含更广的人群，如艺术家、经纪人、评论家、投资者、普通消费者等。在艺术品市场中，艺术品的提供者的身份往往是很复杂的，或双重身份或多重身份，如艺术家本身，往往是生产者，或是消费者，甚至有时也是经纪人、投资者、艺术评论家和鉴赏家等。

2. 中介组织

1) 艺术品拍卖会

拍卖(Auction)是一种带有典型市场经济意义的特殊商品交易方式。拍卖在西方亦称为"竞买"或"竞卖"，一般是指由拍卖机构在一定的时间和地点，按照一定的章程和规则，通过公开竞价而确定价格的方法，将出卖人的财物售给出价最高的应买人的一种商品交易方式。目前，人们普遍接受的是哈兹伯利法对拍卖所下的定义："拍卖是一种以投标出售或转让所有物的方式，通常通过公共竞标使标的物到达出价最高者的行为。"

2) 艺术品博览会

在西方，艺术品博览会是在画廊业繁荣发展的基础上出现的，而中国的艺术品博览会却是在画廊业先天不足的情况下出现的。画廊业的滞后与艺术品博览会的超前发展，势必会导致画家处于尴尬的境地。西方的艺术品博览会已经形成严格和规范的制度，画家一般是在画廊或经纪人代理的情况下参加艺术品博览会。而中国的大多数艺术家因为没有画廊的代理，他们只能采用自产自销的小农经营方式，租一个展台推销或卖画。这样既有失艺术家的身份，同时在心理上也会给艺术家带来不良影响。从严格意义上讲，艺术品博览会应该拒绝艺术家以个人名义参展。但目前在中国，艺术品博览会组织者的目的往往违背了美术的初衷，而是从经济利益的角度考虑，牺牲艺术品的尊严而获取更多的展位利润。这也注定了中国艺术品博览会的先天不足和稚嫩。

艺术品博览会是目前世界上规模最大的一种美术品展示和交易活动。1967年，德国科隆创办了世界上第一个艺术品博览会——"科隆国际艺术品博览会(ART COLOGNE)"，被称为"艺博会之母"。此后三十余年间，世界上许多大城市群起效仿，形成了一股举办艺术品博览会的热潮，至今这一发展势头仍十分强劲。目前最著名的有5家：德国科隆国际艺术品博览会、瑞士巴塞尔国际艺术品博览会(BIAF)、西班牙马德里现代艺术品博览会(ARCO)、美国芝加哥国际艺术品博览会(CIAE)、法国巴黎国际当代艺术品博览会(FIAC)等。

3) 画廊、画店及其他

优秀的书画精品要进入书画市场流通、保值和升值，就需要艺术家背后的经纪人和专业机构来操作。书画家大多潜心于创作，没有多余的时间和精力运作自己作品的销售、个展的策划和其他社会活动，再加上书画家的专业限制以及对商业活动的不熟悉，可能会使一位本身具有极大潜质的艺术家被埋没，一些优秀的作品无缘于广大的书画爱好者，这就使书画经纪管理机构应运而生。

专业的书画经纪管理机构通常具有远见卓识的慧眼，能发现具有潜力并不断成长的艺术家。在相互信任的基础上，对书画家的创作、社会活动以及宣传包装进行全方位的策划运作和管理，有计划地安排他们的作品进行展览、在报刊发表、出版和请专家评论等事宜，能够让书画家全身心投入到创作中去，这样既鼓舞了书画家的创作热情，为他们创造了良好的创作空间，又能使艺术家们有更多机会接触各方面艺术家的精品力作，为艺术家们提供广阔的投资氛围，提高了艺术作品的社会效益和经济效益，形成了双赢的格局，使整个书画市场朝良性化发展、深化。

4) 艺术品经纪人

经纪人是指处于商品、劳务供需方的中介地位的，以某种活动方式来促使商品、劳务交易的完成并获取佣金的中间商。在发达的西方国家，经纪人遍及各个领域，如艺术品买卖、期货证券、劳动就业、银行借贷、交通运输、社会保险、文艺演出、文化娱乐等。艺术品经纪人是随着艺术品市场的发展而出现的充当艺术品市场流通的商业中介角色的人群，他们以获得佣金作为报酬。

我们所说的艺术品经纪人通常是指非交易所经纪人，艺术品经纪人分为两类：一类是为艺术家服务的，另一类是为收藏家服务的。按照章利国先生的观点，艺术品经纪人的商业行为方式主要有三种：一是经纪艺术品，二是经纪艺术家，三是开办艺术品经纪公司。

在艺术品市场中，艺术经纪人是艺术市场运作的关键环节，可促成艺术品走向市场，促使艺术品所有权发生转移。艺术经纪人是某种催化剂和中转者，可使艺术品买卖双方较快地建立起商业联系，进而完成商业交易过程，从而使得经纪人所推销的艺术商品的商业价值，或者所代理的艺术家的作品、艺术服务的商业价值得以实现。艺术品经纪人提供的相应服务也是帮助艺术家取得商业成功的一种重要手段。艺术品经纪人同样是联系艺术品生产与消费的桥梁，在艺术品经纪人的作用下，艺术生产者的作品可以更容易接近艺术消费者，艺术品因此能够找到更合适的买主，进而使得艺术消费者买到称心如意的艺术品，使得艺术品生产者与消费者得以接近。艺术品经纪人在帮助艺术投资者克服盲目性，使艺术投资者与艺术家及其生产产品有机结合等方面也能够发挥积极的作用。因此，世界各国都很注重艺术品经纪人的发展。

3. 需求方——艺术品消费者

艺术品消费者与艺术家的关系经历了从永久的雇佣者、奴隶主、封建领主到赞助人、顾客、买主、鉴赏家、艺术之友、拍卖参与人和艺术家的变化。艺术品消费者主要集中在两类人的身上：一是艺术品艺术家，二是艺术品投资者。此外，还有一类是艺术品鉴赏者。所有这些消费者身份，既有重叠的部分，又有相异之处，目的不同，消费的意义也不一样。

艺术家是为艺术品提供归位的人，也许是暂时的，也许是永久的。艺术家首先要爱好艺术。历史上有许多艺术家是保存人类文化艺术的功臣，他们的艺术行为往往是非功利的。但在当今的艺术品市场中，艺术家可能出于多种目的：附庸风雅、财富的积累或作为商业投资等。但严格意义上的艺术品艺术行为不是投机，而是责任和相对义务。艺术家作为艺术品市场链条的终端环节，是推动市场发展的关键部分，正是这些艺术支持着市场的正常运转。中国艺术品市场的发展，有赖于一个既有经济实力又有文化远见的艺术群体的出现，寄生在外国艺术家的肌体上，中国的艺术品市场就难以健康地发展。

艺术品投资者主要以追求艺术品的经济效益为目的。经济目的也是人类追求生命价值的重要目的之一，将艺术品作为文化商品，谋取利益的行为无可厚非，自古以来，这是很重要的经济现象之一，只是在交换的过程中有的显得比较隐晦和含蓄一些而已。

艺术品鉴赏者区别于以上两种身份，他可以不拥有艺术品，但有能力欣赏和鉴别。这类身份的艺术品消费者则要自由得多，可以去博物馆，也可以去画廊，还可以去艺术家家里欣赏和鉴别。他们没有和艺术品发生直接的关系，但他们与艺术品之间又有着千丝万缕的联系。真正懂得艺术品的鉴赏家，拥有艺术品和不拥有艺术品在性质上没有区别。这种能与艺术品对话的艺术品消费者，才是我们欣赏的艺术品消费者。李万康先生认为：艺术品消费者狭义是指艺术品市场中的购求者，广义则是指希望获得和已经获得艺术品所有权的对象。

归纳起来讲，艺术品的消费者主要体现为以下4种形式。

1) 收而不藏

这是指藏品的一种流转过程，这种艺术过程更多地是以投资或经济活动等为目的，对物品"收"而不藏，收者往往与藏品没有发生实质关系，它只是流转者手中的一个物品。收而不藏，也包含一种捐赠或赠送行为。这个"藏"的概念，不是简单的保护、保管，它应该有更深层次的内涵，如品鉴、赏析、把玩、研究、传播等。收的过程是认知的过程，藏则是认知的结果。我们现时代的艺术，大多是收而不藏，与古代艺术有天壤之别。

2) 不收而藏

这是指没有参与藏品的流转而直接继承艺术品财富的艺术活动，如得到并珍藏祖传的藏品、他人赠送的藏品等。这种不收而藏的活动，开始时往往不能体会艺术活动的甘苦，难以享受到充满艰辛、苦涩和愉悦的艺术过程。这些藏品在艺术者或继承者身上不容易找到一种文化责任，难以持久和较好地体现艺术的重要功能——传承与教育。不收而藏的藏品，因为这些藏品没有和继承者发生直接关系，在一定程度上会让他们感到很茫然。古代艺术的发展历程告诉我们：藏不过三代。

3) 既收且藏

这是一种实际意义上的艺术，既有"收"这个过程中的甘苦，也有"藏"背后的厚重和愉悦。收和藏的有机结合，能充分体现教育、人文、责任、情感等的和谐统一，收和藏都是动态的过程，没有终极。而教育的目的，就是从这些流转的藏品中找到文化的脉息，代代传承，不管是情感的，还是责任的，都会让我们的生活变得更有意义。

4) 不收不藏

不收不藏并不是说不和藏品发生关系，而是一种近距离或远距离的观望和守护。欣赏藏品可以不拥有藏品，拥有藏品也不一定能欣赏藏品。从逻辑上讲，前者的意义似乎更大一些，与藏品交流是让藏品发挥价值的重要意义之一。这也是很多鉴赏家不一定是艺术家的原因，或者说很多艺术家只是藏家而已。

4. 相关辅助人员和机构

艺术批评家、鉴定师、评估师、咨询师、律师、工商部门等和相关行业群体，他们对于艺术市场的发展也有着重要作用。

10.2.5 艺术品市场的产品

1. 观赏产品

观赏品市场是当代艺术品市场的主流。观赏产品主要包括绘画、书法、篆刻、雕塑、建筑等。

1) 绘画

绘画是用色彩和线条在平面上描绘形象的美术种类。绘画的产品部分包括绘画的种类、绘画的题材、绘画的风格、绘画的表现形式、画家的艺术水准、画家的身价以及购买绘画时获得的服务和利益。绘画的表现方式分为具象的表现方式、抽象的表现方式。

画家的身价通常指他的名气，当代著名的画家有吴冠中、赵无极、丁绍光、范曾、欧豪年、黄永玉、范光陵、陈丹青、高占祥、刘国松等人。此外，油画系统的勒尚谊、闻立鹏、晏济元、张仃、程十发、陈佩秋等画家也身价不菲。

2) 书法、篆刻

源于中国汉字，流行于东方国家的书法和篆刻与绘画一样，同属于平面艺术作品。在中国有"书画同源"的说法，因此，书法和篆刻习惯性地被看做依附于绘画的门类。书法的产品部分包括书法的种类、风格品位、书法家的艺术水平、书法家的身价以及购买书法作品时受众可以获得的服务和利益。书法作品的种类"篆、隶、楷、行、草、碑"等早已为人们所熟知。当代著名的书法家有赵朴初、启功、林散之、李铎等人。除此之外，王义军、王学仲、刘文华、刘彦湖、孙晓云、张旭光、邵岩、邹德忠、嵇小军、管峻等被称为当前中国最具升值潜力的书法家。

篆刻产品的接受与交易范围相对狭窄，一般将其与书法产品合并，书法与篆刻既有联系，又有区别。比如对篆刻产品的价值评估除了与种类、风格品位、艺术水平、篆刻家的身价以及购买篆刻产品时受众能够获得的服务利益相关外，还与篆刻作品的印材关系密切。印章材料包括铜、石、金、玉、木、牙、骨、砖、有机玻璃制品等。当代的篆刻名家有方去疾、江成之、刘江等。

3) 雕塑

雕塑是以雕、刻、塑、堆、焊、敲击、编织等方式制作三维空间形象的美术种类。雕塑的产品部分包括雕塑的种类、题材、风格品位、表现方式、材质、用途、雕塑家的艺术水准、雕塑家的身价以及购买雕塑时受众获得的服务和利益。当代的雕塑名家有吴为山、黎明、韩美林、隋建国、陈云岗、龙翔、潘鹤、曹春生、叶毓山(叶玉山)、雷宜锌、梁明诚、焦兴涛、霍波洋、项金国、黄永玉等。

4) 建筑

建筑是建筑物和构筑物的统称，是工程技术和建筑艺术的综合创作，是人类生活所必需的居住和活动场所，也是为满足人们生活、生产或从事其他活动而创造的空间环境。

建筑艺术的产品部分包括建筑艺术的内涵、种类、风格、设计方式、材质、用途、建筑师的艺术水准、建筑师的身价以及受众购买建筑时所能获得的服务和利益。赫赫有名的当代建筑师有梁思成、林徽因、贝聿铭、奚福泉、张永和、王澍、杨庭宝、张锦秋等。

2. 工艺产品

工艺产品是采用各种工艺方法制作、装饰人体和美化环境的物品种类。工艺品市场是工艺产品交易的领域和场所。工艺品的诞生要早于观赏品，大多是由普通民众直接创造，与民众的日常生活密切相关，常因地理环境、历史时期、经济条件、文化传统、技术水平、民族习俗和审美观念的不同而表现出不同的风格特色。按照制作材料、工艺风格和生产技术的不同，可以将工艺品分为民间工艺品、特种工艺品以及现代工艺品。

民间工艺品一般以手工为主，通过就地取材制作出适合生活需要、具有地方特色或民族特色的工艺美术品。常见的民间工艺品如剪纸、灯彩、风筝、风车、绢花、盆景、泥人、面塑、根雕、竹编、草编、蜡染、刺绣等。民间工艺品通常具有浓郁的地方特色，比如河北蔚县的剪纸，山东潍坊的风筝，北京的绢花，岭南派的盆景，天津的泥人，苏州的根雕，浙江东阳的竹编，贵州少数民族地区的蜡染，以及苏绣、湘绣、粤绣、蜀绣等都是颇有名气的民间工艺品。

特种工艺品是利用某种珍贵的或特殊的材料，经过精心设计和精湛技艺加工而成的工艺美术品。比如象牙雕刻、玉石雕刻、雕漆、景泰蓝、金银器、金银首饰等都属于特种工艺品。

现代工艺品则是利用现代技术和工业原料，通过机械模压、印刷、缝制等手段加工、批量生产的工艺美术品，比如玻璃花瓶、塑料脸谱、陶瓷动物、八音盒、芭比娃娃、蒙奇奇等。

3. 艺术品的分销与促销

观赏品市场与工艺品市场合称艺术品市场。艺术品市场的经营主体主要包括两类：第一类是艺术品生产者，包括画家、书法家、雕塑家、民间艺人、美术公司、工艺美术品厂、艺术陶瓷厂等。第二类是艺术品经销商，包括画廊、艺术品拍卖行、个体艺术品经纪人、工艺美术公司、工艺美术商店、个体工艺品商贩等。

艺术品市场的分销渠道分三种类型：第一种是艺术品生产者的直销渠道，比如画家、书法家、雕塑家或民间艺人直接接受消费者的作品订单；民间艺人摆摊售货；工艺美术品厂门市售货等。第二种是只通过一家代理商或经销商进行分销，比如画廊收购字画后销售或受托待售字画，拍卖行受托拍卖字画，个体经济人中介推销艺术品等。第三种是通过多家代理商或经销商进行分销。批量生产的工艺品绝大多数需要通过第三种方式营销。在对艺术品进行促销的时候要特别注意，决定艺术品成功的最重要因素还在于艺术品本身的品质，这远比价格以及各种促销工具要重要得多。

10.2.6 艺术品市场的划分

第一种分类方式的分类标准和普通消费品市场分类类似。按地理位置划分，有国内市场和国际市场之分。按艺术品流通环节划分，可分为批发市场和零售市场。按照经营对象划分，可分为艺术品成品市场、艺术品创作的材料市场和艺术品消费的辅助材料市场等。按经营种类划分，可分为工艺品市场、书画市场、雕塑市场等。从艺术品包含的内容来看，目前艺术品市场的构成主要是造型艺术作品，如绘画(油画、版画、中国画、水彩画、水粉画、连环画、素描、综合绘画等)；雕塑、传统工艺美术(陶瓷、玉器等)；书法、摄影等。

第二种分类方式按照西方艺术品市场划分的标准，一般将艺术品市场按供给环节分为一级市场和二级市场。一级市场的主要经营方式是艺术品经营者通过拥有或代理艺术品的所有权，将艺术品初次投入市场销售。一级市场的主体是画廊、文物商店。二级市场的主要经营方式是艺术品经营者接受艺术品所有者的委托，将艺术品再次投入市场销售，但经营者不代理或拥有艺术品的所有权。它的主要形式是拍卖、艺术博览会和商业展览等。艺术博览会是多个画廊集中在一起的结合形式，同时也是展会的形式，和艺术品拍卖一样都是在一定的时间里进行集体销售，有点像百货商店的销售。画廊、拍卖行、艺术博览会都是沟通买家和卖家的桥梁。

10.2.7 艺术品市场的运行机制

艺术品市场的建立和健全，必须依靠正常的运行机制，有了正常的运行机制，艺术品市场才能朝健康的方向发展。艺术品市场又是艺术品创作、流通和拥有的行为过程的综合，它离不开艺术家艰苦的艺术创作，离不开艺术品投资者的艺术投入，离不开艺术评论家对作品独具慧眼的评论。而这一切能成功地组织运转起来，则得益于艺术品经营者(或经纪人)的策划运作，因此，艺术品市场的运行机制应由艺术家、投资者、评论家和经营者(或经纪人)组成。

艺术品经营者是艺术市场运行机制中极为重要的角色。他们往往从书画家手中购得作品，再行转卖，或从艺术家手中购得作品后再卖出，赚取一定的差价。他们或开设画廊、艺术品公司代销书画作品，或将书画作品推荐至拍卖会、艺术博览会进行展卖。有的还为艺术家本人或艺术者提供某种服务或代理，以获取一定数量的费用。聪明的书画家一般会寻找出色的经营者或经纪人，全权或部分委托代理自己的书画作品销售与展览。书画家不找经纪人而由自己直接销售作品，往往得不偿失，因为这样势必会将大部分精力转移到其他方面而影响自己的艺术发展。

10.3 艺术品拍卖、艺术博览会与画廊

10.3.1 艺术品拍卖概述

1. 艺术品拍卖的含义

艺术品拍卖(Arts Auction)，又称"竞买"，是指通过中介组织，以公开竞价的形式，将艺术品出售给最高应价者的一种买卖方式。在拍卖过程中，起到代理作用的中介组织是拍卖行(公司)。艺术品拍卖的范围主要有：以绘画、雕塑等欣赏为主的纯艺术品，以及陶瓷、家具等有一定使用功能的实用艺术品。

艺术品拍卖主要是通过拍卖行这一主体机构来实现的。任何一场拍卖都有自己的目标特征，其中利润最大化是他们追求的终极目标。当然，慈善拍卖的利益追求是建立在善意的基础之上的，这本身是一种体现功德和社会价值的有益方式，是值得鼓励的。但随着拍卖公司越来越多，潜在的竞争也形成了一种残酷的局面，越来越多的负面因素也在影响着拍卖业的发展，如拍品资源的枯竭和良莠不齐、恶性竞争的手段等都不同程度地影响了拍卖业的健康发展。

2. 艺术品拍卖活动的基本要素

(1) 艺术品委托人。他是指对一定艺术品享有所有权或处分权，并将其付诸拍卖的人，即卖主、卖家，俗称上家，可以是任何个人或组织。

(2) 艺术品竞买人。他是指参加拍卖活动并通过竞争承买行为欲购得一定艺术品的人，即买主、买家，俗称下家。

(3) 艺术品拍卖人。他是指受他人委托，以自己的名义公开拍卖他人的艺术品并收取报酬的人，即受托人、拍卖行、拍卖师。

(4) 拍卖标的。它是委托人所有或依法可以处分的物品或财产。

10.3.2 拍卖行

1. 国外拍卖行

世界主要的拍卖行集中在欧洲，以英国为主。

(1) 苏富比拍卖行。英国苏富比拍卖行(Sotheby'S)是世界上第一家拍卖行，也是目前世界上规模最大的拍卖行，1744年由萨缪尔·贝克在伦敦成立，1983年因经营业绩不善被美国房地产商陶布曼收购，现在伦敦和纽约设立了两个总部。苏富比起初是一家图书出售公司，历经两个半世纪的开拓和发展，现涉及的拍卖品项目达七十多个，拍卖业务也日趋专业化和系统化。其中，瑞士日内瓦分行主要拍卖珠宝首饰；美国纽约分行主要以美术作品为主；中国的古代文物和瓷器拍卖，则主要在英国伦敦和中国香港进行。2004年5月

5日,毕加索(P. Picasso)的名画《拿烟斗的男孩》在苏富比以1.04亿美元的天价拍出,成为当时世界拍卖史上成交价最高的绘画作品。目前,苏富比在中国上海和台北分别设有办事处。

(2) 佳士得拍卖行。该拍卖行于1766年由詹姆士·佳士得(James Christie)在伦敦创立。1766年12月5日,詹姆斯·佳士得在伦敦进行了他的首次拍卖。自此,佳士得拍卖行致力为顾客提供优质精良的服务。作风稳健、能言善道和极富幽默感的詹姆斯·佳士得将拍卖演变为一项精致的艺术,并于18世纪至19世纪进行了多场非常重要的拍卖。佳士得的拍品汇集了来自全球各地的珍罕艺术品、名表、珠宝首饰、汽车和名酒等精品。现在,佳士得所设立的办事处分布于全球共90个主要城市,并在全球16个地点定期举行拍卖会,此外还提供与拍卖有关的服务,包括艺术品贮存及保安、教育、艺术图片库及物业等方面。

以上两大拍卖行与菲利普斯(Phillips)、邦汉姆(Bonhams)并称为"英国四大拍卖行"。此四大拍卖行不但在英国拍卖市场上占据绝对统治地位(占英国拍卖总额的一半以上),而且作为世界性的拍卖行,在全球拍卖市场上也占据绝对统治地位。

2. 国内拍卖行

中国的艺术品拍卖会兴起于20世纪90年代。起初人们对这一新鲜事物感到陌生而好奇,经过几年的努力,已取得一些经验和成绩。中国首家艺术品拍卖专门公司是于1993年6月成立的上海朵云轩艺术品拍卖公司。目前,中国的拍卖机构主要集中在北京、上海和浙江,共有一千余家。主要的拍卖公司有中国嘉德国际拍卖有限公司、中贸圣佳拍卖公司、北京瀚海拍卖公司、匡时国际拍卖公司、保利国际拍卖公司、上海朵云轩艺术品拍卖公司、浙江西泠印社拍卖公司等。

(1) 北京保利国际拍卖有限公司。该公司于2005年7月1日正式成立。依托中国保利集团雄厚的资金实力和产业链条以及前瞻性的战略发展思路,北京保利国际拍卖有限公司从成立之初便确定了冲击国际顶级拍卖企业的目标和思路。北京保利的拍卖项目主要有中国古董、中国现当代油画及艺术品、中国近现代书画、中国古代书画等。

中国嘉德国际拍卖有限公司成立于1993年5月,是以经营中国文物艺术品为主的综合性拍卖公司,总部设于北京。每年定期举办春季、秋季大型拍卖会,以及"嘉德四季"拍卖会。公司在国内设有上海、天津、香港、台湾办事处,在国外设有日本办事处及北美联络处。截至2005年,中国嘉德已成功举办三百多场国际性文物艺术品专场拍卖会,拍品总数36.3万余件。中国嘉德首创为普通大众收藏服务的"周末拍卖会"在成功举办了84期之后,于2005年变更为"嘉德四季"拍卖会,单场拍卖成交额逾亿元,拍品档次亦大幅提高。

中国嘉德常设文物艺术品拍卖项目包括:中国书画、瓷器、工艺品、油画雕塑、古籍善本、碑帖法书、邮品、钱币、铜镜、珠宝翡翠、钟表等大类。各项目不断有突破区域性以及世界性艺术品拍卖成交最高价的纪录,诸多国宝级的珍品如"翁氏藏书""宋徽宗写生珍禽图""唐摹怀素食鱼帖""宋高宗手书养生论""朱熹春雨帖"和"出师颂"等重要拍品,亦通过中国嘉德的努力,或从海外回归祖国,或从民间流向重要收藏机构。

自1995年以来,中国嘉德先后为海内外著名藏家举办专场或系列专题拍卖,如"杨永德藏齐白石书画""傅抱石精品暨张氏藏中国书画""集珍13家藏张大千、黄宾虹、齐白石书画"专场等都取得极大的成功，赢得了海内外收藏家的广泛好评。2011中国嘉德春拍"中国油画雕塑专场"于2011年24日在北京举行，画家陈逸飞的代表作《山地风》以8 165万元人民币的高价成交，打破画家本人作品拍卖最高纪录，也刷新了中国油画拍卖的世界纪录。

10.3.3 拍卖方式与程序

1. 拍卖方式

艺术品拍卖的方式一般有5种，分为：英格兰式拍卖、荷兰式拍卖、英格兰式与荷兰式相结合的拍卖方式、无底价拍卖以及定向拍卖。

1) 英格兰式拍卖

英格兰式拍卖也称"增价拍卖"或"低估价拍卖"，是指在拍卖过程中，拍卖人宣布拍卖标的起叫价及最低增幅，竞买人以起叫价为起点，由低至高竞相应价，最后以最高竞价者三次报价无人应价后，响槌成交。但成交价不得低于保留价。保留价是艺术家愿意在市场出售作品的最低价格。英格兰式拍卖是最常见的艺术品拍卖形式，这种拍卖的特点就是，所有的出价者都能获悉作品当前最高出价。

2) 荷兰式拍卖

荷兰式拍卖也称"降价拍卖"或"高估价拍卖"，是指在拍卖过程中，拍卖人宣布拍卖标的起叫价及降幅，并依次叫价，第一位应价人响槌成交。但成交价不得低于保留价。这种拍卖的优势是便于成交。

3) 英格兰式与荷兰式相结合的拍卖方式

英格兰式与荷兰式相结合的拍卖方式是指在拍卖过程中，拍卖人宣布起拍价及最低增幅后，由竞买人竞相应价，拍卖人依次升高叫价，以最高应价者竞得。若无人应价，则转为拍卖人依次降低叫价及降幅，并依次叫价，以第一位应价者竞得。但成交价不得低于保留价。

4) 无底价拍卖

在拍卖过程中，委托人不设保留价，把定价的权利交给竞买人。拍卖开始后，一旦有人应价且不再有第二人加价，拍卖师必须落槌成交。如果有人加价，也可以一直加上去，直到无人加价。

5) 定向拍卖

中国的艺术品拍卖还有一种为特定的拍卖标的物(拍品)而设的拍卖方式，有意竞买者必须符合相关条件，才可成为竞买人参与竞价，这种方式称为定向拍卖。针对国内征集的一些艺术品是在我国现行的文物保护法有关规定禁止出境之列的情况，拍卖公司一般都会采用向国内买家定向拍卖的方式，以避免珍贵文物艺术品流入海外，保护我国优秀的文化遗产。

目前，世界各地采用较多的还是增价拍卖，中国艺术品拍卖都是采用增价拍卖的形式。随着互联网等科技的发展，网上拍卖悄然兴起，如果政策、法规和相应的对策等能及时跟上，不失为一种低碳高效的艺术品拍卖方式。

2. 拍卖程序

拍卖业务的一般程序可分为以下三个阶段。

(1) 准备阶段。货主把货物运到拍卖地点，然后委托拍卖行进行挑选和分批，接着拍卖行编印目录并招揽买主。参加拍卖的买主可以在规定的时间内到仓库查看货物，了解商品品质，然后拟定自己的出价标准，做好拍卖前的准备工作。拍卖行一般还提供各种书面资料，进行宣传以扩大影响。

(2) 正式拍卖阶段。正式拍卖是在规定的时间和地点，按照拍卖目录规定的秩序逐笔喊价成交。在拍卖过程中，买主在正式拍卖时的每一次叫价，都相当于一项发盘，当另一竞买者报出更高价格时，该发盘即行失效。拍卖主持人以击槌的方式代表卖主表示接受后，交易即告达成。

(3) 成交与交货阶段。拍卖成交后，买受人即在成交确认书上签字，拍卖行分别向委托人和买主收取一定比例的佣金，佣金一般不超过成交价的5%。由于拍卖前买主可事先看货，所以事后索赔的现象较少。但如果货物确有瑕疵，或拍卖人、委托人不能保证其真伪，必须事先声明，否则，拍卖人要负担保责任。

10.3.4 艺术品博览会

艺术品博览会经过半个多世纪的发展，促使艺术活动辐射全球，无论是规模还是形式，都有了巨大的变化。早期的艺术品博览会，大多表现为租赁摊位，而现在的艺术品博览会已经走向了综合化发展，如艺术与商业、艺术与时尚、艺术与教育、艺术与学术论坛、艺术与科技、艺术与慈善等的多位一体化。2011年，第二十四届欧洲艺术品和古董博览会在荷兰马斯特里赫特举行，会上宣读了一份艺术报告——《2010年全球艺术品市场：危机与复苏》。报告显示，中国在2010年的艺术品拍卖总额超过60亿欧元，已经超过英国成为世界第二大艺术品市场主体。而作为这几年兴起的影响广泛的上海世界华人艺术家大会受到第二十四届欧洲艺术品和古董博览会的邀请并参与其中，也直接说明中国的艺术品已经引起了世界顶级博览会的关注。

中国艺术品博览会诞生于1993年，1996年之后广州开始单独举办，1997年上海开始单独举办，20世纪90年代中期以后许多大城市陆续出现不同规模和形式的艺术品博览会，仅北京就有三四个。目前，已形成以北京、上海、中国香港和广州为中心的四大艺术品博览会。作为中国艺术品市场的现代形态，艺术品博览会已经形成一定的规模，和画廊、拍卖会共同形成三足鼎立之势。艺术品博览会也是当今世界艺术品市场的主要形式之一。一年一度的中国艺术品博览会已逐步发展成为展示我国民族优秀艺术的一个窗口，同时也是推动我国艺术品市场与国际艺术品市场接轨的一座重要桥梁。近年来，北京国际艺术品博览会渐渐得到业内的关注，它秉承国际化、精品化、专业化的艺术理念，吸引了世界各地的优秀画廊和艺术家参加，并将新的科技成果运用在艺术品博览会上，如三维立体数码技术等。在交易方式上也开始采用网络平台、拓展交易方式等。同时，举办高规格的学术和高峰论坛，打通艺术家、评论家、投资商、艺术爱好者等之间的通道，力图让每一届的艺术品博览会像永不落幕的戏剧，长演于舞台之上。

相对于内地艺术品博览会而言，我国香港艺术品博览会则有先天的地理优势和国际化环境，加之香港是亚洲的经济重地，理所当然成为亚洲当代艺术品博览会之最。从已举办的三届香港艺术品博览会的情况来看，这里拥有一流的艺术家，实施艺术品免税制度，展会条件上乘，服务质量优质，仅每年参加博览会的人数就递增60%，形势一年比一年好，吸引着全球的艺术家、评论家、投资商和艺术爱好者共享香港艺术盛事。

10.3.5 画廊

从中国现代艺术品经营的角度来说，"画廊"一词由日本传入，是从英语的"Gallery"意译而来的，是指艺术品经营的场所。中国早在宋朝就出现了"画廊"一词，刘克庄在《午暑》诗中写道："南州四月气如蒸，却忆吴中始卖冰。绿浦游船常载妓，画廊浴鼓或随僧。"这时画廊的意义是非经营性的，含观赏性。早在欧洲文艺复兴时期的皇家府邸或贵族住宅中，以及在英国伊丽莎白时期和詹姆士一世时期的住宅中，用于散步或陈列图画的狭长房间也称为廊，这一意义后来就成为现在"画廊"一词的源头。

从西方艺术品市场的角度来说，画廊是艺术品市场中的一级市场和基本环节，开设画廊是使艺术品转化为商品的主要运作方式之一。一般而言，艺术家只创造艺术品而不是制作商品，画廊的基本职能是将艺术品通过流通渠道转化为商品，而不是根据市场需要让艺术家直接生产商品。因为如果画廊经营的是"行画"而不是艺术品，那就会把画廊降低到画店的档次。画廊的意义在于通过规范的商业运作为艺术家的成长和成功创造条件，如果画廊运作的结果不是成就艺术家，而是把他引上商业之路从而断送了他的艺术前程，那么，画廊存在的意义就是值得怀疑的。不以艺术家和艺术品为本，只图"杀鸡取卵"的短期效益，这对艺术品市场的正常发展是极为有害的。西方成熟的画廊，始于19世纪的印象派沙龙艺术，大多采用的是艺术品代理制度，因此相对规范和有序。

西方画廊大多体现出以下几个特征：①签约代理、包装艺术家，销售艺术家的作品。如美国纽约的佩斯画廊、法国巴黎的法兰西画廊等。②兼容其他业务，如工艺品、古董珍玩、古籍等。甚至也有一些艺术品复制品在售，当然，高档次的画廊对艺术品的质量有严格的要求，无论是真品还是复制品。分布在一些繁华商业区的画廊便是如此，如日本东京银座的画廊等。③为艺术家举办画展。④画廊协会统一协调画廊之间的关系和监管画廊。画廊协会可以很好地监管、协调、净化画廊的诚信运作，从而起到良好的导向作用。如美国在20世纪60年代就成立了画廊协会，下属会员制，而且对画廊从业者的资格、资质等要求非常严格，形成了一整套严谨有序的艺术品市场运作模式。国外画廊集中的地区主要有：美国纽约、日本东京、英国伦敦和法国巴黎。其中知名的画廊主要有：英国萨奇画廊、马伯乐画廊，美国佩斯画廊，法国法兰西画廊。

目前，中国的画廊业相对比较稚嫩，有待完善和规范。从当今的画廊业现状看，主要问题在于缺乏统一的监管和制度，各司其业；画廊本身也缺乏制度和行业规范。从文化的深层发展来看，未形成区域化的画廊格局和规模，即便有一些类似于上海苏州河、北京798等，但不景气的艺术气象往往说明了先天不足的缺陷。画廊在艺术领域的主要形式是代理制画廊，能全面、完整地完成艺术家的经纪业务。画廊属性：品牌专卖店，具有艺术、展示的功能。画廊应具备的能力主要有代理、策展和营销。国内知名画廊主要有北京红门画廊，上海香格纳画廊。特点包括：较高层次的客户圈子，信誉至上的经营原则(从不卖赝品与廉价舶来品)，与画家之间恪守信誉，配合默契。

在我们的观念中，画店比画廊似乎要低一些，是一种低层次的艺术品交易场所。画廊之廊，似乎有陈设功能，因此也有展览功效；而画店之店，则相当于铺子，即有店铺之谓。我们的画店像超市一样分布在各大巷弄，以零售艺术品为业；除了售画，也做一些配框、室内装饰等方面的业务。艺术地摊，是一种很原始的艺术品销售行为，往往席地为营，即兴叫卖。如在西方街头流行的为人画像、速写肖像等。我们的艺术地摊，大多表现为在文化街区的古玩摊贩，这类文化街区有北京的潘家园、上海的城隍庙等。摊贩定期或利用假日像赶集一样，穿梭于各地，宛如流动的艺术店铺。

10.4 中国艺术品市场的发展

近几年，中国艺术品市场依然处于调整之中，艺术品市场沿着可持续发展的轨道艰难前行。在持续经受市场调整炙烤的同时也逐渐走向成熟与专业。聚焦拍卖行业，与以往相比，除了不断挖掘新的市场增长点，同时更加注重商业渠道的拓展和学术的深度挖掘。引人注目的是四大拍卖巨头——苏富比、佳士得、嘉德、保利的市场支撑力度有所下降，而二线拍卖公司的竞争力有所增强。形成鲜明对比的是，北京匡时、西泠印社等拍卖行在整个年度的表现可圈可点。

导致中国艺术品市场近两年发展状况的主要原因在于一线拍卖行的主要业绩来自高端艺术品，然而宏观市场中资金紧缺、高端精品释出量减少、千万级别以上拍品数量锐减，受市场回调冲击在所难免。二线拍卖行在努力提升市场竞争力的同时，应拾遗补缺，深挖市场新的增长点。

10.4.1 中国艺术品市场环境

中国的艺术品市场在改革开放之后，经过了20余年的飞速发展，21世纪初，中国艺术品市场进入了历史上的高峰期，其标志是艺术群体和规模日益庞大，艺术品市场交易额接近千亿元人民币，超过美国跃居世界首位。从这一角度而言，中国艺术品市场等于用20余年的时间赶上了西方200年的发展速度。

近几年来,国家把发展文化产业作为重要发展战略来定位,艺术品市场面临着一个良好的社会环境和难得的发展机遇。国家给予艺术品的创作环境、经营环境也应该是最宽松的。有不少经营者也在调整经营思路,把握时代的审美趋向,注重调整艺术品的种类,协同不同层次的艺术品需求,在创意设计上下功夫,以精品取胜。

2012年,中国艺术品市场进入了调整期,当年春拍,国内艺术品拍卖市场遭遇"春寒",交易规模大幅下滑,2012年市场进入一个拐点。作为国内艺术品拍卖市场的风向标,中国嘉德2011年春拍成交53亿元,2011年秋拍成交39亿元,而到了2012年春拍,总成交金额仅为20.6亿元。同时,其他各拍卖公司在上拍数量、成交及总额、专场数量等方面也大大减少。根据雅昌艺术网市场监测中心提供的数据,2012年,中国艺术品拍卖成交总额为536.9亿元,与2011年的968亿元相比,缩水近一半,原因主要在于以下几个方面。

(1) 受国际国内大环境的影响。在中国艺术品市场进入调整期的同时,国际经济萧条、欧债危机愈演愈烈,多个行业同时面临"过冬"局面。而国内经济调整,房地产市场下滑,股票、期货、证券市场不景气,很多投资者选择捂紧钱袋子。艺术品作为投资艺术类的高端品种,占用的资金量比较大,资金的变现周转期较长,这在市场现金量匮乏的状态下表现得愈加明显。

(2) 艺术品市场上的价位混乱。在市场上,艺术品的价位由于不受物价部门的监管,完全由销售者自己标价,成本不同、来源渠道不同、对一件艺术品价值的认知程度不同,所标出的价位不同也是正常的。但有不少经营者毫无依据地标价,完全脱离了艺术品的真实价值和市场行情,这无疑给消费者增加了一层疑惑——究竟什么价位是合理的?

(3) 艺术品鉴定标准的混乱。怎样才能买到真品、精品以及货真价实的艺术品?这对鉴定行业形成了一个刚性需求,于是各类文物艺术品鉴定机构层出不穷,文物艺术品鉴定中心的牌子到处都是,各类鉴定培训班多如牛毛,假专家和伪专家也趁机捞金。这在某种程度上影响了投资者对艺术品市场的信心。

(4) 近年来不断曝光的文物艺术品的造假、自拍、假拍、套现洗钱、举牌抬价等案例,使投资者变得越来越谨慎了。

(5) 近10年来,艺术品市场和艺术品投资市场呈现混乱性、盲目性、冲动性的特点。客观地讲,改革开放后艺术品行业的飞速发展是历史的必然,但是这几年艺术品行业的发展客观上也存在很大程度的不规范性、混乱性以及投资的盲目性和跟风性。艺术品市场需要冷静下来,投入思考、调整、规范、理性、提升的过程。

10.4.2 中国艺术品市场呈现的特征

1. 精品缺位,分化趋重

中国宏观经济走软,拍卖市场资金紧缺,买家愈发理性谨慎。加之精品稀缺,在此背景下，2014年春拍，中国艺术品市场仍然延续了2013年的平稳发展态势，成交规模略高于2013年春拍，拍品两极化趋势加强。在拍卖机构积极参与，拍卖会、拍卖专场、上拍作品数量同比增加的情况下，作品成交量、成交总额和作品单价略有提升，这些指标的变化呈现出中国艺术品拍卖市场稳健发展的态势。

这从某种程度上显示出市场相对强劲的购买力，在精品释出量减少、普品大量增加的情况下，市场关注重心迁移至中高端、中低端拍品。原因或许在于，中国艺术品买家群体迅速壮大，其强劲的市场需求在一定程度上拉动了本季度中国艺术品拍卖市场的发展。

截至目前，2014年春拍5 000万以上的作品共有10件，相较于2013年春拍减少2件。其中，作为中国艺术品市场中曲高和寡的亿元以上作品共有3件，除以上2件瓷器作品，崔如琢2006年创作的长卷《丹枫白雪》在保利香港以1.45亿元人民币成交。此外，100万～500万元仍然为市场资金集中区，市场份额最高。这显示出2014年春拍市场两极分化趋重，中低端市场成为藏家群体最为活跃的部分，不断有新买家入场，追捧着有明确传承出处的精品佳作。

就艺术品拍卖品类而言，中国书画、油画及当代艺术品以61.14%的市场份额仍占市场主流，瓷器杂项门类整体行情趋好。三大主流品类艺术品拍得256.88亿元人民币，占中国艺术品拍卖成交额的90.36%，环比增长1.71%，这主要归功于瓷器杂项和油画及当代艺术两板块市场份额的提升。

2. 古代书画市场冷清

在中国书画拍卖市场中，由于普品增多，古代书画市场表现冷清，市场支撑力度下降，53.18%的中国书画成交份额仅支撑了49.78%的市场份额，市场份额同比下降3.93%，市场价格呈下降的态势。此外，中国书画板块中精品与普通作品之间价格两极化趋势愈加明显。

在买家越发理性和成熟的今天，精品佳作才是王道。在中国古代书画板块中，由于这一市场此前被过度开发、快速消费，原先流通的古代书画精品正在沉淀，或流入终极藏家手中，或成为博物馆、美术馆藏品，精品资源日益紧张，尤其是名家作品成交状况不佳。古代书画板块中上镜率名列前茅的"元四家""明四家""清四王"等，多半出现明显的量价齐跌的局面。

3. 近现代书画市场表现强劲

相较于古代书画市场的相对冷清，2014年上半年近现代书画市场表现强劲，名家板块出现轮动，从去年的"黄胄年"转换成今春的"宾虹季"，市场总在寻找新的替代点。2014年春拍中国艺术品拍卖成交价"TOP100"中，近现代书画占24席，总成交额为7.01亿元。

黄宾虹92岁画赠章伯钧之作《南高峰小景》（立轴，1955年创作）以6 267.50万元位居2014年上半年中国近现代书画拍卖榜首，并刷新了黄宾虹个人作品拍卖的世界纪录。此作品曾在2001年秋拍以估价16~18万元人民币上拍，最终以高出最高估价3倍的56.1万元人民币成交。历经近13年，作品价格增长100多倍，投资收益率达45.66%。齐白石、张大千、黄胄、林风眠等其他近现代名家作品，虽然不似往年有大量精品涌入市场，市场行情有所回落，但其精品佳作仍然备受青睐。

当代书画板块专场成交率较高，中坚力量市场活跃，新水墨、新工笔成为市场热点。中国嘉德中国当代书画专场成交率达89.51%；北京保利专场成交率达90.45%；匡时"笔墨新象——当代书画专场"成交率为81.86%；翰海专场成交率为89.29%。此外，现场的拍卖人气也足以展现出市场对这一板块较高的关注热度及庞大的艺术群体。

而从2013年开始被市场强烈追捧的新工笔，在2014年春拍表现得更为活跃：北京匡时推出张见2009年创作的《失焦》，以184万元刷新艺术家个人作品拍卖纪录；徐华翎的作品《之间》(镜心)在中国嘉德以120.75万元人民币成交价位居其作品拍卖高价第2位；郝量作品《幽暗》(2010年作)在保利香港以154.45万元的成交价位居其历史拍卖纪录第2位。

4. 油画拍卖平稳发展

早期油画市场整体表现一般，仅有小部分名家作品支撑高价区间，大部分早期名家精品的市场价位在10万~50万元之间，市场价值未能真正与学术价值相匹配。在价格排前100位的作品中，早期油画作品数量为10件，占油画及当代艺术成交总额的8.89%，其中早期大师常玉、赵无极、朱德群仍旧引领高价行列。常玉的《聚瑞盈馨》和赵无极的《争荣竞秀》(1954年作)分别位列本拍卖季中国艺术品拍卖价前10位。

写实画派市场行情有所回落，从雅昌指数中国写实画派指数来看，虽然较上季度有3%的下滑，仅有何多苓、李贵君等7位艺术家处于上升通道，王沂东、陈逸飞等13位艺术家市场行情处于下滑通道。这主要是因为国内藏家对写实画派的钟爱，以及这一板块新老艺术家的不懈努力。但从中国艺术品市场日趋国际化和当代艺术史的发展角度来看，还应理性对待写实油画的未来升值空间。

5. 当代艺术板块行情向好

当代艺术板块市场行情向好，张晓刚、刘野、罗中立等艺术家处于上升通道，其中张晓刚的作品《血缘：大家庭3号》(1995年作)以7 441.8万元人民币位居油画及当代艺术拍卖之首；罗中立的《春蚕》(1985年作)以4 370万元成交价创造了艺术家个人作品拍卖第二高价。

新青年艺术家板块成为近几年各拍卖行大力推出的板块。今年春拍，中国嘉德推出的"转向内在：2000年以来的中国新绘画"专场以86.36%的比例成交，成为嘉德四场中国油画及当代艺术专场中成交率最高的专场，其中19件作品共获得1 335.38万元人民币，贾蔼力2010年创作的《年轻的行者》以460万元的高价位居本场首列，作品溢价率约为187.5%。

6. 瓷杂品类稳健增长

瓷杂上拍量、成交量和成交总额同比均有增加，成交总额为83.05亿元，同比增长12.41%。具体到专场方面，也体现出这一稳健增长的特点，以香港苏富比"重要中国瓷器及工艺品"专场为例，2014年春拍上拍180件，成交率为72.22%，同比去年春拍的63%提高了近10%，成交总额为3.76亿港元，作品单价由234万港元/件提升至289万港元/件。

在瓷杂市场整体行情相对平稳的情况下，几件高价作品掀起了这个市场的波澜，"明成化斗彩鸡缸杯"和"北宋定窑划花八棱大碗"分别以2.22亿元人民币和1.16亿元人民币位居第1和第3位,再次印证了精品硬通货的特征。

从瓷器各价格区间来看,500万元是瓷器文物拍卖价位的分水岭,排除资金实力因素,流动性起到重要作用。另外自2012年春全面下滑以后,高端拍品受挫严重,上拍量下跌、流拍量攀升,精品透支,同一估价区间的拍品品质下跌;50万~500万元之间的拍品流拍率本已出现下滑走势,但在2014年春又有所上扬;低端拍品稳步发展,50万以下的瓷器走势稳定,是藏家出手的重点区域,换手率也较高端文物更频繁。

10.4.3 中国艺术品市场未来的发展趋势

1. 寻找市场新的增长点

2014年,卖家惜售、买家谨慎进一步导致拍卖资源沉淀,市场主要支撑板块的中国古董,尤其是明清官窑、中国书画(尤其是近现代书画)均遭受市场重创,从而迫使拍卖行不得不挖掘新的品类来弥补因官窑瓷器和近现代书画的低迷所带来的困扰。拍卖品种在2014年有明显增加,与此同时拍卖板块不断被细化,奢侈品、设计类工艺品乃至中国当代诗歌手迹也被送上了拍台,一些小门类的国外艺术品,如摄影、文化名人签名文献均囊括在拍卖之列。

2. 拍品在不断丰富,专场被不断细化

以前苏富比只有一场拍卖,称为"中国艺术品",其中以古董器物为主,夹杂一些书画。而后,随着书画的量越来越大,便开始单独设置部门,不同的专场也应运而生。到了今天,中国书画进一步被细分为古代书画、近现代书画、当代书画,近年则诞出当代水墨或以新水墨冠名。除了在传统项目上的细化,拍卖公司还挖空心思寻找新的拍品。2014年,香港佳士得和邦瀚斯分别尝试做了经典手袋的拍卖,获得意外惊喜。同年佳士得拍卖的苹果一代电脑也取得了非常好的成绩。在当下做拍卖,需要拍卖公司随时对市场保持敏感。

随着传统拍卖品类被过度挖掘以及资源匮乏,拍卖公司为了生存就必须不断开拓市场。市场发展的必然趋势是,拍卖品类在不断被细化的同时也在不断多元化。在未来时间里,都将成为拍卖行发展的必然方向。造成这种局面的原因是,藏家结构发生了变化。随着"80后""90后"藏家的崛起并陆续在市场上露面,他们有别于老一辈藏家的生活方式,形成了独特的审美趣味。拍卖公司为了适应新一代藏家的口味对拍卖品类进行调整,如果拍卖公司不想被淘汰,就必须时刻对未来的审美取向保持敏锐的洞察。

3. 加强"非拍卖"销售的拓展

传统拍卖是价高者得,而现在一二线的拍卖行以及部分中小拍卖行早已不再局限于这种传统的拍卖模式。随着时代的发展以及同行之间竞争的加剧,传统拍卖的竞价机制已经不能满足今天拍卖行的发展需求。

一方面,近年来,国际拍卖行率先打造私人洽购业务以弥补传统拍卖形式中对于时间、空间的限制以及过于公开透明化的缺陷。苏富比、佳士得、邦瀚斯相继开设了艺廊以方便私人洽购业务的发展。国内拍卖行的动作虽然晚了一步,但很多拍卖机构也在走拍卖与画廊或与美术馆混搭的经营模式。对于私人洽购业务的增多,在未来一年里或者更长时间里应该还会延续。因为私洽是对拍卖的补充,对于渐入瓶颈期的拍卖公司来说,发展私人洽购业务能有效帮助其实现业务增长,从而度过困难时期。

另一方面,随着新生代的崛起以及互联网时代的到来,拍卖行业艺术品电商的发展也成为2014年行业发展的一大趋势。国际拍卖行佳士得一直致力于打造自己的电商平台,而苏富比则是选择与全球最大的电商之一eBay直接合作。拍卖公司借助电商提高流量及影响力,而电商也有效借助拍卖公司的专业与品质保障,从而实现双赢。赵旭指出,淘宝在与保利合作以后,2013年至2014年的成交额实现大踏步地跨越,紧接着荣宝和匡时也加入其中。整合拍卖资源与电商资源,搭建艺术品交易平台是未来拍卖市场的发展方向。

在未来几年,拍卖业将打破传统模式,拍卖、私洽、电商一体化将成为不少拍卖行努力的方向。当中小拍卖行奋起直追的时候,起步早的一线拍卖行,如苏富比、佳士得,时至今日已经具备了一个较为完善的"综合平台",于是便将触角伸到艺术交易链条的其他环节中,立足拓展与艺术品市场交易相关的全产业链服务,集物流、仓储、评估、鉴定、展览、网络、文化交易等于一体。例如,苏富比就在艺术仓储、物流方面狠下功夫。中国嘉德成立了由嘉德拍卖和嘉德投资两家公司组成的文化集团,并运营嘉德艺术中心,搭建集拍卖厅、展厅、仓储、艺术品、鉴定、修复保管于一体的综合体,以拓展与拍卖主营业务相关联的所有产业,让拍卖交流、展览展示、讲座论坛等活动更加顺畅。保利也在潍坊、厦门等地建立产业基地。华辰2012年就开始在厦门搭建国际艺术品金融交易中心,并于2014年举办首场春季拍卖会。总而言之,拍卖行的发展早已不局限于传统的拍卖模式,而是逐渐打造更加综合和立体的平台。

4. 既做市场也做教育

综合性的平台不仅让传统的拍卖形式转变为多元的销售渠道,而且使艺术交易链条获得进一步拓展。然而,今天的拍卖公司还投注很大一部分精力花在看似"非盈利"的事情上——教育,旨在为艺术市场的发展做铺垫。

2015年,嘉德四季迎来十周年,这十年来,嘉德四季的很大一个变化是将重心从征集拍品向推荐拍品上倾斜。嘉德四季之前大量地征集拍品,仅仅是做简单的注释,而后选择权便交给了藏家、交给了市场。而近几年图录注释越写越多,拍品不再是简单的堆砌,而是经过深入梳理之后精心推出的专场,向藏家深入地解释和推荐拍品,让藏家真正得以理解拍品的价值。小拍已然如此,大拍就更不用说了。

2014年春,中国嘉德专门为"大观——中国书画珍品之夜近现代"专场中吴冠中的8件作品设计了独特的展示场景,名曰"随心随欲不逾矩——吴冠中精品",每一幅作品解说中均专门写有诗文,例如,作品《黑天鹅》,诗文为"儿童围集问来客,引得鹅群都扑来";作品《新域》诗曰"极目层楼,谁主沉浮,顶天立地争春秋";作品《荷塘》旁白"荷塘里展现了生命之始与终的全过程,那是人世沧桑的浓缩"。种种努力皆是为了买家可以更明白拍品的价值。

近几年来，各拍卖行不仅在拍卖征集和拍卖品类上费尽心思，还在预展视觉传达和营销方面更下工夫。预展、论坛、私恰、微视等多管齐下，在为拍卖增彩的同时，吸引买家关注拍卖行精心设计的拍卖专场，让观者在观赏作品的同时，接受学术的熏陶。各拍卖公司推出学术拓展等一系列活动，意在聚集人气，吸引新老藏家。例如，中国嘉德推出"春拍紫砂赏—宜兴紫砂器鉴赏""85新潮运动：历史的定位和价值"等三期讲座及"微电影——带给您不一样的拍卖体验"；北京保利"2014春·保利中国艺术周"、微视"保利2014春拍·你从未见过的布展场面"；北京匡时"艺术体验季"。苏富比自进驻北京以来，在拍卖中并不以春秋拍命名，而直接更名为北京艺术周，拍卖只是其中一项，同时进行的还有展览、论坛、讲座，苏富比教育学院亦会参与其中。佳士得亦是如此。在采访国内外多位拍卖行的掌门人的时候，他们都有这样的共识：拍卖本就是公开的平台，拍卖的任务并不仅仅是回馈市场需求，而更多的应该是引领市场，尤其对于那些开发不全面或者还不成熟的市场。

总而言之，拍卖的外延在扩大，拍卖的生意想要做好也不再那么简单。传统的拍卖室内竞价的商业模式迄今为止已经发展了500余年，但是这个古老的商业模式到了今天已经不能满足当下艺术市场的需求，拍卖行业为了能够更好地立足和发展，将更多的努力倾注在"非拍卖"业务上，这一趋势明显还将持续一段时间。

10.5 艺术品的流转和管理

艺术品的国际流转是一个世界性的文化难题，从某个层面上讲，艺术品巨大的精神力量和潜在的经济价值是造成这一难题的关键，再加上艺术品区别于其他商品的主要特性是其具有独一性。艺术品的国际流转是指国家与国家或与地区之间艺术品的交流和互动，其中也包括非正当手段的艺术品流转，主要是指正常的国际美术品贸易(如艺术品拍卖)、非正常的艺术品流转(如战争掠夺、海盗、走私等)、礼节性的艺术品交流(如朝贡、捐赠等)、艺术品的转借等。严格意义上的艺术品国际流转是有积极意义的，一方面，可以增进国际文化艺术交流和培养良好的文化情感，提高人们的艺术鉴赏水平和文化艺术素质；另一方面，可以增强民族自豪感和社会责任意识。不同的民族在相互间的文化观照和比较中可以获得精神情感方面的愉悦和心理满足。

10.5.1 艺术品的无序流转

1. 战争对国际艺术品流转的影响

艺术品国际流转中最麻烦的问题是由于历史、政治等原因遗留下来的艺术品非法流转问题，艺术品市场的发展和整个艺术品国际流转体制的不完善，加剧了这一问题的矛盾化。艺术品的国际流转早已是一个历史问题，在人类历史初期的战争中表现得比较明显。

战争对艺术品的影响，从古希腊算起，距今近三千年。公元前8世纪前后，古希腊《荷马史诗》之一的《奥德赛》中便记载了征服者大军是如何从特洛伊城掠夺艺术珍宝的。到了近代，最为明显的是西方人对中国文化有了新认识以后，开始了全面、广泛和深入的搜刮和掠夺。1860年的英法联军，1900年的八国联军，20世纪初的西方探险家如英国的斯坦因、法国的伯西和瑞典的斯文·赫定，以及20世纪三四十年代，日本帝国主义的野蛮文化政策等，对中国艺术品的掠夺和破坏，造成了巨大的文化灾难和民族精神灾难。

中国艺术品由于战争掠夺等原因流向海外的数量是非常巨大的。20世纪30年代，日本人在山西太原天龙山石窟野蛮抢掠，共盗去三百多个佛头。据资料统计，从甲午战争以后，日本从中国共掠得书籍300万册，重要文物15 245件。甘肃敦煌文物在伯西和斯坦因等人的盗卖和掠夺下，只能用"无法计算"来衡量他们获得的文物数量。这些非法流失的文物艺术品现主要分布在美国、加拿大、德国、英国、法国、瑞典、日本等地。

第二次世界大战期间，法西斯在许多国家的疯狂掠夺再次为人类的文化艺术蒙上了一层阴影。饱受二十年战乱之苦的阿富汗，流失了大量的文化艺术瑰宝，现在北美、西欧和日本等地的美术品市场上经常可见来自阿富汗的艺术品。2001年10月，美国对阿富汗进行军事打击以前，人们发现保存在喀布尔博物馆的两万件黄金制品不知流落何处。战争对文化、艺术的破坏和掠夺是空前的，一次次制造人类文化和精神情感的灾难。

2. 走私对于国际艺术品流转的影响

除了战争，走私是造成国际艺术品非法流转的另外一颗"毒瘤"。走私是一个世界性的普遍现象，艺术品是继紧俏商品、毒品、人口之后的另一大宗走私品。中国每年走私出去的艺术品不计其数，走私的前因是盗墓行为。中国的文化历史遗产不断被盗并偷运国外，这些被盗文物走私到海外，一般是通过中国香港和中国澳门。中国香港成为中国文物走私中转站的主要原因是香港《基本法》中没有有关文物的条款。中国香港实行货物自由流通的政策，是促成这一事实的必然条件。

从某种意义上讲，人类长期在文化侵略和反侵略的阵线上生活着，文化的较量是文化背后隐藏的巨大的精神力量所致。正是基于这一点，艺术品的强大精神要素构成了艺术品国际流转的坚强壁垒。一方是失去艺术品而表现出来的民族仇恨和无奈，另一方是得到艺术品的自傲情结和兴奋心情。

3. 国际协作与法制的影响

由于国际协作关系不完善、法制不健全，导致国际艺术品流转的许多矛盾和问题。在海外寻访中国文物和艺术品多年的林树中教授就深有感触：流失海外的名画依靠什么手段追回呢？虽然中国在1997年3月加入了《国际统一私法协会关于被盗或者非法出口文物的公约》，该公约规定：对今后通过非法手段和途径流失到境外的中国文物，有权在75年内依法提出返还和归还。但这一年限的规定，势必将中国带入一个非常尴尬的境地。中国流失出去的文物绝大多数早已超过75年，怎么办呢？一方面，通过外交手段或国际立法，无偿或有偿将这些文物返还；另一方面，在经济能力有限的情况下，只有寄希望于道义、国际舆论和文化责任。

一个世纪以来,艺术品的国际流转,在立法方面也取得了一定的成就。联合国教科文组织颁布了全球性公约《关于禁止与防止非法进出口文化财产和非法转让其所有权方法的公约》,但这一公约未能很好地解决国际上由于历史问题造成的文化遗产问题,而更多地是关注世界各国在文化财产问题上的相互利益关系。在不同地区间,美国和加拿大签署了《收回与归还被盗文物的有关考古、历史及文化财产合作条约》,这一条约很好地解决了两国联合考古与文物互换等方面的问题。

4. 艺术品流失的归还

由于战争等原因造成艺术品流失的归还问题,是非常现实的问题。目前解决这一问题的途径主要有:依照相关法律强制执行,通过拍卖或赎买方式,无偿奉还。1999年7月,经中国政府的交涉,中国被盗文物——五代人形大理石浮雕在美国纽约克里斯蒂拍卖行拍卖时被美国法院查扣,并依法归还中国。2001年4月,上海图书馆斥资450万美元购回在海外漂泊半个多世纪的"翁氏古籍善本艺术",这是中国清代以来留存在海外的最后一批善本书艺术。无论怎样,有一点是值得肯定的:买回来的绝不仅仅是80种、542册图书,更重要的是一种人文精神的回归。

20世纪末,奥地利政府做出了一项重大决定,打算将第二次世界大战期间纳粹收缴的艺术品物归原主,这些艺术品是1945年从各地收集来的,包括没收的物品和战争时期物主收藏的物品。早在20世纪80年代中期,奥地利政府曾因为"毛厄巴赫财产"问题遭受来自美国的压力,美国《艺术新况》杂志指责奥地利政府靠昔日犹太人的财富致富。十多年后,奥地利政府通过了又一项美术品和文物古董清理法以完成艺术品物归原主的愿望。从国际意义上讲,奥地利政府的这一举措,为解决战争留下的诸多艺术品国际流转问题提供了一个很好的范例和参照。

当然,在艺术品国际流转过程中也出现了一些令人遗憾和不安的事情。1978年,印第安祖尼人部落要求美国丹佛艺术博物馆归还1953年获得的一尊祖尼战神。因为根据祖尼人的法律,除祖尼人外,任何人不得拥有和拜谒祖尼战神。丹佛博物馆在其后的声明中认为归还战神将会使其遭到破坏和被盗的危险。但后来考虑到民族关系,为了顾全大局,博物馆于1979年通过投票方式决定归还祖尼战神。针对这种类似的现象,美国国会1990年制定了《土著美洲人墓葬保护法和返还法》。随着各个国家立法的加强和民族关系的进一步改善,艺术品归还的体制也将进一步完善。

■ 10.5.2 艺术品的有序流转

1. 艺术品的进出口

艺术品的拍卖是艺术品国际流转的重要内容,这一形式的前提是艺术拍品的合法化。从现存状况看,对于艺术品的拍卖,不同国家有不同的拍卖政策和艺术品的进出口规定。我国自开放文物市场以来,对待境外的文物,只要在进入中国境内时在海关进行登记,即可自由出入中国。而对出口文物则有许多限制和规定。《中华人民共和国文物保护法》规定："文物出口和个人携带文物出境，都必须事先向海关申报，经国家文化行政管理部门指定的省、自治区、直辖市文化行政部门进行鉴定，并发给许可出口凭证。经鉴定不能出境的文物，国家可以征购。具有重要历史、科学价值的文物，除经国务院批准往国外展览的以外，一律禁止出境。"

世界上只有少数国家和地区对艺术品出口没有任何限制，如美国、新加坡、丹麦、中国香港等地。对多数国家而言，对艺术品的进口总是采取限制和选择的原则。如英国，出口任何一件具有一百年以上历史、价值在8 000英镑的美术品，不管是在英国制造的，还是从要求出口之日算起已在英国超过50年的，均要得到许可证，这其中最主要的选择因素，便是出口艺术品的学术、历史价值和与英国本民族的紧密关系程度。再如1972年，墨西哥政府宣布全面禁止哥伦布到达美洲之前的艺术品出口，但这一措施导致了黑市和走私艺术品的猖獗行为。其中一些国家在进口艺术品时，禁止进口从其他国家非法出口的美术品。

《美国法典》中就有这种立法，并准许艺术品的原产地有权收回带有争议的艺术品。2000年3月，美国地方法院判定中国被盗文物"五代人形大理石浮雕"停拍并于2001年5月21日归还中国的做法便是很好的一例。一些国家对艺术品的进出口规定，有深层的社会历史根源和民族文化习惯。

一般而言，对艺术品的进口，基本上是大受欢迎，没有什么特别的规定；而对艺术品的出口，则意味着一个国家文化资源的流失，尤其像文化历史悠远、古文化资源丰厚的国家，对艺术品的出口有严格的规定，这也符合民族的情感和社会历史责任。艺术品的国际拍卖，也是许多国家回收艺术品的合法手段和较好机会。2001年，旅英华侨陈俊以重金竞得1900年八国联军侵入北京清宫时掠夺的明代绿色琉璃瓦当麒麟，捐献给北京故宫博物院。

艺术品国际流转中的回流现象，有其积极意义，一方面延续和完善了民族历史的整体面貌，如古埃及法老埃赫那吞金棺的"完璧归赵"。另一方面增进了民族间的亲和与友好。2001年，加拿大国家艺术馆将一尊20世纪30年代流失到该国的中国洛阳龙门石窟唐代摩柯迦叶罗汉雕像无偿归还中国，使得龙门石窟看经寺内二十九尊罗汉重得以团聚。

2. 艺术品的礼赠

礼赠的艺术品，主要包括公共捐赠物和礼节性交往的馈赠礼物(如中国古代的"朝贡")，这种传统值得提倡，是一种有益的活动。艺术品的礼赠，也是艺术品国际流转的一项内容。

1963年，美国敦巴顿橡树博物馆收到一笔捐赠，捐赠人是当时该博物馆的一位创建者，博物馆接受捐赠的是6世纪拜占廷帝国的银器，不到一年，便获悉这套银器是土耳其安塔利亚地区被称为坎鲁卡宝器的一套大型礼器的组成部分，引发了土耳其政府向美国政府提出归还这批宝器的请求，遭到美国政府的拒绝，后来土耳其政府采取一系列报复美国的政策。对受赠者而言，应事先调查清楚受赠艺术品的可靠来历或通过各种手段进行调查以确保捐赠物的合法性，从而避免因善意之举而带来不必要的麻烦。艺术品的礼赠，是国家与民族友好的象征，善意的捐赠也是社会文明程度提高的标志。

良好有序的艺术品国际流转体制是建立世界统一的艺术品市场的关键。中国在20世纪末加入了世界贸易组织，这是一个很好的发展机遇，但对不成熟的中国艺术品市场来说，又是一个极大的挑战。中国艺术品市场目前面临两大严峻挑战：一是本国艺术品市场体制的完善和确立，二是与国际艺术品市场的接轨。这两方面，从目前来看，都是相当的脆弱和不足。在艺术品国际流转问题上，我们有许多工作要做。例如，历史上遗留的艺术品失散问题(敦煌文物等)如何通过国家手段或国际舆论得到解决；或与国际社会一起，加强国际立法和协作；解放观念，如何将中国拍卖业国际化；针对疯狂的文物盗窃和走私活动，如何加强立法管制及国际合作；艺术品展览的国际合作问题等。艺术品国际流转的最终效果是世界统一的艺术品市场的建立、世界艺术品公共开放性的加强和自由流通体制的建立。

本章小结

艺术是一种文化现象，是一种生活方式，是一种精神状态，是一种创作形式等。艺术的分类方式有很多不同的角度和标准，最常用的有三种：以艺术形态的存在方式分类，根据艺术形态的感知方式分类，根据艺术形态的创造方式分类。

狭义的艺术品，是指凝聚人类各种形式的艺术劳动的，有某一具体表征和特定的经济价值、文化价值、审美价值和科学价值的物品。影响艺术品的价格因素非常复杂和多样，一般有艺术家的知名度和艺术地位，艺术家的地域性，艺术作品的创作年代，艺术作品的题材内容和技巧，艺术作品的制作材料和手段，艺术作品本身的品质和品相，艺术作品的历史、学术或文献价值，艺术作品的存世量，社会经济环境、政治环境，审美心理，艺术思潮，价值取向，国家政策等。

艺术品市场是指艺术作品通过一定的场所，经过买卖双方共同协商确定成交价格，而后完成交易的贸易行为过程，也就是艺术作品转换成商品的流通过程。艺术品市场的特点表现为产品鉴别的难度大，需要专业知识；艺术品价格的确定困难；中介组织的作用极大。

艺术品市场的组成要素主要有：供给方，即艺术品提供者；中介组织，包括艺术品拍卖会、艺术品博览会、画廊、画店、艺术品经纪人；需求方，即艺术品消费者；相关辅助机构，包括艺术批评家、鉴定师、评估师、咨询师、律师、工商部门等。拍卖方式一般有5种，分别为：英格兰式拍卖，荷兰式拍卖，英格兰式与荷兰式相结合的拍卖方式，无底价拍卖以及定向拍卖。

艺术品市场是艺术品创作、艺术品流通和拥有的行为过程的综合，它离不开艺术家艰苦的艺术创作，离不开艺术品投资者的艺术投入，离不开艺术评论家对作品独具慧眼的评论。而这一切能成功地组织运转起来，则得益于艺术品经营者(或经纪人)的策划运作，因此，艺术市场的运行机制应由艺术家、评论家和经营者(或经纪人)组成。

目前，中国艺术品市场依然处于调整之中，艺术品市场沿着可持续发展的轨道艰难前行,在持续经受市场调整炙烤的同时也逐渐走向成熟与专业。聚焦拍卖行业,与以往相比,除了不断挖掘新的市场增长点,同时更加注重对商业渠道的拓展和学术的深度挖掘。

思考题

1. 解释下列名词:艺术;艺术品;艺术品市场;艺术品拍卖;英格兰式拍卖;荷兰式拍卖;英格兰式与荷兰式相结合的拍卖方式;无底价拍卖;定向拍卖。
2. 艺术是如何分类的?
3. 艺术品的价值是如何体现的?
4. 艺术品市场有哪些特点?
5. 艺术品交易应注意的问题有哪些?
6. 简要分析东西方艺术品市场。
7. 艺术品市场的组成要素有哪些?
8. 艺术品市场的产品有哪些种类?
9. 艺术品市场的运行机制是怎样的?
10. 艺术品拍卖活动的基本要素有哪些?
11. 艺术品的拍卖方式有哪些?分别介绍。
12. 简述艺术品拍卖程序。
13. 简要介绍艺术品博览会与画廊。
14. 中国艺术品市场的环境如何?
15. 中国艺术品市场呈现哪些特征?
16. 中国艺术品市场呈现怎样的发展趋势?
17. 国际艺术品的流转呈现怎样的状况?

章末案例

萨奇与他的画廊

萨奇画廊,作为英国乃至全球当代艺术发展的重要推动力量,一直受到人们的关注。在画廊成立的二十多年里,一直受到不同的评价。有人说萨奇画廊是当代艺术市场的晴雨表,有人说查尔斯·萨奇是20世纪的美第奇。英国《艺术评论》杂志选出的2005年艺术界最具影响力的人物中,查尔斯·萨奇名列10位艺术家中的第4名。

1. 查尔斯·萨奇的商业生涯

萨奇画廊的主人查尔斯·萨奇与他的弟弟莫里斯·萨奇最初是通过广告业创造巨额财富的,他们是英国的广告业巨头。萨奇兄弟出身于犹太教家庭,是伊拉克籍织布商人的后代，虽然从小就居住在英国，但还总是受到歧视。1978年，正是他们精心策划的竞选广告，将撒切尔夫人推上了首相的宝座。萨奇兄弟的广告拉近了保守党与占社会多数的劳动人民的距离，失业工人看到了重返工作岗位的希望，他们毫不犹豫地将选票投给了保守党，确保了保守党在最后的投票中一举击败工党。自此，萨奇兄弟广告公司更是声名远扬。许多著名企业与萨奇兄弟集团建立了广告业务联系，其中包括丰田公司、奔驰公司、雀巢公司、英国航空公司。

2. 从商业巨头到超级艺术家

广告业的大获全胜，并没有让萨奇满足，而是成为他涉足当代艺术的一个开端，这与萨奇所从事的广告业有着紧密的关系。萨奇认为广告行业偏重的是技能，缺乏提炼艺术潜质的功能，而当代艺术则可以满足他对纯艺术的需求，同时也能开拓出一片新的升值领域。萨奇自20世纪70年代就开始了自己的艺术生涯。他涉猎广泛，不仅包括英国，还有美国等国家的当代艺术品，这与其广告业务向全球的扩张有关，全球化的扩张带来全球化的艺术。萨奇是一位成功的超级艺术家，在经营当代艺术的同时，他创办了自己的画廊——萨奇画廊。1985年，查尔斯·萨奇创办了萨奇画廊。在画廊成立之初，吸引的多是艺术圈内的人，那段时间，参观人数稳定增长，据萨奇画廊的统计，至今已累计有200万人参观过他们的画廊，每年的参观人数达60万人次。尤其许多学校机关也将之列为校外教学的实验地，这极有利于拓展当代艺术观众群。

萨奇画廊以提供人们与当代艺术的交流机会为宗旨，经营目标有两个方面，一是寻找在国际上知名，而英国观众仍不熟悉的外国艺术家；二是发掘刚冒出头的国内外新秀，将其引介给伦敦的观众。许多艺术家最初在萨奇画廊展出的时候都还不为人知，不仅仅是普通的公众，连艺术界人士也无人知晓。画廊通过为艺术家们做展览，使艺术家确立了自己的地位。

3. 萨奇画廊的运作策略

首先，掌握资源。萨奇画廊通过各种手段来获取年轻艺术家的作品，特别是根本不为人知的艺术家。其次，拆分和整合资源。萨奇灵活地运用各种资源，为我所用。当别的藏家还在为藏品的保管而犯愁的时候，他已经将自己的藏品在几个国家巡回展出并引起轰动了。媒体的力量不仅造就了他超级藏家的形象，还为他的广告公司做了免费的宣传，可谓名利双收。萨奇画廊成功的秘诀，还在于利用强力的营销手法，让馆内奇特的艺术不断地通过媒体传播，吸引大众好奇的目光。它独特的营销手法，放下了美术馆高不可攀的身段。

4. 萨奇现象造成的影响

萨奇对于当代艺术的巨大影响，值得人们冷静地思考。例如，"感觉"展览在多个国家展出的时候都出现了激烈的反对声音。这种冲突，表面上，体现了传统宗教伦理与艺术创作自由和言论自由、保守主义与自由主义之间的冲突；实质上，它反映了晚期资本主义文化逻辑下的政治欲望和消费文化的炒作方式，难免隐藏着模拟制造艺术事件的动机和目的。萨奇现象也给我们带来如下启示。

启示一：萨奇画廊不仅具有推出艺术家的培育功能，经营艺术品的盈利功能，还具有艺术的功能，这是因为萨奇从艺术入手最终也是为了艺术。他开展销售是为了整理自己的藏品，不断地丰富藏品。从这一点而言，萨奇画廊具有美术馆的艺术功能特征，打破了私人画廊与美术馆的严格界限。而目前美术馆的发展也说明了这一点。例如2005年初，泰特美术馆展出了三位艺术家的作品，展览最终是为了销售，而且作品的来源却正是两个私人画廊。这意味着美术馆的品位与私人画廊的界限在逐渐模糊。

启示二：萨奇的出色经营说明艺术与商业之间可以达到一种平衡关系。如果将艺术品当做一种象征资本的话，那么整个画廊的运作实际上也可以看做一种象征资本与金融资本交换的过程。在这一过程中，任何商业手段都是可以使用的。所以萨奇不认为画廊的经营或者美术馆的管理会有什么固定的模式，永远是"怎样做比较好，就要寻找办法去实现"。

启示三：萨奇画廊的例子对中国画廊的发展有一定的启发。在中国，各种类型的画廊都已经出现，但是像萨奇画廊这类艺术家型画廊取得成功的案例还不多。有一些画廊的主人原本是艺术家，但在经营过程中往往没有坚持自己的艺术；还有一些艺术家实力雄厚却将自己的藏品束之高阁，没有好好地经营藏品。

资料来源：葛颐. 英国收藏家萨奇和他的画廊[J]. 东方艺术，2006, 9(13): 61-63.

问题：

萨奇画廊对于中国画廊的经营模式有何借鉴意义？

第11章
电影市场营销

> 章前引例

电影营销新形式

2013年,《饥饿游戏2》超前北美在中国内地上映,其影院实施的市场营销活动颇有领先意识。片方策划将该片首映日19:30黄金场作为特别场,凡购票观众,每人都可凭票根获得一份精美的纪念品,而这些参与活动的影院都须提前一周预售特别场电影票,并在官方网站、官方微博等自有媒体平台跟踪报道。当片方与影院沟通时,各影院表现出极高的积极性,原本预订300家的活动一下飙升至近500家。

这一活动开创了有效的电影衍生品促进票房的模式,一改以往衍生品发往影院,随后无人问津的简单粗暴的营销方式;同时对于促销首日票房起到关键作用。该营销方式借鉴了观众基础好的美国,就现状而言,中国的电影观众仍需培育,且有待开拓。譬如正在崛起的中国二三线城市的"小镇青年"和"小镇姑娘",他们的力量不容小觑,值得投入精力去引导,培育成熟稳定的市场。片方还将片中女主角凯妮斯所使用的弓箭搬进电影院,让观众在等场空隙参与游戏体验,还能获取奖品。之后,参与活动的影院达到700多家。

近几年来,随着中国电影市场的蓬勃发展,电影产业的一些基本规律也越发突显。作为一种特殊商品,电影具有作品和产品的双重属性。作为产品,电影属于"超快速消费品",上映首周末或前四天的表现,往往就决定了电影在市场上的最终命运。如何在影片上映前做好充分营销,对一部电影来说至关重要。

几年前,广告、海报、预告片几乎就是一部国产影片营销的全部内容。如今,新媒体话题互动、商品植入及资源置换、在线优惠购票等新形式的出现,使营销方式愈发多元化。

资料来源:彭骥. 解密好莱坞大片营销,三招智取内地电影市场[N]. 新闻晨报,2013-11.

11.1 电影产品概述

11.1.1 电影产品的定义

产生于现代科学技术和资本主义商品经济背景下的电影,从一开始就受制于三个规律——电影艺术规律、科学技术规律和商品经济规律的共同支配。

现代电影产品不仅指电影产品实体即影片本身,而且指一种以电影实体为核心的,以电影制作、发行、放映为形式的,以其他衍生品开发为延伸的一套整体产品。

11.1.2 电影产品的分类

按照习惯的划分方法,通常把电影产品分为银幕产品和电影衍生产品,银幕产品即电影院放映的银幕载体形式的产品,观众通过购买电影票进到电影院消费和观看,是最重要的电影产品形态。银幕产品所承载的内容是所有其他类型电影产品的核心。通常我们也习惯于把银幕产品称为电影。电影衍生产品则是指基于电影内容和知识版权衍生的一系列产品,包括视听产品和非视听产品。视听产品如电影频道、视频点播、录像带、DVD、CD等;非视听产品如玩具、主题公园、游戏、纪念品等。除了承载电影内容外,视听产品的发行还借助了电影在消费者中的广泛和深度的宣传影响;而非视听产品的销售则是基于同一内容的电影视听产品在消费者心目中树立起的良好的品牌形象。电影产品分类见图11-1。

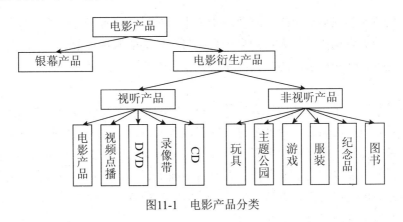

图11-1 电影产品分类

11.2 电影市场营销环境分析

11.2.1 电影市场的宏观环境

电影市场的宏观营销环境是指对电影企业营销活动造成市场机会和环境威胁的主要社会力量,主要包括人口环境、经济环境、政治环境、自然环境、技术环境、文化环境等(见图11-2)。

图11-2 电影市场宏观环境构成因素

宏观环境一方面为电影企业的生存和发展提供了基础和保障,另一方面也约束着电影企业的种种经营行为。一个成功的电影企业要能够及时、准确地分析电影市场的宏观环境,并从中识别尚未被满足的需要和趋势并做出反应以获得盈利,通过对宏观环境的分析来发觉市场机会,确定企业发展战略。

众所周知,在市场营销学中分析宏观环境的一个常用工具就是PEST分析模型,本节就将在PEST分析模型的基础上结合电影市场自身的特点,通过人口环境、经济环境、政治法律环境、科学技术环境、社会文化环境和自然环境这六大要素,对电影市场的宏观环境进行分析研究。

1. 人口环境

电影消费者是构成电影市场的首要因素。电影市场是由有观影欲望同时又有支付能力的现实和潜在消费者构成的,人口的多少直接影响市场的潜在容量。人口环境给电影市场带来的影响是整体性和长远性的。人口环境又分为以下几个方面。

1) 人口总量

人口总量是指一个国家或地区人口的总数,它的多少意味着市场潜力的大小。中国是世界上人口数量最多的国家,也就是说,拥有最多人口的中国也就相应拥有着巨大的电影市场消费潜量。而这也正是中国电影市场被国外电影集团所纷纷看好的原因所在,电影企业的营销目标就是要争取更多的群众。如何将中国电影市场所具有的巨大消费潜力充分释放出来,如何将潜在电影消费者转变成现实的电影消费者,这都需要电影企业的营销人员进行更深入的思考并做出进一步的努力。

2) 人口结构

人口结构主要包括年龄结构、性别结构、家庭结构这几个方面。一般来说,人口结构的特点决定着观众对影片的需求状况,而观众对影片的需求状况又会直接影响电影企业的生产经营结构。

以性别结构来说,男女观众由于性别的不同,其观影习惯和喜好必定存在着巨大的差异。比如,女性观众更喜欢爱情、文艺片,她们更容易被充满浪漫和温暖气息的电影促销和宣传方式所打动;而男性观众则更容易被科幻、动作片所吸引,他们更看重的是一部影片的视觉冲击力和特技效果。作为电影企业的营销策划者就需要充分了解这两种性别结构的电影消费者的不同喜好,做好目标市场细分,用最能吸引主体目标观众的营销手段将其一网打尽。

再比如,人口的年龄结构对电影营销也有着重大的影响。目前,世界人口年龄结构呈现老龄化趋势。中国的人口年龄结构已经完成了从成年型向老年型的转变,也就是说中国进入了老年型社会,作为电影营销企业应该充分利用这样的转变。随着整个社会中老年人口数量的增加,中老年观众的潜在市场容量也相应地慢慢扩大,电影企业应抓住这个市场切入点,拍摄制作出具有时代特点、符合中老年观众欣赏习惯的影片;再加以适当的营销推广,利用二级院线、数字院线或影院白天的非黄金时间场,以低价策略打入市场;同时建立社区影院,为老年观众观影提供便利条件,从而发掘新的观影市场主力。

3) 人口流动和地理分布

人口的地理分布和流动性也对电影市场营销策略的制定起着重要的作用。人口在地区上的分布,关系着电影市场需求的异同。居住在不同地区的人群,由于地理环境、自然条件、风俗习惯的不同，其生活水平、消费需求内容和数量都存在差异。电影企业会重点关注各个人口聚居区的特点，根据人口密度和消费能力去寻找合适的目标市场。这一点可以根据全国电影院线的分布看出来，人口密度高的地区，消费需求集中，市场容量较大；人口密度低的地区，消费需求分散，市场容量较小。

此外，人口的城市化和区域性转移(流动性)也会引起社会消费结构的变化，进而影响电影市场的结构和需求。自我国改革开放以来，人口流动日益频繁，我国的城市化进程不断加快，市区人口不断扩张。目前，我国的城市化水平达到45%左右，按照相关预测，到21世纪中叶可以达到65%～70%。而这种人口流动性的变化给电影市场带来的直接影响就是城市电影观众的消费潜力增大，市场需求发生巨大变化，城市影院也如雨后春笋般出现。同时，大批农民离开家乡，进城务工，城市和城镇观众日渐增多，而与之相应的就是在二级市场出现的对城镇影院的需求缺口。同时，随着农村的壮年男劳动力大量离乡进城，在农村留守的基本以妇女、儿童、老人为主，农村电影市场的需求发生了巨大变化，如何满足这些人的观影需要，进一步打开当前的农村电影市场，也是值得广大电影工作者思考的问题。

2. 经济环境

电影市场的经济环境是指那些能够影响电影消费的消费能力和消费方式的各种因素的总和。对电影市场而言，经济环境的好坏往往意味着电影消费者的消费能力的强弱和电影市场走势的优劣。可以从以下两大方面对我国电影市场的经济环境进行分析。

1) 经济的增长阶段

对于电影企业而言，从宏观上弄清楚国家经济增长的阶段，可以有效辨别市场机会和规避市场风险。中国经济的持续增长为中国电影市场的发展提供了难得的机遇，随着整个国家市场化进程的加快，以及体制改革的深入，电影市场也在由计划经济向市场经济转轨，逐渐摆脱了传统的经营理念和体制束缚，市场观念已经觉醒，行业改革的步伐也开始加快。毋庸置疑，在新世纪，中国电影业还将在中国经济快速发展的大环境下迎来它更加辉煌的未来。

2) 经济规模

除了对经济增长阶段的把握，经济规模也是电影营销者需要认真研究的因素。通过对不同国家和地区的经济规模的大小进行评估可以帮助电影企业识别该地区电影市场的增长潜力，进而选择有效目标市场，制定合理的发展战略。通常我们可以通过以下这些指标来衡量一个地区或国家的经济规模。

(1) GDP与人均GDP；
(2) 人均收入与收入分配；
(3) 消费者支出模式和消费结构；
(4) 消费者储蓄与信贷。

从国际经验来看，当一个社会的人均GDP达到2 000美元后，其经济往往都能保持较高的增长速度，而且持续时间较长。人均GDP达到2 000美元，意味着居民的消费能力大大提高，消费结构也会发生相应变化——居民对代表资产和财富的商品需求快速增长，居民消费结构将向着发展型、享受型升级。一国消费者可支配收入的增长意味着消费者购买力的增加、市场容量的扩大。以上这些信息从理论上来讲，对电影市场的进一步发展而言，是一个极好的消息。

针对我国消费者支出和消费结构的研究表明，虽然我国近年来恩格尔系数呈逐年下降趋势，但是消费者用于文化消费的总体支出还并不多，而其中用于电影产品消费的部分则更是少之又少。在中国经济连年增长、国家市场经济规模持续向好的宏观情况下，怎样抓住这个大好机会，通过对国家经济环境和经济发展形势的深入分析和预测，准确识别宏观经济环境可以给本企业带来的市场机会，制定正确的企业经营策略，深入挖掘中国电影市场所具有的巨大潜力，这是每个电影企业营销管理者都要考虑的首要问题。

3. 政治法律环境

电影企业的营销决策在很大程度上都要受到政治法律环境变化的影响，它既能够为电影企业的正当营销行为带来机会，又会在某些方面制约电影企业的发展。所谓政治环境，是指电影企业市场营销的所有外部政治形势，包括国内政治环境和国际政治环境两部分。

首先，国内政治环境是指电影企业所在国的政权、政局，政府的相关路线、方针、政策。电影企业在营销过程中必须要积极的把握一切可以利用的政治环境机会，在正当的企业经营过程中为己所用。例如，2003年6月29日，《内地与香港关于建立更紧密经贸关系的安排》（即CKPA协议）政策的签署与随后的实施，就给当时的不少电影企业带来了广阔的市场机会。在该协议中有四项条款涉及电影领域，包括对香港影片在内地配额问题的调整；对两地合拍片的定义规定和发行方式的改变，以及关于影院建设服务方面的新规定。当时一些有先见之明的电影企业马上就开始与香港电影公司进行密切接触并展开合作，从2004年到2006年，两地合拍片连续3年每年以增加几十亿元的票房速度发展，那些懂得利用时机、审时度势的电影公司都发现了该政策的市场潜力，并抢得先机，获得了可观的收益。

其次，国际政治环境是指政治权利或政治冲突，它们对电影企业经营和营销活动也会带来重大的影响。例如，对于美国电影的进口是我国一段时期内为弥补国内消费者对于电影产品的需求与国内优质电影产品生产不足的矛盾所采用的一项重要手段，但1999年5月，美国军机轰炸我国驻贝尔格莱德大使馆事件发生之后，我国政府向美国提出强烈的抗议，要求其必须严惩凶手并赔礼道歉，中美双方关系骤然紧张。而这一政治事件的发生随即就对中国电影市场产生了直接影响——美国的"进口分账大片"被全面禁映，直到5个月后双方关系逐渐恢复，"进口大片"才得以重返中国电影市场。

所谓电影市场的法律环境是指电影企业所在国家和地区制定的各种法令和法规，法律可以说是电影企业营销活动的"游戏规则"，它详细规定了电影企业的运作方式，限定了各种有效交易履行的方式，规定了交易各方的权利和义务，对电影企业的营销活动带来了制约、机会和影响。虽然目前我国的电影产业法规仍不够完善，但随着国家对文化产业的重视程度的不断加深，和2015年《中华人民共和国电影产业促进法(草案)》的出台，未来的电影市场将逐步规范，这为国内电影企业之间的竞争提供了更加公平的平台，也为国内与国外电影企业在中国市场上的竞争提供了更多保障。当然，当我国电影企业逐步迈向国际市场时，也要首先了解并遵循当地和国际的电影产业相关法律法规、经济立法、国家大法等，以确保最有效的竞争，规避各种政治风险和触犯法律的遭遇。

4. 科学技术环境

电影市场的科学技术环境是指电影企业所处的社会环境中的技术要素及与该要素直接相关的各种社会现象的集合。正所谓科学技术是第一生产力，回顾世界电影发展史，从无声到有声、从黑白到彩色、从胶片到数字，再到如今的3D、4D、IMAX等方式，电影产业的每一次重大转型和发展都离不开科学技术的推动。在电影逾百年的发展历程中，科技的更新与进步不断改变着电影的制作、发行、放映这一系列的传统流程，改变着电影消费者的观影习惯，同时也改变着电影企业的经营理念和营销方式。

以数字电影为例，随着数字技术的发展，数字电影已经实现了电影制作工艺、制作方式、发行及播映方式的全面数字化。它不再像传统电影那样以胶片为载体、以拷贝为发行方式，而代之以数字文件形式发行或通过网络、卫星连接传送到影院、家庭等终端用户。在数字化技术下，数字电影、数字电视、数字影院的出现，颠覆了原有的电影产业格局，对电影业传统的生产、经营产生巨大而深刻的变革，同时也从中孕育出崭新的市场经营观念和运作模式。

然而，在数字电影方兴未艾之际，随着3G时代的到来，网络技术的飞速发展，手机电影、网络电影已经开始探索自己的生存之道，电影正在经历着改头换面的成长与发展。也许在下个世纪，电影很可能没有胶片、没有影棚、没有放映机、没有影院，它将融入无线电视、网络电视、因特网、手机、电玩与多媒体之中。电影将从传统的"制作—发行—放映"的产业链条中解放出来，打破今天所有的营销理念，开创出一个电影历史的新纪元。

不可否认，科学技术是电影企业实现快速发展的强大动力，但它同时又是一柄"双刃剑"，一方面，它给企业带来了发展机遇；另一方面，技术的更新又必将导致社会需求结构发生变化，从而给某些电影企业甚至某个细分的电影产业(如传统的8.75毫米胶片电影退出历史舞台，以及16毫米胶片电影受到数字电影放映的巨大冲击)带来威胁。其实每一种新技术都是一种破坏性的创造，新技术的出现会无情地否定和颠覆原来的技术。如果一家电影企业不能与时俱进，调整经营思路和营销理念，固守传统过时的工艺，那么注定会遭受到失败。所以，电影企业要想取得成功，就必须积极预测科学技术的发展可能引起的后果和问题，以及可能带来的机遇和威胁，必须密切关注电影产业中各项新技术的发展状况及趋势，并结合企业特点及时调整企业目标、经营战略和营销理念。只有这样，才能在科技发展日新月异的今天，在激烈的市场竞争中立于不败之地。

5. 社会文化环境

社会文化环境主要指一个国家、地区的民族特征、价值观念、生活方式、风俗习惯、宗教信仰、伦理道德、教育水平、语言文字等的总和。社会文化环境是影响企业营销活动最复杂的因素，它对所有营销参与者的影响是多层次、全方位、渗透性的。各种文化、各种民族之间的差异以及这些差异给电影消费者带来的影响是巨大的，而这些影响多半又是通过间接的、潜移默化的方式来进行，是很难把握的。因此，无论是进行跨文化的国际市场营销还是跨民族、跨地区的国内市场营销,电影企业都应重视对社会文化环境的分析。在本节中,主要选取以下几个在社会文化环境中最重要的因素进行分析。

1) 教育程度

教育程度不仅影响电影消费者的收入水平,而且影响电影消费者对影片的鉴赏能力。不同教育程度的电影消费者对影片的题材、内容、宣传方式、促销方式以及放映形式等需求也是不同的。例如,低教育程度的消费者一般比较能够接受影像、语音类的宣传方式,而受教育程度较高的消费者则可能更加偏重文字类的宣传手段,从而达到在不过度增加宣传费用的前提下,多角度、更深入的宣传效果。这就要求电影企业的营销人员能够根据不同地区或国家电影消费者的整体教育水平,做好目标市场的细分,并采用因地制宜的营销宣传方式,制定灵活多样的影片营销策略去发行推广影片。

2) 宗教信仰

不同民族具有不同的宗教信仰,宗教信仰直接影响着人们的生活习惯、价值观念、礼仪、风俗、爱好等,从而影响着人们的消费行为。电影企业无论是拍摄还是发行一部影片,都要充分考虑影片内容或营销宣传方式是否有侵犯宗教禁忌之嫌疑。因为一旦惹来宗教问题,那么无论是影片的拍摄还是发行都会变得困难重重。在这个问题上,《达·芬奇密码》就是一个反面教材,这部影片由于部分内容涉及侵犯基督教和天主教的宗教尊严问题,遭到部分国家的宗教组织的强烈抗议,使得影片在全球热映之际,遭受到被强行撤片、停映的厄运,直接影响了影片的全球票房收入。

3) 文化与价值观念

所谓价值观念是指人们对社会生活中各种事物的态度和看法,而价值观念的形成又与社会文化有着紧密的关系。在不同的文化背景下,价值观念势必存在很大的差异,进而会影响消费需求和购买行为。

对于文化与价值观念的把握,电影企业在进行跨国、跨地区、跨文化营销时应该予以关注。在不同国家,人们的价值观念、审美取向都会存在非常大的差异,电影企业应该力求在了解对方国家传统价值观念的基础上进行影片的营销宣传,力求从影片的内容到所传达的文化内涵再到影片采用的营销方式都能与目标市场国的观众达成价值观上的统一,进而赢得理想的票房与良好的口碑。

在这方面上,我国的电影企业在近几年已经做出一定的探索和努力,逐渐形成"国际化"视野,在影片的制作、演员的选择等方面,在立足于本土差异化的基础上添加国际化元素,以迎合国外目标市场中观众的文化和价值观念,为影片海外发行奠定必要的基础。比如在2007年6月上映的影片《宝葫芦的秘密》,是中影集团与迪士尼公司携手打造而成的,影片为了能够打开美国市场,在基本遵从原著的基础上,加入不少鲜明的好莱坞元素:亲情、友情、冒险的主题在影片中被融为一体;"宝葫芦"更是由一个银发白须的老头变成了一个造型讨巧可爱的卡通形象。这种在故事情节和人物设置上的调整,充分考虑了美国观众的价值观念和审美取向,为影片的海外发行做好了必要的铺垫。同样,中国作为一个人口基数大国,其电影市场越来越受到国际电影企业的重视,近几年不断有中国明星在好莱坞大片中客串出演,例如,李冰冰参演了《变形金刚》《生化危机》等。也有一些国外电影把取景地选在中国,甚至一些中国传统故事被美国人重新解读并演绎,中国元素如功夫、旗袍等早就出现在国际银屏上。这些都是国外电影企业通过在电影作品中加入中国电影消费者熟悉的文化与价值观念元素来开拓、占领、瓜分中国市场的方式。

4) 消费习惯

几十年来,我国社会和经济环境发生了日新月异的变化,这些变化打破了许多传统的消费习俗。具体到电影市场,电影消费者在消费观念、消费习惯、消费倾向和消费方式等方面都表现出新型的心理特征和行为方式。

"档期"概念的出现和日趋成熟就是一个最好的例子。随着国家经济的发展,国内企业的经济效益普遍得到不同程度的增长,企业管理体制与经营方式也开始与国际企业接轨,于是,国内大部分企业开始给企业员工发起了绩效工资、年终奖,并在一些行业出现了员工带薪假期,以此作为员工福利。同时,随着国内年轻人对西方文化的逐渐接受,圣诞节、元旦、情人节等西方节日也得到了他们的认可和追捧。所以,每年的12月底到春节期间,"五一"黄金周、"十一"黄金周、暑假,电影消费者在这些时间段内有"钱"、有"闲"又有"情",自然而然地产生了电影娱乐消费的欲望,形成了电影消费的一种新型消费习俗。"年末贺岁档""暑期档"以及全年的两个黄金假期档逐渐成为每年电影消费的旺季。而电影企业也都先后看准了电影消费者在近年形成的这种新型消费习惯,纷纷使出浑身解数,把重头影片集中抢在这几大档期推出,以期在取得"天时"的条件下吸引最广泛的目标观众,取得高额的票房收入。

由此可见,电影企业的营销人员一定要密切关注电影消费者消费习惯的变化,通过对电影消费者消费习惯的研究和分析,抓住一切对影片推广有利的时机,对症下药,重拳出击,以达到企业的营销目标。

5) 受众偏好

由于社会文化等多方面的影响,消费者会在一定时期内、一定地域中产生共同的审美观念、生活方式、消费习惯和情趣爱好,从而导致社会需求的一致性,这就是所谓的受众偏好。可以说受众偏好这一因素对于电影企业的营销决策也具有重大的影响。例如,20世纪六七十年代中国流行革命、建国题材影片;20世纪80年代流行战争和爱情影片;而从20世纪90年代以后,娱乐性、商业性、时尚性以及具有黑色幽默性质,反映草根文化的电影类型又受到大众的推崇。

2007年,《不能说的秘密》作为一部投资不大的爱情文艺片,在"强手如云"的暑期档上映,并且一炮打响,上映两周就获得了2 600万元的票房佳绩,名列同期国产影片票房榜首。这就是片方主打迎合"受众偏好"这张王牌所带来的直接效果。影片的制作方和发行方抓住了众多80后粉丝追星的特殊偏好,以周杰伦导演处女作为噱头,将影片顺利送入2007年暑期档。而影片上映后的观众抽样调查数据显示,的确有近80%的观众就是冲着"周杰伦"这三个字走进影院的。自此以后,粉丝效应着实带火了不少在内容上颇具争议的电影的票房,可见受众的偏好会影响其消费行为,而消费行为又会直接作用于电影企业的经济效益。如何抓准受众偏好,有针对性地进行电影产品的生产、销售和营销,是所有电影企业都应该深入研究和探讨的课题。

6. 自然环境

自然环境主要是指电影企业营销者所需要的自然资源以及受电影营销活动影响的自然资源。电影营销活动的进行既要受到自然环境的影响，也要对自然环境的变化负有责任。

电影产业与大部分的第二产业相比对于环境的污染并不那么严重，但并不能因此不受到企业重视。大量拷贝的使用和销毁、无数燃烧汽油的发电车长时间运转来为摄像机和灯光提供电力……种种行为都是对自然环境的极大破坏。电影企业应考虑通过提高科技水平和环保意识来增加消费者认可度，提高企业信誉。

随着网络和手机的大量使用，一些电影拍摄地剧组破坏环境的行为被群众曝光，这严重影响了影片在受众心目中的好感度，同时也会影响影片前期的营销活动效果，模糊了宣传焦点，所以电影剧组也应特别把拍摄活动对拍摄地环境的破坏作为日常监督内容，避免任何直接或间接的因素影响电影营销效果。

人类只有一个地球，自然环境的破坏往往是不可弥补的，所以电影企业的运营和市场营销活动的开展都必须考虑自然环境的承受能力，实现可持续发展。电影企业的营销管理者不仅仅要倡导可持续发展的理念、呼吁对自然环境的保护，还应该身体力行地在拟定的电影营销战略中充分考虑绿色营销、生态营销的实施，以维护全社会、全人类的长期福利，获得长远发展。

11.2.2 电影市场的微观环境

电影市场的微观环境是电影企业生存与发展的具体环境，是指那些能够比较直接地影响电影企业实现营销目标的各种因素，包括行业协作者、行业竞争者、电影消费者、社会公众以及电影企业自身(见图11-3)。

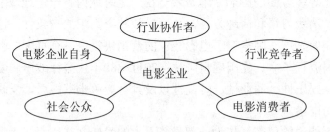

图11-3 电影市场微观环境构成因素

电影企业的市场营销不是单靠发行部门或宣传部门就可以完成的，企业营销目标和任务的完成依赖于电影市场微观环境中的各个要素。所以，电影市场的微观环境可以说是决定电影企业生存与发展的基本环境，值得所有电影企业的营销管理者进行深入的分析和研究。

1. 行业协作者

所谓电影企业的行业协作者，是指在电影市场中为了得到共同的社会效益或经济效益，而在电影的制作、发行、放映和市场营销过程中与电影企业进行经济合作的经济组织。行业协作者既包括"供应商"——为电影企业提供生产经营所需的各类资源的企业或个人，他们为电影企业提供拍摄设备、耗材、劳务、技术、创意、信息、能源、环境等其他物质性和非物质性资源；也包括"中间商"——协助电影企业进行电影产品的制作、发行、放映、销售、营销、促销以及提供相关财务服务的经济组织，如发行公司、院线公司、营销调研公司、广告公司等。

由此可见，电影企业的行业协作者就是那些与电影企业同时存在于电影产业链上不同环节中的各种经济组织。它们在企业职能、市场运作上与电影企业具有资源的优势互补性。比如，对于北京华星国际影城来说，中影星美院线、中影集团公司就是其典型的行业协作者。

作为电影企业的营销管理者不仅仅需要了解其行业协作者的含义和重要性，更重要的是要对这些行业协作者的各项企业状况进行研究、对比，从中选择最适于与本企业进行优势互补的合作者，最大限度地创造电影产业价值链的最大效益，以实现"双赢"或"多赢"。

对于位于电影产业链上不同环节的电影企业来说，它们与行业协作者之间只有通过相互的了解、研究、选择、沟通和配合才可能最大限度地挖掘电影市场的最大潜能，实现各企业的营销目标。比如，电影的发行商和放映商，两者的商业动机往往各不相同，发行商的主要目标是使每一部影片都能找到理想的市场(无论影片好坏)，而放映商只愿意上映那些上座率高且放映周期比较长的影片。如果双方能够通过友好的沟通和协商达成这样的协议，放映商同意放映某部预期不佳的影片，发行商则主动开出比较优惠的合同条件并且承诺以后把好的影片尽量优先给该影院，那么双方就能在沟通合作的基础上达到双赢的效果。同样，对于电影院线公司而言，院线公司与其行业协作者——电影发行方、旗下影院之间也需要经常进行及时有效的沟通，做好彼此间业务工作的配合。电影企业的营销管理人员一定要加强企业与行业协作者之间的协调和沟通工作，一定要注意与行业协作者之间的关系共建与维护。只有这样，才能最终达到多方共赢的效果，才能最大限度地整合和创造整条电影产业链的综合效益。

2. 行业竞争者

任何电影企业都不可能独占市场，无论是在行业内部或外部都会面对形形色色的竞争对手。具体说来，电影企业的行业竞争者是指在竞争性的市场上，与电影企业争夺市场份额、威胁电影企业的经济利益和资源获得的经济组织或个人。它一般可以分为以下两类：同业竞争者和关联竞争者。

所谓电影企业的同业竞争者，是指那些与电影企业处于同一电影流通环节上的，可以提供同一电影产品服务或同类电影产品服务的经营者。例如，在电影制作领域的保利博纳和华谊兄弟；在电影发行领域的中影和华影；在电影放映领域的北京华星国际影城和北京金逸国际影城等。

而电影企业的关联竞争者是指那些在市场上通过提供不同的产品和服务(或产品和服务的替代品)，带给消费者同类需求满足的相关行业经营者。例如，相对于传统的在影院放映的电影而言，电视台的电视连续剧、网络上的动漫和视频短片、剧院里上演的话剧和歌剧也都可以作为它的替代品，带给观众同样的在文化娱乐需求上的满足。其实，从广义上讲，每一种新的文化娱乐形态的出现，都可以看做电影替代品的出现。但由于文化娱乐形态变化的特殊性，新型文化娱乐形态的出现并不意味着电影的消亡，它只是阶段性地替代了部分电影观众的注意力。

根据波特竞争理论"一家公司要想争取到成功，就必须比竞争对手做得更好，让顾客更加满意"，任何一家电影企业要想成功，就必须加强对其行业竞争者的研究，了解对本企业形成威胁的主要竞争对手及其策略；就必须在满足消费者需要和欲望方面做得比竞争对手更好。只有这样，才能在消费者心目中产生有效的企业产品定位，才能获取战略上的优势。其实，从某种意义上说，也正是这种与行业竞争者之间形成的良性竞争和互动，不断激发着电影企业的无限生机与活力，不断推动着中国电影市场的繁荣和发展。

当然，电影企业与其行业竞争者之间，除了存在这种良性竞争关系外，也可以发展出一种共存性的合作关系。对于电影企业和其同业竞争者来说，由于它们处于相同的电影流通环节之中，它们之间的相互合作，往往可以极大地增强双方在此类市场中的竞争力。例如，2005年新影联院线公司针对自从院线制实行以来，多条院线存在于同一地区，竞争在所难免，但恶性竞争必然导致院线公司两败俱伤的市场情况，通过与其他院线公司的沟通，出台了30多部票价文件，协调了院线与院线之间、影院与影院之间的关系，杜绝了恶性竞争的出现，从而保证了众多院线公司的利益。

而对于电影企业和其关联竞争者而言，它们之间由于媒介形态的差异，必然会导致两者在内容、渠道、服务以及营销方式上的差异互补性，这种互补性进而又会促成双方产生合作意向。现如今，无论是书刊、电视这样的传统媒体，还是网络、手机这些新媒体，电影与之携手合作，进行互动之举随处可见。以电影企业与网络服务商的合作为例，虽然网络的普及与发展在一定程度上造成了对电影观众的分流，使其成为电影企业的关联竞争者，但当电影企业与网络服务商联合起来的时候，这两种"水火不容"的媒介形态却又神奇地达到"双赢"的效果。一方面，网络作为电影的媒体合作伙伴，可以成为其进行影片宣传和营销的首选媒介平台；另一方面，电影又以内容提供商的身份为网络提供拍摄花絮、电影剧照、剧情连载、明星访谈等节目内容，帮助网站提高流量和点击率，培养关联性用户群，增加其对广告商的吸引力。可见，电影与网络服务商通过深度合作，可以轻松地实现利益共享。例如，新浪网在其网站的娱乐频道专门设立了电影栏目，全天24小时跟踪报道各类电影资讯，并密切与国内各大电影制片、发行公司合作，成为众多国产影片的官方网站。此外，风靡全球的《哈利·波特》系列电影和图书的互利合作也是一例最好的证明。

总之，电影企业应该充分重视对行业竞争者的研究与分析，再与之进行良性竞争，在保有自己企业市场份额的同时，也要抓住市场机会与之合作，达到共谋发展的目标。

3. 电影消费者

电影消费者作为电影企业的目标市场、服务对象和企业进行营销活动的根本出发点和归宿，可以说是电影企业最重要的环境因素。在当今的电影市场中，电影消费者可以分为两类：现实电影消费者和潜在电影消费者。电影企业的营销管理者不仅仅要重视对现实电影消费者需求的满足，同时也应该深入挖掘潜在电影消费者的消费能力，为电影企业开拓更大的市场空间。例如，在"六一"儿童节档期，影院就可以采用出售家庭套票等优惠方式，在"小手拉大手"的营销理念下，将潜在的电影消费者——成人观众也"顺便"拉进电影院进行消费。

总之，电影企业的营销人员应该在重点研究电影消费者的年龄结构、性别构成、家庭结构、消费能力、观影习惯、消费特点、地区分布等因素的基础上，通过制定到位的营销宣传策略和具有吸引力的促销手段，激发电影消费者的消费欲望。

在电影市场已经由卖方市场转变为买方市场的今天，电影消费者可以自由地选择多种媒体娱乐形式，更可以自由地选择影片。于是，电影消费者对影片内容、形式、质量和服务等方面的要求也变得越来越挑剔。因而，一名合格的电影企业营销者必须认真地研究、分析电影消费者的需求、特征差异及其变化情况，应该时刻都以满足现实电影消费者的有效需要、最大限度地开发潜在电影消费者的消费市场为营销目标，制定营销策略，展开营销活动。

4. 社会公众

社会公众是指除了电影企业行业协作者、竞争者、电影消费者以外的，对电影企业的经营、营销目标的实现有实际或潜在利害关系和影响力的团体或个人。主要包括以下几个组成部分。

1) 融资公众

融资公众是指影响电影企业融资能力的各种金融机构，如银行、投资公司、证券经纪公司、保险公司等。电影业是一项"烧钱"的行业，大量的资金是电影企业生存和运作的最基本的物质基础。同时，随着国家对电影行业融资政策的逐步放开，民间资本和海外资本都可以独资或合作的方式逐渐涉足我国电影行业。所以，电影企业维系与各大金融机构、企业财团的关系就变得越来越重要了。

2005年7月，深圳发展银行以版权抵押的方式为影片《夜宴》提供了5 000万元人民币的银行授信，这也是国内银行第一次为电影项目提供贷款。中国电影企业的投融资也越来越多地借鉴好莱坞先进的投融资理念，如张艺谋执导的大片《满城尽带黄金甲》聘请了专业律师，并请到美国知名电影融资保险公司担任其影片完成保证人，以此获得了香港渣打银行约为1 000万美元的金融资本支持。在近几年的中国电影市场中，电影企业与融资公众联手的案例更是比比皆是。

电影企业也逐渐通过展示公司业绩(拍摄或发行过在票房上大获成功的影片)、签约具有品牌影响力的导演或演员、发布乐观的年度财务报告等方式，在融资公众中树立电影企业的信誉，进而得到它们的支持和扶植。

2) 媒介公众

媒介公众主要是指报纸、杂志、广播电台和电视台等大众传播媒体。电影企业必须与媒体组织建立友善关系，争取有更多、更好的有利于本企业的新闻报道、特写以至社论。

除了传统的媒体探班、剧组参加综艺节目宣传、广播赠票、杂志专访等形式，利用微博对电影的全过程进行实时宣传成为现今越来越多电影企业选择的方式。因为它的便利性、低成本性，可以对电影从筹备开始的每一个步骤，直至电影上映进行不同角度的营销轰炸。另外，基于此种方式的针对性，可以更直接地锁定潜在消费群体，通过电影导演、参演明星等微博划定电影的首轮营销目标，在此基础上进行辐射，达到更广的营销效果。

3) 政府公众

政府公众是指负责管理企业营销业务的有关政府机构。任何行业的任何企业都应特别重视与政府公众关系的建立与维护，尤其是具有强烈意识形态特征的电影企业更应如此。电影企业应该与政府部门多进行各种交流和沟通，及时捕获政府部门相关影视新政策即将出台的最新信息，最好可以成为政府各项新政策的首选试行企业，以求得在同行业内抢占先机。在这一点上，华谊兄弟为我们做了很好的榜样。华谊兄弟一直秉承与政府密切合作的方针，争取成为政府所出台的各项新政策的"试验田"。仅2003年一年，华谊兄弟就一举拿下了《电影影片拍摄许可证》(单片)、《合拍电影片拍摄许可证》《电影片发行拍摄许可证》等5张许可证，成功获得市场发展先机。而上海联合院线也是凭借和政府保持良好的合作关系，获得了对二级市场和中小学生爱国主义教育影片市场这两大市场较强的控制能力，有效地提高了其市场占有率。在2005年，该院线更是响应政府的号召，推出了"阳光卡"，使得观影人次大幅提升。

当然，电影企业除了要注意和政府机构建立和维护好关系以外，还应该认真学习、全面领会政府机关所制定的各项管理条例，在制定企业发展战略与营销计划时，必须和政府的发展计划、产业政策、法律法规保持一致。同时需要具有能够灵活运用法律法规的能力，在法律政策许可的前提条件下，发现和利用市场机会，争取得到政府机构的辅助。例如，作为一家电影制作公司，如果所拍摄的影片可以从题材上被纳入农村题材或儿童题材影片的类型中，那么就可以向国家申请相应的资助，这样就可以大大减轻影片的资金压力。

4) 社团公众

社团包括保护消费者权益的组织、环保组织、行业协会及其他社会群众团体。一部影片如果可以得到某个社团组织的认可或推荐，那么影片就更容易在市场中获得成功；同样，如果一部影片遭到某个社团组织的抵制和抗议，那么该影片的销售将会受到严重影响。

例如，于2007年7月上映的《南京》也是一个在影片营销过程中很好地利用了社团公众力量的案例。在2007年的暑期档期，中国电影发行协会、中国电影制片人协会和中国城市影院发展协会联名向社会发出了一封倡议书，倡议书中要求各院线公司、电影发行公司、城市影院及广大放映单位在7月20日至8月31日期间，安排好能够弘扬民族精神、反映青春年华的乐观向上的影片，以及弘扬爱国主义精神的军事题材影片的展映工作。而《南京》这部反映南京大屠杀的纪录性影片，巧妙地选取了在中国军民奋起抵抗日本侵略者入侵70周年的日子，也就是"七七"卢沟桥事变70周年纪念日在中国正式发行。影片虽然身处强手如林的暑期档，前有《变形金刚》，后有《哈利·波特与凤凰社》等"重磅级"商业片，但因为影片的爱国主义题材特点得到了电影行业协会的特殊"照顾"，不但获得了不少企业的包场票房，而且众多影院更是紧随协会"号召"纷纷表示"不管出现任何问题，都会保证纪录片《南京》的排映，绝对不会出现《南京》撤片的现象"。《南京》的发行公司就是这样很巧妙地利用了社团公众的作用，有效延长了影片的生命周期，增加了影片票房收入。

可见，社团公众对电影企业开展营销工作具有重大的影响作用，所有电影公司的营销管理人员都应该在进行影片的营销策划的时候，充分考虑这部分社会力量对影片所能产生的强大影响。

5) 社区公众

所谓社区公众是指电影企业所在地邻近的居民和社区组织。电影企业必须重视保持与当地公众的良好关系，积极支持社区的重大活动，为社区的发展贡献力量，争取社区公众能够理解和支持电影企业所进行的营销活动。

总之，电影企业面对的社会公众的态度，既可能协助企业营销活动的开展，又可能妨碍企业营销活动的进行；既可能塑造和提升电影企业的公共形象，也有可能会损害企业的公共形象。所以，电影企业必须采取积极措施，树立良好的企业形象，力求保持和社会公众之间的良好关系。

5. 电影企业自身

即使面临相同的外部环境，不同电影企业开展的营销活动所取得的效果往往也并不一样，这是因为它们具有不同的企业自身环境。电影企业自身环境对于企业市场营销活动的开展具有重要的影响。

所谓电影企业自身环境是指电影企业在生产经营过程中的各种要素的组合，既包括资金、设备、厂房这些"硬件"部分，又包括企业经营管理者的组织管理水平、企业的经营管理体制、企业员工的技能和素质、企业文化等"软件"部分。具体而言，电影企业自身环境是电影企业的生产制作能力、营销能力、经营管理能力、资源状况以及企业文化的综合。

通过对电影企业自身环境的研究，可以帮助企业客观、全面地对自身的优势和劣势做出判断，有助于企业竞争力的增强，也有助于企业营销策略的制定和营销活动的顺利开展。

11.3 电影消费者消费心理分析

电影企业开展市场营销活动的宗旨就是满足电影消费者的需要。分析电影消费者，剖析消费者的心理，研究消费者行为，进而了解电影消费者的需要。电影企业应该在这个基础上，秉承"受众需要什么，我生产什么"的营销理念去制定电影企业的经营战略和电影产品的营销策略。

11.3.1 电影消费者的需求分析

电影消费者由于受到诸多主观或客观因素的影响，以及不断接收的来自内在和外在的消费刺激，使得他们对电影产品的需求往往存在着明显的差异。这种差异性的存在是客观的并且是不能被否定的，但是通过观察与分析，我们还是可以从电影消费者的需求中总结出一些具有规律性的特征。总体说来，电影消费者的需求呈现出以下一些鲜明的特征。

1) 多样性

电影消费者受到年龄、地域、性别、语言、文化、职业、收入、教育程度和市场环境等多种因素的影响而具有不同的消费需求，他们对电影产品的形态、类型、质量、价格、服务等方面的要求千差万别。例如，男性观众更喜欢题材冷峻的影片，如动作片、武术片和恐怖片；而女性观众则更容易接受题材比较温暖的影片，如爱情片、喜剧片和动画片。中低学历的观众喜欢喜剧片；而高学历的观众则更希望看有一定深度的文艺片等。

电影企业应该在认识到电影消费者需求多样性的基础上，对电影消费者进行细分，根据不同细分市场的差异，注重电影产品在开发、生产、销售、营销和服务上的差异化，以满足电影消费者不同的市场需要。例如，目前我国电影放映市场中所倡导的多厅影院建设，就是电影放映商为了能够最大限度地满足电影观众的多样性观影需求而实行的一项经营举措。多厅影院使电影放映商可以在同一时间排映更多类型、更多风格的影片，从而更好地满足不同年龄、性别、文化程度的电影观众的不同需求。

2) 可诱导性

如今当你步入任何一家影院，扑面而来的就是那些摆放在影院大厅中的巨幅影片宣传海报、展架、立牌以及液晶屏上滚动播放的影片花絮，而观众们则三三两两地驻足于此，通过对这些影片宣传品所传达的影片信息进行比较和评价，来选择到底要看哪部影片。这种现象充分说明了一个问题，那就是电影消费者的消费需求具有可诱导性。针对电影消费者的这一需求特征，电影企业应该重视对电影产品的广告宣传，通过运用各种宣传手段和营销策略向消费者传播企业、产品和服务信息，引导电影消费者对电影产品产生购买欲望，从而将更多的潜在电影消费者转变为现实消费者，最大限度地扩展企业的市场容量。

例如，2013年上映的电影《富春山居图》推出市场后在各大影评网站上的评分均偏低，首批观影的网友们也没有口下留情，对影片进行了各种吐槽，但电影票房却没有因此受到影响。原因在于借助这种舆论影响力，营销方(在不暴露身份的前提下)与网友在网络上展开了一场关于影片可看度的辩论，最终产生的营销效果是让更多的人好奇这部有争议的影片到底是什么样的，进而买票进入影院观影。可以说这样的神奇效果也许并不如制片方的预期，但对于投资方来说也算是令人满意了。

同时，电影企业还可以针对本企业电影产品所具有的优势或特性着重进行宣传，打出"求新求异"的宣传王牌，引导消费者需求的变化和转移，创造新的消费需求，变被动迎合电影消费者需求为主动创造和引领消费者需求。

3) 流行性

根据市场营销学的基本理论，我们可以知道消费者需求具有求新求异的特性，而电影作为一种时尚类的娱乐消费活动，电影消费者的需求则更能突出体现这一特性。随着电影企业竞争的加剧和各类电影产品供应的丰富，电影消费者对电影产品的挑选性越来越强，消费风潮的变化速度也越来越快。从古装武侠热到青春记忆题材火爆，从宽银幕到IMAX，从影院到家庭影院再到视频点播和网络播放，在一段时期内，电影消费者对某种类型、风格、拍摄方式或存在形式的电影产品的共同偏好形成了这一时段的消费流行风潮。针对流行风潮变化速度的加快、电影产品流行周期的缩短，电影企业在感叹电影市场千变万化、难以把握的时候，更应该做的是充分重视对电影消费者需求流行性的关注和研究，不断地在产品生产和市场营销手段上进行创新，以求得能够主动地创造流行、引导流行，走在电影消费者之前。

4) 发展性

电影产业自诞生之日起，就与科学技术有一种骨血相连的天然联系。社会生产力的不断发展和科学技术的不断进步，使得电影产品不断地推陈出新，在百余年的时间内经历着从无声到有声、从黑白到彩色、从胶片到数字的一系列蜕变。同时，随着消费者生活水平的不断提高，消费观念的逐渐更新，电影消费者对电影产品、服务的需求也不断发生变化，它基本沿袭着从低级到高级、从简单到复杂、从少量到多量、从粗糙到精细的发展趋势。这种规律性导致在某一时段中风靡一时的电影产品或消费方式，随着时间的推移渐渐地变得无人问津了。根据国外媒体的报道，自20世纪80年代起，数字电影时代到来的呼声就一直不绝于耳，到了2007年，美国有2 500座影院(近2万块银幕)的胶片电影放映机正式退役下岗，取而代之的是2K数字放映机。到2008年，美国大部分影院都实现"胶转数"，胶片电影放映机成为历史，美国所有影院实现全面数字化放映。可见，科技的进步性和电影消费者需求的发展性是不可能被任何力量所阻挡和改变的，电影企业应该在认识到消费者需求具有发展性这一特质的基础上，依据消费者需求的发展趋势不断更新电影产品和服务，使电影企业的发展能够跟上消费者需求的发展节奏和步伐。

在这里特别强调一点：电影消费者需求的这种"发展性"与上述的"流行性"虽然都说明了电影消费者需求的变化，但是两者存在着本质的区别。"流行性"所反映的是电影消费者一种心理的变化，它与科技的发展没有必然联系，它说明的仅仅是变化的一种偶然性和短期性现象；而电影消费者需求的"发展性"则是一种与科学技术密切相关的变化，它说明的是变化的必然性和长期性趋势。读者在此应该注意对两者进行区别。

5) 伸缩性

电影产品从来都不是人们的生活必需品，它是一种需求价格弹性和需求收入弹性都比较高的娱乐消费品。根据电影产品的这一属性，电影消费者需求会在很大程度上受到消费者收入、存储利率、产品价格、广告宣传程度、销售服务水平等诸多因素的影响，表现出很大的伸缩性。例如，影片的正版视频，如果其价格定得过高(价格因素)或上市时间过晚(服务因素)，可能就会导致一些消费者对其望而却步，进而放弃了对电影产品的消费，转而投向盗版视频的怀抱。这不仅会给电影企业带来经济效益上的损失，而且不利于电影市场的长远发展。

通过了解消费者需求所具有的这种伸缩性特征，电影企业应该注意研究影响消费者需求变化的这些因素,并根据这些因素的变化及时调整电影产品和服务的价格、结构以及市场供应数量和方式,求得电影企业和电影市场的共同、快速、健康发展。

6) 替代性

随着人们生活水平的不断提高,消费者在满足了基本物质需求的基础上,对精神娱乐产品的需求呈现上涨之势。但是在娱乐休闲产品种类繁多的今天,消费者对于娱乐产品的选择具有很大的空间。他们在个人购买力有限的约束下,经常会根据个人实际需求和产品情况,在不同类型、不同品牌、不同形式、不同特点的电影产品之间,甚至是在电影产品与其他不同种类的娱乐消费产品之间频繁地进行消费变换,在其消费需求方面显示出极强的产品替代性。

除了上述特征以外,电影消费者需求还呈现出季节性、地域性、便利性和连带性等特征。电影企业应该认真研究和掌握这些消费者的需求特征,并以此作为制定企业发展战略和营销策略的基本依据,从而更有针对性地满足电影消费者需求,提高电影企业的市场竞争力。

11.3.2 电影消费者的消费动机分析

所谓消费动机,是指人们进行消费活动的愿望和理想,是人们进行消费活动的驱动力。众所周知,人类各项活动的驱动力都来自各种心理动机,电影消费者的消费行为同样也来自消费动机。

电影消费者的消费行为从表面来看,是一个丰富的动作表象,而实际上它却是一个复杂的心理活动过程。对电影消费者的消费动机的研究在整个消费者行为研究中占有非常重要的地位。对于电影企业的经营管理者来说,只有对电影消费者的消费动机进行深入研究,才可能切实做到"投消费者之所好",去生产电影产品、有针对性地宣传和销售电影产品,也才可能真正实现以消费者为中心的市场营销学观念。

尽管电影消费者的消费动机多种多样,但是根据消费目的的不同,可以把电影消费者的消费动机划分为以下几种类型。

1) 娱乐动机

电影消费者之所以选择电影产品进行消费,主要是希望能够通过对电影产品的消费,达到愉悦精神、放松身心、解除疲劳的目的。"娱乐"可以说是电影消费者最主要的一大消费动机。所以,电影企业在生产制作影片的时候应该充分考虑电影消费者的娱乐动机,既不能把电影变为枯燥刻板的教化工具,也不能过分"恶搞"拍摄低级庸俗的影片,达到所谓的"娱乐目的"。广大电影消费者所追求的"娱乐"是一种积极的、健康的、向上的娱乐,是一种在轻松与休闲中可以得到启发和教育的"娱乐"。

除了应在电影产品的内容上满足消费者的娱乐动机外,电影企业的管理者还应该意识到现代电影消费者所追求的已经不再单单是对产品内容的娱乐需求,还包括伴随其购买行为所带来的休闲、餐饮、购物等一系列综合的娱乐休闲享受。所以电影企业还应该从消费者所追求的这方面娱乐动机考虑,从影院的地理布局、设施水平、服务理念多方位进行完善，对影院与商业广场进行物业形态上的结合，如星美国际影城与北京世纪金源 SHOPPING MALL的结合，北京金逸国际影城与中关村商圈的结合等。电影企业应该力争将电影产品消费——这种单一的"消费节目"拓展为电影、餐饮、购物、娱乐、休闲"一条龙"式的消费组合互动形式，提供给电影消费者更大的娱乐满足感，全方位地满足其娱乐动机。

2) 求知动机

从广义上来说，电影与广播、电视、报纸、杂志等媒体行业并列归属于文化行业之中，同样也属于一种信息传播媒介。所以从电影产品中获取信息和知识，也是电影消费者的一大消费动机。例如，电影观众可以通过《南京》进一步了解日寇在南京进行大屠杀的那段真实历史；可以通过《帝企鹅日记》了解企鹅的生活习性；可以通过《华氏911》和《女王》这类具有纪实风格的影片，了解美、英等国政治事件、皇室斗争的内幕；此外，观看《撞车》《断背山》这类以另类文化为题材的影片，也可以引发我们对种族歧视、同性恋文化等社会敏感话题的思索。可见，电影消费者可以通过电影去了解一个国家、一个地区或是一个民族的风土人情和生活状态；可以通过电影去了解历史、自然、科学、宗教、文化等各类知识；还可以通过电影学会人情世故、家庭伦理以及为人处世之道。

3) 从众动机

电影消费者的从众动机是一种随机性的消费动机，它在电影产品的消费过程中经常出现。例如，2015年上映的电影《夏洛特烦恼》的主创团队第一次涉足电影行业，在影片的拍摄过程中由于很多人对他们并不了解而拒绝与之合作(电影中的明星及使用的音乐)。但影片上映之后，"你看《夏洛特烦恼》了吗"成为朋友之间的问候语。周围的同事、朋友、亲戚和邻居都纷纷去看了这部影片，回来后纷纷加入讨论，这部电影一时间成为办公室或朋友聚会上的共同话题，为了避免脱离社会大众的舆论环境，大批的电影观众就在"别人都看了，那我也去看看吧"的意识指引下走进了电影院。同时一些明星在并不熟悉电影团队的前提下，因为电影本身的可看性也纷纷发微博"安利"这部片子，使《夏洛特烦恼》又创造了一次票房奇迹。

上述典型事例反映出电影消费者的从众动机，消费者会出于从众目的，去模仿或跟随其他消费者进行消费活动。而电影消费者的这种从众动机对于电影企业而言，绝对称得上是一个重大利好。这意味着，在电影消费者的消费动机中存在着这样一种企业可控因素。电影企业的营销人员应该充分重视和利用消费者的这种消费动机，在推出一部影片的时候进行大规模、有计划、周期性的营销宣传活动，同时加强对前期观众口碑的培养，把影片变成消费者讨论的热门话题，尽量为影片创造一个"热映"的消费环境，让一批观众带动、促使另一批观众走进电影院，这样必然可以提升影片的票房。

4) 宣泄动机

20世纪20年代中期，法国先锋派电影理论家把弗洛伊德的精神分析理论运用到电影理论的研究中来，他们指出："电影可以使人在幻想中满足自己的欲望，使人在现实生活中受到压抑的情感和情绪得到宣泄。"的确，根据弗洛伊德的精神分析理论，"每个人的头脑中都具有除了意识以外的潜意识"，而存在的这种潜意识往往由于受到主、客观条件的制约，无法在现实生活中进行宣泄和释放，比如偷窥欲、破坏欲、攻击欲和情感欲等。而电影则可以让电影消费者把蕴藏在自己的潜意识中的种种欲望和情绪投射到影片主人公的身上，进而在幻想中得到宣泄。例如，许多电影观众通过看动作片来宣泄自己的攻击欲；通过看爱情片来释放情感欲；通过观看喜剧片去寻求心灵的放松和满足感。从某种意义上来说，电影产品成为电影消费者满足自己各种欲望的对象，电影消费者通过对电影产品的消费来宣泄自己的情绪或欲望，以得到心理的满足。

5) 社交动机

消费者作为一个社会人，在潜意识中都具有社交需求，而电影院则是一个很好的社交场所。年轻情侣、三五好友、一家三口都会把去影院消费作为社交出行的重要选择。中国电影家协会产业研究中心在2006年底所做的"2006年贺岁档"电影观众调查报告显示(见图11-4)，喜欢独自看电影的电影消费者只占到总体消费者(有效样本数为998人次)的10.3%。

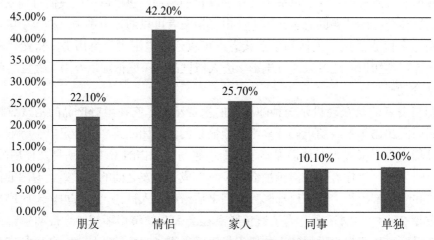

图11-4 "2006年贺岁档"观众观影方式分析

在现代社会中，亲朋好友可以通过消费电影产品而共同分享电影带来的美好感受，可以就共同话题展开讨论，进行精神上的沟通与交流，以达到社交目的。此外，在日常生活中。电影也常常成为人们的日常话题，陌生人之间、朋友之间、同事之间可以电影作为谈资，交换信息，互相了解。随着消费者消费理念和生活习惯的改变，满足社交需求已经成为当今电影消费者实施消费行为的又一重要动机。

6) 品牌崇拜动机

所谓品牌崇拜动机，是指电影消费者基于对某类影片、某位导演、某个明星或某部已经树立起品牌形象的影片(即"续集效应")的崇拜或认可，而进行的一种习惯性的电影消费行为。电影消费者出于这种消费动机而进行电影消费的例子在日常生活中可谓比比皆是。例如，某位观众欣赏陈凯歌导演的"艺术电影"风格，对该导演逐渐形成了消费忠诚度，只要是陈凯歌执导的影片都会去影院观看；又如，某位观众从"哈利·波特"系列电影的第一集开始追看，从《哈利·波特与魔法石》《哈利·波特与密室》一直到《哈利·波特与凤凰社》，一路走来对影片的人物关系、剧情脉络都了如指掌，慢慢对该片的品牌产生了信任感和认同感，成为一个典型的"哈迷"，到最后只要是"哈利·波特"系列电影上映,他都会毫不犹豫地在第一时间买票观看。

目前,消费者的这种品牌崇拜动机已经被电影企业广泛、灵活地应用在影片市场运作的各个方面。例如,电影企业经常会考虑启用某位导演或影星,用以吸引一些品牌崇拜者的注意,进而通过"粉丝团"的大力支持来拉升影片的票房和衍生产品销售。其实电影企业的这种行为和意识,从某种意义上来说标志着我国电影营销市场和营销理念已经日益成熟起来。

在现代社会经济高度发展的今天,电影企业应该认识到消费者的消费行为很少只受一两个因素的影响,它往往是多种因素共同作用的结果。对于电影产品,这种并非生活所必需的消费品的营销,电影企业的营销人员更有必要从更深、更广、更全面的角度对消费者的消费行为和消费心理进行分析,以便能够指导电影企业根据消费者的不同消费动机更有针对性地进行电影产品的营销宣传活动,从而达到准确把握电影市场、最大限度地激发电影消费者的消费欲望的营销目的。

11.4 电影产品的营销宣传策略

所谓电影营销宣传,其实就是指电影企业联合各种媒介、企业力量,合理设计影片的宣传促销活动,力争以最小的成本投入,实现对目标市场最有效的信息传播,打造影片知名度,促使消费者了解影片,并激发其观影行为的一种电影市场营销策略。观众需要通过片方的宣传来了解影片,决定最终的消费行为,而电影制片方也需要通过电影营销宣传策略向社会公众传达影片信息,为影片上映宣传造势,达到吸引观众、提升票房的目的。目前,电影市场中比较常见的电影营销宣传策略有以下几种。

11.4.1 事件营销策略

所谓事件营销是指电影发行方为了炒作影片,吸引新闻媒介报道并扩散自身所希望传播的影片相关信息而专门策划的一系列新闻热点事件和公关活动,是一种最为主动、有效且成本低廉的电影宣传方式。一般来说,事件营销与广告和其他传播活动相比,总是能够以最快的速度,在最短的时间内创造出最大化的影响力,而这也正是目前众多电影发行公司热衷于开展事件营销的原因之所在。

其实,事件营销方式的最大优势就是不易受到影片类型和成本的限制,无论是商业娱乐大片还是低成本电影,发行方都可以根据影片的类型和特点选择最适合自己的"新闻事件"进行曝光,既可以是关于影片拍摄过程中的事件炒作,如选角风波、换角风云、主演受伤、海报出炉、剧照曝光等,也可以是明星私生活的爆料,电影首映、巡映或公益活动的报道,还可以是关于影片冲击某项国际电影节奖项的炒作、影片版权纠纷、打击盗版、维权追踪等,具有极强的灵活性,是目前电影市场中各种类型影片经常使用的一种营销宣传策略。

但是,"从伟大到可笑,往往都只有一步之遥",事件营销也是如此。如果运作得当,那么事件营销的确可以为电影制片方和发行方带来预想不到的收益;而如果运作不好,那么回报不成反而砸了自己电影招牌的案例也不在少数。例如,2015年上映的影片《王朝的女人:杨贵妃》在电影前期宣传片段曝光后引来了网络热议,但由于片段内容过于低俗化致使该影片上映时不得不按广电总局要求删减了博人眼球的部分画面。可见,事件营销的风险性相对常规营销手段可能还要更大一点。因此,在开展事件营销时,电影发行方不能只考虑事件的轰动效应,还需要在具体操作中注意以下几个问题。

(1) 无论是制造新闻还是炒作事件都不能毫无节制、无中生有地胡乱编造新闻、绯闻。电影发行方应该有意识地选取一些与影片具有一定内在关联性,与电影实际内涵密切相关并且有利于提升影片品牌形象的"突发"事件来吸引各种新闻媒介广为传播、连续报道,一定要对"事件"内容的选择负责,而不是简单地挂个事件营销的帽子就万事大吉了。

(2) 在制造新闻事件的时候,电影制片方和发行方需要时刻保有一种真实、公正、健康的电影宣传道德,决不能不负责任地欺骗观众,必须要以"既能吸引观众注意又不损害社会公众利益、不超越法律界限"为自己开展事件营销活动的基本底线。

(3) 随着事件营销的广泛运用,社会公众和媒体对曝光事件的审视眼光也节节升高,而这就注定了事件营销不允许循规蹈矩现象的发生,因为再稀奇的事件,如果反复上演、重复炒作,也就不具有引人瞩目效应了。例如,有观众把一些明星恋情的曝光戏称"有一种恋情叫做宣传期的恋情",以讽刺电影营销中"特殊事件"的重复上演。因此,电影制片方和发行方一定要学会打破传统,想别人所未想,做别人所未做,出奇制胜,必须要遵循"新、奇、好"的原则来制定电影事件营销策略。具体来说,所谓"新"是指所制造的事件新闻的内容要新,甚至是独一无二的事情;"奇"是指事件新闻的形式要奇,即能吸引消费者的超越常规做法;而"好"则是指事件新闻的效果要好,即指事件本身要具有一定的典型性,并且事件的报道能引起良好的社会效应。

总之,事件营销作为一种最为常用的电影营销宣传策略,需要电影发行方在尊重社会公众和遵守新闻道德的前提下,充分运用自己的智慧和创造力不断推陈出新地创造事件营销新形式,以达到网聚消费者目光、提高影片曝光度和知名度的营销宣传目的。

11.4.2 悬念营销策略

事件营销固然可以称得上是一种"万金油"式的电影营销宣传策略,但是正所谓"文武之道,一张一弛",过度的媒体曝光也可能会为影片带来一定的潜在运作风险。一方面,过多的影片信息曝光和过度频繁的影片炒作很容易招致观众和媒体对影片的腻烦感;另一方面,影片如果从拍摄期就开始大规模地进行事件营销、爆料,那么到影片上映前的深度报道阶段就很可能会出现已经无米下锅、无包袱可抖的情况。而悬念营销的使用则恰好可以有效弥补事件营销容易产生的这些运作风险。

电影制片方和发行方如果能够利用人们与生俱来的好奇心和探求欲，在影片从开始策划到拍摄完毕的这段过程中，适度地封锁消息，一步步地撩拨观众的好奇心和观赏欲，恰当地运用欲擒故纵的悬念营销策略吊起观众的胃口，往往可以收到意想不到的效果。

比如，影片《十面埋伏》在筹备伊始就给观众抛出了一个大悬念——传说影片投资达到2.9亿元，云集众多超人气影星，但是到底有谁参演呢？制片方对此一再闪烁其词，不曾正式公布准确的演员阵容，引得社会公众对影片产生了强烈的好奇和期待。而后，随着梅艳芳逝世的新闻曝光，"由谁来接替梅姐出演该片"又成了一个悬念，引得众多观众纷纷猜测，有人说是林青霞，有人说是杨紫琼，最后变成了宋丹丹，整整一个月，《十面埋伏》凭借着这份悬念始终让广大观众牵肠挂肚，成功地维持着极高的社会影响力。同样，2007年11月上映的影片《色戒》也通过成功地运用悬念营销策略，吊足了人们的胃口。先是一再更改上映档期，然后是对"内地被删节版"内容秘而不宣，为广大观众设置了一个大的"删减版"悬念，成功地将观众的期待心理拉到极点，结果一经上映就创下了首映日票房1 006万的佳绩。

由此可见，"悬念"的魅力还是不可小觑的。但是电影发行方在运用悬念营销策略的时候也需要注意以下两个问题。

(1) 对影片信息"封锁"程度的控制问题。在电影市场竞争日益激烈，新片、好片层出不穷的今天，过度地封锁影片消息，过分地限制影片曝光率很可能会使影片逐渐淡出观众视野，遭到观众和媒体的遗忘，这样不仅不会达到欲擒故纵的营销效果，反而会白白毁掉影片的"钱"程。

(2) 避免过度营销。电影发行方在设计影片悬念的时候一定要避免出现误导观众的情况，不能形成过分期待的误区，不然当谜团揭开之时很可能会使观众产生"原来只是这样啊"的心理落差感和感觉受到欺骗的心理失衡感，这种情绪的蔓延会使得观众对影片的评价大打折扣，而不良口碑传播的负面威力极可能会直接抵消悬念营销所取得的宣传效果。

11.4.3　包装营销策略

在竞争日趋激烈的电影市场中，不仅明星需要包装，一部影片同样也需要经过发行方的精心包装才能达到有效吸引观众目光的营销宣传目的。从一张海报的设计、一段预告片的剪辑到一句广告语的创意和一部影片名字的翻译都是电影发行方不应该忽视的包装元素。

在2006年，一句"年度绝版爱情""今冬最温暖的爱情大片"的广告宣传标语不知为《云水谣》吸引来了多少女性观众；而海报上"每个中国人都必看的一部电影"的宣传口号又不知帮助《东京审判》激起了多少中国观众的爱国情和观影欲。同样，当美国影片《GHOST》被翻译成《人鬼情未了》时，无疑远比被直译为《鬼》更能打动观众心灵。由此可见，电影发行方对电影包装策略的运用，对众多包装元素的整合，绝对可以使一部影片的营销宣传如虎添翼。

11.4.4 卖点营销策略

所谓"卖点",其实是近年来电影营销者创造的一个纯粹的市场经营词汇,它是指一部影片所拥有的能够刺激到观众兴奋点,有可能造成市场轰动效应的一切显性或隐性因素。"卖点"的覆盖范围极为广泛,既包括大明星、大导演、大制作、大场面、高成本、高科技、获得某某国际大奖这类的显性卖点,也包括隐藏在影片更深层的各种隐性卖点。

其实一部影片无论类型如何、成本高低,只要其发行方能够根据影片的风格品位、投放时机、观众需求和市场环境抓准卖点,并且有策略性地针对卖点进行合理宣传、侧重烘托、大肆渲染,一般都能收到事半功倍的效果。

对于那种投资巨大、明星云集、阵容强大的"商业大片"而言,发行方轻而易举地就能罗列出一串卖点,这类影片开展卖点营销自然不难。那么对于一些在市场中处于相对劣势、缺乏显性卖点的中小成本的影片来说,其卖点营销策略又该如何实施呢?其实在很多时候,往往只需要发行方多投入一点心思再加多一点的创意,就能将一个毫不起眼的小细节制造成推动影片大卖特卖的重要"卖点"。比如,影片《疯狂的石头》作为一部无大投资、无名导演、无大明星、无热门的前期新闻话题的"四无"国产小片,从表面上看实在找不出任何值得炒作的卖点,但是其发行方却聪明地拉出了影片幕后的投资人——刘德华,并以此作为影片卖点大肆渲染。先是让刘德华携片高调亮相上海电影节进行宣传,后又大力炒作刘德华的"亚洲新星导"计划,大谈刘德华对该片导演和影片的赏识、褒奖,将"刘德华"这一卖点放大到极致,为影片积聚了不小的人气指数。可以说,能否敏锐地发掘影片卖点,并结合实际情况制定有效的卖点策略,才是检验和衡量一部影片发行方的营销宣传功力的重要标准。

11.4.5 口碑营销策略

口碑是什么?口碑就是电影观众在观看影片后最直接、最真实的一种信息反馈,是消费者在没有任何商业动机下对自己亲朋好友所做出的一种真诚推荐或告诫。它虽然从表面上看来似乎只是一种个体行为,但具有逐步蔓延的几何级效应和连锁反应,而且还可借助目前越来越普遍的网络媒介平台,产生舆论放大效应,最终甚至可以成为一个决定影片长期票房收益的强势因素。

而所谓的口碑营销就是指电影发行方为一部影片营造良好口碑的整个过程和方法。其实口碑营销最大的特点就是它的传播方式。不同于其他商业广告的宣传方式,口碑营销主要是通过观看过电影的电影观众的人际关系或者个人潜在魅力,将电影相关信息在自己的交际圈子中逐渐扩散开来,进而对他人的电影消费行为形成影响。由于口碑营销多是在亲朋好友之间发挥作用,因此具有一种天然的亲和力和感染力,往往会使电影消费者产生一种极强的信任感,非常容易促成其电影消费行为的发生。所以,口碑营销对一部影片所能产生的宣传推动作用从来都是毋庸置疑的。

具体来说,电影发行方在决定采用口碑营销这种营销宣传策略的时候通常需要考虑以下三方面问题。

(1) 什么样的影片适合采用口碑营销策略。一般来说，适合采用口碑营销的影片主要可以分为两大类，第一类就是那些在某些方面与众不同的影片，比如影片题材、拍摄风格、特效设计等。像2015年上映的国产动画巨制《大圣归来》，前期由于资金问题并没有展开大规模营销，然而电影上映却由于在动画制作上达到了好莱坞水准，情节设定上也有很大突破，被很多观看过电影的消费者争相推荐，甚至创造了"自来水"(免费网络水军)这样一个新的网络词汇，使得电影取得了不俗的票房。第二类就是影片质量过关，经得起反复欣赏推敲，适合长线操作的影片。因为电影观众都是具有消费理性、欣赏能力和辨别能力的，如果一部影片拍摄得枯燥无味，没有可看性，就算发行方宣传造势再成功，最终也会败给时间和真相，难成气候。

(2) 如何准确地选择第一批电影观众，发挥出口碑发起者的宣传作用。这首先需要发行方选择与影片和目标市场对口的观众作为该片的消费先锋，率先将其拉入影院。所谓的"与影片对口"是指这批观众一定要能够接受和认可该片内容、风格和类型，不会对该片形成排斥感；而所谓的"与目标市场对口"，是指第一批观众一定要能够对影片的目标市场观众起到强大的影响作用，有利于影片口碑流传。比如，一部以都市白领为目标观众的影片就不可能把中老年观众作为其消费先锋引领进影院。总之，只有选择正确的首批口碑传播者，电影发行方才可能有针对性地设计出相应的"诱因"将正确的首批口碑传播者吸引进影院，将口碑营销的效果发挥到最大化。

(3)电影发行方在确定了口碑发起者之后，还需要制定出一系列的宣传促销策略，来帮助这些首批口碑传播者建立起对影片的"好感"。比如，可以适当地在部分城市组织免费试映和电影评价会，让口碑发起者免费观看影片，并在看片后赠送一些小纪念品、小礼物；还可以适时地通过多种传播渠道刊出一些"口碑领导者"如专业影评人、电影明星、知名作家或著名媒体从业人员对影片的正面评论，来巩固这些消费先锋们对影片的良好印象等。

此外，在运用这种口碑营销策略的时候，电影发行方还应该注意综合、连贯地使用电脑、手机等海量信息传播渠道，对已形成的口碑影响力进行最快速、最广泛的传播。

11.4.6 借势营销策略

电影营销宣传中的借势策略是指电影发行方及时抓住广大公众和媒介关注的社会新闻、炒作事件以及著名人物的明星效应等，并结合自己影片的宣传目标而展开的一系列相关活动。实际上就是搭乘其他事件、活动或者影片宣传炒作的顺风车，达到顺势为自己的影片宣传造势的目的，是一种典型的"借鸡下蛋"的营销宣传思路。

比如电影《无穷动》，巧妙地借助国内众多娱乐媒体对大导演陈凯歌与小人物胡戈关于《一个馒头引发的血案》的网络视频短片风波的关注，热炒了一把自己的影片，使《无穷动》这部低成本的小众先锋电影在极短的时间内获得了极大的社会关注，变得天下皆知。先是《无穷动》主要演员洪晃在自己的博客中发表了关于"馒头"事件的一小段"个人"评论，却被媒体报道为"陈凯歌前妻杀入'馒头'战团"，迅速引起了公众的极大兴趣，然后电影《无穷动》又被传说是一部影射洪晃与陈凯歌当年情事的影片，进一步激起了观众们对影片的无限期待，最终获得了大大超出预期的120万元的票房收入。

▎11.4.7 电影相关产品推广策略

我们知道电影相关产品的开发可以为影片制片方带来巨大的商业利润，但实际上，电影相关产品的商业价值绝不仅仅局限于此。随着现代电影整合营销观念的发展，电影相关产品已经逐渐成为一种重要的电影营销宣传工具，电影发行方可以通过合理地安排电影相关产品的上市时间和推广方式来实现产品与影片的互动性宣传，利用相关产品来激发观众对影片的兴趣，带动电影票房的产出。比如，影片《十面埋伏》的电影纪录片《如花》提前播出，作为《十面埋伏》的电影相关产品，不仅为片方带来了不小的商业收入，同时更为《十面埋伏》的上映拉开了序幕，极大地提升了影片的宣传效果。

此外，在一部影片上映前、上映中、上映后，有计划地向市场投放诸如电影图书、电影写真集、电影网络游戏、玩具、服装、电影纪念品等相关产品，让这些产品走进消费者的生活、频繁出现在他们的视线之中，都可以有效地提升影片人气，拉长生命周期。试想，当你翻看《一望无极》这本图书，玩着《七剑》的网络游戏，吟唱着《爱情呼叫转移》这首流行歌曲的时候，怎么会不想起这些电影相关产品所关联的电影呢。

总之，电影相关产品作为一种能够自然融入人们日常生活中的电影产品，可以对影片的市场营销宣传活动起到极大的推动作用。制定科学合理的电影相关产品推广策略，利用电影相关产品为影片进行宣传，必定能使电影发行方有所收获。

本章小结

本章讲述了电影市场营销问题。电影是人们生活中一种重要的文化消费产品，消费者对电影产品的消费受收入、文化、职业、教育程度、年龄、政治、地理等多方面因素的影响。电影产品市场营销要充分考虑电影市场环境的特征，把握消费者的观影心理倾向，实行有针对性的电影营销策略。

思考题

1. 简述电影市场宏观环境对电影营销的作用。
2. 电影市场的微观环境包括哪些内容？
3. 电影消费动机有哪些？
4. 简述电影产品的事件营销策略。

5. 简述电影产品的口碑营销策略,并举例说明。

> **章末案例**

揭秘《小时代》成功之谜

由著名畅销作家郭敬明导演的电影《小时代》上映后,尽管评价呈现极度两极化的趋势,但票房却一路飘红。有业内人士指出,仅就目前《小时代》的票房和所受关注度而言,以导演郭敬明为核心的主创团队已经取得了"成功"或者至少达到了他们的"目的"。那么,是哪些因素让这样一部备受争议的"烂片"帮助郭小四(郭敬明的别称)在写作圈、出版界取得成功之后,又迅速打赢了登陆导演界的第一战呢?

一、精密筹备——排片率上抢占先机

电影《小时代》第一个备受争议的地方就在于它的排片场次。在电影上映前,就有媒体爆出《小时代》获得了史无前例的电影排片率——45%。此报道一出,各种不正当竞争、影片垄断的批评声此起彼伏,但人们似乎忘了去想一想、问一问,是什么让《小时代》得以拿到这个排片的,郭敬明与乐视的宣发团队为此做了哪些事?据有关媒体报道,2013年6月5日,在浙江横店举行的一场院线大佬看片会上,40多条院线的老板和经理齐聚一堂。他们要看今年暑期档的影片,听片方的宣讲,第一个就是《小时代》。据参加了看片会的相关人士透露,那天听完《小时代》的宣讲很多业内人士感到很震撼,因为没有人会把一个宣讲做得这么详尽、精确,那个华丽到令其他片方汗颜的PPT里包含了该影片所有的卖点。宣传团队将形象化的内容都进行了量化,包括郭敬明的粉丝数,《小时代》的读者数量及忠实度等。在没有看过片子的人心里,宣讲就是第一印象,它意味着宣发团队对一部电影投入的金钱和决心。《小时代》会拿下5亿甚至8亿票房的业内声音,是从5号那次宣讲会开始的,你可以想象院线的经理们听到这种同行评价会有什么样的反应,会做出怎样的决定。

院线也是追求利益最大化的,他们看片的标准和我们完全不同。90分钟下来,他们看的是卖点。这两年院线已经有进步了,会根据观众的反馈调整上映后的排片。在以前,只要演员名单里有梁朝伟、章子怡,那一定给最好的时段、最多的数量,小成本没有钱营销的电影完全没戏。但现在一些小成本电影即便一开始没有获得好的排片,后期如果反馈好也会做出调整。郭敬明和他的小时代团队就是抓住了院线老板们的喜好和需求,投其所好在影片上映之前就先在排片率上占得了先机。

二、制造话题——票房在口水中"腾飞"

从郭敬明宣布筹拍电影《小时代》开始,就已经注定了它的话题性,人们甚至在影片还没有开拍时就能想出无数个话题,因为郭敬明本身就是个话题制造器,比如他的文风、

他的抄袭事件、他在微博上的表现、他与韩寒之间的比较甚至是他的身高。而在他决定筹拍小时代之后，畅销书作家、青春文学刊物主编能否成功驾驭一部电影又成了人们关注的焦点。事实证明，善于营销自己的郭敬明并没有让人失望。

从宣布开拍起，《小时代》就注定与话题电影画上等号。6月27日影片公映后引发了微博"大V"与郭敬明的粉丝的隔空对骂，但该片的票房似乎是"越骂越欢"，根据《中国电影报》官方微博数据，《小时代》首周票房过2.6亿元，观影人次达830余万——"骂战"俨然成了影片二次营销的佐料。有分析认为，郭敬明在电影中无数次标榜奢侈品的价值，他也直面各种"炫富"的批判，本身就是一个很好的热议话题。而且话题可以拔高到价值观层面，没有什么会比讨论奢侈品更能引起社会所有阶层的关注，郭敬明站在奢侈品的一端，不但赢得了更多顶级品牌的支持，同时也引起了更高的社会关注度。在《小时代》的几家营销团队之中，郭敬明说自己的团队主要负责的营销平台只有微博这一块，而这一块平台主要的任务除了与粉丝互动外，其另外一个重要功能是专门针对影片的负面评价进行回应。某知名网站高级影评人以《小时代，呵，好大的口气》为题对郭敬明的影片提出了许多批评，郭敬明立刻在微博上虚心道谢。而面对影评人周黎明对《小时代》的差评，郭敬明也开腔回应："你看见什么你就是什么。"该片的宣传方负责人陈砺志也发表长文回应差评，为《小时代》辩护。双方的你来我往不断引发看客围观。

三、资源做局——用人脉换票房

长江文艺出版社的黎波说："有些人是做事，郭敬明是做局。"对于这句话，郭敬明的解释是："原来我拍电影，资源不够，我无法完成现在所做的事。但是我现在拥有这样多优质的资源，我当然要好好地利用。"也因此，在《小时代》的背后，你可以看到一大串圈内舵手的名字，这些人的加盟也让影片的营销提高了效率、缩减了成本。要想不失败，复制成功似乎是最简单的办法，于是郭敬明在拍片筹划之时首先定的就是监制人柴智屏，这位台湾偶像剧教母，此前帮助另一位畅销书作家九把刀拍摄《那些年我们一起追过的女孩》大获成功。柴智屏也不否认自己就是为郭敬明的《小时代》大卖保驾护航的。"作家在诠释他的小说时，一定会有他的画面。但我们做电影的前提都是从商业的角度出发的，我们拿了投资人的钱，就应该想办法在票房上赢得大众市场的一个回收。"而让龙丹妮加入投资队伍，则是因为郭敬明看中了天娱和湖南卫视有大量的交换资源。"我跟制片方推荐湖南卫视资源，把天娱拉进来，附送很多湖南卫视的硬广。"6月22日，郭敬明就携《小时代》剧组人员录制了《快乐大本营》。除此之外，人脉资源的利用渗透到影片的方方面面。"选择苏打绿演唱主题曲，也是想用他们来打开文艺青年的市场。"郭敬明说。

四、精准定位——一部拍给90后的电影

《小时代》书的销量为350万册，按照系列书籍5年的时间跨度，《小时代》此前就将受众人群定位在15~25岁的青少年。上映数天后，影片的高票房也验证了这一定位的精准。根据中国电影放映协会的数据，2012年中国电影观众平均年龄为21.5岁，比2009年的25.7岁大幅下降，这意味着郭敬明粉丝正在成为电影消费中坚力量。如何向目标受众推广影片?据《小时代》投资方乐视影业的负责人张昭介绍:"与目标网站合作,最大限度触及目标受众,这是最有效果的方法。"张昭认为,《小时代》的目标受众经常登录的网站为:360、腾讯(QQ空间、QQ炫舞秀)、搜狗、人人网,在这些网站举办活动,能为《小时代》实现线上传播,并从中转化出一定数量的观影人群。另外,通过手机APP乐影客,也方便公司在线上实现《小时代》嘉年华活动宣传、影票销售的目标。无独有偶,针对这些年轻观众,《小时代》还选择了和普通电影相比更适合90后的首映方式。6月26日,在正式上映的前一晚,《小时代》在全国约600家影院展开了"首映嘉年华"活动。营销方把单纯的"看电影"包装成一个盛大的Party,鼓励影迷们盛装提前到影院参加活动,影迷们还可以将自己打扮成电影中的人物形象,参加Cosplay(角色扮演)活动。这使得《小时代》的粉丝们能够获得更多的"仪式感"。

五、粉丝电影——小四、杨幂等于3亿票房

《小时代》除了大营销做得好之外,它的成功之处还在于它彻头彻尾是一部粉丝电影,奔的就是粉丝的钱袋子。它比其他电影提前有了固定的观影群体,换句话说,它在拍之前就预先知道了自己的保底票房。

我们对国产粉丝电影并不陌生,有趣的是,它们通常都是大烂片,成本低,但收益惊人,曾经也星星点点地引爆口水仗,但都没有《小时代》造成的影响大,为什么?因为那些电影集结的粉丝没有这一部多。从郭敬明多年培育的读物粉丝来看,他自己写在海报上的是两千多万,近十年的积累而爆发出的消费力集中体现在电影的票房上,与之类似的有电影版的《武林外传》。周岚说:"不管是从观众还是电影从业者的角度来说,电影《武林外传》与电视剧的水准不可同日而语,在国产电影里,它就是个烂片。它的票房有多少?2亿多。这就是粉丝电影。"

从《小时代》主演杨幂培育的粉丝来看,无法计算其数量。同样有部烂片可以说明她的影响力。成本仅400万元的惊悚片《孤岛惊魂》在上映前没有受到业内的重视。首映当日预售票在一小时内售罄,上映一周就收获5 000万票房,最后票房近亿元。这几乎全都要归功于杨幂,号称她"脑残粉"的影迷表示6次买票进电影院,《小时代》不排除有这样的粉丝,且数量不在少数,忠实度令人咋舌,微博上生生不息的骂战也可见一斑。

《武林外传》与《孤岛惊魂》的票房数字属于2011年。2012年,中国的银幕数量从之前的9 200块增加到13 000块。据统计,每增加一块银幕,票房将增加224万人民币,目前还没有2013年银幕数量的数据,只能说在保持最低30%增长率的前提下,票房的数字也是逐年递增的,《小时代4》2015年上映票房为5亿,包含着类似于通货膨胀的因素,是不可以与前两年的同等数字相提并论的。虽然《小时代》一路高歌猛进,但业内人士也认为,内容过分低俗会让它后劲不足,受众群体单一亦导致票房不会太高。但显然相较于《富春山居图》一亿多的投资,4 700万套拍两部电影拿到现在的票房,郭敬明实在是太精明了。

资料来源:http://www.228.com.cn/news-264649.html,2013-7。

问题:
促使《小时代》获得成功的因素有哪些?

第12章
旅游市场营销

> **章前引例**

抚顺市长卖"空气"

"好山好水好空气，清前史迹，满族故里"是抚顺市今年根据市场形势提炼的旅游形象定位语，一经推出，便得到市场强烈的反响。为了进一步扩大城市影响力，提升旅游产品的竞争力，实现"引客入辽"，抚顺市市长亲自带领宣传小分队，南下青岛、南昌等地叫卖"空气"，他们把抚顺新鲜的富含几万倍负氧离子的空气装进瓶子里，拿到客源地市场出售，推介抚顺良好的生态资源和满族故里的文化旅游符号，所到之处"抢"势喜人。市长亲自推介，促成抚顺与鲁、赣两地旅游合作机制的建立，达成旅游专列共识，并在15日迅速实现两客源地旅游专列如期入辽的目标，开创了阜外旅游专列入辽宁的先河。半年时间，30列专列的抵达，解决了困扰抚顺多年的资源养在深闺人未识的窘况。同时，市长亲自穿针引线，通过专列平台搭载，主动将赫图阿拉老城等省内知名三线品牌融入他省长白山、阿尔山等国内国际知名品牌行列中，借势跻身国内一线品牌精品线路中，扩大本土资源的外力辐射面。30专列游客的光顾，让旧日游客稀少的抚顺成了旅游的热海，"满族故里、肇兴之地"的抚顺也通过专列实现了客源地转向目的地的初步尝试，促进了当地旅游经济的发展，实现"小专列大效应"。

近年来，随着国家政策的倾斜和国民生活水平的提高，旅游不仅成为人们休闲娱乐的重要选择，同时也为地方经济发展带来了丰厚的贡献。我国作为一个幅员辽阔、历史悠久、民族众多的文明古国，同时拥有经济高速发展、与国际接轨的现代化都市，为旅游产业的发展奠定了深厚的基础。所以无论是提供旅游服务的企业、地方政府还是旅游业的从业者，都应该充分认知这个产业，分析产业中的可利用资源和市场中的消费者意愿，利用多样化的营销手段来共同发展、完善我国的旅游产业。

资料来源：http://www.toptour.cn/tab1210/info185884.htm，2014-12.

12.1 旅游市场概述

12.1.1 旅游业的概念内涵

旅游业属于文化产业。所有旅游者出行的动机都是暂时离开所在的熟悉环境，到不太熟悉或非常不熟悉的环境中寻找一种新的体验，以丰富自己的阅历。旅游的项目和目的决定了其文化含量，于是除了常规旅游项目外，还有许多为满足专门目的开展的旅游活动。例如，汉诗旅游、历史探秘旅游、书法学习旅游、围棋交流旅游、名人足迹寻访旅游、民族风俗旅游等。可谓种类众多，文化底蕴深厚，这类旅游活动就被冠名为文化旅游。它的特征是有明确的求知目的，通过旅游有目的地学习某种专业，研究发现对这一专业的现状、发展和运用价值等方面的认识，使得参加这种旅游活动的人，在这一专项领域，掌握更多的信息资料，以便更好地施展才干，提高技能，有所作为。本章中所提及的旅游业不仅仅局限于文化旅游，也包含以游览自然风光、缓解工作压力等为目的的休闲娱乐游，是一个相对整体的概念。

J.R.B·里奇在他的文章中将旅游业定义为"从长远或短期目的出发，一次性重复举办的、延续时间较短、主要目的在于加强外界对于旅游目的地的认同，增强其吸引力、提高其经济收入的活动"。定义从开展旅游业的企业、地方政府的角度出发，强调了利用一些手段达到一定目的，即营销在旅游业当中起到至关重要的作用。针对这一问题，本章将会深入探讨。

12.1.2 全球旅游市场形势

2013年，旅游业增加值占全球GDP的9.5%，对全球经济增长的贡献达3.1%，创造了1亿多个直接就业岗位。

近年来，欧洲旅游业发展形势良好，但从长远来看，面临着市场份额下降的危机，新兴市场日益威胁它在吸引国际游客方面的地位。而对消费者进行保护的规章制度不合时宜、旅游税过高、旅途劳顿、导游素质差、签证手续繁琐等也将影响旅游市场的发展。欧洲旅游业的长远形势不容乐观，欧洲各国应当齐心协力加强监管和提高服务质量。

2010年，欧洲在世界旅游市场所占的份额为51%。世界旅游组织预计，到2030年这个比例将下降到41%。欧洲的国际旅游收入在全球各地区当中是最高的，但若计算每位游客带来的旅游收入，欧洲就远远落后于亚太和美洲，也落后于中东。它还依赖于欧洲各国居民之间的旅游，而其他地区善于吸引国际游客。

如果世界旅游业像预期的那样在印度和中国等新兴市场旅游大军的拉动下继续呈现上升势头，这些也许就无关紧要了。但更让欧洲旅游协会感到惊讶的是，欧洲最重要的两个市场——美国和日本的游客总数在下降，其他地方的竞争对手表现得越来越高明。美国旅游业开始反弹，正在弥补业内领导人所说的"失去的十年"——"9·11"事件以后美国占全球市场的份额从10%跌至6%。引发美国旅游业复苏的因素是，业内抛开分歧，联合采取各种措施说服政治机构推动旅游业发展，其最大的成就是让奥巴马支持通过《旅游促进法》，该法案规定对游客征税来帮助旅游营销活动筹资。结果，美国的旅游促进预算总额达到2亿美元。自2006年以来，赴美国际游客的支出额增长了49%，人次总数到2019年(比原计划提前两年)将从6 000万上升到1亿。

这对欧洲而言是一条惩戒性经验教训。欧洲各国必须大大提高政府部门与旅游行业之间的合作水平。但这个问题要分两个方面来看，首先，要让成员国在全欧洲范围内商定就签证控制等事宜采取共同的策略是不可能的；其次，这个最混乱无序的行业没有兴趣联合起来为整个欧洲大陆做宣传。

亚太区在2012年超越了欧洲，成为全世界最大的旅游市场。亚太区在2012年的预定总收入达到了3 262亿美元，超越了欧洲的3 196亿美元。据估计，亚太区的增长将会持续。亚太区旅游市场的强劲增长由中国旅游市场的增长带动。中国的旅游市场在2012年增长了11%，达到962亿美元，超越了日本，成为亚太区最大的旅游市场。

2013年，中国旅游业直接就业人数超过1 350万人。仅农家乐就有170多万家，营业收入超过2 800亿元，3 000多万农民受益。中国旅游消费近3万亿元人民币，占社会消费品零售总额的比例超过12%，旅游业对住宿业的贡献率超过90%，对民航和铁路客运业的贡献率超过80%。

中国正向全面建成小康社会大踏步前进，旅游已走进普通家庭，旅游业步入黄金发展阶段。未来5年，中国旅游市场规模将超过2.5万亿美元，出境旅游将超过5亿人次。但应该清醒地看到，中国是一个有13亿人口的大国，旅游产品数量供给不足与城乡居民日益增长的旅游需求之间的矛盾长期存在，旅游服务质量不高与游客不断提升的需求层次之间的矛盾日益突出。

作为一个负责任的政府，每当节假日来临的时候，中国政府既为国内旅游市场的繁荣感到欣喜，又为摩肩接踵的人群、超负荷运营的景区深感不安。这就要求从战略高度审视旅游业的发展，既要做大旅游业规模，又要提高旅游业发展质量，把旅游业的综合效益发挥好。

经过近10年的快速发展，文化产业在国民经济中的增长性、带动性和辐射性日益经显。相关统计资料显示，近年来我国文化产业每年保持15%的增长速度，远超GDP和第三产业的增速。在这近10年间，国家也相应出台了各种激励政策以发展旅游行业。

自2009年以来，国务院相继出台了《文化产业振兴规划》和《关于加快发展旅游业的意见》，标志着旅游产业成为国家战略性产业。2009年，文化部与国家旅游局联合出台的《文化部国家旅游局关于促进文化与旅游结合发展的指导意见》是我国第一份关于文化旅游发展政策的文件。自此，文化旅游的概念及其相应的制度安排陆续出现在各级各类文件之中。

近年来，中央出台的旅游发展政策主要体现在《文化产业振兴规划》《国家"十二五"时期文化改革发展规划纲要》《文化部"十二五"时期文化改革发展规划纲要》《文化部"十二五"时期文化产业倍增计划》等文件之中。

2013年4月25日，十二届全国人大第二次会议表决通过了《中华人民共和国旅游法》(以下简称《旅游法》)。这成为我国旅游发展的标志，也将成为我国旅游发展的转折点。至此，我国旅游业形成了由国家大法、国务院条例、部门规章组成的完整的法律法规体系。

2014年，在党中央、国务院的正确领导下，在各级党委、政府的高度重视下，旅游发展环境不断改善。全国人大开展《旅游法》执法检查，推动了《旅游法》的贯彻落实。国务院出台《关于促进旅游业改革发展的若干意见》(国发〔2014〕31号)，提出了新时期旅游业改革发展的方向和任务。国务院成立旅游工作部际联席会议，创新了协调商议旅游业改革发展重大问题的机制。与中宣部、中央文明办共同开展提升中国公民出境旅游文明素质宣传活动，营造文明旅游的社会氛围。各省、区、市深入贯彻落实国发31号文件，强化了旅游统筹协调机制，海南、北京、云南、江西、广西、西藏6个省、自治区、市先后成立旅游发展委员会。海南、云南、上海等地修订了旅游条例。山东、浙江、甘肃、安徽等省先后出台贯彻落实国发31号文件的政策文件。旅游综合改革深入推进，共有10个市、县开展国家旅游综合改革试点。

12.1.3 旅游方式

准备外出旅游时，旅游者最先需要考虑的就是选择到哪里旅游以及采用何种旅游方式。旅游目的地是首选，旅游方式是必须同时考虑的内容。随着时代的发展，现代旅游业的发展演绎出多种多样的方式。

1. 团队旅游

团队旅游即我们平日说得最多的、最为传统的旅游方式——参团游，旅行社联合一些向往同一个地方旅游的人而组成一个团队前往目的地旅游，这种方式最大的好处就是省去了不必要的麻烦，尤其是当旅游者对当地的旅游情况、民俗风情等不熟悉时，参团游无疑是最好的选择，能够有效地利用时间多参观名胜古迹，可以到个人无法去的地方；团体行动较为安全；没有语言障碍；团体旅游人数多，成本较低，大多数旅游者都比较适合。但参团游也有它的弊病，那就是一切行动要听指挥，自由活动时间相对较少。

2. 自助旅游

人们通常按是否需要通过旅行社等旅游代理机构组织线路来划分团队游客与散客，但随着旅游服务机构业态的发展以及旅游中介服务项目的不断丰富，人们自行安排旅游的方式发生了很大变化，在散客市场中有一个群体表现出共同的特征明显地有别于一般散客，人们将这一群体的旅游行为称为自助旅游。自助旅游是一种时尚的旅游方式，可以表述为：以"张扬个性、亲近自然、放松身心"为目标，完全自主选择和安排旅游活动。现在自助式旅游又分为4种不同的方式。

(1) 全自助游。即抵达旅游区后，住宿、车票等一切事务全由自己安排。这种方式因为住宿没有折扣和购买车票浪费时间等，目前只适用于个别"背包旅游者"。

(2) 半委托方式。即抵达旅游区后，由旅游单位安排住宿、车票等部分项目。这种方式因为住宿可以有20%~60%的折扣和行程紧凑等优点，目前已非常普遍。旅游单位的服务项目有：接送服务(飞机场、火车站、汽车站、码头)；代办、确认和改签世界各地之间的机车船票；订房、订餐；提供导游；办理签证或签证延期；出租旅游车辆及其他旅游用具；代客设计旅游路线；代客计算旅游价格；免费咨询。

(3) 准全委托方式。即出发前，旅游单位已安排了住宿、车票；出发后或抵达旅游区后，就由导游(此种导游称"全陪")带队，由游客自己决定饮食标准(或自行就餐)、交通档次、参观内容、住宿天数、是否需要当地导游(此种导游称"地陪")等。这种方式因为考虑到游客的不同兴趣和不同经济条件，因此，选择此种方式的游客数目正在日益增加。

(4) 全委托方式。即出发前，旅游单位已安排了住宿、车票等一切项目；出发后或抵达旅游区后，就由全陪带队，旅游单位按与游客签订的协议提供饮食、车辆和地陪，并按行程表活动。这种方式下，游客只需跟着导游乘车、参观、购物、就餐、住宿、娱乐等，非常轻松。

自助旅游按交通方式可分为自驾车旅游、自行车旅游和徒步旅游；按旅游目的可分为休闲度假自助游和专业目的自助游两类，而专业目的自助游又包括修学求知自助游、极限探险自助游、特殊兴趣自助游(如摄影、登山)等。

当然，旅游业发展到今天，世界上也出现了一些打破传统、体现现代人的生活习惯和兴趣爱好的新玩法，从旅行方式，到行程安排，甚至旅行的主角都在发生改变。

知识链接　四种潮人旅行方式

1. "闪玩""快"精神

你有年假，但不一定所有朋友都可以幸福地在年底放假。不必担心找不到同行玩伴，去"闪玩"一下，和陌生人畅游一天，也许会有新体会。

什么是"闪玩"？就是短期的旅行交友活动，"闪玩"族互相不认识，在短时间内通过网络寻找志同道合的玩伴，在约定时间内共同游玩。"闪玩"讲求的是"快"，即时间都很短，一般是控制在一天内，即"闪友"们早上见面，按照事前计划开展旅游活动，到晚上闪玩活动结束，各自分手，以活动时间不过夜为限。不过如果"闪友"们意犹未尽，第二天也可以继续旅游。

"闪玩"的玩法丰富多彩，一般发起人都会在论坛里约好时间、具体地点和接头方式，然后感兴趣的"闪友"便可以留言与发布者联系。"闪玩"一族采用的交通工具是飞机，这也体现了"闪玩"的"快"精神。

2. 网上游走天下

微博已经成为一种风尚，而"微博旅游"作为微博热潮中的一股小时尚，也在驴友间风行。

如果你休假旅游，不妨将自己在旅途中的所闻所感即时在微博上发布，虽然只有短短140个字，但微博旅游却能够让你留下即时的感想以及最为新鲜实用的旅游资讯，也可以以此慰藉一下那些无法出游的微友们，或是那些也准备和你一样前往当地旅游的人，让他们快速分享你的旅游经历。据说，去年在英国有一位名叫史密斯的驴友就通过微博完成了自己的旅程，一路上他借助微博随时更新自己的动态，把下一步的出行住宿全交由其他微博用户来安排，而微友们也十分热情地出谋划策，帮助史密斯顺利地在30天内从英国的纽卡斯尔到达新西兰的坎贝尔岛。当然了，要学习史密斯的旅游方式，可要有庞大的粉丝群支援，旅途中充满了未知，要效仿的话可要冒风险哦！

3. "互换型"纸上旅行

出去旅游的时候，你是否也有习惯给自己和亲朋好友寄一张盖上当地邮戳的明信片？如果你也是收集各地明信片的爱好者，那么加入"互寄旅游明信片"活动，就能让你实现搜集各地邮戳明信片的愿望。

互寄明信片的组织，一种是"互换型"，即你可以在旅途中向你"看得顺眼"的网友寄出明信片，再得到对方寄回的明信片作为回馈。大方一点的话，也可以在休假旅游出发前在网上发个征集帖，让感兴趣的网友来报名，你可以从中挑选想寄的对象，在旅途中给这些热情的陌生人寄明信片，写下自己当时的感想，或是根据对方的要求写下相应的话，让陌生人也能和你一同感受这纸上的旅行。

4. 带着玩偶游四方

憨豆先生随身携带小熊走四方，电影《天使爱美丽》中艾米莉偷偷拿走父亲花园中的小矮人，让空姐带着它环游世界并拍下照片……这些温馨的桥段正在现实中上演，目前风靡世界的"玩偶旅行"就让玩偶成为旅行的主角。

具体来说，"玩偶旅行"有两种方式，一种是像憨豆先生一样，由主人亲自带着玩偶出游，但一般主人家都不喜欢出镜，而是让玩偶代替自己上镜，在标志性景点前拍下照片；另一种是玩偶代替主人旅游，国内外现在已经有专门的"玩偶旅行事务所"，专门让玩偶代替主人旅游，让那些没有时间却渴望去旅行的人也能通过玩偶实现旅行的愿望。

对于可以休年假的人来说，带着自己喜爱的玩偶去休假旅行当然是首选方式。选一个自己喜爱的玩偶，带着它出游，让它在不同的场景下摆出不同的Pose，留下最特别的照片。不过在拍摄玩偶旅行照的时候或许会引来围观，记得别被好奇的人影响，专注地为你心爱的玩偶留下最美的照片吧。

资料来源：http://travel.163.com/12/0726/11/87B9G47N00063KE8_all.html，2012-7.

12.2 旅游消费的影响因素

1. 经济因素

居民旅游与人均GDP、可支配收入、娱乐支出等方面存在密切的相关性，城乡居民人均可支配收入显著增加，用于娱乐教育文化的支出比重也不断增加。中国城镇居民家庭平均可支配收入从1991年的1 700.6元，增加到2011年的21 809.78元。恩格尔系数也从1992年的0.543 3，降低到2011年的0.363 0。恩格尔系数的明显走低，以及马斯洛需求结构的进一步改善，是中国旅游业迅速增长的直接原因之一。

2. 政策因素

(1) 国家陆续出台了带薪休假及法定节假日等相关政策，1999年，创造了"五一""十一"黄金周概念；2007年，取消了"五一"黄金周，增加了清明、端午、中秋假日，使国家法定节假日总天数增加到11天，中国公民全年休假时间达到115天左右。2015年是世界反法西斯胜利70周年，国家决定2015年9月3日到9月5日为全国公休日，也是为了纪念抗日战争胜利70周年。每一个法定节假日都在客观上为居民出行旅游提供了可能。同时，新劳动法出台了关于带薪年休假、探亲假、婚假产假等相关政策，使得中国居民进行旅游活动的机会大大增多。

(2) 从1990年起，中国政府陆续开放新加坡、马来西亚、泰国、菲律宾为探亲旅游的目的地国家。到2009年底，中国政府已经开放了135个出境旅游目的地国家和地区。此外，近几年，多个目的地国家针对中国游客降低了签证门槛，如法国、意大利、英国、加拿大、韩国、新西兰、美国等国家从签证办理的各项手续简化，如时间、地点、递交的材料、费用等，到给予签证的各项待遇提高，如入境时间、入境次数等。甚至有些国家和地区对中国公民开放了自由行，即针对中国公民在其国家旅游给予一定时间内的免签证待遇。由于出境游不断简化签证手续，并采取其他措施，吸引了很多中国游客，中国公民每年的出境游人数在不断增加。

3. 交通因素

进入2000年以来，宏观经济的稳步发展为我国民航业发展起到了关键性的推动作用，不仅民用航线大大增加，航空机票价格也明显有所下调。而且近几年来，我国航空公司不断加强国际合作，国际航线逐渐增多。各主要旅游城市也通过新建或扩大原有机场规模，增加交通的便利性，来增加游客人数。另外，随着科学技术的不断进步，政府的不断规划，我国高铁不断增加线路和同行车次，由于它在速度、价格、舒适度上的各项优势，逐渐成为人们出境旅游的首选交通工具。而每条高铁线路的开通，也为沿线的旅游城市带来了新的客源、新的生机。

案例
吉图珲高铁为东北经济发展注入新活力

近日，吉图珲高铁已进入联调联试阶段，引来了众多媒体的关注。

据中国铁路总公司发布消息，这条全长359公里、设计时速达250公里的高铁将于"十一"前开通运营。它的顺利开通，不仅促进其途经的七县市区的物质交流和文化融合，更将七县市区拉入了三小时经济圈，为地区经济发展注入新活力。

作为中国工业摇篮的东北地区，资源丰富，风景秀丽，工业基础雄厚。近年来，在振兴东北老工业基地的战略背景下，国家大力扶持东北经济建设，取得了骄人的成绩。高铁作为近年来经济开发建设的风向标，自2012年哈大高铁通车开始，东北高铁的建设投入从未中止，已运行的高铁更是为东北带来了诸多机遇，这从侧面印证了国家对老工业基地的扶持力度。

吉图珲高铁东起吉林省珲春市，西到吉林市，沿途经过松花湖、红叶谷、镜泊湖、长白山、拉法山，以及有着"一眼望三国"之称的防川等著名景区，堪称东北旅游资源最为丰富的高铁线路。从路网布局来看，吉图珲客运专线与长吉城际、哈大高铁、盘营高铁、丹大快速铁路相互连接，构建东北地区铁路快速客运网，并将吉林省东部地区纳入东北高速铁路网覆盖范围。

> 吉图珲高铁的开通，对于地区经济发展有着重要的意义。一方面，该条线路的开通填补了当地铁路空白，在整体东北高铁网中起到了为数条重要铁路干线"搭桥"的作用，将高铁线路延伸到了不曾通客运列车的地域，带动了偏远地区的经济文化交流。另一方面，吉图珲客运专线的开通，将东北丰富的旅游资源"串联"起来，不仅改善了当地朝鲜族、满族等10多个少数民族地区的生活，同时给当地人带来了新技术、新思想，激发更多的产业发展，而当地的文化风俗也将通过这条铁路线推向远方。据统计，以前从沈阳到长白山，需要10多个小时，现在通过吉图珲客运专线仅需3小时。同时，吉图珲客运专线的开通，有望成为消费者出境俄罗斯、日本、朝鲜的新途径。
>
> 资料来源：吕晶.吉图珲高铁为地区经济发展增添新"引擎".东北新闻网.http://www.nen.com.cn/，2015-8.

4. 心理因素

随着国民经济的增长，城乡居民的可支配收入的增加，居民对"旅游"二字的好感度逐步上升，从原本以储蓄为主的传统观念转变为以投资、消费为主导的现代观念，越来越多的人抱着"赚钱是为了花钱"的态度享受着自己的劳动所得。

近几年，随着淘宝的兴起，代购也成为一种新的职业和新的时尚，加上国内的产品质量不断爆出丑闻，以及高额的奢侈品税费，使得这种购物方式更加得到了人们的认可，再加上海关对入境商品的严格把控，出境游就自然成为这种新型购物方式的主要载体。其中有些人专门以代购为职业，有些人专门选择我国香港、韩国、日本等代购地区作为他们的旅游目的地，这样既实现了休闲娱乐的目的，同时又购买了免税的商品，顺便刷个朋友圈，帮助其他想购买海外商品的朋友带一些回去，还能挣出这次的机票钱，一举多得，何乐而不为？

5. 文化因素

中国旅游市场对异国文化抱着探寻与亲近的态度，文化差异逐步成为中国出境旅游重要的推动因素。例如，影视作品。电影《杜拉拉升职记》大量取景于小资的旅游胜地——泰国芭提雅水上市场，电影上映后，掀起了一阵泰国行热潮，为了感受电影中的小资的生活质量，人们将电影中的一幕幕场景融入旅游线路中。再如，综艺节目外景地。湖南卫视的明星户外旅游真人秀《花儿与少年》和上海卫视同类节目《花样姐姐》不仅名字类似、节目形式类似，就连外景拍摄地也不约而同地选择了土耳其作为旅游线路中的一站。两家卫视的节目播出后，土耳其自然地成为许多中国游客首选的旅游目的地，更有旅行社专门推出"花少路线"，意味着走节目中明星走过的线路，去节目中明星去过的景点、吃节目中明星吃过的餐厅，总之明星怎么玩，旅行社带你怎么玩，以此来吸引消费者购买其旅游产品。还有饮食文化，提到饮食，想必大多数人都会想到各国的代表性食物：法式红酒小羊排、意大利那不勒斯比萨、日本刺身寿司、泰国马沙文咖喱等。品尝当地的地道美食也就成为出境旅游的动机之一。

6. 突发因素

除了上述所说的几种因素正在不断刺激我国的旅游业发展和居民旅游行为之外，一些突发因素也会使各国家或地区的旅游业在一定时段内呈现不稳定的状况。例如，受2003年"非典"的影响，该年国内旅游收入减少了6亿多元。"非典"盛行，居民外出减少，出现这种现象也是合理的。同样在2015年5月韩国爆发了中东呼吸综合征(MERS)，经过媒体的报道，本已预订下半年韩国旅游行程的中国游客纷纷到旅行社要求退团。据韩国旅游观光公社统计，仅6月2日一天，就有来自中国内地、台湾、香港等地区的4 400名游客，以及包含其他亚洲地区100名游客在内，共计4 500名游客取消了访韩计划。同时，此现象还波及其他国家和地区，造成韩国在一天内痛失7 000名游客的后果。平时熙熙攘攘的首尔市景福宫、乐天世界等各大知名观光点，都出现游客明显减少的现象。

另外一个例子是香港"反水货客"示威活动和收紧"一签多行"的政策使得香港的2015年不复往日的繁华。香港旅游发展局公布的3月旅游数据显示，2015年3月，香港游客数量比2月减少约100万人次，跌幅超过18%，相较于2014年3月，同比减少8.7%。其中，内地过夜游客数量同比减少近18%。相反，受免税品范围扩大、签证宽松以及日元贬值等因素的影响，赴日旅游吸引力持续提升，日本成为中国游客出境游的第一目的地。

和日本情况类似，很多中国游客境外游的目的地货币在2015年都有不同程度的贬值，其中卢布更是暴跌59%，使得赴俄罗斯旅游、购物游的人们在一段时间内骤增，想在各类国际奢侈品品牌、电子产品提价之前获得更大的优惠，这些突发事件都成为影响旅游地在一定时期内的旅游业状况的重要因素。

12.3 旅游市场营销策略

1. 产品策略

新产品开发是未来旅游市场营销战略的重点，越来越多的旅游主管部门将注意力转向旅游产品的开发与促销上。例如，澳大利亚旅游委员会做市场开发主要是在海外市场开展面向公众的促销。他们逐步认识到经营全国性产品开发的必要性。经过几年的努力，黄金海岸正成为日本未婚女青年、新婚夫妇最喜欢的目的地之一。又如，我国香港旅游协会面对泰国和新加坡在价格上的优势，对自己进行了重新定位，推出的产品淡化"购物天堂"这一特征，强调香港是"万象之都"，突显香港旅游资源的丰富多彩，如乡间漫游、名胜古迹、外国岛屿、山间小道及博物馆等。英国推出"现代英国"旅游新产品来增加其吸引力。英国旅游局主席认为："新形象将会巩固和强化今日英国所有美妙和令人兴奋的东西。我们知道我们的游客欣赏自己传统的东西，但也喜欢古怪、非传统和新颖的东西。"这项所谓的"现代英国"产品是指英国的时装、音乐和艺术，还有夜生活、现代烹饪和街头生活，这些被认为是与王室和古迹同样重要的旅游项目。同样，对我国来说，也应始终树立"以产品开发作为营销先导"的理念，具体包括以下几项策略。

1) 提高现有观光旅游产品的档次，加速观光旅游产品的更新

在相当一段时间里，观光型旅游是我国旅游业的主体，也是我们永久的优势所在，但不能在低水平上重复开发，要对老产品进行重新包装、完善和优化。第一，要尽快更新传统产品，针对传统线路不断增加新内容，在观光产品中开发出具有深刻文化内涵的内容，并增加一定的参与性活动。第二，不断推出新的有吸引力的新线路，要不断开发新景点、新活动。第三，不断改进已具有一定接待能力的线路的综合条件，尽快对确有吸引力但综合接待能力尚不完善的线路进行再完善。第四，积极开发度假、娱乐、主体旅游等对回头客有吸引力的项目。人们的消费活动越来越个性化，除一般的参观名胜古迹、游览山水风光以外，旅游者渴求能亲自体验当地人民的生活，希望通过参与和交流得到感情的慰藉和好奇心的满足。因此，在旅游产品设计开发中应注重安排丰富的娱乐活动，改变旅游方式，以增加游客的参与性。

2) 积极开拓主题旅游产品

中国旅游产品大多属于单一型观光旅游产品，市场风险大，市场层面狭窄，因此必须开发出丰富多彩的旅游产品，建立复合式、多重式产品结构。开发主题旅游产品是改变中国旅游总体结构，扩大来华客源的一个重要途径。例如，热带风光摄影旅游，滇西北植物考察旅游，民族节日旅游，少数民族服饰考察游等。今后应在会议、奖励、健身疗养、汽车、生态、滑雪旅游等方面下功夫。

3) 迅速推出散客产品，加速形成旅华散客市场

近几年来，旅华客人中的散客增长已超过团队，占据主导地位，散客增加是大势所趋。我国旅游业必须立即行动起来，大力发展散客业务并逐步实现产品标准化、办公自动化、全国网络化、预订国际化，只有这样才能适应日益增长的散客市场的需要。散客产品有别于团体产品，散客要求的产品是自己选择、临时组合、现买现付的，这就要求企业就产品的每一个组成部分都能给顾客以多种选择。散客销售要形成网络，一个城市内应设多个销售点，城市与城市互为代理，形成线路。国内饭店、旅行社通过计算机系统与外国旅行商联售，给海外众多的散客增加选择的余地。营造方便散客的社会大环境，除了继续在主要口岸、重点旅游城市建立问询中心之外，还应考虑在主要城市树立用中、英文两种文字书写的路标、路牌，在主要旅游景点树立外文说明牌等。

2. 定价策略

价格是营销手段中唯一能对市场需求的变动以及竞争者的行动迅速做出反应并能很快产生效果的因素，因而制定时应特别谨慎。

1) 动态定价

由于旅游产品具有易变性、可替代性、季节性等特征，在定价时，应保持适度的灵活性。针对不同的条件状况，利用适当的价格调整进行解决。通常采用的方式有浮动价、折扣价、淡旺季差价、地区差价等。其中，最优动态定价法值得我们参考，它的定价目标就是在获取最高收入的条件下卖出机票，其表现形式就是机票价格变化频繁，票价的变动反

映要求和供给的状况。例如，美国到中国的双程机票有时是3 500美元，有时是500美元。在美国公司看来，一次航班坐满乘客比空着若干座位更赚钱。如今这一观点已被旅馆、旅游度假村、铁路以及大旅行社等服务组织所接受，许多商家已经认识到最优动态定价法的神奇力量。

2) 一人一价

在追求个性化的浪潮下，传统的一揽子报价将不再适用。旅游企业应以消费者需求为导向，运用现代化的先进技术，调查研究消费者，找出有价值的消费者，针对消费者需求，进行一对一销售，实现一人一价。

3) 按价值定价

按价值定价，是定价方法的一次飞跃，它的突出之处在于打破了定价受成本驱动的思维模式，适应了现代竞争的价值理念。对我国部分产品来说，使用这种定价方法是必然趋势。国内的旅游产品多以自然景观为主，其投资成本较低，按成本定价必然导致供应不足。因此，未来旅游产品价格的指向应是消费者。某种旅游产品的价格是值还是不值，消费者往往有最大的发言权。未来旅游业取得利润的基础，只能是为消费者提供认同的价值，也就是根据消费者在消费旅游产品中所获得的价值量来制定价格。

3. 分销渠道策略

1) 开辟新的销售渠道

我国客源市场的营销渠道比较单一，大多数中间商热衷组织观光旅游。今后要多种渠道并用，特别是要加强与一些专业团体的联系，广招客源。例如，一些文化交流组织、宗教团体、同乡会、大公司旅游部及各种特殊兴趣爱好者俱乐部等。

2) 发展专业旅行社

专业旅行社有行业背景，有自己的专项产品，如农业部、文化部、体委、外交部、教委及一些总公司都有国际旅行社。可以利用各专业旅行社的优势开展同自己行业有关的特色旅游。

3) 建立深度分销体系

很多旅行社在省、市、县之间是相互独立的，没有资产连接的关系。这种分散经营的局面严重影响了我国旅游企业抵御外国企业的能力，迟早要进行整合。因而，国内的一些大旅行社应该运用自己的实力，在一定范围内购并部分有实力的旅行社，以扩大自己的市场控制范围。然后通过自建或特许经营的方式发展连锁网点，从而在自己控制的市场范围内，按照一定的人口或者行政区划建立全面覆盖的网络。这种深度分销网络相对于地陪制度来说简化了手续、降低了成本、提高了效益。同时，也可以显示大企业的实力，形成对小旅行社的压力，建立行业进入障碍，从而优化整个行业的结构。最重要的是，它能够抵御入世后外国企业对国内旅游市场的压力和冲击。

4. 促销策略

1) 积极采用先进的技术手段促销

随着越来越多的人通过网络预订酒店、机票和购物等，网络的发展已经对旅游业务产生了重大影响。网络预定方式的革命，使旅游企业首先感到生存危机。所以，我国的旅游行业应顺应这一发展趋势，迎接现代技术对旅游营销所带来的挑战，如果不能适时地改变传统的销售手段和操作方式，我国的国际旅游就难以与国际接轨。近年来，国内诸多大型旅游企业都在网络化经营领域进行了许多有益的探索和实践。2000年，北京新旅网酒店度假村投资管理有限公司推出"房东卡"这样一种新的酒店经营管理模式，它借鉴国际分时度假经营方式，以国内酒店/度假村的空置客房及其他相关旅游资产的闲置部分为经营对象，通过新旅网遍及全国的销售网络进行整合营销，为消费者提供个性化的、更具时代特色的旅游消费产品，在一定程度上改善了我国高档酒店业的萧条状况。

2) 加大促销投入

随着国际旅游市场竞争的日趋激烈，各国旅游界都加大了促销力度。随着促销经费的增加，这些旅游目的地的促销规模、覆盖范围均相应增加，在国际旅游市场上越来越活跃。

在我国，随着国家不断颁布各项有利于中国旅游业发展的法规、政策、措施，各地方政府也通过投资的形式加大地方旅游业的促销投入。2014年，各地方政府财政引导的旅游产业投资基金在数量和规模上相较上一年有较大幅度增长，而且绝大多数以市场化为主要运作模式，形成了以政府投入为导向、以及社会资本为主力的产业投资基金态势。

3) 联合促销

联合促销也就是利用旅游合作集团促销，它是指多个旅游商利用成员间的合作来创造一种整体形象，使各个参加者能够更有效地接近自己的顾客，在保持各自独立性的基础上，通过资源共享，促使促销活动的效果达到最优。

4) 举办大型促销活动

举办能够在国际上产生轰动效应的大型、长期的旅游活动，进行系列推销，如举办旅游年、旅游节、展销会、博览会等，同时印制大量有针对性的旅游宣传品。

12.4 旅游业市场营销新思维

12.4.1 旅游目的地营销

1. 旅游目的地概念

随着经济的发展和全球经济一体化趋势的加强，旅游企业在产品、价格、分销及促销等营销操作层面上的竞争不断同质化。市场信息系统的不断完善，市场运作规范的不断建立，使各个国家、各个城市、各个企业之间相互模仿和学习的速度异常快捷。旅游营销如何才能推陈出新，避免"老调重弹"，恐怕已成为每个旅游营销人必须要考虑的重要问题。当前旅游市场竞争的焦点何在？未来中国旅游营销会呈现哪些新趋势？一些新的营销思维被催生出来。

国内外学者对于旅游业所处的发展阶段和制度背景不同，对旅游目的地的定义方式和关注重点也各有不同。从总体上看，国际定义比较注重对旅游目的地与客源市场的对应性和可管理性的分析；而国内定义则着重强调旅游目的地是一种地理空间集合关系。这种状况与当前国内旅游业实行的政府主导模式有很大关系。应该看到，当今国际旅游业已显现高度市场化和产业化的发展态势，旅游市场机制在旅游资源配置中占有绝对主体地位，政府作为一种特殊的旅游组织形式在旅游业发展中只承担协调者的角色；反观现阶段国内旅游业的发展，政府在旅游资源配置中处于绝对的主导地位，且行政化的作用方式仍随处可见，由此导致旅游业界对行政格局下的地理空间分割及其背后的行政计划力量更为关注。随着我国旅游业市场化进程的加快以及与国际旅游业的全面融合，相信人们对旅游业及其规律的认识也将与国际观点逐步趋于一致。

因此，旅游目的地的概念可以表述为：能够对一定规模的旅游者形成旅游吸引力，并能满足其特定旅游目的的各种旅游设施和服务体系的空间集合。

2. 旅游目的地的基本属性

旅游目的地的基本属性主要体现在它的构成要素上，因此，剖析旅游目的地的构成要素对正确把握旅游目的地的本质含义具有十分重要的意义。

库珀(Cooper)把旅游目的地的构成要素归纳为"4A"：①吸引物；②康乐设施，如住宿设施、餐饮业、娱乐设施、零售业和其他服务设施；③进入设施，如交通网络或基础设施；④附属设施，如地方旅游组织。

旅游目的地的核心要素主要包括以下几方面。

1) 有独特的旅游吸引物

这种吸引物必须对应特定的旅游目标市场和客源群，在旅游市场上具有与众不同的独立特性，并具有一定的市场优势。

2) 有足够的市场空间和市场规模支持

旅游目的地一方面必须要有足够的市场开发价值和相应的市场发展空间，足以支持旅游业的规模开发和经营，也就是说，旅游目的地不仅要有足量的地理空间，同时还要有适当的市场空间(规模)；另一方面是所能选择的目标旅游市场必须有很高的可进入性，市场体系完备，能方便旅游供需主体的自主和平等进入，即该市场应运行规范，适合旅游市场机制发挥主导作用。

3) 能提供系统、完备的旅游设施和旅游服务

旅游目的地要具有一定的旅游产业基础和服务能力，有系统完备的旅游服务和接待设施；同时，这种产业体系要具有开放性特征，能够构建有效连接客源地与目的地的产业链，并支持旅游企业的规模化运行。

4) 要有当地居民的认同、参与并提供各种支持保障

居民的积极参与对改进国内旅游业现行发展模式尤为重要。当前，国内一些地方在旅游开发中，过分夸大旅游业的经济功能(价值)，存在忽视甚至歧视当地居民利益的倾向。一些地方不仅忽视居民作为独特旅游吸引物的市场价值，甚至把他们的正当利益视为开发

的障碍，旅游开发的结果常常是压缩他们的生存空间，这是一种典型的"杀鸡取卵"的短视行为。事实上，一旦没有当地居民的生活作为依托，许多旅游目的地由于缺乏内在活力，其旅游资源的市场价值也会大打折扣。不仅如此，旅游业是一种劳动密集型产业，需要大量的劳动力支持，对于旅游目的地而言，当地居民还构成了旅游业开发的人力资源基础。可见，一旦离开当地居民的支持和参与，该地区的旅游业将失去可持续发展的社会和文化基础。

5) 具有一定的可管理性

旅游目的地的地理空间范围通常是由旅游目的地的资源赋存、潜在的旅游客源市场规模及目的地旅游产业的发展体制和运行模式共同决定的。因而从地域空间的角度分析，其空间格局既可能小于既定的行政区域，也可能大于该行政区域。一旦旅游目的地范围大于既定的行政区域，该旅游目的地就存在着一个如何重新组织、管理和控制的问题。例如，我国著名的珠江三角洲旅游区、长江三角洲旅游区以及环渤海旅游区等，现有的旅游行政体制和管理模式无法适应对旅游市场化和产业化管理的要求，因此需要重新塑造能满足现代旅游业发展要求的目的地管理模式。在旅游目的地范围小于行政区域的情况下，人们虽然可以通过既有的行政资源对旅游业加以管理，但是容易忽视旅游目的地运行的市场特性，出现旅游发展行政化的弊端。总之，为规范旅游业的运行模式和维护旅游者利益，旅游目的地内部必须形成内在的、一体化的组织管理机构，并保证内部市场行为明确、统一和协调一致。对于跨越行政区域的旅游目的地，其管理机构和管理模式可以具有一定的弹性或自主性，但也必须能够保证行使统一的管理职权，为旅游目的地的协调发展提供组织保证。

3. 旅游目的地的类型

从世界范围来看，随着旅游需求水平的不断提高和旅游消费方式的花样翻新，旅游目的地的数量和种类十分丰富，按旅游活动目的的不同，可以划分为观光旅游目的地、度假旅游目的地和专项旅游目的地三种类型。

(1) 观光旅游目的地是指那些资源性质和特点适合于开展观光旅游活动的特定区域，观光旅游目的地是一种传统性旅游目的地，但目前仍在世界旅游活动中占有重要地位。观光旅游目的地一般围绕独特的自然景观和风景名胜来组织旅游活动，现代观光旅游又增加了许多带有"活动"色彩的旅游消费形式，如节庆旅游、体育旅游、会议旅游、民族风情旅游等。在一些具有特殊资源的城市区域，由于其集自然、政治、经济和社会文化环境于一体，旅游资源内容丰富，旅游活动空间范围比较大，对旅游者具有越来越大的旅游吸引力，也成为观光旅游目的地的重要载体。

(2) 度假旅游目的地是指那些旅游资源性质和特点能够满足旅游者度假、休闲和休养需要的旅游地，主要有海滨度假地、山地温泉度假地、乡村旅游度假地三种类型。度假旅游目的地是随着人们的度假旅游活动而兴起的，与观光旅游目的地相比较，度假旅游目的地的旅游活动项目少、活动空间小，且具有较显著的季节性特征。

(3) 专项旅游目的地是指那些为特殊旅游需求(如探险、修学、购物和专项研究等)提供产品服务的旅游地。例如，中国香港一向以"购物天堂"著称，吸引了周边许多国家和地区的旅游者专门到香港购物消费，形成了以购物为诉求主体的旅游目的地。

4. 旅游目的地营销的概念

旅游目的地营销是在特定空间区域层次上进行的一种崭新的旅游营销方式。在这种方式中，区域旅游组织将代表本区域内所有的旅游企业和旅游产品作为统一的营销主体，并以统一的旅游目的地形象参与旅游市场的激烈竞争。因此，从技术层面上分析，旅游目的地营销就是指区域性旅游组织通过区分、确定本区域旅游产品的目标市场，建立本地产品与这些市场间的关联系统，并保持或增加目的地产品所占市场份额的活动。

伦德伯格(Lundberg, 1990)认为，旅游目的地营销包括三方面的内容：①确定目的地能够向目标市场提供的产品及其总体形象；②确定对该目的地具有出游力的目标市场；③确定能使目标市场信任并抵达该目的地的最佳途径。

5. 旅游目的地营销概念的基本特点包括

(1) 旅游目的地的营销主体是区域性或跨区域性旅游组织，而不是一般性旅游企业。旅游目的地营销有别于单独的企业或部门的营销活动，它是以区域性的旅游组织(或政府旅游主管部门)为主体，在区域层面上进行的一种新的营销方式。

(2) 旅游目的地营销的客体是旅游客源市场。旅游需求的性质决定了旅游市场是一个开放的系统，具有时间和空间相对分离的特点；从需求特征上看，又具备时间和空间相对集中的规律。目的地通过产品开发和形象营造，应努力拓展市场范围，建立市场关联，提高自身的市场竞争力。同时，区域旅游组织应代表和维护旅游者的利益，争取树立良好的市场形象。

(3) 旅游目的地的主要营销媒介是目的地旅游形象。旅游目的地营销应该是一个利益和目标一致但又内部相互分工的工作体系，旅游目的地组织的任务一方面是塑造本区域独特的旅游形象；另一方面还要协调好本区域旅游企业和旅游产品的营销活动，因为一个良好的目的地形象也有赖于优势旅游产品的支撑和烘托。在一般情况下，单一旅游企业没有能力营销区域旅游形象，因此旅游目的地营销的首要功能应是对目的地整体形象的树立。

旅游目的地营销是一种在地区层次上进行的旅游营销方式，在这种方式下，地区将代表区域内所有的旅游企业，以一个旅游目的地的形象作为营销主体加入旅游市场的激烈竞争中。地区营销的参与者不是某个旅游企业，而是地区内所有的机构和人员；营销对象不是某个旅游产品，而是目的地内所有的产品和服务；获益者也不是某个旅游企业，而是整个地区。因此，传统的营销理论不适合旅游目的地的实践。但是，迄今为止，无论在理论界还是在实践中，对于这种营销理念的变革和策略的认识还不够，依然存在套用传统产品的营销理论来营销旅游目的地的现象。目前，我国旅游目的地发展中存在的问题使得许多旅游目的地重新思考它们的营销战略。

6. 旅游目的地营销的方法

1) 树立现代市场营销观念

旅游目的地营销的核心和出发点是旅游者，所以旅游目的地组织的一切工作都要围绕着旅游者来进行。组织者必须借助信息社会的各种手段，知晓什么样的旅游者到旅游目的地来、为什么来、有怎样的消费行为。要建立完整的消费者资料数据库，利用数据库来获取和存储关于顾客、潜在顾客的各种购买决策信息以及购买习性与消费行为的预期等重要的行为信息，以便进行消费者分析，确定目标市场及进行营销治理等。同时，利用数据库可以把有关的传播资源整合在一起，如邮件、电话、直销、广告宣传、公关活动等，统一协调调度，选择更经济的方式，从顾客的角度来开展营销传播活动。例如，利用电子邮件进行一对一的沟通；通过网络销售产品等使客户节约更多的信息搜集及区分成本。利用数据库对最终的传播效果进行科学评估，据此来完善下一次的传播活动，并把有限的资源分配到最有价值的消费者身上，最终建立和消费者之间的牢固关系，使提高目的地品牌忠诚度成为可能。

2) 营销战略目标的多元化

旅游目的地不仅是一个为游客提供游览、娱乐、住宿、购物、体验等多种旅游服务的综合体，同时它也包含分别提供产品、服务、设施等不同服务的利益相关者，每个利益相关者有着各自不同的利益点，甚至可能是相互矛盾的，而他们的每个行为都会影响游客对旅游目的地形象的看法，甚至决定对旅游目的地的选择。所以，旅游目的地的营销目标不仅要考虑游客的利益，还要考虑各个利益相关者的利益。只有利益相关者之间紧密协调和配合，才能形成一个整体的旅游目的地，并与目标市场旅游者保持长久的互动关系。

旅游目的地通过整体的营销来协调和重建目的地的旅游发展战略及利益相关群体的关系，就解决了目的地旅游业的整体发展与目的地经济、社会、环境等保持一致、协调共同发展的问题。也就是说，当旅游目的地系统中的旅游者、潜在旅游者、旅游供给商、旅游中间商、交通运输企业、宾馆、饭店、商店、当地政府部门、媒体、目的地居民等利益相关者的利益在整合营销传播战略中都能够得到满足时，旅游目的地就可以实现经营目标的多元化。

3) 塑造和传播旅游目的地鲜明的一致性形象

旅游目的地营销组织必须结合目的地本身的旅游资源及产品的特征和客源地消费者的需求特点，提炼一个统一的、有鲜明个性的旅游目的地形象，即形象定位。形象定位有三个原则：一是突显区域特色，既要符合自身的资源特色，又要体现鲜明、富有个性的旅游形象；二是要富含文化底蕴，充分挖掘旅游目的地的文化内涵，使目的地具有持续的吸引力；三是要突出市场原则，从旅游者的角度透视和设计目的地整体形象。

目的地形象确定以后，就要将以前分散的各种营销活动有机地、合理地进行整合和统一，从而产生最大的协同效应。传播目的地信息的手段有多种，如广告宣传、公关、销售促进、节庆等传播活动，各有其特点，再加上不同消费者对信息的理解不同，所以很容易造成对信息传播理解的多样化和复杂化。所以，所有的传播手段应该能够传递统一的目的地形象信息，产生传播的合力，最终形成对目的地品牌和形象一致性的诉求。

4) 产品的差异化

旅游目的地提供的产品和服务首先建立在对不同类型顾客的深刻理解的基础上，而不是像传统营销那样建立在策划人员对产品或服务功能和特点的理解基础上。策划人员首先要分析不同类型游客的消费需求和出游动机，然后考察旅游目的地的产品是否适合该类游客,并挖掘本地区旅游业更深处的新奇性及存在于旅游吸引物中的特征。同时,还要考察旅游者和潜在旅游者是如何认知它们的,了解他们心目中旅游目的地的品牌和形象构成因素,进而明了本地区的竞争对手有哪些,以及旅游者和潜在旅游者对它们的认知是怎样的。最后创造性地提出本地区旅游的消费者利益点和目的地品牌和形象个性。此外,信息的传播和发送也要紧紧围绕着目标市场来进行。策划人员应了解旅游者和潜在旅游者所偏爱的品牌及形象接触途径,判定哪些是最能影响旅游者选择旅游目的地的决策过程的关键点,以及最能说服潜在旅游者的品牌及形象信息传递的关键点,然后利用这些重要的接触点,运用旅游者喜闻乐见的形式在恰当的时间传递和沟通信息。

5) 规划和建立科学的评估反馈系统

对旅游目的地营销传播效果的测量主要体现在对旅游者和潜在旅游者行为反应的测量上,可以通过以营销数据库为主的信息系统,建立对营销传播的评估和反馈系统。通过了解顾客的预订记录、游客信息记录及顾客的满意度调查等,建立顾客数据库信息;通过这些信息数据,旅游目的地营销的组织者可以确切地知道目的地的目标客户群体和他们所具有的消费水平与收入基数;旅游目的地可以通过整合可利用的各种营销资源进行营销传播活动,如通过广告、直接邮寄、电子邮件及电话营销等方式将公司品牌信息传递给顾客。所有这些信息(品牌信息和营销传播沟通信息)都会影响顾客的购买行为,通过顾客的购买数据又可以测量传播品牌的力度和有效程度,并指导下一次的营销传播活动。

12.4.2 旅游节庆营销

旅游节庆营销可以从以下几个方面展开。

1. 确定独特的节庆主题

旅游节庆主题包括旅游节庆名称和旅游节庆活动主题,其中旅游节庆名称来自旅游节庆载体资源。旅游节庆名称要体现"地方性",使游客从旅游节庆的名称中就能感受到强烈的旅游目的地信息。

旅游节庆活动主题是按照节庆理念提炼的旅游节庆活动所要表达的主题思想,是组织旅游节庆活动的中心线索。以节庆旅游的鲜明主题为主线,整合区域范围内相关特性的旅游产品形成产品线。按照主题整合一系列协调性良好、内容衔接、共同体现特色的旅游节庆产品,有助于增强产品的特色,塑造旅游节庆活动在旅游者心中的鲜明的差异化形象,推动旅游目的地的整体形象发展,扩大旅游节庆活动的影响半径。

突出特色是节庆旅游成功与否的一个重要因素。旅游者外出观光游览或参加旅游节庆活动,就要是寻找一种独特的文化体验。特色也是节庆活动民族性和地域性的集中体现。节庆旅游的特色是它的文化特质,缺乏文化内涵的吸引物不能构成真正的旅游吸引物。地方性是旅游节庆生存的基础,国际性是旅游节庆持续发展的现实要求。旅游节庆要长盛不衰,必须立足地方性,瞄准国际性,在创建阶段,要突出地方性,放眼国际性;在发展阶段,要扩大国际性,立足地方性。

2. 加强游客体验性

旅游节庆活动是依托社会经济、历史文化、风俗民情等资源吸引大量旅游者的主题性节日盛会。广泛的民众性是旅游节庆活动赖以成功的魅力所在。一个节庆要想吸引游客，首先必须得到当地人的认可、支持和喜爱。如果当地人不喜欢这个节日，那么这种不喜欢的消极态度很快会波及游客，这个节日在游客心中就没有价值了。节庆旅游要根据市场需求，增强旅游节庆活动的娱乐性，设计出群众喜闻乐见的活动，充分调动游客的积极性和参与性。组织者可以广泛征求各界对旅游节庆主题、内容、举办形式以及旅游节庆广告语、节歌、会徽、吉祥物和纪念品的建议，均有利于调动民众的参与热情。

设计丰富、生动的体验活动是节庆旅游开发的核心。为使节庆旅游产品更有体验价值，最直接的办法就是增加感官要素，从视觉、听觉、触觉、味觉和嗅觉等方面进行细致的分析，突出产品的感官特征，增强游客与节庆旅游产品相互交流的感觉。在旅游节庆活动设计方面要丰富体验类型，增加体验深度，满足游客个性化的旅游需求，提高旅游节庆对游客的吸引力。体验活动的精髓在于使游客身临其境，游客参与程度越高，体验效果越好，越能给游客留下难忘的记忆。可以加强图文展示系统、影视解说系统的建设，丰富观光体验的内容，提高游客的体验效果；还可以开发激励游客参与的项目，如对身体产生刺激的运动、健身、娱乐类活动，通过身体的接触，调动各种感觉器官，使游客获得独特的个人体验，产生愉悦的情感。游客可以最大限度地和当地居民接触，追求异域地区文化，体验完全不同的生活方式。

3. 营造节庆氛围

为了营造节庆氛围，在旅游节庆活动开幕前，可以在主要街道、商场、景点、公交沿线进行宣传，如设置宣传标语、冠以旅游节庆的商业性标语、大型充气吉祥物、彩色拱形门、落地彩球、升天彩球等，还可以在周边地区开展花车巡游等宣传活动。国际上旅游节庆最为普遍又最为有效的形式是彩车加表演方队的大巡游，在巡游队伍经过的大街两侧搭建长长的观礼台或简单的座位，人们扶老携幼前往观看，从而形成万民同乐的节日气氛，可使游客深受感染并融入其中。

4. 塑造节庆品牌

旅游节庆活动主办者应重视本地旅游节庆品牌的塑造和经营，立足于打造节庆旅游精品，创立名牌旅游节庆，促进旅游目的地的市场拓展、形象塑造和国际竞争能力的提高。要想打造具有全国甚至国际意义的旅游节庆精品，就必须结合当地的自然和文化特色，对旅游节庆的主题进行深度挖掘，尤其是对文化内涵的发掘和旅游节庆活动内容、形式的创新。旅游节庆活动主办者可以对有历史渊源、有文化底蕴、有时代精神、有地方风采而且效果理想、影响广泛的旅游节庆重点大力扶植、全力包装，打造成为知名旅游节庆品牌。要加强品牌的有效推广和传播，可利用丰富、新颖、符合旅游节庆特点的多种方式和渠道，加强与节庆旅游消费者之间的沟通，强化品牌形象，扩大旅游节庆的影响范围。

旅游节庆要走品牌化发展之路，关键是要重视旅游节庆活动文化内涵的挖掘与保持。

随着人们文化素养的逐渐提高，对节庆旅游产品的文化含量要求也越来越高，在举办旅游节庆活动时，要尽力挖掘本地区各种特色文化的内涵，发现新东西，开发体现当地文化的新项目，如2006年哈尔滨国际啤酒节大打"中国啤酒故乡"这张文化牌。

12.4.3 旅游网络营销

1. 旅游网络营销的概念

随着互联网业务的迅速发展，旅游网络营销(Tourism Cyber Marketing)开始成为很多企业的热门选择。到底什么是旅游网络营销，各个不同学科背景的专家学者各抒己见，至今尚未有统一的表述。旅游网络营销存在广义与狭义之分。广义的旅游网络营销是指各类与旅游业相关的组织、机构，利用计算机网络开展的一系列与旅游业相关的活动。狭义的旅游网络营销是指旅游企业利用联机服务网络、计算机通信和数字交互式多媒体来开展以销售旅游产品为中心的营销活动，从而帮助旅游企业实现营销目标，其实质是以计算机互联网技术为基础，通过与潜在旅游者在网上直接接触的方式，向旅游者提供更好的旅游产品和服务的营销活动。

旅游网络营销是在传统营销基础上产生的新的营销方式，主要利用网络这种手段来实现营销。但它并不是"虚拟营销"，而是传统营销的一种发展，即传统营销向互联网的延伸，所有的网络营销活动都是实实在在的。

因此，可以将旅游网络营销定义为：旅游业通过各种形式的网络来分析、计划、执行和控制关于旅游商品、服务和创意的观念、定价、促销和分销，以创造能符合个人和组织目标的交换的管理过程。

2. 旅游网络营销的优势

旅游网络营销方式虽然出现的时间比传统的营销方式要晚得多，但是凭借自身独特的优势，已经获得多数旅游企业和旅游目的地的青睐。这种优势主要体现在以下几个方面。

1) 可以超越时间和空间限制进行信息交换

凭借旅游企业网站等网络空间载体，任何旅游企业都有可能全天候提供全球性的营销服务，无论旅游者身处何方，都可以在任何时间顺利获取他们想要知道的各种旅游信息。真正打破了时空限制，为旅游企业和旅游地实现真正的24小时不间断的信息传递提供了可能。

2) 借助多媒体技术可以实现立体化的信息传播效果

随着现代互联网技术的不断发展，网络传播已经演变成图、文、声等各种媒体传播方式并存的卓越传播形式，利用目前的3D技术，甚至能创造出虚拟旅游环境，为计算机前的广大旅游者提供身临其境般的视觉感受，大大突破了传统传播媒介的局限性，使得旅游营销信息以更加多样化的方式呈现在广大旅游者面前。

3) 可以最大限度地实现企业与游客之间的交互沟通

互联网的存在拉近了旅游企业和旅游者之间的"距离"，无论是旅游企业和团体，还是旅游者，都可以自由地发布和寻找信息，自由地在网上开展交互式沟通。特别是随着Web2.0互联网应用的普及，如博客、社区、电子杂志等，每一个旅游者都可以成为信息的发布者和传播者。因此，旅游网络营销兼具直接营销、目标营销、双向互动营销及参与式营销的特点。

4) 具有高度的整合性

借助于旅游网站开展网络营销，在一定程度上可以帮助企业"一揽子"搞定营销工作，这是因为一个优秀的旅游网站集成了许多功能，可以在线浏览旅游信息，甚至直接预订产品线路；可以在线支付直接完成旅游交易，填写旅游反馈，乃至旅游投诉等。因此，借助旅游网站，可以将旅游产品的生产、售价、渠道、促销、市场调研、咨询、交易、结算、投诉等所有旅游事务一网打尽。

5) 具有无与伦比的高效率

借助网络开展旅游营销，几乎可以不用顾忌媒体的信息容量和瓶颈问题，而且也无须顾忌信息发布后的更新和修改，它可以帮助旅游企业或旅游目的地以最快的传播速度、最大的信息容量和最精确的信息内容实现营销信息传递，显示出传统媒体无法企及的高效率。

6) 有助于减少渠道流通环节，降低营销费用

旅游网络营销几乎具有传统分销渠道成员的所有功能，并且可以减少营销渠道的流通环节，不仅可以节省给中间商的佣金，节省物流成本，从而降低流通成本，还可使旅游企业有可能以较低的价格向公众出售其旅游产品，同时加强了旅游产品生产者对其产品的控制力。

3. 旅游网络营销的特点

1) 个性化

互联网不仅仅是一种新的销售渠道，网上销售正向一对一的个性化方向发展，这种发展趋势将改变所有公司从事商务活动的方式。个性化是指销售商根据过去的经验使网站或电子邮件适合用户需要，适应不同年龄和地点的人的不同爱好所从事的网络销售。销售商需要收集有关用户的数据，目标是进行一对一的销售。

有两种个性化技术：一是共同筛选技术，它把用户的购物习惯、购物爱好与其他买主的购物习惯、购物爱好加以比较，以确定他们下次要购买什么；另一种是神经网络匹配技术，即设计一套模仿人的大脑的程序，其功能是识别复杂数据中的隐含模式，如产品和购物者间的相关性等。与传统营销模式相比，网络营销使商人们能够迅速与每一位用户通信，还可以使用户与商人交谈，从而使他们能够提出特殊产品和用户化服务的要求。到目前为止，少数网站运营商已考虑充分利用这种亲切的网络营销服务方式。如果个性化服务在旅游网络营销中全面推行，将能够开创旅游网络营销的新时代。不仅普通的大宗市场销售和交易的基础将发生动摇，而且来自网络营销的个人服务还将改变商人与用户做生意的方式。不过，网上个性化销售也并非一帆风顺，到目前为止，网络营销从上到下对个性化的重要性的看法很不一致。这是因为个性化服务要求人们提供个人信息，有时需要填写冗

长的表格，所以只有少数网民愿意这样做。更糟糕的是，在个人隐私方面会引发新的问题，因为网站难以分辨用户是友好的还是爱探听消息的。

另外，许多网友对个性化的很多支持者甚感不满，其原因在于为了摸清用户的情况，网站运营商经常监视披露用户各种事项的电子记录。

目前，有关个性化的未来设想仍旧是不成熟和难以掌握的，要使针对个人的推荐真正与用户的需求相吻合还需要经历一个漫长的适应过程，因为实施个性化服务需要采用复杂的数学公式来与人们可能的兴趣相匹配。

2) 低成本

旅游网络营销给交易双方所带来的经济利益上的好处是显而易见的，主要表现在以下几个方面。

(1) 没有店面租金成本。传统的店面相当昂贵，特别是黄金地段，可以说是寸土寸金，如果要自己盖大楼，少则几万多则上亿的投资是必不可少的。而网络营销只需要一台网络服务器，或租用部分网络服务器的空间即可。在电子技术、电子工具都高度发达的今天，购置一台网络服务器的费用，与实际租用商业大厦的费用相比可以忽略不计。

(2) 较低的行销成本。网络营销具有极好的促销能力，经营者仅需负担较低的促销广告费用，而且可以利用服务器，将多媒体化的商品信息动态展示，既可以主动散发，又可随时接受需求者查询。

(3) 极低的结算成本。面向消费者的网络营销系统允许顾客在互联网上以信用卡付款，其着重点在于网上的实时结算，这对于顾客来说购物更为方便；对于商家而言，则降低了结算成本，电子商务代表了一种以网络为基础的新型商业结构。

3) 无形化

信息时代给传统市场营销带来了发展的契机，其无形化的特点尤其突出，主要表现在以下几方面。

(1) 书写电子化、传递数据化。网络营销中采用电子数据(无纸贸易)、电子传递，使营销双方无论身在何处，均可与在世界各地的商品生产、销售、消费者进行交流、订货、交易，从而实现快速准确的双向式数据的信息交流。

(2) 经营规模不受场地限制。在网络营销中，经营者在"网络店铺"中摆放多少商品几乎不受任何限制，无论经营者有多大的商品经营能力，网络营销系统都可以满足，而且经营方式也很灵活，你可以既是零售商，又是批发商。通过电子网络，你可以方便地在全世界范围内采购，并销售形形色色的商品。

(3) 支付手段高度电子化。为满足网络营销的发展需要，各银行金融机构、信用卡发放中心、软件厂商纷纷推出了在网络上购物的货款支付方法，现已广泛应用的形式主要有信用卡绑定、支付宝转账、网上银行付款等。

4. 我国旅游网络营销的趋势

在桌面互联网时代，离开椅子就意味着离开互联网。而在移动互联网时代，人们将真正生活在网络空间中。移动互联网市场的超常规发展催生了智能硬件产业的爆发，各类终端厂商都在争抢移动互联网入口，从手机、平板电脑到各类移动终端，各类智能化的移动设备正在重新定义人们的生活方式。

移动互联网正在从一种流行与时尚转变为人们工作与生活的一般必要条件。我们可以看到，移动互联网已经进入生产过程，成为一项重要的生产基础设施。它对生产过程中的人、机器以及管理都产生了巨大的影响，提高了人们的工作效率，释放了更高的生产力，从而创造出更高的社会效益与经济效益。

借移动互联网东风，"碎片化"成为炙手可热的概念。从手机游戏到碎片化支付，从社交网络到微电影传播……当碎片化概念悄然潜入旅游行业时，产业资本也从线下移师，展开线上竞逐。

(1) PC端格局已定。国内在线旅游PC端排序已经稳定。酒店：携程网、艺龙网、美团网、去哪儿网；机票：去哪儿网(作为平台)、携程网、淘宝网；门票：同程网、驴妈妈网。排在行业第一位的携程网合作、并购动作频繁，涉及邮轮、租车、休闲旅游等业务，但是观察国外在线旅游网站可以发现，酒店业务仍是旅游公司的主要增长点，其他业务是为了增强客户黏性，以更好地卖出酒店产品。

(2) 新的增长在移动端。在PC(个人电脑)时代，电视剧的贴片广告容量是电影的几十倍。但随着智能终端的兴起，移动视频用户正在强劲增长，移动端营销的金矿也随之显现。碎片化消费特征愈发明显，给传统产业的生态环境和基本格局带来巨大转变。移动互联网大旗一挥，贴上碎片化标签的电影和微电影、手机游戏、移动支付不仅夺走了传统产业的商业价值，还在持续分流后者赖以生存和发展的消费群。

(3) 流量变现能力尚需提高。对于在线旅游的后来者，移动端的消费习惯与PC端不同(移动端的决策时间短、等待时间短以及离预订目的地距离短，需要通过优惠价格提高支付意愿)，可以发掘新的市场，获得快速增长。例如，携程在2013年4月公布了"拇指+水泥"战略，全面转向移动互联网，首席执行官梁建章要求未来携程至少有一半的收入会来自APP。同年7月，携程发起价格战，吸引互联网用户，来自呼叫中心的订单比例由1/2下降到了1/3。携程推出综合性、一站式的APP；艺龙也已转型，从原来单一的酒店服务，到如今的机票、团购等服务并行。携程预计5~10年后，旅游业至少70%的预订都在PC端和移动端进行，携程希望在这70%里占到10%~20%的份额，保持在第一阵营。

总体来看，碎片化的市场特征，包含碎片化时间和碎片化需求两大要素。当游客在公交站等车、在地铁上穿梭以及在餐厅门前等位，或是在宾馆临睡前查看旅游攻略时，这些碎片化时间正成为商家们竞相挖掘的金矿。

在快节奏空间里，移动互联网的行业竞争逐渐演进成碎片化时间的争夺战，而终极目标正是将用户时间最大限度地变现。各个旅游网站正在培养这样的用户习惯。

伴随意见领袖的退隐和自我意识的觉醒，需求个性化已成大势所趋。智能终端一方面通过LBS(基于位置的服务)以及社交网络帮助用户精准地定位需求，另一方面也帮助商家在碎片化的海量信息中锁定目标用户。

尽管碎片化概念的商业价值和消费群体开始显山露水，但在短期内无法撼动传统产业的根基。与移动端的碎片化支付相比，线下支付依然不可取代；腾讯在传统互联网的PC端斩获了巨额利润，而大肆消耗碎片化时间的微信商业化道路才刚刚开始。

可以肯定的是，移动互联网是一个碎片化的市场，这意味着核心用户需求的多样化，也意味着庞大的市场空间无法被寡头轻易垄断。在碎片化时代的金矿里面，更多淘金的机会在等着被发掘。

(4) 市场竞争激烈，并购整合频起，初步形成了寡头竞争格局。经过十几年的发展，我国旅游电子商务市场竞争日益激烈，互联网巨头纷纷涉足在线预订领域，并购事件频起。2014年4月，携程战略投资同程网，成为其第二大股东，占股约30%；同月，携程以1 500万美元入股途牛。中国OTA市场已形成携程系、百度系、阿里系和腾讯系四大派系，中国OTA进入"CBAT"时代，具体情况如表12-1所示。

表12-1　中国OTA四大派系的业务分布

派别	在线预订	比价搜索	在线支付	资讯点评	APP
携程系	携程网、途牛网、同程网、台湾易游网、松果网、铁友网、途家网等			驴评网 中国古镇网 蝉游网	快捷酒店管家 非常准
百度系		去哪儿网		百度旅游	
阿里系	淘宝旅行	淘酒店	支付宝航旅	穷游网	
腾讯系	艺龙网 同程网		财付通航旅	旅人网	

除此之外，京东、奇虎360、苏宁云商、美团网等大型互联网公司也纷纷进军在线旅游领域，成为未来产业发展的重要变量。中国OTA已初步形成寡头竞争格局，且有愈演愈烈之势。

在线旅游行业经过十多年的发展，目前有两个公认的趋势，一是大量用户向移动端转移；二是机票、酒店业务增长放缓，休闲旅游的增速引人瞩目。

分析认为，核心OTA仍然拥有较强的渠道把控能力，随着邮轮、房屋短租、出境游等旅游产品的日益丰富，OTA营收规模将保持稳定增长；然而，OTA机票酒店等标准化产品的激烈竞争持续压缩了其佣金空间，使营收增速出现同比增速下降的情况。2014年7月，国航、南航以及海航，"联手"先后将国内机票的基础代理费从3%调低至2%，下调代理佣金的举措将使在线OTA在机票营收规模上出现一定的增速下滑。

不管行业竞争如何硝烟纷飞，要想获得消费者好评，对于消费者市场来说，未来需要两手抓，两手都要硬。一方面，继续把握价格问题，让消费者受益；另一方面，面临越来越激烈的在线竞争形势，需要花费大量人力、物力做服务，以便更好地抓住消费者。

(5) 散客时代来临，旅游成新宠。B2B(Business-to-Business)是指品牌对品牌之间的营销关系，它将品牌内部网站与客户紧密结合起来，通过网络的快速反应，为客户提供更好的服务，从而促进品牌的业务发展。

近年来，B2B发展势头迅猛，趋于成熟。旅游市场逐渐呈现年轻化、散客化、自由行趋势，相比电商，传统旅行社的产品丰富度欠缺。价格没有优势，迫切需要平台供应商提供产品支持。而近年来，中小旅行社通过B2B平台转型去线下，O2O、B2C、B2B2C都是载体，是表现旅行社经典价值的形式。

本章小结

本章讲解了旅游营销的基本知识和基本策略。旅游产品的提供者应该正确地把握旅游市场消费的特点及发展趋势,能够根据旅游市场的外部环境变化,制定有创意的旅游营销策略;掌握旅游目的地营销、旅游节庆营销及旅游网络营销方法,完善旅游企业的营销组合策略。

思考题

1. 旅游方式有哪些?
2. 简述旅游消费的影响因素。
3. 简述旅游目的地营销的含义及实施办法。
4. 旅游网络营销的优势有哪些?

章末案例

大堡礁的网络营销策略

澳大利亚大堡礁以其美丽的珊瑚景色久负盛名,但随着海洋升温以及游客增多,大堡礁的珊瑚虫一度濒临灭绝,经过一段时间的休养生息,大堡礁的生态环境得到了恢复,但知名度却已大不如前。另外,2008年全球性的金融危机也影响了澳洲的旅游业。尽管澳大利亚旅游业在全球范围内投资数百万元大搞广告攻势,可是不远万里到澳大利亚旅游的游客越来越少。

为宣传澳大利亚大堡礁,借此推动当地旅游业的发展,澳大利亚昆士兰州旅游局希望向全球推广宣传大堡礁。然而,采用什么样的方式才能既节约成本又能产生一定的影响力呢?澳大利亚昆士兰州旅游局依靠网络力量精心策划了"互联网全球招聘大堡礁岛屿看护员"活动。

2009年1月9日,澳大利亚昆士兰州旅游局网站发布招聘通告,并为此专门建立了一个名为"世上最好的工作"的招聘网站(www.islandreefjob.com),网站提供了多个国家的语言版本,短短几天内吸引了30多万人访问,甚至导致网站瘫痪,为此官方不得不临时增加数十台服务器。截至澳大利亚昆士兰州当地时间2009年2月23日上午9时59分,"世界上最好的工作"全球招聘活动正式报名截止。昆士兰州旅游局提供的数据显示,到报名截止时间为止,"世界上最好的工作"共吸引来自全球200个国家和地区的近3.5万人竞聘,包括11 565名美国人,2 791名加拿大人,2 262名英国人和2 064名澳大利亚人,来自中国的申请者就有503人。这次招聘活动吸引了全球的目光,据昆士兰州旅游局称,当时其公共价值已经超过7 000万美元。大堡礁工作内容、获得工作途径及报酬如下所述。

(1) 大堡礁岛与看护员的工作内容包括:探索大堡礁的群岛,以便更加深入地了解大堡礁。看护员需通过每周更新博客、相簿、日记及上传视频和接受媒体跟踪访问等方式,向昆士兰州旅游局(以及全世界)报告其探奇历程。其次还有喂鱼、清洗泳池等内容。这可真是"在碧水间潜水喂鱼,住海景豪华别墅,拿高额月薪"的美妙工作。

(2) 获得这份工作的途径。全世界任何人都可通过官方网站报名,需提交60秒的个人介绍视频。

(3) 看护员将获得的报酬。成功的申请者将于6个月的合同期内获取150 000澳元的薪金。此外,往返经济舱机票、住宿、在哈密尔顿岛上的交通费、合同期内的旅游保险、上网服务等费用全部由昆士兰州旅游局提供。

举办全球招聘"大堡礁护岛人"活动,昆士兰州旅游局只投入了170万美元,半年后便收获了价值1.1亿美元的全球宣传效应,而这还仅仅是全球媒体心甘情愿免费为这项活动所贡献的版面、画面价值,由此而吸引全球旅游者光顾的消费价值还将滚滚而来。所以说,全球招聘"大堡礁护岛人"活动是一个非常经典的旅游网络营销推广案例。

资料来源:易开刚. 营销策划——理念创新与案例实战[M]. 浙江:浙江工商大学出版社,2011.

问题:
1. 昆士兰州旅游局选择网络营销的原因是什么?
2. 试评价"世界上最好的工作"这句宣传口号的营销作用。

第13章
体育赛事营销

> 章前引例

赛事营销的魅力

2015年4月30日，历史上最伟大的两大拳击手在美国的拉斯维加斯上演了一场世纪大战。比赛时间只有36分钟，但两位拳手的身价却达到了3亿美元，梅威瑟分到1.8亿，帕奎奥拿走1.2亿，两个人参加一场拳击比赛的奖金比梅西和C罗两人踢上一年足球赚得还要多。而这场比赛的账面收入达到了10亿美金，再加上比赛带来的附加收益和博彩收入，比赛所创造的综合收益将超过百亿美元。为什么这场拳击比赛经营得这么成功？这与职业拳击赛事成熟的营销运营是分不开的，通过拳击经纪人的运作与推广、赛前的炒作、娱乐元素的注入等营销手段吸引了亿万观众对比赛的关注。拳击比赛如此，足球、乒乓球、篮球、冰壶、高尔夫球等各项赛事的成功举办都离不开出色的市场化运作，开展合适的赛事营销可有效促成各项赛事的成功举办。

近年来，随着体育赛事逐步向市场化方向运作，体育营销的观念深入人心，体育赛事背后所蕴藏的无限商机也日益成为大家关注的焦点。体育赛事作为体育事业重要的组成部分，是公认的进行品牌宣传的最好广告载体之一，尤其是大型体育赛事的营销使体育赛事成为一道亮丽的风景线。体育赛事具有很强的宣传潜力，能够跨国境、摆脱地理限制，在短时间内吸引众多眼球，所以，目前开展体育赛事营销活动已成为赛事组织者重要的工作环节，在很大程度上影响了体育赛事的成功举行。本章主要介绍了体育赛事营销的有关基本概念、体育赛事的营销策略、体育赛事活动的赞助以及赛事无形资产经营管理等。

13.1 体育赛事营销概述

13.1.1 体育赛事营销的定义

著名营销学家菲利普·科特勒(Philip Kotler)认为：营销是指个人或者群体通过创造并同他人或者群体交换产品和价值，以满足需求和欲望的一种社会管理过程。在此定义的基础上，我们可以将体育赛事营销定义为以体育赛事及其相关产品和服务为载体，以满足体育赛事相关个人或者群体需求为目的的一种行为。

从广义上讲，任何与体育赛事有利益关系的个人或者群体都可以成为营销主体，主动运用营销手段，满足其需求。申办体育赛事的当地政府可视为赛事营销的主体，其申办赛事是为了对城市和政府进行营销，使赛事成为宣传城市的名片，从而提高城市知名度、美誉度等。参与体育赛事的运动员也能成为赛事营销主体，尤其是在完全市场化运作的西方发达体育赛事市场中，运动员及其经纪公司会对运动员参与的赛事进行仔细选择，以获得最高的收入及个人知名度的提高。向体育赛事提供赞助和支持的企业也是赛事营销主体，通过赛事平台建立与消费者的沟通渠道，传递企业信息，提高品牌知名度，促进产品销售。从狭义上讲，体育赛事营销主体只能是对体育赛事有经营决策权的个人或者群体。从这种意义上来讲，体育赛事市场营销主体即体育赛事的运作管理机构。

本章所阐述的体育赛事营销，正是从狭义的范畴出发，从体育赛事运作管理机构的角度，探讨在不断变化的体育赛事运作环境中，如何以体育赛事为载体，通过识别、整合、推广，采用合适的方法营销体育赛事的价值资源，来满足赛事相关利益者的需求，从而实现体育赛事的经济及社会效益。此种意义上的体育赛事营销主要包括如下内容：向运动员介绍赛事、吸引运动员参加、吸引媒体报道赛事、吸引公众前来观看比赛或者关注媒体对赛事的报道、与政府部门沟通等，以获得政府对赛事强有力的支持及参与，并寻求企业、其他团体及个人对赛事的赞助、捐赠与支持。同时，还要寻找能够为赛事提供各种高效、专业化产品与服务的专业公司。

13.1.2 体育赛事营销的特点

体育赛事是一种具有项目管理性的特殊事件，其规模和形式受规则、习俗和传统的影响，通过赛事的举办，可以提供竞赛产品和相关服务，迎合不同利益相关者的需求，对社会文化、自然环境、政治、旅游和经济各个领域都会产生影响。对于体育赛事运作管理部门来说，体育赛事营销主要有以下几个特点。

1. 复杂性与系统性

体育赛事营销作为一个庞大而系统的工程，涉及很多方面的工作，营销对象也比较广，且体育赛事类型和规模的不同会对赛事营销有不同的要求，处于不同环境下的赛事营销会有不同的表现，因此体现了一定的复杂性。但体育赛事自身存在一定的规律，赛事营销的开展也具有一定的规律可循，而且仔细识别赛事的规律是应对体育赛事营销复杂性的关键环节，从这方面看，体育赛事营销具有一定的系统性。

2. 公益性

体育是全世界人民共同热爱的活动，而体育赛事则是传播体育价值的重要平台，是实现无声交流的重要手段。作为富有文化特征的产品，体育赛事营销为各大主体提供了精神传递与文化交流的平台，通过发挥体育给人们带来的积极的情感体验开展营销传播活动，不仅有利于提升价值观念和品牌形象，而且有助于各个民族、国家以及全世界人民跨越国界和种族的障碍，增进彼此间的友谊。通过体育赛事营销，在实现经济效益的同时，可以同时实现政治、经济、文化和社会生活等多方面的综合效益。

3. 风险性

受自然因素(如各种自然灾害)和人为因素(如体育活动组织管理不善或权益纠纷等)的

影响，会给体育赛事造成人身伤害和经济损失，尤其是群众性的体育比赛活动，一旦发生意外，造成的损失和影响不可估量。如2013年7月13日，在英格兰布拉德福德举办的一场友谊赛中，球迷看台突然起火，人群发生混乱，56人在事故中遇难，265人受伤。这就要求体育赛事的组织者要加强公共安全管理和突发事件的应急预案。体育赛事营销的风险主要体现在两个方面。一方面是体育赛事本身的风险，具体包括赛事涉及的个人的安全风险、赛事的组织过程中的风险、赛事涉及的设施、设备、工具的安全风险；另一方面是体育赛事营销的潜在风险，包括营销人员、营销对象和营销方法的风险。

13.1.3 体育赛事营销的内容

体育赛事有规模和类别之分，因此赛事营销的具体方法也不尽相同，但其基本的内容是一致的。赛事营销涉及的内容很多，如寻找企业赞助、出售广播电视转播权、广告等。所以，在进行体育赛事的市场营销时应综合考虑(赞助、公共关系、礼遇、销售、广告、集资筹款、媒体转播、专利销售规划等)。一般而言，赛事营销是一种一体化的营销方法。它已为众多成功赛事所证明是最为有效的活动营销平台之一。

具体说来，营销体育赛事主要有出售门票、出售广告业务、销售特许经营权和出售电视转播权等几种方法。

1. 出售门票

门票销售是诸多体育赛事营销方法中最为传统也最为基本的方法。门票收入也是体育赛事最主要的收入来源之一。美国棒球、橄榄球、篮球和冰球职业联盟的门票收入占总收入的比例分别为34.3%、22.8%、41.0%和59.3%。门票的发售方式多种多样，可根据市场特征和赛事的具体形式进行适当设计。以奥运会为例，奥运会门票销售采取套票和单项票两种形式。套票又有两种：一是"大套票"，即包含开幕式、闭幕式及所有比赛的一套门票；二是"小套票"，即某一项目全部比赛场次的门票，或若干项比赛组合的套票。

事实上，门票销售越多，体育赛事的影响面就越大，合作伙伴的市场回报也就越大，体育赛事就越容易取得成功。因此，门票销售计划和销售方式是体育赛事经营管理的重要环节。赛事经营管理者在尽力推销门票的同时，往往还赠送门票，以提高上座率。即使是奥运会，也有相当一部分门票被分发给各成员国、赞助商、饭店和旅行社。2014年巴西世界杯，约有300万张门票面向球迷出售，每场比赛球迷们最多可以预订4个座席，而每位球迷最多可以申请7场不同的比赛。值得一提的是，随着赛事营销手段的不断丰富和发展，如电视转播权、网络转播权及特许经营权的运用开发，门票收入占赛事总收入的比例开始逐渐减少。

2. 出售广告业务

广告业务是体育赛事经营收入的重要来源，广告业务的内容有：广告权、转播权、特许经营权、相关信息使用权、出版权等。其中，广告权包括场地广告(地面、设备、横幅、广告牌、空中、场馆前广场、入口)、队服广告(胸前、背后、袖标、裤子、专用鞋)、赛事无形资产广告(赛事冠名、指定用品、指定服务)、印刷品广告(门票广告、秩序册广告、张贴广告、成绩册、纪念册、导游册、宣传画和海报等广告形式)、标志、姓名、肖像、代言人使用权等；转播权包括国际、全国或地方的广播权、电视转播权、采访报道、集锦播放、直播和录播权等；特许经营权包括门票特许经营权、场内零售服务特许经营权、队服、器材、标志、肖像、纪念品等；相关信息使用、出版权包括运动训练技术数据、产业情报信息、名人轶事等。

3. 标识营销(销售特许经营权)

赛事标识营销具有重要作用。赛事标识是指体育组织(或赛是组织者)的符号、标记(如奥运五环)和标志性物品(如赛事吉祥物)。赛事标识营销是指商家通过向赛事组织者提供一定数额的货币，或折合成货币的实物及服务，换取在自己的产品上使用赛事标识的许可。商家这样做的目的，是利用这些标识所承载的文化价值，来增强其产品的市场竞争力。例如足球世界杯和奥运会通过出售赛事标识使用权，给赛事主办方带来了丰厚的回报。

4. 出售电视转播权

广播电视转播权经营就是出售体育赛事的广播电视版权，它是体育赛事的主要资金来源。并且随着体育赛事与电视关系越来越紧密，电视转播费用也随之不断上升。对于国际体育赛事，转播业务程序是由国际体育组织委托当地电视台或专业机构代理制作赛事的电视节目，并负责电视节目信号的传送。体育组织拥有赛事节目的电视版权，并向购买了转播权的广播电视机构提供电视信号或密码，广播电视机构可购买新闻采访报道权、精彩画面集锦播放权和转播权。

📝 知识链接　奥运会的电视转播权价格

奥运会是全球最大的体育常规赛事，自1960年罗马奥运会首次对欧洲18国实况转播以来，1964年东京奥运会开始实行卫星全球实况转播并以140万美元的价格出售转播权。2014年，国际奥委会与日本竞标单位达成协议，以1 100亿日元(约合10亿美元)的"打包价"授予日本最具影响力的公共传媒机构NHK和日本民间放送联盟(JBA)2018—2024年期间四届奥运会的转播权，包括2018年平昌冬奥会(平昌)、2020年东京夏奥会，以及2022年北京冬奥会和2024年夏奥会转播权。表13-1反映了1960—2008年奥运会电视转播权的价格情况。

表13-1　1960—2008年奥运会电视转播权价格

年份	主办城市	电视转播权(美国)/百万美元	电视转播权(欧洲)/百万美元	电视转播权(全球)/百万美元
1960	罗马	0.5	0.67	1.2
1964	东京	1	0.38	1.5
1968	墨西哥	4.5	1	9.75
1972	慕尼黑	7.5	1.7	11.8

(续表)

年份	主办城市	电视转播权(美国)/百万美元	电视转播权(欧洲)/百万美元	电视转播权(全球)/百万美元
1976	蒙特利尔	25	4.5	34.9
1980	莫斯科	85	5.95	101
1984	洛杉矶	225	19.8	287
1988	首尔	300	28	407
1992	巴塞罗那	401	90	636
1996	亚特兰大	456	250	907
2000	悉尼	715	350	1350
2004	雅典	793	400	1700
2008	北京	894	460	2000

资料来源：http://news.xinhuanet.com/sports/2014-06/19/c_126644572.htm，2014-6. 有删改。

13.2 体育赛事营销策略

体育与人们的生活息息相关，体育营销也越来越广泛地被企业所接受。北京一家专业调查机构于2013年4月份做的一份调查报告显示，已经有8.3%的公司或多或少地涉足体育营销，而且这种上涨趋势还很迅猛，参与体育营销的企业数量也越来越多，包括房地产、服装、家纺、休闲食品、饮料、乳制品、婴童产品等众多行业企业都积极涉足体育营销。可见，与体育结缘已经成为众多有远见的企业家的共识。恒大地产就是从体育营销开始，逐渐涉足体育产业，成就了中国体育营销的典范。体育赛事营销要求准确地了解体育赛事对象的特征和需求，掌握体育赛事的营销方法，开展有效的目标市场营销策略。

13.2.1 体育赛事营销的对象与需求

1. 体育赛事营销的对象

体育赛事的营销对象具体是指体育赛事的主要利益相关者，即参与体育赛事的任何个人、集体或者组织，主要包括政府、赞助商、运动员、媒体、观众、中介及经纪公司、专业合作机构等。

(1) 政府。政府是体育赛事营销对象中主要的营销对象之一。由于我国体育管理体制的原因，政府控制着大量的赛事资源。《中华人民共和国体育法》第三十一条明确规定："国家对体育竞赛实行分级分类管理。全国综合性运动会由国务院体育行政部门管理或者由国务院体育行政部门会同有关组织管理；全国单项体育竞赛由该项运动的全国性协会负责管理；地方综合性运动会和地方单项体育竞赛的管理办法由地方人民政府制定。"所以如全运会、城运会等综合性运动会及全国各单项体育赛事的所有权都属于国家。

(2) 赞助商。赞助商是体育赛事组织者重要的营销对象。一方面，对于企业来说，通过赞助体育赛事，可以很好地宣传企业，扩大企业的社会认知度；另一方面，对于体育赛事组织者来说，赞助商是体育赛事成功运营的重要组成部分，赛事赞助商既可以为体育赛事组织者提供大量的资金和物品，同时还会投入大量的人力、物力和财力用于赛事的宣传和推广。因此，赞助商的选择和谈判是体育赛事营销一项重要的活动。吸引更多的企业赞助体育赛事是赛事主办方重要的目标之一，这关系着赛事运作管理机构能否为赛事筹集足够的资金，保证赛事的成功举办。

(3) 运动员。运动员是体育赛事的主要参与者，他们的表现带来了视觉上的刺激和精神上的娱乐，他们是体育赛事的重要主体之一。因此，运动员也是体育赛事营销的主要对象，尤其是吸引高水平运动员参赛能够提升赛事的档次和水平，从而引起全世界的瞩目。比如，每年举行的网球四大满贯赛事，集中了全世界最顶尖水平的运动员参赛，从而吸引亿万球迷关注赛事。

(4) 媒体。媒体是体育赛事组织者做好宣传工作需要借助的强有力的手段。因此，赛事的运作管理机构要处理好与媒体的合作关系，实现互利共赢。一方面，体育赛事需要媒体的大量报道来唤起人们对体育赛事的关注；另一方面，媒体通过报道大量的人们感兴趣的体育赛事来获得更多的社会关注。所以体育赛事与媒体一直维持着不可分割的共生关系。早在1895年，美国的报纸就开始大量地报道体育比赛赛况，当时纽约的报纸专门开辟了体育版，大量报道体育赛事，引起了读者的强烈兴趣。体育赛事媒体转播权、报道权已成为一种国际公认的知识产权，并且成为支撑现代体育赛事生存与发展的基本收入之一。在国际奥委会开展创收活动的初期，所有的收入基本上来自奥运会出售电视转播权，最高时达到国际奥委会总收入的95%。

(5) 观众。这里所指的观众是广义的概念，既包括直接到比赛现场观看体育赛事的现场观众，又包括通过电视、网络等媒体观看体育赛事的场外观众。成功的国际体育赛事告诉我们，观众和运动员、教练员、裁判员一样，已经成为体育赛事不可或缺的主体，他是体育赛事重要的利益相关者之一，与体育赛事的诸多方面关系密切。

(6) 中介及经纪公司。体育竞赛表演市场的蓬勃发展，为体育经纪公司的发展创造了良好的机遇。体育赛事管理部门为了吸引更多的消费者和赞助商，除了在体育赛事的技能上下功夫之外，还需要运用现代化的营销手段对赛事进行精心的策划与包装。为了适应这一变化，赛事主办方将某些赛事推广工作委托给精于此道的体育中介及经纪公司来运作。这里我们引入一个体育经纪人的概念，体育经纪人是指凭借自身的信誉、各种市场信息、灵活的交易方式以及特殊的专业知识为体育市场交易主体服务，从而消除买卖双方交易的障碍，促进交易活动的实现，推动体育市场中各类资源有序流动的个人和经济组织。国家体育总局和国家工商行政管理总局共同拟定的《体育经纪人管理办法(草案)》中将体育经纪人定义为："依本办法(《经纪人管理办法》)取得合法资格、专门从事体育经纪活动的法人和其他经济组织。"

(7) 专业合作机构。体育赛事，尤其是大型体育赛事的运作管理是一个非常浩大的系统工程，工作量大、涉及面广、专业性强、时限要求高，单凭体育赛事运作管理机构一己之力很难保证赛事的成功举办，也不利于运作成本的控制和效率的提高。因此，往往需要一些专业化程度较高的服务公司给予支持。比如开幕式的设计、市场推广、旅游、餐饮、食宿的安排等，需要由专门的公司进行协助。通过与专业的公司合作，不仅分担了赛事运作管理机构的巨大压力，而且整合了当地的资源，提高了赛事质量。因此，这些专业化的公司也是赛事营销的重要对象。

尽管我们将体育赛事的营销对象划分为以上具有某些共同特点的群体，但同一群体中的不同个体对赛事仍然会有不同的要求。例如，对于尚未进入本地市场的企业而言，赞助赛事的最大动机可能是寻求市场突破口，打响品牌；但对于一个已在本地拥有了较大市场份额的企业而言，它的需求是赛事如何帮助它维护已有的知名度与美誉度。因此，在制订具体的赛事营销计划和方案时，有必要针对不同的营销对象进行更为细致的市场调研和精心策划，这是赛事营销取得成功不可或缺的部分。

2. 体育赛事营销对象的需求

赛事营销对象的需求是赛事营销时首先需要考虑的因素。因此，充分认识营销对象的需求并满足其需求是体育赛事营销的核心所在。各营销对象的具体需求如下所述。

(1) 政府对体育赛事的需求。政府在体育赛事中的需求主要有三个方面：第一，安全需求，也就是要确保社会、经济、财务和组织安全；第二，政治需求，也就是通过体育赛事的举办，实现提高举办地的社会关注度、知名度和美誉度的目的；第三，效益需求，有利于体育事业等公共事业的可持续发展，增强投资者信心，促进举办城市的基础建设和环境改善，促进"政治文明，精神文明，物质文明"的建设。

(2) 赞助商对体育赛事的需求。不同的企业对体育赛事的需求不尽相同，同一企业在不同时期对同一赛事的需求也不同。一般情况下，企业赞助体育赛事的主要目的包括提升企业或其产品品牌的知名度、促进产品销售及开拓市场等。

(3) 媒体对体育赛事的需求。媒体总是寻找一切具有新闻价值和传播价值的新闻事件，以此来吸引更多受众的关注，因此，媒体对体育赛事的需求包括：一是体育赛事要具有一定的新闻价值；二是赛事要精彩、媒体转播成本低且转播价值大；三是提供良好的赛事转播报道服务。

(4) 观众对体育赛事的需求。观众自然希望能以公道的价格欣赏到一场精彩的比赛，同时观众还希望在观看比赛的过程中得到安全保障、优质服务、良好的消费环境等。总之，体育赛事的消费者期望在消费过程中获得满意的消费体验。

(5) 运动员对体育赛事的需求。运动员对体育赛事的需求包括：第一，可以实现训练计划，有利于提高运动成绩，同时获得参赛资格、获得名誉和利益；第二，公正公平的判罚；第三，良好的竞赛保障与服务环境。

(6) 专业机构对体育赛事的需求。专业机构的需求包括：第一，有利于本机构品牌的推广，并与同档次的机构合作；第二，现场可以实现其性能指标，并能获取一定的利润。

在不断变化的市场环境中，体育赛事管理部门应满足不同利益相关者的需求，促进赛事的可持续发展。

案例13.1
从2014年巴西世界杯看赛事利益相关者的不同诉求

在"不懂足球不能成为巴西总统"的足球王国——巴西，竟然也发生了民众抵制举办世界杯的示威活动，真是让人百思不得其解。要弄明白这个问题，还要从管理学和体育管理学中的"利益相关者"理论的角度去分析。巴西世界杯遭遇本国民众的抵制，起因和带来的主要问题是，巴西当地民众作为赛事供应者和环境公众认为主办世界杯的投入产出效益不符合自身利益需求，巴西当地社会环境中的治安环境影响了裁判、教练、运动员、观众、媒体记者等利益相关者的安全利益，主要是指巴西贫民窟导致的武装贩毒和暴力犯罪问题严重，并且赛事供应者还有干涉或阻碍赛事所需各种物质供应的风险。这些因素都影响2014巴西世界杯能否成功举办，不仅对国际足联的利益构成连带威胁，而且影响当年巴西总统大选和2016年巴西奥运会的利益相关格局。可见，体育赛事的不同参与主体都有着不同的利益需求，这需要相关机构在开展赛事营销活动时必须考虑不同对象的需求差异性，以采取相适应的营销策略。

资料来源：郑萌. 从巴西世界杯遭抵制看大型体育赛事利益相关者的两个基本问题[J]. 山东体育科技，2015(3).

13.2.2 体育赛事的营销组合

市场营销学的研究对象是以满足消费者需求为中心的企业市场营销活动过程及其规律性，即在特定的市场营销环境中，企业以市场营销研究为基础，为满足消费者现实和潜在的需要，所实施的以产品(Product)、定价(Price)、地点(Place)、促销(Promotion)为主要内容的市场营销活动过程及其客观规律性。市场营销是一个运用市场营销组合，通过为客户和顾客创造价值来实现组织目标的过程。麦卡锡把市场营销组合定义为可被控制的变量，企业可以把它们组合起来，以便满足目标群体的需要。这些变量就是产品、价格、分销和促销，即我们通常所说的4P。

(1) 体育赛事产品。赛事产品主要是指赛事主办者为消费者提供的商品或服务的集合，核心是体育比赛本身，还包括相关的服务及消费者的参与活动等内容。体育赛事产品是整个赛事营销体系的核心，但它又是主观的和不可触摸的，赛事产品的质量水平直接影响着该项体育赛事能否成功举办。一般从两个方面来评价体育赛事，一是赛事的组织，包括场馆设施、工作人员素质等软硬件的水平；二是参赛运动员的表现。高水平、高服务的赛事是体育赛事营销取得成功的保障。

(2) 体育赛事价格。体育赛事的价格取决于体育赛事能够满足需求的程度，另一方面取决于其他休闲服务所能提供的替代品的价值。体育赛事属于以精神消费为主导的服务产品，价格定位比较困难。一般定价主要考虑的是消费者的承受度，而不是体育赛事的直接成本，主要取决于消费者的价值知觉，即消费者自身对赛事产品的体验。体育赛事的价格定位直接影响着消费者的群体规模和结构，可以根据地理环境、人口密度、消费者心理以及市场需求来确定价格。

(3) 体育赛事产品的分销。在营销组合中，分销是将产品转移给消费者的过程，多数是有形产品的地理位置移动，而体育赛事并没有实物分销，体育赛事分销具有其独特性。体育赛事产品的分销是指将赛事产品提供给目标市场而进行的各种活动，即消费者以恰当的方式在方便的地点消费赛事产品。赛事举办地点直接影响着观众的消费便利性，因此这也是体育赛事营销的重要内容。便利的地理位置显然能够吸引更多的观众到现场观看比赛。

(4) 体育赛事产品的促销。体育赛事产品的促销是指与消费者就体育赛事进行沟通的过程。赛事产品的促销包括赛事主办方利用各种信息载体与目标市场进行沟通的方法，沟通方式包括广告、海报、电视转播、新闻报道、公共关系等。通过赛事主办方的各种促销手段，可以提高比赛的影响力，提高赛事的上座率。

13.2.3 体育赛事活动的实施过程

1. 目标市场分析

实施赛事营销策略的首要任务就是准确寻找目标市场，了解目标市场的需求特征，并分析目标市场的营销环境，然后才能制定有针对性的营销策略。目标市场策略首先要进行市场细分，并针对目标市场需求的差异性，提供相应的产品或服务，使顾客满意。常见的市场细分标准有地理因素、人口因素、经济因素及心理因素等。例如，根据地理因素进行市场细分，可将全国分为东部沿海地区、内陆东西部地区，这样细分是因为东部沿海地区的消费者收入水平较高，体育赛事消费意愿较强，市场潜力大；而内陆地区人均收入相对较低，赛事消费需求较弱，价格敏感性强。因此，根据消费者的不同地域、不同收入、不同民族、不同性格设计不同类型的赛事产品是赛事营销决策者需要考虑的事情。

2. 消费者行为分析

体育赛事成功的关键就是要满足观众的需求，而要使观众满意就要分析消费者的消费行为规律。体育赛事活动和其他文化活动一样，具有一次性、无形性、可变性、脆弱性和不可分割性的特点，所以，实施恰当的营销策略对赛事活动的开展具有重要的意义。体育赛事营销的重心不应单独建立在比赛上，还应该与赛事衍生产品相结合。消费者对体育赛事的期望通常来自主办者的宣传和营销沟通、亲戚朋友的推荐、消费者以前的相似或者相同经历以及赛事已有的品牌形象等。通过对消费者行为的分析，制定与其行为动机相适应的营销方案，可以提高赛事成功举办的概率。

3. 赛事营销策略的实施和管理控制

在确定目标市场、把握消费者的行为特征以后，赛事主办方就要设计合理的营销组合策略，也就是开发具有市场需求的赛事产品、提供完善的服务保障、制定恰当的价格、开展有效的促销活动等。在赛事营销活动的管理过程中，赛事不同侧重点也应有所不同。例如，职业联赛一般主要针对季票持有者或是俱乐部成员；一般的体育赛事则主要依赖举办地当地的观众；对于像奥运会这样的大型赛事，消费群体则来自全世界。此外，为了保证营销管理活动的顺利实施，还要加强管理控制，降低问题的发生率。

案例13.2
NBA的海外市场战略

放眼全球，NBA的影响力究竟有多大？在欧洲、亚洲、非洲、澳洲，随便拉过一个孩子来问，也许他不知道美国总统是谁，但他却可能知道NBA本赛季最有价值球员是谁、总冠军是谁。NBA因为乔丹而令人疯狂，但真正让NBA大放异彩的却不是乔丹，而是NBA总裁大卫·斯特恩以及他的NBA全球战略。2010年8月10日，斯特恩再次向全世界宣布，新赛季猛龙队与网队将会于2011年3月4—5日在伦敦进行两场常规赛，这也是NBA常规赛首次走出美洲。

近些年来，NBA一直想拓展海外市场。根据计划，在新赛季开始之前，湖人队、尼克斯队、森林狼队将在欧洲进行4场季前赛，如果算上这4场比赛，从1988年至今已有23支NBA球队在欧洲的18个城市进行了54场季前赛，并且受到了广泛欢迎。在2009年的NBA欧洲之旅中，共有209个国家和地区对比赛进行了转播，得到了多达18家市场合作伙伴的支持。正如大卫·斯特恩所言，NBA已经彻底打开了欧洲市场，接下来NBA要全方位进军亚洲，特别是中国。

NBA副总裁、国际发展部主管巴拉克近日向外界表示，中国与西班牙是NBA最重要的两大海外市场。尤其是中国，对NBA发展贡献巨大，而姚明功不可没。据巴拉克透露，NBA一直致力于全球范围内的业务拓展，欧洲、非洲、拉丁美洲、亚洲都有市场，但在不同地区投入的力度并不相同，从某种程度上来说，中国确实是最发达、最成熟、最具发展潜力的海外市场。

资料来源：凌韵言. NBA的延伸之旅[J]. 品质，2010(8).

13.3 体育赛事活动的赞助

13.3.1 体育赛事赞助

赞助是营销手段的一种，在体育赛事营销方面应用较为广泛。体育赛事赞助是指以体育为题材，以竞赛和活动为载体，以支持和回报为内容，以利益交换为形式，以达到各自组织目标为目的的一种特殊的商业行为。体育赞助是企业提供给体育组织、运动竞赛及运动员所需的物资，包括资金、产品、服装、器材、技术和服务等，并凭借赞助关系来达到企业营销的目的，而体育赛事组织者或运动队以允许赞助商享有某些权利，如冠名权、标志使用权及特许销售权等，或为赞助商进行商业宣传(如广告)作为回报的一种合作关系。

国际上，大型体育赛事一般有着比较成熟和完整的赛事赞助合作方案。奥运会的TOP计划是其中最为经典的例子。TOP是英文"奥林匹克全球伙伴赞助商计划"的缩写，创立于1985年，开始叫"The Olympic Programme"，1997年后改为"The Olympic Partners"，它是国际奥委会的全球商业赞助计划。如果某一产品类别的全球性跨国公司通过签约成为国际奥委会在该产品类别上唯一授权的赞助商，可将国际奥委会的五环标志用于商业目的。加入TOP计划的国家和地区，将与奥委会分别签署协议书并得到分成。TOP计划的创立和稳步实施，使国际奥委会有了长期稳定的收入来源，开始以其自身的力量、自身拥有的无形资产所带来的有形价值推动奥林匹克运动在全球的发展。在2014年足球世界杯赞助品牌认知方面，在消费者认知的世界杯赞助品牌前10位中，官方赞助品牌占7个，高出世界杯前期官方赞助品牌认知数，"哈尔滨啤酒"与"维萨"纷纷挺进前10位。而官方赞助品牌"可口可乐"和"阿迪达斯"分别以47%、36%的明显优势，占据第1位、第2位。与世界杯赛前调查结果相比，"麦当劳"从原先的第7位上升至第3位，赞助认知度达到26%，可见通过赞助有效地提高了企业的品牌影响力。

我国的体育赞助起步较晚，它是在20世纪70年代伴随着我国改革开放的浪潮和竞技体育的壮大而发展起来的。随着人们生活水平的提高，"花钱买健康"的体育消费观念被很多老百姓接受。体育消费成为社会生活中的一个新热点，体育市场不断扩大，各种经营体育的组织也相继出现。但是体育事业发展资金供给不足这一矛盾越来越明显。中国体育界从而开始探索打破单纯靠国家拨款、由国家包办体育的格局，积极探索筹措资金的新路子，来解决这一矛盾。自1994年我国足球职业化以后，我国的体育赞助获得高速发展，国内最为火爆的两大职业联赛——中国足球职业联赛和中国篮球职业联赛就先后接受过万宝路、希尔顿、百事可乐等跨国企业的赞助。1983年，在上海举行的五运会上只有11.136万元的象征性体育赞助收入。时隔14年，到1997年在上海举行的八运会上，赞助收入达到了8 921万元，第十二届全运会的体育赞助收入已超过9亿元，可见体育赛事赞助收入增长迅速。体育赛事赞助与经济发展呈正相关，人们收入增加后用于休闲娱乐的消费增加，体育赛事市场也随之发展繁荣。

13.3.2　体育赛事赞助的实施

一般来说，赞助是体育赛事的主要收入部分，在赛事中占有重要的地位。

1. 计划阶段

赛事营销者需要收集赞助商信息，包括公司的特点和以前的赞助经历。考虑潜在的赞助投资来源，寻求体育赛事与赞助商企业的结合点，同时考虑给予赞助商回报的成本预算。

2. 赞助商

要想获得赞助，必须要保证赞助商能获得预期的效果与利益。赞助商要求有明星球员和高质量比赛来确保他们的投资能够引起最大限度的媒体曝光。在吸引赞助商方面，媒体的作用不容小视，赛事、媒体、赞助商应构成"金三角"，以达到多赢的效果。

赞助商绝非慈善家，赞助商支付高额的赞助费，目的只有一个，就是取得利润回报。要使赞助商取得利润，应把握以下两个原则：一是获利原则。企业决定赞助体育赛事之前，往往会与"普通广告"相比较，赞助利益与赞助金额的均衡是影响赞助决策的关键因素。奥运全球赞助商IBM在2000年奥运会后，结束了与奥运会长达38年的赞助关系，此举是因为IBM觉得投资与报酬不相称，且与国际奥委会未能达成共识。二是匹配原则，即赞助的体育赛事观众与赞助商的目标顾客应相匹配，有较大的关联性。赞助商通过赞助其目标顾客喜爱的体育项目，与他们建立沟通的平台。

3. 努力营造"双赢"环境

赞助商和被赞助方要通过合作来获得各自利益，体育赛事的组织者为了获得比赛所需资金，而赞助商为了获得更高的知名度，以此来获得更高的利益。通过两者的利益交换，两个组织从合作中都获得利益，从而营造双赢的局面。

4. 赛事赞助效果的评估

赞助效果评估可以从以下5个方面来进行：①媒体覆盖数量。包括广播、电视覆盖的时间长度及其收视人次；印刷媒体的覆盖面等。通过这些数据，可以推断到底有多少人尤其是有多少目标消费者接触了赞助厂商的信息。②沟通效果测试。包括无提示下和有提示下的赞助厂商名字注意率，以及对体育赞助的态度。③公司客户反馈的监控信息。④销售效果的评价。销售提升应是赞助厂商的最终目标，可以比较同期的销量，也可以比较赞助前后的销量，同时还应对其他因素进行分析。⑤成本—利益分析。对于赞助效果的评价分析，应以商业收益为基础。

13.3.3 体育赛事赞助的注意事项

1. 最高层次赞助商的唯一性与排他性

一般而言，最高层次赞助商的数量不宜过多，例如奥运会为30家左右，足球世界杯为15家左右。这种最高层次赞助商的唯一性和排他性是指具有同业竞争的唯一性和排他性，如可口可乐和阿联酋航空成为2014年巴西世界杯的赞助商，那么，相同品类的饮料和航空企业就不会成为赞助商。对于赞助商来说，最主要的目标是赞助独占权，因为这在某种程度上可体现其行业领先者的地位，所以，一定要注意赞助商的唯一性和排他性。

2. 赛事名称、标志等无形资产的开发使用

赛事名称、标志、吉祥物等无形资产的开发和使用是赞助商赛事商业权利的重要组成部分。体育赛事具有巨大的无形资产，最具代表性的奥运会，其无形资产价值巨大。体育赛事的无形资产涉及面非常广，也非常容易受到"营销侵犯"。例如，某些公司利用某些促销活动或广告，使消费者认为他们与赛事有某种关系从而达到公关目的，这就侵犯了赞助商的权利。所以，赞助商在开发无形资产的同时应充分认识到维权行为的重要性。

3. 赞助商的选择

在赞助商选择方面，组织者应考虑赞助商产品的特点，以及赞助商在行业中的地位和声誉，良好的声誉有利于体育赛事宣传，因而不能把眼光局限于经济收入的多少。同时，组织者在考虑经济利益时，也需要考虑观众与运动员的利益。

案例13.3

可口可乐的体育赞助

不久前，知名品牌咨询机构Inter brand发布了2015年全球品牌价值排行榜。可口可乐公司以784.2亿美元排在这份榜单的第三名。在可口可乐的品牌策略中，赞助体育赛事是一项重要举措。可口可乐赞助体育赛事的历史要从1907年赞助美国棒球比赛开始，至今已有90余年的传统。1928年，1 000箱可口可乐与参加第9届奥运会的美国代表团一道运抵阿姆斯特丹，揭开了可口可乐赞助奥运会的历史篇章。那么，可口可乐是怎样展开赞助的呢？

首先，树立坚定不移的赞助理念。可口可乐是世界上最先把赞助当做企业营销策略来看待和运作的企业之一。企业沟通的最终目标应该是通过别出心裁、引人入胜的诉求，让更多的人来倾听、理解、认同，然后产生购买行为，直至成为忠实顾客。可口可乐通过多年实践，充分意识到欲达此目的仅仅依靠传统的沟通手段已经远远不够，必须建立一种能够置身于公众之中和沟通对象直接对话的传播渠道，其最有效的方法莫过于赞助。以1996年为例，高达6.5亿美元的体育赛事赞助费，约占当年沟通预算13亿美元的一半和总销售额185亿美元的3.5%。当然，需要指出的是，平时这方面的预算并没有这么多，因为这一年的奥运会有点特殊，既是百年大庆，又适逢在可口可乐总部所在地亚特兰大举行，其奋斗目标是"哪里有体育，哪里就有可口可乐"。其次，可口可乐赞助体育赛事还有其他目标。第一，要实现独家现场销售权。独家现场销售权是和广大消费者进行直接对话的最好途径，是可口可乐所有体育赞助都必须争取到的首要目标。只要是可口可乐看中而赞助的体育活动，不管大小，都要取得独家销售的回报。第二，将体育形象成功地转移到企业的形象中去，也就是把所赞助的运动项目的形象转移到可口可乐自身的形象中，以此来美化可口可乐的形象，并使体育融入整个营销任务中。

资料来源：http://www.foodaily.com/market/show.php?itemid=12957，2015-12.

13.4 赛事无形资产经营管理与品牌营销

近年来，国内学者围绕体育无形资产做了多方面的研究，大多数学者认为，所谓体育无形资产是指存在于体育运动中具有体育特质，并受特定主体控制且不具有实物形态，能持续地为所有者和经营者带来经济效益的资产。而体育品牌作为体育无形资产中重要的一块，其品牌营销的意义也尤为重要。

13.4.1 体育赛事无形资产的经营管理

1. 体育赛事的无形资产

随着社会经济的发展，体育比赛的市场化程度越来越高。国家体委在制订"六五"计划时确立了体育工作社会化与体育投资多元化的改革目标，体育竞赛开始招标，并把比赛分为计划内与辅助性两大类，部分竞赛实行差额拨款、举办单位自筹、出售承办权等，为商业性运作提供了政策支持。根据体育无形资产的定义，结合体育赛事发展的实践，我们可以把赛事无形资产理解为：不具有物质形态却拥有价值，能给体育赛事的主办者、组织者、参与者带来经济效益的资源，如冠名权、广告代理权、电视转播权、徽记、吉祥物等标志的专有权和特许经营权等。因此，体育赛事拥有了巨大的无形资产，具有极高的商业媒介价值。

实现体育赛事的商业媒介价值的主要渠道包括：门票，出售比赛电视转播权，征收赛场内外各种形式的广告费，征收赛场界定区域从事经营活动的场所租让费和由于赛事而增加利润的专利费，出售比赛冠名权，比赛指定器材、用品的特许费，发行体育彩票，发行纪念邮票和纪念币，征收印有运动会名称、会徽、吉祥物、标志商品的专利费等。例如国际奥委会是五环标志和奥运会的拥有者，这两样无形资产是国际奥委会商业运作的基础，也是其收益最大、最稳定的资金来源，它们派生了两个最主要的获利方式——电视转播权的出售和Top计划的实施。

2. 赛事无形资产的特征

(1) 主要以赛事的声誉和宣传效应为主。体育赛事的无形资产是一种无形化的知识、技术、信息、权利产品，以运动员的劳动为主要内容，是一种非物质化的体育资源，它的核心就是体育赛事的良好声誉与宣传效应，这决定了体育赛事市场价值的大小。

(2) 无形资产与媒体的联动性。体育赛事的声誉和宣传效应不会自发地起作用，必须通过与媒体合作，才能实现其本身的巨大价值。体育赛事的转播以及体育广告、会徽、吉祥物都离不开电视、广告牌、报刊等媒体的宣传与炒作。离开了这些宣传的载体，想要开发体育无形资产是难以想象的。通常情况下，媒体越知名，影响面就越广，宣传效应也就越强，体育赛事的无形资产才能开发得越好。

(3) 赛事无形资产价值的不确定性和不可估性。体育赛事无形资产的潜在价值可能很大，但在开发利用和价值计算方面运行比较困难，其价值的实现弹性比较大。它的价值一方面受到比赛水平、比赛项目普及程度、赛事商业价值大小等一系列体育比赛自身因素的影响；另一方面还与营销战略的制定、从业人员素质的高低、大众媒体的参与程度等外在因素的影响有关，因而其价值实现具有不确定性和不可估性。

3. 赛事无形资产的经营管理

(1) 广告权经营。在体育赛事的无形资产经营中，赞助商的广告占有很大的比重。组织者通过广告权的经营来吸引赛事的赞助商。对于赞助商，目的在于利用体育比赛来宣传产品，利用优秀运动员的明星效应来提高产品的知名度。对于赛事的组织者，通过广告权的经营来获得大量资金,能更好地组织比赛。目前,体育赛事提供的广告形式一般包括赛事冠名、场地、队服和印刷品等空间广告,还有利用体育组织及其竞赛表演的文化属性、优秀运动明星的社会认可度进行宣传沟通等。

(2) 围绕体育赛事,开展赛事标志产品的经营。赛事标识的经营有多种形式,包括销售奥运会标志产品的许可证,发行重大赛事的纪念币、纪念邮票以及吉祥物等,这些方式已成为一些国家奥委会和单项运动协会开发无形资产的主要渠道之一。1985—1988年,56家公司以赞助方式获得美国奥委会会标的使用权,赞助款总额占美国奥委会年度开支的43%。国际奥委会积极开展五环标志的经营,五环标志的特许经营收入和带有该标志的各类纪念币、纪念品的销售收入占国际奥委会总收入的8%,超过2.4亿美元。1994年世界杯足球赛,美国国内约150个厂家、国外的200多个厂家购买了赛会的标志产品、许可证,这些标志产品的销售额近10亿美元。这些成功的例子足以说明体育赛事无形资产的经营很有潜力。

(3) 开展体育赛事的博彩业经营。以发行体育彩票、赛马彩票、自行车彩票为主要渠道的体育博彩业,在当今世界非常普及,成为体育产业开发的一个重要领域。利用体育比赛的吸引力、竞争性及比赛结果的不确定性开展体育博彩,其特点是成本低且收益高,其中的主体部分是体育彩票业。例如,日本自行车博彩已有多年历史,其职业自行车"凯林赛"的博彩活动收入十分可观,仅1992年博彩者下注资金就有1.92亿日元,经过44年的发展,资金总量已达31.1万亿日元。博彩业虽然在我国并不存在,但是我国体育彩票的发行状况很好,针对具体的体育赛事发行体育彩票有很好的市场前景。我们可以通过体育彩票业的开发,更加充分地开发体育赛事的无形资产。

(4) 体育赛事转播权的经营。体育赛事与电视转播的关系日益密切,体育赛事拥有强大的吸引力,而电视转播对大众传播具有强大的辐射力,两者的结合使得出售电视转播权成为体育赛事的重要收入之一。由于体育赛事的商业价值不断提高,其相应的电视转播权的销售价格也不断攀升。目前,在许多大型赛事中,电视转播权已成为一座名副其实的"金矿"。

正是由于体育赛事具有庞大的无形资产,对其进行市场化的经营管理才具有可行性。而最关键的步骤就是要充分挖掘体育赛事的无形资产价值,以期获得最高的经济效益和社会效益。

13.4.2 体育赛事的品牌营销

1. 体育赛事品牌营销的作用

品牌营销观念对于市场化环境下的任何产品和企业都是适用的,当然也包括体育赛事产品。在体育赛事营销过程中进行品牌营销,实行品牌化营销战略,无论是对于满足体育消费者的需求,还是对于开拓体育市场都有着很重要的作用。尤其是对大型体育赛事进行品牌营销,既可以保证赛事的竞赛质量又可以使其稳步发展。例如,奥运会就是体育赛事中的"品牌"的代表。目前，由于其成功的品牌营销战略，奥运会特别是五环标志，已不仅仅代表着一项体育赛事，其深刻的文化内涵更是深入人心，其良好的品牌形象为营销带来了巨大的方便，也能更好地吸引赞助商。

又如，"欧洲冠军联赛"，名字就很吸引人的眼球，再加上参加者都是欧洲各国足球联赛的冠军队伍，在竞技水平方面要领先于其他赛事，这也使得观众和赞助商都非常感兴趣。欧足联冠军联赛形象设计的最成功之处在于发明了一种由八颗星组成的足球形状的标志，每颗星实际上代表一家赞助商。这个"星球"标志在比赛转播中，从始至终出现在屏幕上。这一形象的设计者罗德·皮特里说："把赞助商与八颗星结合起来意味着赛事组织者和赞助商会在这项赛事中共同得利。"皮特里还把这一标志引入比赛场地当中，要赛场周围的广告牌之间也都清楚地标示这个"星球"形象。一些比赛的宣传材料和秩序册的封面上，也都印上这个吸引人的标志。欧洲冠军联赛还是第一个在球场中圈打出联赛标志的比赛，随后这一做法被许多联赛仿效。皮特里说："球场上的观众现在已经不再去注意旋转式的广告牌，赞助商现在对此开始失去兴趣。"体育赛事也一样，必须要想多种办法来树立赛事本身的品牌形象。

2. 体育赛事品牌营销途径

(1) 营销环境分析。在进行体育赛事的市场开发时，首先要对比赛地的营销环境进行分析，如人口环境、经济环境、自然环境、法律环境和社会文化环境等，逐步培养消费者对企业产品品牌的认知度和偏好。在不同的赛事举办地，人们对赛事的热衷程度也有很大的区别。例如在篮球、足球和排球三大球中，北京的观众对篮球、足球相对热衷，而对排球则相对冷淡。

(2) 赛事自身定位。随着体育产业的迅速发展，各类体育赛事蓬勃发展，要想在各类大型体育赛事中确立自身的地位，必须对自身进行合理的定位。赛事并不一定越大越好，开发自身的特色，创造独特的文化内涵，更有利于打造品牌。只有具备丰富的文化内涵，赛事才可以持续发展，其"品牌价值"才能体现。例如，世界职业斯诺克台球比赛，就是以其自身的特色(体现绅士精神和智慧)获得了良好的发展。

(3) 加强与媒体的合作，提高赛事知名度。当今的社会处于信息时代，媒体的作用不容忽视，体育赛事与媒体的通力合作，不但可以在赛前扩大赛事的宣传，使消费者了解赛事，增强其对赛事的兴趣，而且媒体对赛中和赛后的报道，更可以为赛事树立品牌形象提供有利的支持。

(4) 提高体育赛事的可观赏性。体育赛事的消费者主要以观赏体育比赛为主，赛事的可观赏性可以增强观众的兴趣，提高赛事的口碑。高质量的比赛能够给观众留下美好的记忆，并能够激发其再次体验这种情境的消费欲望。

3. 体育赛事品牌营销的注意事项

第一，注意保持赛事的连续性。实践证明品牌赛事都经历了长期的市场演练，因此，在组织赛事时就要考虑赛事的周期及其连续性。不定期的比赛很难形成品牌。第二，注重社会宣传。要创造品牌赛事就要对其进行广泛的社会宣传，逐步扩大赛事产品的社会影响力和美誉度,建立强有力的品牌忠诚度。第三,注重赋予体育赛事的文化内涵。体育组织不但要在组织章程中反映时代文化,而且要在主办具体赛事时为比赛赋予文化特征。只有为体育赛事赋予文化内涵,其品牌才能得以持久。现代奥运会的创始人顾拜旦认为,只有把现代奥运会办成一个神圣的体育祭坛,办成一个多种文化形式融会在一起的盛大文化节日,才能使奥运会得到长足的发展。在一般性的体育比赛中,举办象征文化活动也是十分必要的,如圣火传递、开幕式、入场式、圣火点燃、放飞和平鸽等。

本章小结

本章讲解了体育赛事营销的相关问题。随着社会经济的发展,人们对体育赛事的消费需求不断增加,对体育赛事的举办形式和赛事内容提出了更多的要求。体育赛事的承办主体要充分了解体育赛事的营销特点和消费群体的需求特征,开发符合市场需要的赛事活动,并实施恰当的赞助、促销、品牌等策略。

思考题

1. 简述体育赛事营销的概念及营销内容。
2. 体育赛事营销对象有哪些?
3. 简述奥林匹克全球伙伴赞助商计划的内容。

章末案例

一汽丰田:另辟体育营销蹊径

体育赛事营销是利用体育赛事来推广企业或者品牌的市场营销活动,是将品牌理念与体育精神相结合的战略形式。它有巨大的影响力和号召力,能迅速扩大品牌知名度。有资料显示,企业品牌知名度每提高1%,需要投入约2 000万美元的广告费,但借助大型体育比赛,同样是广告费用,其效果可以提高10%。于是,体育赛事营销成为众多企业不约而同的选择,其中汽车企业的占比居高不下。体育与汽车的联系本身就是天作之合,运动场上的极限挑战能够体现汽车厂家的性能索求,在体育营销的舞台上,除了比拼资本投入,更要较量对体育的理解深度与创新意识。唯有真正找到拨动人心的那根运动之弦,才能奏响营销大卖的凯歌。

作为一直以创新精神著称的一汽丰田,近几年在体育营销上也是动作频频。2015年更是助力中国田径,冠名国际田联世界田径挑战赛(北京站)、全国田径公开赛,以及首次落户中国的世界三大体育赛事之一的田径世锦赛，成为国内首席赞助商。按照国际田联回报赞助商的惯例，每一届世锦赛主赛场的周边都会开设市场街，各级别合作伙伴、赞助商、供应商拥有大小不一的空间，用于展示自己的产品与服务，让到场观众拥有别样的体验。当各大赞助商使劲儿利用展台和奖品互动做噱头的时候，作为田径世锦赛国内合作伙伴的一汽丰田，却另辟了一条更纯粹的体育营销蹊径——皇冠加冕时刻。一汽丰田请来10位冠军在展台与观众互动，光是能请来10位冠军已经实属不易，再加上与冠军互动，更是丰富了营销体验，赢得了相当数量的关注者。另外，在CCTV5的赛事直播中首次采用了"摇一摇"的互动方式，更是开创性的创新。一汽丰田在与北京田径世锦赛的合作中，将其品牌内涵与运动精神融为一体，运用创新的体育营销手段吸引受众，加深了品牌对体育运动爱好者的影响力。一汽丰田在体育营销上的创新，无论是对丰田的销售还是对品牌的塑造，都产生了深远的影响。

举措一：一个展台10位冠军

与其他赞助商在田径世锦赛上单一的产品推介不同，一汽丰田在体育营销方面另辟蹊径，设置皇冠加冕时刻，在田径世锦赛9天的赛程中，分别请来了史冬鹏、滕海滨、张楠、邢傲伟、李妮娜、陈定、胡凯、何可欣、王丽萍、王军霞总共10位奥运会或世锦赛冠军，在展台与观众互动，同时录制互联网视频在新浪体育频道进行"病毒式"传播，给观众们吊足了胃口，赢得了相当数量的关注者。这10位冠军都曾在不同的竞赛领域给我们带来惊喜与感动，他们的拼搏精神、智慧与力量无一不是丰田皇冠内涵的再体现，这也与丰田皇冠厚积薄发、造就将者的精神不谋而合。一汽丰田在体育营销上的另辟蹊径不仅汇聚了现场人气，更成为互联网上的热点，很多报道世锦赛的专业媒体都没能这么全面地采访到这些"大咖"，一汽丰田做到了！2015田径世锦赛展现出的活力、激情与挑战自我的体育精神，与一汽丰田所倡导的"积极、活力、自信"的品牌精神高度契合，为消费者提供了更多了解一汽丰田的渠道。一汽丰田在体育营销上的创新举措，也更加深入地营造了品牌影响力，让更多人了解、感受到一汽丰田品牌和产品所拥有的独特魅力。

举措二："摇一摇"摇出新营销

我们国内很多企业在体育营销方面，往往缺乏全方位的、创新的营销策略，只是把体育本身作为事件营销的一种载体，对体育明星或者体育赛事进行直接的、单一的宣传和推广，缺少相关的品牌推广、展览展示、产品推介等系统工程，更不用说创新的营销策略了。至今，凡是有关"体育赞助与广告投资"的论述，几乎全都集中在商家花费、采取方式与选择的体育赛事几方面，很少看到有关因为赞助而实际获得品牌经营与销售效果方面的系统分析，一些区域性的体育营销往往产生"零效应"。而此次一汽丰田没有按照套路出牌，走出了一条不寻常的推广之路。最值得一提的是，在CCTV5的赛事直播中首次采用了"摇一摇"的互动方式，观众边看直播边摇手机，可以有机会获得现金红包、购车优惠券、保养代金券乃至皇冠轿车一年使用权！每打破一项世界纪录再增加一辆皇冠轿车一年使用权。通过田径世锦赛给观众带来春晚一样的收视体验，更是开创性的创新。

继春节联欢晚会"摇一摇"抢红包掀起全民的"手机+电视"跨屏融合互动高潮以来，从中央台到地方台，各类花样繁多的综艺节目，均用"摇一摇"把已经远离电视的观众，特别是年轻观众又拉回到电视机前，既带来了收视率的反弹，又为商家带来了大量的用户资源。而在CCTV5的赛事直播中，本届田径世锦赛是第一次使用"摇一摇"的方式，借助体育独有的直播特性，让一汽丰田获得了每天近百万的客户互动，送出了10辆皇冠车一年的使用权、90万现金以及千万级的购车代金券，这对实车销售是极大的促进！

随着体育产业的升温，越来越多的企业投身体育产业并将体育视为战略发展的契机，小到营销策划文案，大到品牌定位重塑，体育扮演的角色越来越举足轻重。体育因此给受众带来的收益也越来越多。此次田径世锦赛中，一汽丰田以创新的体育营销方式，打破单一的品牌推广模式，以高度契合主题的互动方式最大限度地保证了品牌的强曝光，提升了受众影响力，毫无疑问成为创新体育营销模式中亮眼的标杆案例。

资料来源：http://www.vmarketing.cn/index.php?mod=news&ac=content&id=9510，2015-10.

问题：

1. 此案例中，丰田汽车的赛事营销创新之处有哪些？
2. 结合此案例，谈谈营销环境的变化如何影响企业营销策略的创新。

参考文献

[1] [美]菲利普·科特勒. 营销管理[M]. 王永贵,陈荣,何佳讯,等,译. 14版. 上海:格致出版社,2015.

[2] 吕一林. 市场营销学[M]. 4版. 北京:中国人民大学出版社,2011.

[3] [美]菲利普·科特勒. 营销革命3.0[M]. 毕崇毅,译. 北京:机械工业出版社,2011.

[4] 赵晶媛. 文化产业管理[M]. 北京:清华大学出版社,2013.

[5] 赵泽润. 文化市场营销学[M]. 广州:中山大学出版社,2010.

[6] 胡慧林. 文化产业与管理[M]. 天津:南开大学出版社,2007.

[7] 李怀亮. 文化市场学[M]. 北京:首都经贸大学出版社,2010.

[8] 杨东篱. 文化市场营销学[M]. 福州:福建人民出版社,2014.

[9] 罗立彬. 文化市场营销学[M]. 北京:高等教育出版社,2013.

[10] 王永章,李冬文. 国际文化产业典型案例选编[M]. 北京:北京出版社,2008.

[11] 王大勇. 电影营销实务[M]. 北京:中国民主法制出版社,2011.

[12] 王晓东. 体育赛事营销传播[M]. 北京:北京体育大学出版社,2011.

[13] 陈海娟,郎会成. 娱乐业营销[M]. 北京:企业管理出版社,2000.

[14] 李思屈. 文化产业概论[M]. 杭州:浙江大学出版社,2004.

[15] 逯宇铎. 国际市场营销学[M]. 北京:机械工业出版社,2013.

[16] 陈少峰,等. 中国文化旅游产业报告2015[M]. 北京:华文出版社,2015.

[17] 何鸿. 艺术品市场管理与研究[M]. 杭州:中国美术学院出版社,2011.

[18] 张晓明. 中国文化产业发展报告(2015—2016)[M]. 北京:科学文献出版社,2016.

[19] 唐任伍. 文化产业创意与策划[M]. 北京:北京师范大学出版社,2014.

[20] 符国群. 消费者行为学[M]. 北京:高等教育出版社,2015.

[21] 派恩,吉尔摩. 体验经济[M]. 夏来良,鲁炜,译. 北京:机械工业出版社,2002.

[22] 甘碧群. 消费者行为学[M]. 武汉:武汉大学出版社,2005.

[23] 郭国庆. 市场营销学通论[M]. 北京:中国人民大学出版社,2008.

[24] 阿尔文·C. 伯恩斯·营销调研[M]. 于洪彦,金钰,汪润茂,译. 6版. 北京:中国人民大学出版社,2009.

[25] 李康化. 文化市场营销学[M]. 太原:山西人民出版社,2009.

[26] Louis boone. *Marketing*[M]. 11th ed. Posts&Telecom press,2007.